证券投资基金

主　编　赵庆国
副主编　罗丹程　徐菱涓　贾　峤

东南大学出版社
·南京·

内容提要

本教材共包括16章内容，主要讲述我国证券投资基金的分类、当事人、运行、估值与定价、收益分配、信息披露、资产配置管理、绩效评估、营销、产品创新、市场监管和投资选择等内容。

本教材本着证券投资基金运作流程、认知规律及目前我国证券投资基金发展现状，设计教材框架结构及各章节内容，使教材具有系统性、逻辑性和先进性；针对高等院校金融学专业和相关经济类专业的学生，理论内容以“必需、适当拓展”为度，强化应用知识及操作技能，在语言表达上通俗易懂。

图书在版编目(CIP)数据

证券投资基金/赵庆国主编. —南京：东南大学出版社，2012.8（2020.8重印）
ISBN 978-7-5641-3704-5

Ⅰ.①证…　Ⅱ.①赵…　Ⅲ.①证券投资—基金—高等学校—教材　Ⅳ.①F830.91

中国版本图书馆CIP数据核字(2012)第184592号

出版发行：东南大学出版社
社　　址：南京市四牌楼2号　邮编：210096
出 版 人：江建中
网　　址：http://www.seupress.com
经　　销：全国各地新华书店
印　　刷：虎彩印艺股份有限公司
开　　本：787mm×1092mm　1/16
印　　张：18.25
字　　数：421千字
版　　次：2012年8月第1版
印　　次：2020年8月第3次印刷
书　　号：ISBN 978-7-5641-3704-5
定　　价：38.00元

本社图书若有印装质量问题，请直接与营销部联系。电话：025-83791830

前 言

我国证券投资基金是在计划经济体制向市场经济体制的过渡中出现的，其发展的历史起源于1992年，规范的证券投资基金起源于1998年3月。自2000年以来，中国宏观经济长期保持平稳较快的增长，促使证券基金行业迅速发展。到2009年，我国的基金总数达到594只，基金资产净值达到26 734亿元。证券投资基金是一种重要的金融创新，对金融和经济的发展有巨大的推动作用，对全球经济的发展，对稳定证券市场、提供有效投资手段、促进上市公司加强经营管理、安全吸引外资、促进金融创新与金融发展方面有着特别重要的作用。而且作为一种重要的融资、投资手段，拓展了居民、企业和机构团体的投资渠道。

但与西方发达国家相比，我国的证券投资基金具有规模较小、经验缺乏和先天不足的特点。为普及证券投资基金知识、增强投资意识、提高投资水平，不仅成为证券市场参与者的需要，而且也是确保我国证券投资基金市场健康发展进而带动整体经济发展良性循环的重要因素之一，我们从此目的出发，组织编写了《证券投资基金》这本教材。本教材共包括16章内容，主要讲述我国证券投资基金的分类、当事人、运行、估值与定价、收益分配、信息披露、资产配置管理、绩效评估、营销、产品创新、市场监管和投资选择等内容。

本书主要适用于高等院校金融学专业和相关经济类专业学生的教学和研究用书。同时，也可作为社会上各类从事证券投资与管理工作及相关人士学习和研究的基础读本。

本教材是“21世纪高等院校金融学实践创新系列教材”系列教学丛书中的一本。本书由沈阳航空航天大学赵庆国博士、教授主编，并负责总纂定稿。编写成员和负责章节分工如下：沈阳航空航天大学的赵庆国编写第4章；沈阳工业大学的罗丹程编写第8、9、10章；南京航空航天大学的徐菱涓编写第1、2、3章；沈阳师范大学的贾峤编写第6、7章；沈阳农业大学的于丽红编写第13、14章；沈阳航空航天大学的史昕艳编写第16章；沈阳航空航天大学的魏娜编写第11、12章；沈阳航空航天大学的方艳青编写第5章；南京航空航天大学的陈修虎编写第15章。

本教材在写作过程中参考了国内外同行的研究成果，在此一并表示感谢。

由于篇幅、时间，特别是我们的水平有限，不妥、疏漏、甚至错误之处恐难避免，恳请各位专家同仁和广大读者不吝赐教、批评指正，以利于本书的不断改进与完善。

编 者

2012年4月

目　　录

第一章　证券投资基金概述

【学习要点】掌握证券投资基金的概念；熟悉证券投资基金的特征；掌握证券投资基金与股票、债券、银行储蓄存款的差别；了解证券投资基金的起源与发展；熟悉我国封闭式基金和开放式基金的发展及特点；了解证券投资基金的作用。

【重点难点】证券投资基金的概念；证券投资基金与股票、债券、银行储蓄存款的异同；证券投资基金在金融体系中的地位和作用。

第一节　证券投资基金概述

一、证券投资基金的内涵

(一) 证券投资基金的定义

证券投资基金是投资基金的一种主要类型。它是通过发售基金单位，集中投资者的资金形成独立财产，由基金管理人管理，基金托管人托管，基金持有人持有，按其所持份额享受收益和承担风险的集合投资方式。

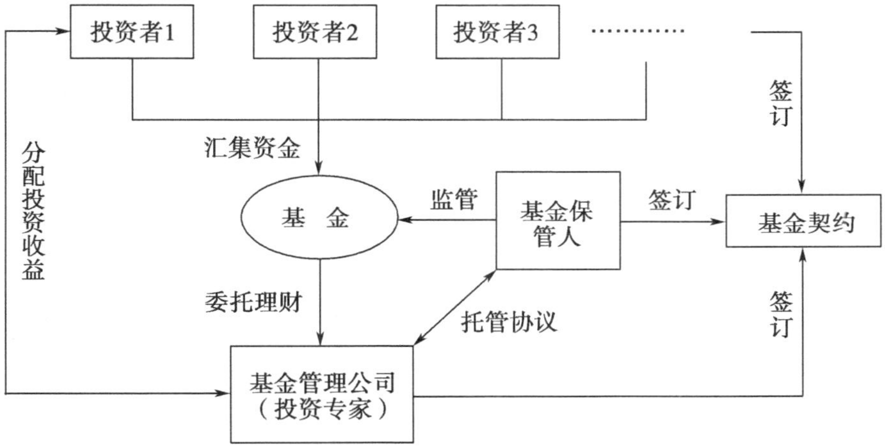

图 1-1　证券投资基金概念图示

(二) 证券投资基金的性质

根据证券投资基金的定义，我们可以看出其性质体现在以下几个方面：

1. 证券投资基金是一种集合投资制度。证券投资基金是一种积少成多的整体组合投资方式，它从广大的投资者那里聚集巨额资金，组建投资管理公司进行专业化管理和经营。在这种制度下，资金的运作受到多重监督。

2. 证券投资基金是一种信托投资方式。它与一般金融信托关系一样，主要有委托人、受托人、受益人3个关系人，其中受托人与委托人之间订有信托契约。但证券基金作为金融信托业务的一种形式，又有自己的特点。如从事有价证券投资主要当事人中还有一个不可缺少的托管机构，它不能与受托人（基金管理公司）由同一机构担任，而且基金托管人一般是法人；基金管理人并不对每个投资者的资金都分别加以运用，而是将其集合起来，形成一笔巨额资金再加以运作。

3. 证券投资基金是一种金融中介机构。它存在于投资者与投资对象之间，起着把投资者的资金转换成金融资产，通过专门机构在金融市场上再投资，从而使货币资产得到增值的作用。证券投资基金的管理者对投资者所投入的资金负有经营、管理的职责，而且必须按照合同（或契约）的要求确定资金投向，保证投资者的资金安全和收益最大化。

4. 证券投资基金是一种证券投资工具。它发行的凭证即基金券（或受益凭证、基金单位、基金股份）与股票、债券一起构成有价证券的三大品种。投资者通过购买基金券完成投资行为，并凭之分享证券投资基金的投资收益，承担证券投资基金的投资风险。

（三）证券投资基金的别称

投资基金起源于1868年的英国，而后兴盛于美国，现在已风靡全世界。在不同的国家，投资基金的称谓不尽相同。如美国将证券投资基金称为“共同基金”；英国和我国香港特别行政区称为“单位信托投资基金”；日本和我国台湾地区则称之为“证券投资信托基金”；在欧洲一些国家被称为“集合投资基金”或“集合投资计划”。这些不同的称谓在内涵和运作上无太大区别，只是称谓有所不同罢了。

二、证券投资基金的特征

1. 集合投资。证券投资基金是一种集合投资方式，即通过向投资人发行基金份额或基金单位，能够在短期内募集大量的资金用于投资。同时，在投资过程中，能够发挥资金集中的优势，有利于降低投资成本，获取投资的规模效益。

2. 专业管理。或称专家管理。即证券投资基金是通过监管机构认可的专业化的投资管理机构来进行管理和运作的。这类机构由具有专门资格的专家团队组成。专业管理还表现在：证券市场中的各类证券信息由专业人员进行收集、分析；各种证券组合方案由专业人员进行研究、模拟和调整；分散投资风险的措施由专业人员进行计算、测试等。

3. 组合投资，分散风险。证券投资基金有特定的投资目标、投资范围、投资组合和投资限制。证券投资基金在投资过程中通过科学的投资组合和投资限制，实行分散化投资，这将有利于实现资产组合的多样化，并通过不同资产和不同投资证券的相互补充，达到降低投资风险和提高收益的目的。

4. 制衡机制。证券投资基金在运作中实行制衡机制，即投资人拥有所有权、管理人和运作基金资产、托管人保管基金资产。这种三方当事人之间相互监督、相互制约的机制，规范基金运作，保护投资人的权益。

5. 利益共享，风险共担。证券投资基金实行“利益共享，风险共担”，即投资人根据其持有基金单位或份额的多少，分配基金投资的收益或承担基金投资风险。

三、证券投资基金在金融体系中的地位和作用

证券投资基金是一种重要的金融创新，对金融和经济的发展有巨大的推动作用。在西方国家证券投资基金早已成为一种重要的融资、投资手段，并在当代得到了进一步发展。20 世纪 60 年代以来，一些发展中国家积极仿效，愈来愈运用投资基金这一形式吸收国内外资金，促进本国经济的发展。在我国，随着改革中金融市场的发展，也在 80 年代末出现了投资基金形式，并从 90 年代以后得到了较快的发展。作为一种重要的金融创新，证券投资基金对我国金融和经济的发展有巨大的推动作用。我国自 1998 年证券投资基金产生以来，已经有了较大的发展规模。当前，证券投资基金在我国乃至全球的金融体系中都占据了重要的地位，其对全球经济的发展，对稳定证券市场、提供有效投资手段、促进上市公司加强经营管理、安全吸引外资、促进金融创新与金融发展方面有着特别重要的作用。

1. 证券投资基金拓宽了中小投资者的投资渠道

对中小投资者来说，存款或购买债券较为稳妥，但收益率较低；投资于股票有可能获得较高收益，但风险较大。证券投资基金作为一种新型的投资工具，把众多投资者的小额资金汇集起来进行组合投资，由专家来管理和运作，经营稳定，收益可观，可以说是专门为中小投资者设计的间接投资工具，大大拓宽了中小投资者的投资渠道。可以说，证券投资基金已进入了寻常百姓家，成为大众化的投资工具。

2. 证券投资基金有力地促进了产业发展和经济增长

证券投资基金吸收社会上的闲散资金，为企业在证券市场上筹集资金创造了良好的融资环境，实际上起到了把储蓄资金转化为生产资金的作用。这种储蓄转化为投资的机制为产业发展和经济增长提供了重要的资金来源，而且，随着基金的发展壮大，这种作用越来越大。

3. 证券投资基金有利于证券市场的稳定和发展

证券市场的稳定与否同市场的投资者结构密切相关。基金的出现和发展，能有效地改善证券市场的投资者结构，成为稳定市场的中坚力量。基金由专业投资人士经营管理，其投资经验比较丰富，信息资料齐备，分析手段较为先进，投资行为相对理性，客观上能起到稳定市场的作用。同时，基金一般注重资本的长期增长，多采取长期的投资行为，较少在证券市场上频繁进出，能减少证券市场的波动。此外，基金作为一种主要投资于证券的金融工具，它的出现和发展增加了证券市场的投资品种，扩大了证券市场的交易规模，起到了丰富活跃证券市场的作用。随着基金的发展壮大，它已成为推动证券市场发展的重要动力。

4. 有利于推动金融产品创新

证券投资基金在为中小投资者拓宽了投资渠道的同时，也不断地进行着产品的创新，以满足不同投资者的需求。具体表现在以下方面：① 推动货币市场和债券市场的发

展;② 推动资产证券化的发展;③ 促进证券市场国际化和商业银行的发展,降低金融运行风险。

5. 有利于证券市场的国际化

很多发展中国家对开放本国证券市场持谨慎态度,在这种情况下,与外国合作组建基金,逐步、有序地引进外国资本投资于本证券市场,不失为一个明智的选择。与直接向投资者开放证券市场相比,这种方式使监管当局能控制好利用外资的规模和市场开放程度。

我国自1998年证券投资基金产生以来,有了一定的规模。当前,在我国积极推动证券投资基金的发展,对稳定证券市场、提供有效投资手段、促进上市公司加强经营管理、安全吸引外资、促进金融创新与金融发展方面有着特别重要的作用。

第二节　证券投资基金与其他有价证券的比较

证券投资基金与股票、债券、银行储蓄存款和理财产品的差别主要体现在以下几个方面:

一、证券投资基金与股票、债券的差别

1. 反映的经济关系不同。股票反映的是一种所有权关系,是一种所有权凭证,投资者购买股票后就成为公司的股东;债券反映的是债权债务关系,是一种债权凭证,投资者购买债券后就成为公司的债权人;基金反映的则是一种信托关系,是一种受益凭证,投资者购买基金份额后就成为基金的受益人。

2. 所筹资金的投向不同。股票和债券是直接投资工具,筹集的资金主要投向实业领域;基金是一种间接投资工具,所筹集的资金主要投向有价证券等金融工具。

3. 影响价格的主要因素不同。在宏观经济、政治环境大致相同的情况下,股票的价格主要受市场供求关系、上市公司经营状况等因素的影响;债券的价格主要受市场存款利率的影响。证券投资基金的价格主要受市场供求关系或基金资产净值的影响。其中,封闭式基金的价格主要受市场供求关系的影响;开放式基金的价格则主要取决于基金单位净值的大小。

4. 投资收益与风险大小不同。通常情况下,股票价格的波动性大,是一种高风险、高收益的投资品种,其收益具有不确定性;债券可以给投资者带来一定的利息收入,波动性也较股票要小,是一种低风险、低收益的投资品种,其收益是确定的;基金投资于多种有价证券(如股票、债券),通过分散投资化解风险,是一种风险相对适中、收益相对稳健的投资品种,虽然证券投资基金的收益也不确定,但其特点决定了其收益要高于债券。另外,在风险程度上,按照理论推测和以往的投资实践,股票投资的风险大于基金,基金投资的风险又大于债券。

5. 投资回收期和回收方式不同。股票投资是无期限的,如要回收,只能在证券交易市场上按市场价格变现;债券投资有一定的期限,期满后可收回本息;投资基金中的封闭

式基金，可以在市场上变现，存续期满后，投资人可按持有的基金份额分享相应的剩余资产；开放式基金没有存续期限，投资人可以随时向基金管理人要求赎回。

二、证券投资基金与银行储蓄存款的差别

由于当前的开放式基金主要通过银行代销，许多投资者误认为基金是银行发行的，与银行储蓄存款没有太大区别。实际上二者有着本质的不同，主要表现在以下几个方面：

1. 性质不同。银行储蓄存款属于债权类合同或契约，储蓄存款表现为银行的负债，是一种信用凭证，银行对存款者负有完全的法定偿债（保本付息）责任；证券投资基金属于股权合同或契约，基金财产独立于基金管理人，归基金份额持有人所有，基金管理人只是代替投资者管理资金，并不保证资金的收益率，投资人也要承担一定的风险和费用。

2. 收益与风险特性不同。一般情况下，银行存款利率都是相对固定的，投资者损失本金的可能性很小，几乎没有风险，因而投资相对比较安全；证券投资基金收益具有一定的波动性，投资风险较大，基金的收益与风险程度都高于银行存款。

3. 投资方向与获利内容不同。银行将储蓄存款的资金通过企业贷款或个人信贷投放到生产或消费领域，以获取利差收入；证券投资基金将投资者的资金投资于资本市场，通过股票分红或债券利息来获得收益，同时通过证券市场差价来获利。

4. 信息披露程度不同。银行吸收存款之后，没有义务向存款人披露资金的运行情况；证券投资基金管理人则必须定期向投资者公布基金投资情况和基金净值情况，如净值公告、定期报告等。

三、证券投资基金与理财产品的差别

（一）证券投资基金与银行理财产品的差别

银监会出台的《商业银行个人理财业务管理暂行办法》对于“个人理财业务”的界定是：“商业银行为个人客户提供的财务分析、财务规划、投资顾问、资产管理等专业化服务活动。”商业银行个人理财业务按照管理运作方式的不同，分为理财顾问服务和综合理财服务。我们一般所说的“银行理财产品”，其实是指其中的综合理财服务。

银行理财产品按照标准的解释，应该是商业银行在对潜在目标客户群分析研究的基础上，针对特定目标客户群开发设计并销售的资金投资和管理计划。在理财产品这种投资方式中，银行只是接受客户的授权管理资金，投资收益与风险由客户或客户与银行按照约定方式承担。

根据币种不同，银行理财产品可分为人民币理财产品和外币理财产品两大类；根据本金与收益是否保证，银行理财产品分为保本固定收益产品、保本浮动收益产品与非保本浮动收益产品 3 类。另外，按照投资方式与方向的不同，银行理财产品可分为新股申购类产品、银信合作型产品、资本市场型产品、结构型产品及 QDII 产品等，也是我们经常听到和看到的说法。目前各家银行的理财产品大多是对本金给予保证的，通常具有风险低、收益稳定的特点。

证券投资基金与银行理财产品相比有以下不同：首先，目前市场上主流基金多为股票型或偏股型基金，它与股市行情关系密切，与银行理财相比，收益高，但亏损的概率也相对较高。所以，从风险角度讲，银行理财产品以其本金安全的特点，更适合偏好低风险的投资者。其次，目前市面上的基金多以开放式基金为主，流动性较好，可以随时赎回，而大部分的银行理财产品不可提前赎回，有的银行只提供质押贷款，以弥补不足。所以，对于关注流动性的投资者，基金显然更方便些。

（二）证券投资基金与券商集合理财产品的差别

券商集合理财产品，顾名思义，就是券商把社会上零散的资金集中起来，由专家进行管理。它和证券投资基金一样，都属于资产管理型产品。集合理财产品是由券商推出的，其管理形式类似于基金，但属于私募性质的一种理财方式。依据中国证券监督管理委员会公布的《证券公司客户资产管理业务试行办法》、《证券公司集合资产管理业务实施细则》运作。

券商集合理财产品分为限定性和非限定性两类。所谓限定性是指其投资对象主要为现金、货币基金、国债和企业债券等固定收益类产品，投资于权益类证券和股票的比例不超过 20%。也就是说，限定性集合理财的资产应当主要用于投资国债、国家重点建设债券、债券型证券投资基金、在证券交易所上市的企业债券以及其他信用高且流动性强的固定收益类金融产品；投资于股票和股票型证券投资基金的资产，不得超过该计划资产净值的 20%，并应当遵循分散投资风险的原则，和基金的投资范围一致。而非限定性集合理财产品投资于固定收益类和权益类的比例不受限制，还可以投资基金。非限定性集合资产管理计划的投资范围则由集合资产管理合同约定，不受规定限制。

券商集合理财门槛相对较高，限定性产品最低参与金额为 5 万元，非限定性产品最低参与金额为 10 万元。此外，集合理财在参与方式、投资范围、投资策略、流动性安排、收益分配、费用收取等方面相比基金而言更具有灵活性，能为特定的客户群体量身定制理财产品，能更好地满足客户的投资理财需求。

与基金相比，券商集合理财产品有五个特点：一是集合理财产品投资范围广，既可以投资股票，也能投资基金，股票投资的比例设定比基金更为宽泛；二是集合理财的管理人可用自有资金参与，并可以优先承担风险；三是集合理财产品需要签订资产管理合同；四是参与门槛较高，限定性资产管理起点不低于 5 万元，非限定性资产管理起点不低于 10 万元；五是不能进行广告宣传，具有私募属性。因此，投资者在选择券商集合理财产品时，应根据产品的不同特性及自身可承受风险的能力进行选择。

第三节　证券投资基金的起源与发展

证券投资基金起源于 19 世纪 60 年代的英国。迄今为止，它大致经过了产生、发展和普及性发展 3 个阶段。

一、证券投资基金的起源

证券投资基金作为社会化的理财工具，起源于英国。1868 年，当时的英国经过第一次产业革命之后，工商业发展速度快，殖民地和贸易遍及世界各地，社会和个人财富迅速增长。由于国内资金积累过多，投资成本日渐升高，于是，许多商人便将私人财产和资金纷纷转移到劳动力价格低廉的海外市场进行投资，以谋求资本的最大增值。但由于投资者缺乏国际投资知识，对海外的投资环境缺乏应有的了解，加上地域限制和语言不通，无力自行管理。在经历了投资失败、被欺诈等惨痛教训之后，人们便萌发了集合众多投资者的资金，委托专人经营和管理的想法，并得到了英国政府的支持。

1868年英国成立的"海外及殖民地政府信托基金"(The Foreign and Colonial Government TMST)组织在美国《泰晤士报》刊登招股说明书，公开向社会个人发售认股凭证，这是公认的设立最早的投资基金。该基金以分散投资于国外殖民地的公司债为主。其投资地区，远及南北美洲、中东、东南亚和意大利、葡萄牙、西班牙等国，投资总额48万英镑。该基金与股票类似，不能退股，亦不能将基金单位兑现，认购者的权益仅限于分红和派息两项。因为其在许多方面为现代基金的产生奠定了基础，所以金融史学家将其视为证券投资基金的雏形。

另一位投资信托的先驱者是苏格兰人富来明。1873年，富来明创立了"苏格兰美国投资信托"，开始计划代替中小投资者办理新大陆的铁路投资。1879年英国股份有限公司法公布，投资基金脱离了原来的契约形态，发展成为股份有限公司式的组织形式。

证券投资基金的初创阶段，主要投资于海外实业和债券，在类型上主要是封闭式基金。

二、证券投资基金的发展

1921年至20世纪70年代是证券投资基金的发展阶段。第一次世界大战后，美国经济空前繁荣，国内外投资活动异常活跃。同时，经济变动也趋于复杂化。在这种情况下，英国的投资基金制度被引入到美国。1921年4月美国设立了第一家证券投资基金组织——"美国国际证券信托基金"(The International Securities TMST of American)，标志着证券投资基金发展中的"英国时代"结束而"美国时代"开始。1924年3月21日，第一个具有现代投资基金面貌的基金"马萨诸塞投资信托基金"诞生于波士顿。"马萨诸塞投资信托基金"的设立，意味着美国式证券投资基金的真正起步。这一基金也是世界上第一个公司型开放式投资基金。

投资基金在美国出现后，由于30年代初期的大萧条和第二次世界大战，发展较为缓慢。1933年美国公布了《证券法》，第二年又公布了《证券交易法》，1940年公布了《投资公司法》。这些法律尤其是1940年的《投资公司法》详细规范了投资基金的组成及管理的要件，为投资者提供了完整的法律保护，从而奠定了投资基金健全发展的法律基础。

第二次世界大战后，美国经济在五六十年代的高速增长，带动了投资基金的发展。1970年时，美国已有投资基金361个，总资产近500亿美元，投资者逾千万人。70年代美国经济出现滞胀，高失业率伴随高通胀率，投资基金的发展亦进入一个低迷阶段，在投资者数量和管理资产方面都出现萎缩。进入80年代后，美国国内利率逐渐降低并趋于稳定，经济的增长和股市的兴旺亦使投资基金得以快速发展。尤其在80年代中后期，股票市场长期平均收益高于银行存款和债券利率的优势逐渐显出，投资基金的发展出现了一个很大的飞跃。进入90年代，世界经济一体化的迅速发展使得投资全球化的概念主导了美国投资基金的发展，同时克林顿执政时期国内经济的高速增长使得股市空前高涨，股票基金也得以迅速膨胀。至2007年年末，美国的共同基金的资产总量已高达12万亿美元，有大约6 000万名持有者，有50%的家庭投资于基金，基金资产占所有家庭资产的40%左右。

与英国模式相比，美国模式具有3个基本特点：① 证券投资基金的组织体系由原先英国模式的契约型改为公司型；② 证券投资基金的运作制度由原先英国模式中的封闭式改为开放式；③ 证券投资基金的回报方式由原先英国模式中的固定利率方式改为分享收益—分担风险的分配方式。

目前，在全球证券投资基金中，美国的证券投资基金占主导地位。

三、证券投资基金的普及性发展

20世纪40年代以后，各发达国家的政府也认识到证券投资基金的重要性以及在金融市场的作用，相继制定了一系列法律、法规，在对证券投资基金加强监管的同时，也为证券投资基金提供了良好的外部环境，极大地推动了证券投资基金的发展。80年代以后，证券投资基金在世界范围内得到了普及性发展。

香港的投资基金在亚洲具有举足轻重的地位，其投资基金最早出现在1960年，但由于经济发展水平的局限性以及投资者对基金并不了解等原因，20世纪70年代以前基金市场的发展并不理想，直到进入80年代以后，投资基金的发展才出现生机，基金数目和资产总值迅速上升，成为除日本以外亚洲最大的基金管理中心。

台湾的投资基金诞生于1983年5月，当时台湾“行政院”颁布《证券投资信托事业管理规则》，标志着台湾基金业的创始。20多年来，台湾基金业经历了初创、放松管制、规范发展和向国际化迈进四个发展阶段，保持了较高的增长速度。

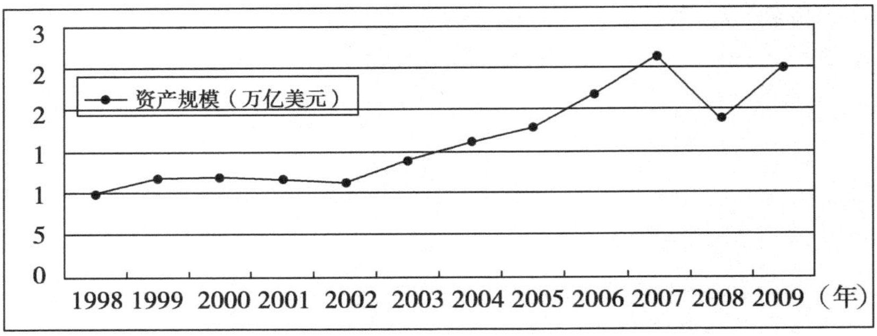

图1-2　全球基金业资产规模变化趋势

目前，证券投资基金在全球的发展主要有以下特征：① 证券投资基金的数量、品种和规模增长很快，在整个金融市场乃至国民经济中占据了重要地位；② 证券投资基金的增长与金融市场呈正相关发展；③ 证券投资基金发展成为一种国际性现象；④ 开放式基金成为证券投资基金的主流产品；⑤ 基金市场竞争加剧，行业集中趋势突出。

从国际经验看，证券投资基金之所以对投资人有较大的吸引力，并且在20世纪80年代以后发展迅速，主要原因是：① 证券投资基金在运作中的专业管理、制衡机制、组合投资等特征，有利于分散基金运作中的风险，并能够给投资人以稳定的回报，从而使投资人认可并选择这一投资工具；② 证券投资基金对证券市场的稳定和发展有一定的积极作用，对市场的支撑力度大；③ 证券投资基金对金融产品创新、社会分工和社会稳定也有积极的促进作用。

第四节　我国基金业的发展沿革

我国证券投资基金是在计划经济体制向市场经济体制的过渡中出现的，其发展的历史起源于1992年，规范的证券投资基金起源于1998年3月。自2000年以来，中国宏观经济长期保持平稳较快地增长，促使证券基金行业迅速发展。但与西方发达国家相比，我国的证券投资基金具有规模较小、经验缺乏和先天不足的特点。

中国证券投资基金的发展历史可以分为3个阶段：1991～1997年的早期探索阶段；1997年以《证券投资基金管理暂行办法》颁布实施为标志的起步发展阶段，这个阶段的基金以封闭式基金为主；2001年后进入规范发展阶段。这3个阶段为特定历史条件所决定，有着各自的特点。

一、基金业发展的早期探索阶段

在中国，投资基金与证券市场的发育几乎是同步的。但投资基金这一概念从观念和实践引入我国则应追溯到1987年，当年中国人民银行和中国国际信托投资公司首开中国基金投资业务之先河，与国外一些机构合作推出了面向海外投资人的国家基金，它标志着中国投资基金业务开始出现。1989年3月，第一只中国概念基金即香港新鸿信托投资基金管理有限公司推出的新鸿基中华基金成立，之后，一批海外基金纷纷设立，极大地推动了中国投资基金业的起步和发展。

1990年底，新中国的第一家证券交易所——上海证券交易所成立，标志着我国证券业发展进入了一个新时期。当时是市场规模虽然还小，但市场运作正在日趋完善，投资者的金融投资意识也逐渐增强。在一系列宏观经济政策纷纷出台的前提下，中国基金业千呼万唤，终于走到了前台。

1991年，一些省市的地方证券公司开始尝试发行基金证券。如1991年7月，经中国人民银行珠海分行批准，珠海国际信托投资公司发起成立一号珠信物托，属于专项物业投资基金（该投资基金后来更名为“珠信基金”），基金规模为6 930万元人民币，是中国设立最早的投资基金。同年10月，武汉证券投资基金和南山风险投资基金分别经中国人民银行武汉市分行和深圳市南山区人民政府批准设立，规模分别达1 000万元人民币和8 000万元人民币。但它们的规模都非常小，不足1亿元，而且由于没有立法规范，这些基金的类型、资产组合、兑现方式等均存在较大的差异，投资风险无法控制，投资者利益难以保障。

1992 年，中国投资基金的发展进入新阶段，基金业主管机关是中国人民银行。当年有各级人行批准的 37 家投资基金出台，规模共计 22 亿美元。同年 6 月，我国第一支比较规范的投资基金——淄博乡镇企业投资基金由中国人民银行批准成立，该基金为公司型封闭式投资基金。1992 年 6 月，深圳颁布了《深圳市投资信托基金管理暂行规定》，对基金运作的各个环节和所涉及的方面作出了规定。这是我国第一部地方性证券投资基金法规。同年 10 月 8 日，国内首家被正式批准成立的基金管理公司——深圳投资基金管理公司成立。此后，一些证券交易所和交易中心也相继出台了一些基金上市的试行办法。这些文件的颁布从法律上承认了证券投资基金在我国金融市场中的地位，推动投资基金在我国以前所未有的速度发展起来。

到 1993 年，各地大大小小的基金约有 70 家，面值达 40 亿元人民币。已经设立的基金纷纷进入二级市场开始流通。这一时期是我国基金发展的初期阶段。1993 年 6 月，9 家中方金融机构及美国波士顿太平洋技术投资基金在上海建立上海太平洋技术投资基金，这是第一个在我国境内设立的中外合资的中国基金，规模为 2 000 万美元。10 月，建业、金龙和宝鼎三家面向教育界的基金批准设立。1993 年 8 月，淄博基金在上海证券交易所公开上市，以此为标志，我国基金进入了公开上市交易阶段。90 年代初期，我国投资基金无论在数量上还是在资金规模上，都取得了骄人的成绩，从政策的出台到中外合资基金的出现，再到基金的上市交易，我国的投资基金走了一段迅速发展的道路，取得了长足的进步。

由于我国的基金从一开始就发展迅猛，其设立和运作的随意性较强，存在发展与管理脱节的状况，调整与规范我国基金业成为金融管理部门的当务之急。1993 年 5 月 19 日，人民银行总行发出紧急通知，要求省级分行立即制止不规范发行投资基金和信托受益债券的做法。通知下达后，各级人民银行认真执行，未再批设任何基金，把精力放在已经设立的基金的规范化和已批基金的发行工作上。同时，基金交易市场也取得了长足的进展：1994 年 3 月 7 日，沈阳证券交易中心和上交所联网试运行；3 月 14 日，南方证交中心同时和沪、深证交所联网。

1994 年 7 月底，证监会同国务院有关部门就推出股市“新政策”，提出“发展我国的共同投资基金，培育机构投资人，试办中外合资基金管理公司，逐步吸引国外基金投资国内 A 股市场，国内基金业与海外证券基金业联络、商洽，设计和申报了一批中外合资基金的方案”等内容。但由于各方面条件限制，1995～1996 年间，我国申请待批的各类基金已经达数百家，但由于法律的滞后，基金发展基本上处于停滞状态。

1996 年 11 月 29 日，建业、金龙和宝鼎基金在上交所上市。全国各地一些证交中心和深沪证交所的联网使一些原来局限在当地的基金通过深沪证券交易所网络进入全国性市场。不难看出，全国性的交易市场开始形成，伴随其市场表现为越来越多的投资者所认识和熟悉，开拓了中国投资基金业的发展道路。

在 1997 年之前，中国各地共设立了 75 只基金。其中，基金类凭证 47 只，募集资金总额 73 亿元。在沪深证券交易所上市交易的基金 25 只，占两交易所上市品种的 3%，基金市值达 100 亿元。25 只基金中规模超过 2 亿元的有 7 只，1 亿至 2 亿的有 7 只，1 亿以下的有 11 只。此外，还有 38 只基金在全国各地的证券交易中心挂牌交易，其中天津 9 只、南方 10 只、武汉 12 只、大连 7 只。

这一阶段的投资基金具有如下特点：第一，理论准备和制度建设严重不足。在很大程度上，基金只是作为一种集资的手段而已，对于如何规范基金管理者的行为、如何防范基金的经营风险等都知之甚少。基金作为一个新的金融产品实际上处于无序发展状态。第二，与宏观经济政策关系密切。在 1992 年邓小平南行讲话之后，宏观经济政策以扩张为主，基金业的发行审批快速扩展。在这一阶段有 80%左右的基金是在 1992～1993 年间发行的。1994 年以后，在整顿金融秩序和宏观经济紧缩的背景下，投资基金的发行基本暂停。第三，审批权基本上由各地的人民银行分行行使。该阶段发行的各类基金和受益券中，由中国人民银行总行批准的只有 4 只，由各分行批准的达到 114 只。第四，投资基金的发行数量在区域分布上与经济发展水平高度相关，主要集中在沿海开放地区的广东、江苏等地。其背景是，在沿海开放地区资金普遍紧张，设立和发行投资基金成为解决资金缺口的金融创新而迅速推广。这一阶段的投资基金兴起，教训颇多，但为后来的基金业发展积累了有益的经验。

二、基金业的起步与封闭式基金的发展阶段

1997 年是中国基金行业发展的一个分水岭。1997 年 11 月 14 日，经国务院批准，国务院证券委员会颁布了《证券投资基金管理暂行办法》，这是我国首次颁布的规范证券投资基金运作的行政法规，为我国证券投资基金业的规范发展奠定了法律基础。它的颁布与实施也标志着中国封闭式基金进入了新的发展阶段。此后，监管机构又相继颁布了《证券投资基金管理暂行办法》的实施准则、通知、规定等，对基金设立、基金运作、基金契约、托管协议、基金信息披露等内容进行了详细的界定。一系列的办法、规定、准则、通知等，规范了投资基金的运作，推动了证券投资基金在我国的规范和快速发展。

在新的管理制度实施后，先后有一批基金管理公司成立，首批成立的基金管理公司为南方基金管理公司和国泰基金管理公司，它们于 1998 年分别发行了开元基金和金泰基金。基金金泰、基金开元这两只契约型封闭式证券投资基金的设立，标志着规范化的证券投资基金在我国正式发展。由于其规模均为 20 亿元，远远超过此前的单只基金规模。这些基金被称为“新基金”，与此对应，1997 年之前成立的基金被称为“老基金”。随着南方基金公司和国泰基金管理公司的成功，1998 年之后基金行业进入了快速发展的轨道。其后，我国还新设立了华夏基金管理有限公司、华安基金管理有限公司、嘉实基金管理有限公司、鹏华基金管理有限公司等基金管理公司，专门从事证券投资基金的管理。中国工商银行、中国农业银行、中国银行、中国建设银行和中国交通银行等银行先后取得了证券投资基金托管业务资格，从事证券投资基金的托管业务。

在 1998 年，我国共成立了第一批 5 只封闭式基金：基金开元、基金金泰、基金兴华、基金安信和基金裕阳。此后，基金泰和、基金兴华、基金华安等证券投资基金相继设立。2001 年我国证券投资基金的总规模超过了 800 亿元，其中，封闭式基金的规模达到 689.73 亿元，开放式基金的规模超过了 117 亿元。

在《证券投资基金管理暂行办法》出台后，根据新的法规要求，对老基金进行了清理规范，同时批准设立了一批新的基金。在此阶段，基金规模得到快速发展，但也暴露了一些现象和需要解决的问题。这一阶段的投资基金发展中有三个现象值得关注：第一，投资基金不仅被监管部门看作是重要的机构投资者，而且成为监管部门贯彻政策意图、调控股市走势的重要机制。第二，投资基金运作中发生了比较严重的违规现象。在证券市场中，投资基金被赋予“专业理财、理性投资”等桂冠。但在实践中，新基金的运作并没有严格遵守有关法律法规的规定，规范地展开基金投资，而是比较普遍且相互联手地从事了违法违规操作（如“对倒”和“倒仓”）。第三，在各方舆论压力之下，证券监管部门开始对证券投资基金的运作给予更为密切的关注，对证券投资基金运作中的不规范行为予以查处和纠正。由此，证券投资基金的监管进入了监管程序之中。

截止到 2002 年底，我国有契约型封闭式证券投资基金 54 只，资产总规模为 817 亿元左右，单只基金的规模从 5 亿元到 30 亿元不等，平均规模为 15.13 亿元左右。2002 年 8 月以后，封闭式基金发行停止，在开放式基金快速增长的情况下，封闭式基金的市场份额继续趋于缩小，其数量占基金总数的比例从 2004 年的 33.54%下降到了 24.77%。资产规模占基金行业的比例从 2004 年的 24.96%下降到了 17.52%。到 2006 年末其数量一直保持在 53 只。随着封闭式基金逐步地封转开，其数量又逐步地减少（见图 1－3 和图 1－4 ）。

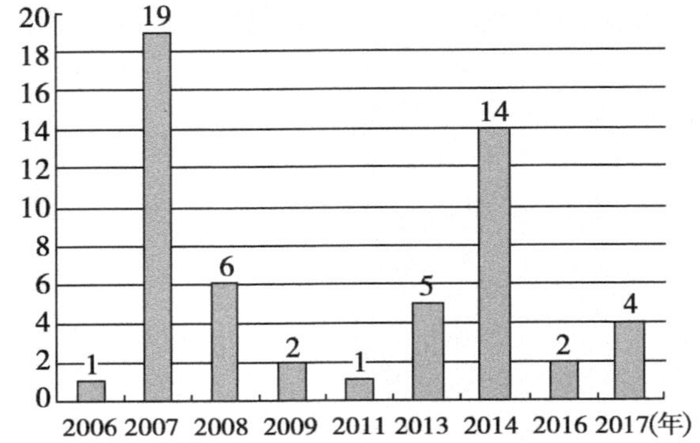

图 1－3　各年到期的封闭式基金数量(只)

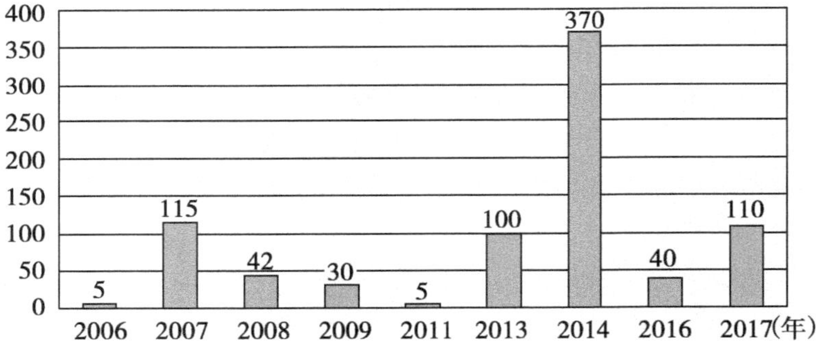

图 1－4　各年到期的封闭式基金规模(亿份)

截至 2011 年 11 月底我国共有封闭式基金 65 只，其中包含 2007 年 7 月以来在深圳证券交易所发行的多只创新型封闭式基金，如瑞福进取(150001)、大成优选(150002)、建信优势(150003)、同庆 A(150006)、同庆 B(150007)、瑞和小康(150008)、瑞和远见(150009)等。这批创新型封闭式基金的发行，使得我国的封闭式基金数量又有所回升。

三、基金业规范发展与开放式基金发展阶段

2000 年 10 月 8 日，中国证监会发布了《开放式证券投资基金试点办法》，对我国开放式基金的试点起到了极大的推动作用。2001 年 10 月，《开放式证券投资基金试点办法》颁布，使得证券投资基金管理的基本框架进一步得到了完善。这些事件标志着中国证券投资基金的发展进入了第三阶段。该阶段有两个显著的特点：一是以开放式基金为主的基金市场规模迅速壮大；二是基金业的对外开放取得了突破，QFII、QDII 产品相继问世。

2001 年 9 月 21 日，华安创新证券投资基金发行，首发规模约为 50 亿份基金单位，这是国内第一只契约型开放式证券投资基金，标志着我国证券投资基金的新发展。2001 年之后，基金的品种创新开始加速。仅 2002 年就推出了不少以各种投资理念为目标的投资基金品种，尤其突出的是南方首次推出债券型基金、华夏首次推出纯债券基金、华安首次推出 180 指数增强型基金、博时首次推出"安全型"概念的价值增长基金、天同推出首只 180 指数(标准化指数)基金等开放式基金。此后，我国开放式基金进入发行的高峰阶段，从 2001 年 9 月到 2002 年底，共发行、设立开放式证券投资基金 17 只，募集资金 566 多亿元人民币。

2002 年 6 月 1 日，中国证监会出台了《外资参股基金管理公司设立规则》，该规则自 2002 年 7 月 1 日起实施。这标志着中国证券市场的对外开放进入了一个新的阶段，也迈开了证券投资基金对外开放的步伐。2002 年 10 月，首家中外合资基金管理公司——国安基金管理公司成立。2003 年 7 月 9 日，瑞银华宝敲入外资进入中国股市的第一单，股票市场迎来了新的投资者——QFII。从入市资金总量看，QFII 占比不到 5%，但其对国内投资者的行为产生了巨大的影响，一个明显的标志是国内市场与国际市场的联动。

2004 年以后，我国的基金业的行业规模仍在不断地增长。2005 年底我国基金年末资产规模达到了 4 691.16 亿元，同比增长 44.5%；证券投资基金数量达到了 218 只，与 2004 年相比增加了 57 只，是历年来数量增加最多的一年。但 2007 年以前行业规模扩张较为平稳，3 年复合增长率为 38.25%。

2007 年，中国的股票市场延续着 2006 年的牛市格局，基于股市发展的中国证券投资基金也在这次牛市当中取得了长足的发展，基金产品已经成为普通投资者偏好的重要理财工具之一，基金业的扩张明显提速。2007 年底，国内投资者投资境外股票正式得到批准，QDII 产品问世，第一批 QDII 基金包括"南方全球"、"华夏全球"、"嘉实海外"和"上投亚太"4 只，这 4 支 QDII 基金的批准规模均为 300 亿元人民币。目前市场上获得 QDII 资格的金融机构主要有银行、基金、券商、保险、信托，最先获得 QDII 资格的是银行。

四、我国基金业的发展特点与存在问题

(一) 我国基金业的发展特点

目前，我国证券投资基金在发展中呈现以下几方面的特点：

1. 基金资产规模不断增加，证券投资基金成为重要的机构投资者。截止到 2009 年

底，我国有契约型封闭式和开放式证券投资基金594只，基金规模26 734亿元。此外，基金持股占股票市场的份额迅速提高，由2003年前的不到10%提高到2009年底的45%左右，证券投资基金对市场的影响也日益重要，真正成为中国证券市场中具有导向能力的机构投资者。自1998年到2011年，我国证券投资基金的发展状况见表1-1。

表1-1 1998～2011年我国基金业发展状况

年份	基金管理公司（家）	封闭式基金（只）	开放式基金（只）	基金总数（只）	基金净值（亿元）
1998	6	5	0	5	108
1999	10	22	0	22	574
2000	10	33	0	33	846
2001	15	48	3	51	821
2002	21	54	17	71	1 205
2003	34	54	56	110	2 561
2004	45	54	107	161	3 246
2005	53	54	164	218	4 691
2006	58	53	254	307	8 565
2007	58	56	329	385	31 997.4
2008	60	32	406	438	19 392
2009	60	33	561	594	26 734
2010	62	47	632	679	25 185
2011	65	65	896	961	—

资料来源：作者收集整理(截止到2011.11.18)

2. 基金品种日益丰富，基本涵盖了国际上主要的基金品种；基金品种不断创新。从1998年第一批以平衡型为主的基金发展至今，已出现成长型、价值型、复合型等不同风格的基金类型。随着2002年后开放式基金的逐步推出，中国基金业获得空前发展。在这个过程中，新产品如雨后春笋般蓬勃增长。基金的投资范围从股票扩展到债券、权证等新的证券品种上。基金的投资视野从股票市场、债券市场扩展到货币市场。基金的投资策略在股票、债券运作基础上不断创新。随着旗下基金日益丰富，各家基金管理公司逐步构造并完善自身的基金产品线，调整和细分旗下基金的类别，采取差异化的策略。从横向角度看，基金产品不断丰富，除股票基金外，陆续发展了债券基金、混合基金、货币市场基金，还推出了保本基金，这为投资者提供了多方位的投资选择。

3. 基金营销和服务创新活跃。我国证券投资基金的销售渠道不断拓宽，服务和交易模式也不断创新。除工农中建交五大银行获得基金代销资格外，中国光大银行等其他中小股份制商业银行和一些证券公司也获得了基金代销资格并开展业务，基金多元化的销售模式已经形成。在销售过程中，基金管理公司和代销银行通过基金推介会、网上银行、电话银行、报刊、广告等方式宣传基金产品知识与特点；通过柜台服务、CALL，CENTRE、网上银行、电话银行等方式为投资人提供服务。

4. 法律规范进一步完善，基金运作逐步规范。近几年，有关证券投资基金的法规、规章相继出台。如2004年6月1日《证券投资基金法》正式实施。在法律法规不断完善的同时，监管机构相继下发了规范基金运作的文件，也采取了若干措施，对基金设立、运作、托管、代销、信息披露等进行了规范，监管力量的加强，为基金业的运作创造了良好的外部环境。目前，证券投资基金的运作已经比较规范，有力地推动了证券投资基金的发展。

5. 基金管理人队伍和托管人队伍迅速扩大。经过"基金黑幕"的洗礼，基金业的监管得到强化。到2011年底，共批准设立了65家基金管理公司，其中合资基金管理公司发展迅猛，达到33家。

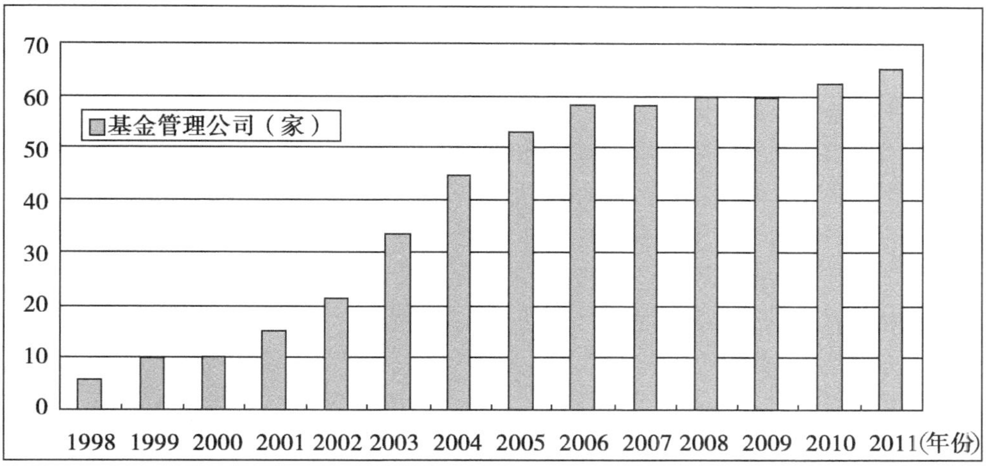

图1-5 历年我国基金管理公司数量增长情况

6. 封闭式基金和开放式基金的发展形成鲜明对比。封闭式基金的起源虽早于开放式基金，但开放式基金以其方便投资者的优点很快超过了封闭式基金。截至2011年11月底，封闭式基金有65只，开放式基金数多达896只，基金总数达961只，品种繁多，为投资者提供了众多选择的机会。

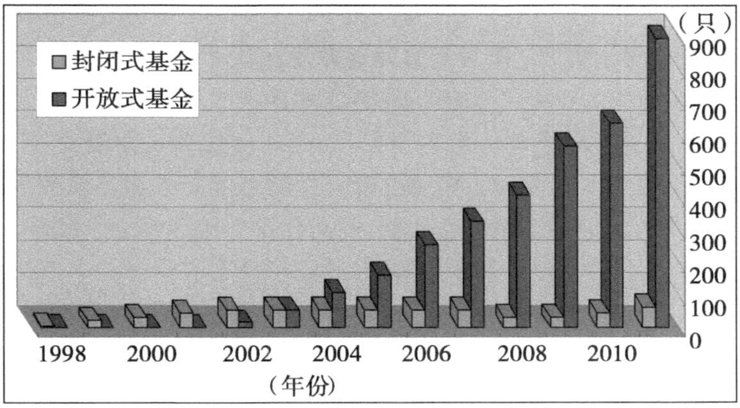

图1-6 我国历年封闭式基金与开放式基金数量对比

（二）我国基金业发展中存在的问题

中国证券投资基金虽然有了高速发展，但与发达国家相比，依然差距明显。要进一步推进证券投资基金的健康快速发展，需要解决一系列问题，其中包括：

1. 正确认识证券投资基金在证券市场发展中的地位和作用。投资基金是一种代客理财方式，它集中基金持有人的资金，通过专业运作而投资于证券市场。在完全竞争的证券市场中，每只投资基金都主要依靠证券投资中的差价获取收益。这一特性决定了投资基金本身并不具有稳定股市运行的功能。相反，股市走势的波动和价格波动正是投资基金运作的基本条件。因此，监管部门不应将投资基金作为调控股市走势的政策力量。但在中国实践中，通过行政机制控制投资基金发行步速甚至直接干预投资基金的交易活动的情形依然存在，这不仅引致了股市走势难以按照投资者的预期展开，加重了股市波动，而且严重影响了投资基金的运作宗旨的落实和健康持续发展。

2. 基金规模扩展与基金管理水平的协调。多年来，基金规模快速扩展，但基金管理水平提高却跟不上这种规模的扩张，由此引致在缺乏制度安排的条件下，基金管理公司的利益和基金持有人的利益难以制衡。从已有的制度来看，基金合同条款无法对基金管理人的道德风险进行约束，基金管理人的利益更多的是和基金管理规模相关，并不完全和向基金持有人提供了多少回报挂钩。从2004—2007年度的基金业绩与基金管理费收入比较分析中可以看到，基金业管理费的超前增长已经达到基金业绩不能承受之重。2004年开放式基金的平均收益率为－0.69％，基金业的管理费收入增长率为83.89％；2005年开放式基金的平均收益率为3.49％，基金业的管理费收入增长率为17.76％；2006年开放式基金的平均收益率为95.8％，基金业的管理费收入增长率为37.1％；2007年开放式基金的平均收益率为109％，基金业的管理费收入增长率为399.43％。在没有建立好包括对于基金管理人的激励约束机制在内的规范的管理制度之前，助涨助跌的基金市场，发展的结果不仅仅是基金市值的损失和持有人的利益受损，最终损害的是基金业本身的健康发展。2008年以来的基金市场的发展走低以及持有人较大规模的赎回基金，用脚投票，证明了这一点。

3. 防范基金管理人的道德风险。投资基金运作过程中的道德风险，是指投资者在购买基金之后，管理人可能作出不利于基金投资者的行为选择。这种行为选择，既可能是损害投资者的利益，如利用投资者的资源为利益集团谋取私利，也可能是漠视投资者的利益，如管理人在基金成立后不再像当初承诺的那样尽职尽责。中国基金业道德风险问题较为严重且表现形式多种多样。有鉴于此，如何完善相关法律制度，提高基金投资者维权的热情和动力，落实基金管理人对基金持有者的忠实义务和实现基金投资人利益最大化，强化基金持有人对管理人的有效监督，还需作出一系列努力。此外，对于基金管理公司的相关信息还需更加完善地有序披露，以形成一种自下而上的渠道让投资者知晓自身利益及维护自身利益的机制，推进证券投资基金的可持续发展。

4. 进一步完善基金管理公司的内部治理结构。内部治理存在缺陷，形成制度性风险源，损伤了基金的风险管理制度优势。基金管理公司股权结构普遍存在“一股独大”问题，基金管理公司决策高层和管理高层来源于或受聘于公司股东，其股东背景容易出现

"内部人控制"倾向，在基金投资者成为弱势群体和基金持有人的约束严重软化情况下，实际上基金管理公司行为的利益考虑当然地将公司股东利益置于最优先地位，偏离了证券投资基金兼顾基金投资者与基金公司股东二元利益平行的设计初衷。基金管理公司董事、独立董事和监事由大股东和高管提名选任，薪酬由董事会决定，这种利益关联格局很难保证其独立性。基金经理权限过大而缺乏有效制衡，把控制决策和操作失误风险寄托于对基金经理人的充分信任和道德判断的幼稚做法显然没有制度、规则和机制的约束更有效、更先进。

5. 实行激励机制，弱化基金经理频繁变动的状况。在中国基金业快速增长过程中，基金行业人才的流动更趋频繁。天相数据显示，2011 年以来，已发生 339 起基金经理变更事件，几乎所有基金公司都有所涉及，基本每天都有基金经理的人事变动。数据统计，国内基金经理中有 1/3 管理基金的投资经验不到 1 年；50%以上的基金经理管理基金的经验不足 2 年；接近 3/4 的基金经理管理基金经验不足 3 年。基金经理转投私募成为一时潮流。由于不受仓位比例限制，也不需要披露投资状况。同时，由于公募基金在薪酬激励上对基金经理缺乏有效的吸引，私募基金成为很多成名公募基金经理的重要选择。国内基金业高速发展的同时，人才的频繁流动成为制约行业发展的一种隐忧。作为应对措施，应加大对基金经理的激励机制，以保持基金经理的稳定性。

6. 加大金融创新，改变基金投资组合趋同的状况。在中国，虽然投资基金的名称众多，但受各种因素影响，这些基金的投资组合常常有着趋同的情形。从而，引致名称各异的投资基金基本向着同一证券组合方向运作。这既不利于基金持有人的投资选择，也不利于投资基金之间的竞争和发展。要改变这种状况，一个重要选择是，加大基金发展中的金融创新，给基金管理人和基金经理更多、更大的市场选择权。

【课外阅读网络资料】

(1) 基金理财有何优势?

(2) 上海证券报：2009 年中国基金业十大新闻。

(3) 上海证券报：2010 年中国基金业十大新闻。

【思考题】

1. 简述证券投资基金的概念和特征。
2. 比较证券投资基金与股票、债券的异同。
3. 比较证券投资基金与银行储蓄存款的差别。
4. 比较证券投资基金与理财产品的差异。
5. 论述我国证券投资基金的发展现状、存在的问题和发展措施。
6. 论述我国证券投资基金在金融体系中的地位和作用。

第二章　证券投资基金的类型

【学习要点】掌握封闭式基金和开放式基金、公司型基金和契约型基金、公募基金和私募基金各自的特征；熟悉成长型基金、收入型基金和平衡型基金的特征；了解股票基金、债券基金、货币市场基金、混合型基金的差异；了解在岸基金和离岸基金的基本概念；了解指数基金、伞型基金、对冲基金、期货基金、期权基金、套利基金、保本基金等其他类型的基金基本特征。

【重点难点】封闭式和开放式基金及公司型基金和契约型基金的异同；公募基金和私募基金的特征；ETF 基金的套制原理。

证券投资基金的一大特色就是数量多、品种丰富，可以较好地满足广大投资者的需求。不管是投资人还是从事基金管理的专业人士都必须对基金的分类有一个深入的了解。作为投资人，了解基金的分类可以根据基金的特点和自身的偏好选择适合自己的基金，以便获得与所承担风险相对应的收益。作为证券业的相关从业人员，清楚地了解基金的分类，对于基金业务的开展和维护基金业的公平竞争都具有重要的意义。

第一节　证券投资基金分类概述

一、证券投资基金分类的意义

随着基金数量品种的不断增多，对投资基金进行合理的分类，无论是对投资者、基金管理公司，还是对于基金研究和评价机构、监管部门来说，都具有极其重要的意义。

对于基金的投资者而言，基金的数量和种类越来越多，要从众多的基金中挑选出适合自己投资的基金，就变得非常的困难。因此，合理地对基金进行分类，将有助于基金投资者认识、了解和比较各种类型的基金，也能够使他们在挑选基金时，能根据自身的风险偏好挑选出适合自己的基金种类，进而作出正确的投资决策。

对于基金管理者而言，不同类型的基金，其管理理念、投资策略和操作风险也各不相同。科学地进行基金的分类，也有助于基金管理者针对不同类型的基金采取不同的投资策略，从而有效地提高基金管理业绩和降低管理成本。

对于基金的研究和评价机构而言，基金的分类是进行基金评级的基础。基金的绩效考评应该有一个明确的比较标准，也就是说在评价基金业绩时必须在同类型、同级别的基金中进行比较，这样的结果才是合理的和公平的。

对于基金的监管部门，明确基金的类别特征将有助于针对不同基金的特点实施更有效的分类监管。

二、投资基金分类的困难性

科学合理的基金分类至关重要，但实际工作中对基金进行统一的分类并非易事。作为金融服务行业，基金产业为不断满足投资者的投资需求，基金产品创新的步伐从未停止，没有一种分类方法能够满足所有的需要，各种分类方法之间又不可避免地存在重合和相交。

为统一基金分类标准，一些国家常常由监管部门或行业协会出面制定统一的基金分类标准。如美国的投资公司协会依据基金投资目标和投资策略的不同，将美国的基金分为33类。不过监管部门和行业协会的分类标准往往不够精密，无法满足投资者的实际投资需求。因此，尽管存在不同的分类标准，投资者仍然会借助于一些基金评级机构的基金分类标准进行实际的投资操作。

随着我国基金品种的日益丰富，在原先简单的封闭式与开放式基金划分的基础上，2004年7月1日开始施行的《证券投资基金运作与管理办法》，首次将我国的基金类别分为股票基金、债券基金、货币市场基金等基本类型。

三、基金的分类标准和划分

构成基金的要素很多，因此可以依据不同的标准对基金进行分类。

1. 根据投资基金规模和基金存续期限及运作方式的不同，投资基金可分为封闭式基金和开放式基金。

2. 根据法律形式的不同，投资基金可分为契约型基金和公司型基金。

3. 根据投资对象的不同，投资基金可分为股票基金、债券基金、货币市场基金和混合基金等类型。

4. 根据基金的募集方式划分，投资基金可分为公募基金和私募基金。

5. 根据基金的风险与收益，可以把投资基金分为成长型基金、收入型基金和平衡型基金。

6. 按投资理念的不同，投资基金可分为主动型基金和被动型基金。

此外，除了上述几种类型的基金，证券投资基金还可以按基金资金的来源和用途的不同分为在岸基金和离岸基金；按投资货币种类不同分为美元基金、英镑基金、日元基金等；按收费与否分为收费基金和不收费基金；按投资计划可变更性分为固定型基金、半固定型基金、融通型基金；还有专门支持高科技企业、中小企业的风险基金；因交易技巧而著称的对冲基金、套利基金以及投资于其他基金的基金中基金等等。

第二节　证券投资基金的主要类型及特征

一、开放式基金与封闭式基金

根据投资基金规模和基金存续期限，投资基金可分为封闭式基金和开放式基金。

（一）封闭式基金

封闭式基金是指事先确定发行总额和存续期限，在存续期内基金单位总数不变，基金上市后投资者可以通过证券市场买卖的一种基金类型。也就是说，基金的发起人在设立基金时，限定了基金单位的发行总额，筹集到这个总额后，基金即宣告成立，并进行封闭，在一定时期内不再接受新的投资，所以又称为固定型投资基金。

封闭式基金单位的流通采取在证券交易所上市的办法，投资者日后买卖基金单位都必须通过证券经纪商在二级市场上进行竞价交易。封闭式基金的期限是指基金的存续期，即基金从成立起到终止之间的时间。决定基金期限长短的因素主要有两个：一是基金本身投资期限的长短，一般如果基金目的是进行中长期投资（如创业基金）的，其存续期就可长一些，反之，如果基金目的是进行短期投资（如货币市场基金），其存续期可短一些；二是宏观经济形势，一般经济稳定增长，基金存续期可长一些，若经济波浪起伏，则应相对地短一些。当然，在现实中，存续期还应考虑基金发起人和众多投资者的要求来确定。

（二）开放式基金

开放式基金是指基金发行总额不固定，基金单位总数随时增减，没有固定的存续期限，投资者可以按基金的报价在规定的营业场所申购或赎回基金单位的一种基金类型。换句话说，基金管理公司在设立开放式基金时，发行基金单位的总份额不固定，可视投资者的需求追加发行。投资者也可根据市场状况和各自的投资决策，或者要求发行机构按现期净资产值扣除手续费后赎回股份或受益凭证，或者再买入股份或受益凭证，增持基金单位份额。为了应付投资者中途抽回资金，实现变现的要求，开放式基金一般都从所筹资金中拨出一定比例，以现金形式保持这部分资产。这虽然会影响基金的盈利水平，但作为开放式基金来说，这是必需的。

（三）封闭式基金与开放式基金的区别

1. 期限不同。封闭式基金通常有固定的封闭期，通常在 5 年以上，一般为 10 年或 15 年，经受益人大会通过并经主管机关同意可以适当延长期限。而开放式基金没有固定期限，投资者可随时向基金管理人赎回基金单位。

2. 发行规模限制不同。封闭式基金在招募说明书中列明其基金规模，在封闭期限内未经法定程序认可不能再增加发行。开放式基金没有发行规模限制，投资者可随时提出认购或赎回申请，基金规模就随之增加或减少。

3. 基金单位交易方式不同。封闭式基金的基金单位在封闭期限内不能赎回，持有人只能寻求在证券交易场所出售给第三者。开放式基金的投资者则可以在首次发行结束一段时间（多为 3 个月）后，随时向基金管理人或中介机构提出购买或赎回申请，买卖方式灵活，除极少数开放式基金在交易所作名义上市外，通常不上市交易。

4. 基金单位的交易价格计算标准不同。封闭式基金与开放式基金的基金单位除了首次发行价都是按面值加一定百分比的购买费计算外，以后的交易计价方式不同。封闭式基金的买卖价格受市场供求关系的影响，常出现溢价或折价现象，并不必然反映基金的净资产值。开放式基金的交易价格则取决于基金每单位净资产值的大小，其申购价一般是基金单位净资产值加一定的购买费，赎回价是基金单位净资产值减去一定的赎回费，不直接受市场供求影响。

5. 收益与风险不同。由于封闭式基金的收益主要来源于二级市场的买卖差价和基金年底的分红，其风险也就来自于二级市场以及基金管理人的风险。开放式基金的收益则主要来自于赎回价与申购价之间的差价，其风险也仅为基金管理人能力的风险。

6. 对管理人的要求和投资策略不同。封闭式基金条件下，基金的基金单位数不变，资本不会减少，管理人没有随时要求赎回的压力，基金资产的投资组合能有效地在预定计划内进行，基金管理人可以实行长期的投资策略。开放式基金因基金单位可随时赎回，为应付投资者随时赎回，在投资组合上需保留一部分现金和高流动性的金融商品，所以基金资产不能全部用来投资，更不能把全部资本用来进行长线投资。此外，因为可随时申购，开放式基金进行长期投资会受到一定限制。另外，开放式基金的投资组合等信息披露的要求也比较高。

从发达国家金融市场来看，开放式基金已成为世界投资基金的主流。世界基金发展史从某种意义上说就是从封闭式基金走向开放式基金的历史。

二、契约型基金和公司型基金

（一）契约型基金

契约型基金又称为单位信托基金，是指把投资者、管理人、托管人三者作为基金的当事人，通过签订基金契约的形式，发行受益凭证而设立的一种基金。契约型基金起源于英国，后在中国香港、新加坡、印度尼西亚等国家和地区十分流行。

契约型基金是基于契约原理而组织起来的代理投资行为，没有基金章程，也没有董事会，而是通过基金契约来规范三方当事人的行为。基金管理人负责基金的管理操作。基金托管人作为基金资产的名义持有人，负责基金资产的保管和处置，对基金管理人的运作实行监督。

（二）公司型基金

公司型基金是按照公司法以公司形态组成的，该基金公司以发行股份的方式募集资金，一般投资者则为认购基金而购买该公司的股份，也就成为该公司的股东，凭其持有的股份依法享有投资收益。这种基金要设立董事会，重大事项由董事会讨论决定。

公司型基金的特点：基金公司的设立程序类似于一般股份公司，基金公司本身依法注册为法人。但不同于一般股份公司的是：它是委托专业的财务顾问或管理公司来经营与管理；基金公司的组织结构也与一般股份公司类似，设有董事会和持有人大会，基金资产归公司所有，投资者则是这家公司的股东，承担风险并通过股东大会行使权利。

（三）契约型基金与公司型基金的比较

契约型基金与公司型基金的不同点有以下几个方面：

1. 资金的性质不同。契约型基金的资金是通过发行基金份额筹集起来的信托财产；公司型基金的资金是通过发行普通股票筹集的公司法人的资本。

2. 投资者的地位不同。契约型基金的投资者购买基金份额后成为基金契约的当事人之一，投资者既是基金的委托人，即基于对基金管理人的信任，将自己的资金委托给基金管理人管理和营运，又是基金的受益人，即享有基金的受益权；公司型基金的投资者购买基金的股票后成为该公司的股东。因此，契约型基金的投资者没有管理基金资产的权力，而公司型基金的股东通过股东大会享有管理基金公司的权力。

3. 基金的营运依据不同。契约型基金依据基金契约营运基金；公司型基金依据基金公司章程营运基金。

由此可见，契约型基金和公司型基金在法律依据、组织形态以及有关当事人扮演角色上是不同的。但对投资者来说，投资于公司型基金和契约型基金并无多大区别，它们的投资方式都是把投资者的资金集中起来，按照基金设立时所规定的投资目标和策略，将基金资产分散投资于众多的金融产品上，获取收益后再分配给投资者。

从世界基金业的发展趋势看，公司型基金除了比契约型基金多了一层基金公司组织外，其他各方面都与契约型基金有趋同化的倾向。

三、成长型基金、收入型基金和平衡型基金

根据基金的风险与收益，可以把投资基金分为成长型基金、收入型基金和平衡型基金。

（一）成长型基金

成长型基金是指以追求资产的长期增值和盈利为基本目标，投资于具有良好增长潜力的上市公司股票或其他证券的证券投资基金。成长型基金是基金中最常见的一种，它追求的是基金资产的长期增值，同时兼顾一定的经常性收益。按照被投资公司的成长性，成长型基金又可分为稳健成长型基金和积极成长型基金。

成长型基金的投资主要集中于市场表现良好的绩优股。基金经理人在进行投资操作时，把握有利的时机买入股票并长期持有，以便能获得最大的资本利得。成长型基金的主要目标是公司股票，它不做信用交易或证券期货交易。被成长型基金挑选的公司，多是信誉好且具有长期盈利能力的公司，其资本成长的速度要高于股票市场的平均水平。由于成长型基金追求高于市场平均收益率的回报，因此它必然承担了更大的投资风险，其价格的波动也比较大。简言之，成长型基金追求资金的长期性。

（二）收入型基金

收入型基金是以追求当期收入最大化为基本目标，以能带来稳定收入的证券为主要投资对象的证券投资基金。其投资对象主要是那些绩优股、债券等现金收入比较稳定的有价证券，以获取当期的最大收入为目的。

收入型基金资产成长的潜力较小，损失本金的风险相对也较低，一般可分为固定收入型基金和股票收入型基金。固定收入型基金的主要投资对象是债券和优先股，因而尽管收益率较高，但长期成长的潜力很小，而且当市场利率波动时，基金净值容易受到影响。股票收入型基金的成长潜力比较大，但易受股市波动的影响。

在投资策略上，坚持投资多元化，利用资产组合分散投资风险。为满足投资组合的调整，持有的现金资产也较多。收入型基金一般把所得的利息、红利部分分派发给投资者。简言之，收入型基金重视当期最高收入。

（三）平衡型基金

平衡型基金是指以保障资本安全、当期收益分配、资本和收益的长期成长为基本目标，从而在投资组合中比较注重短期收益—风险搭配的证券投资基金。实践中，平衡型基金资产的分配大约是：25％～50％的资产投资于优先股和公司债券，其余的投资于普通股，这样可以更好地确保基金资产的安全性。因此它的最大优点就是它具有双重投资目标，投资风险小。当股票市场出现空头行情时，平衡性基金的表现要好于全部投资于股票的基金；而在股票市场出现多头行情时，平衡型基金的增长潜力要弱于全部投资于股票的基金。

因此，平衡型基金的主要目的是从其投资组合的债券中得到适当的利息收益，与此同时又可以获得普通股的升值收益。投资者既可获得当期收入，又可得到资金的长期增值，通常是把资金分散投资于股票和债券。与成长型基金和收入型基金相比，平衡型基金的特点是风险比较低，缺点是成长的潜力不大。

四、股票基金、债券基金、货币市场基金和混合基金

按投资标的分类，基金可分为股票基金、债券基金、货币市场基金和混合基金等。

（一）股票基金

所谓股票基金是指专门投资于股票或者说基金资产的大部分投资于股票的基金类型，也是各国普遍采用的一种基金类型。我国《证券投资基金运作与管理办法》规定，基金资产的60％以上投资于股票的基金才是股票基金。股票基金的投资目标侧重于追求资本利得和长期资本增值，是基金最原始、最基本的品种之一。股票基金的最大特点就是具有良好的增值能力。其他特点主要体现在以下几个方面：

1. 与投资者直接投资于股票市场相比，股票基金具有组合投资、分散风险的特点。此外，投资者投资了股票基金，还可以享受基金大额投资在成本上的优势，降低了投资成本。

2. 与其他基金品种相比，股票基金的风格多样，潜在收益和风险覆盖最广。通俗地讲，就是股票基金的潜在收益和风险有高有低，可以适合不同投资者对于收益和风险的要求。当然，并不是说股票基金覆盖了所有潜在收益和风险的组合，比起对冲基金，它的潜在收益和风险都要小；而比起债券基金或保本基金，它的潜在收益和风险要来得高。总的来说，股票基金的潜在风险和收益处于中上等水平。

3. 长期来说，投资股票基金的收益表现较好。从国内外的股票市场价格统计数据来看，股票价格总体上具有不断向上增长的长期历史趋势，这是基金长期投资能够获利的重要理论依据。我国改革开放20多年来经济发展迅速，这种快速稳定的增长态势仍将保持。

4. 具有获得投资国际股票市场的便利。一般来说，各国的股票基本上在本国市场上交易，股票投资者也只能投资于本国上市的股票，而有些证券投资基金可以投资于国际资本市场的股票、债券等，投资者可以通过购买股票基金，间接投资于其他国家或地区的股票、债券等金融产品。

（二）债券基金

债券基金是一种以债券为主要投资对象的证券投资基金。我国《证券投资基金运作

与管理办法》规定，基金资产的80%以上投资于债券的基金才是债券基金。由于债券的年利率固定，因而这类基金的风险较低，适合于稳健型投资者。

通常债券基金收益会受货币市场利率的影响，当市场利率下调时，其收益就会上升；反之，若市场利率上调，则基金收益率下降。除此以外，汇率也会影响基金的收益，管理人在购买非本国货币的债券时，往往还在外汇市场上做套期保值。

债券基金的资产规模仅次于股票基金。与股票基金相比，债券基金的投资风险小于股票基金，但缺乏资本增值能力，投资回报率也比股票低。

目前市场上基金产品在推销时常常会见到“增强”收益债券型基金的提法，其实，“增强”收益债券型基金虽然并不是债券基金中一个严格的分类，但是近期却频频出现在广大投资者的视野中。增强债券基金一般不通过二级市场买入股票，但是可以通过一级市场申购股票，即“打新股”。某些增强债券基金还承诺在一段时间内卖出一级市场申购股票，同时保持全部股票的仓位不超过一定比例。这一类基金的风险相对比二级市场买入股票的债券型基金要小；由于新股申购的预期收益率一般要高于债券的收益率，因此这类基金相比纯债基金（即100%投资于债券的基金）的预期收益率要高一些，但是基金净值波动率也高于纯债基金。同时，这类基金保持了纯债基金的优势，在股票市场表现不佳的时候，可以选择不申购股票，把基金当成纯债基金来运作。

（三）货币市场基金(Money Market Mutual Funds，简称 MMMFs)

货币市场共同基金是一种特殊类型的共同基金，是美国20世纪70年代以来出现的一种新型投资理财工具。购买者按固定价格（通常为1美元）购入若干个基金股份，货币市场共同基金的管理者就利用这些资金投资于可获利的短期货币市场工具（例如国库券和商业票据等）。

货币市场基金是以货币市场为投资对象的一种基金，其投资工具期限在一年以内，包括银行短期存款、国库券、公司债券、银行承兑票据及商业票据等。通常，货币基金的收益会随着市场利率的下跌而降低，与债券基金正好相反。

我国《证券投资基金运作与管理办法》规定，基金资产的100%必须全部投资于货币市场工具的基金才是货币市场基金。因此，货币市场基金通常被认为是无风险或低风险的投资。货币市场基金主要有以下特点：一是该基金以货币市场的流动性较强的短期融资工具作为投资对象，具有一定的流动性和安全性；二是该基金的价格比较稳定，投资成本低，投资收益一般高于银行存款；三是该基金一般没有固定的存续期间。

表2-1　货币市场基金与国债、银行存款及股票的比较

类　别	流动性	安全性	风险性	收益性
货币市场基金	强	高	低	中
银行存款	强	高	低	最低
国　债	弱	最高	最低	中
股　票	强	低	高	高

货币市场基金与传统的基金比较具有以下特点：

1. 货币市场基金与其他投资于股票的基金最主要的不同在于基金单位的资产净值是固定不变的，通常是每个基金单位1元。投资该基金后，投资者可利用收益再投资，投资收益就不断累积，增加投资者所拥有的基金份额。比如某投资者以100元投资于某货币市场基金，可拥有100个基金单位，1年后，若投资报酬是8%，那么该投资者就多8个基金单位，总共108个基金单位，价值108元。

2. 衡量货币市场基金表现好坏的标准是收益率，这与其他基金以净资产价值增值获利不同。

3. 流动性好，资本安全性高。这些特点主要源于货币市场是一个低风险、流动性高的市场。同时，投资者可以不受到期日限制，随时可根据需要转让基金单位。

4. 风险性低。货币市场工具的到期日通常很短，货币市场基金投资组合的平均期限一般为4～6个月，因此风险较低，其价格通常只受市场利率的影响。

5. 投资成本低。货币市场基金通常不收取赎回费用，并且其管理费用也较低，货币市场基金的年管理费用大约为基金资产净值的0.25%～1%，比传统的基金年管理费率低1%～2.5%。

6. 货币市场基金均为开放式基金。货币市场基金通常被视为无风险或低风险投资工具，适合资本短期投资生息以备不时之需，特别是在利率高、通货膨胀率高、证券流动性下降、可信度降低时，可使本金免遭损失。

（四）混合基金(Commingled Funds)

混合基金是指同时投资于股票、债券和货币市场等工具，没有明确的投资方向的基金。其风险低于股票基金，预期收益则高于债券基金。它为投资者提供了一种在不同资产之间进行分散投资的工具，比较适合较为保守的投资者。

混合基金根据资产投资比例及其投资策略又分为偏股型基金(股票配置比例50%～70%，债券比例在20%～40%)、偏债型基金(与偏股型基金正好相反)、平衡型基金(股票、债券比例比较平均，大致在40%～60%)和配置型基金(股债比例按市场状况进行调整)等。

依据投资对象对投资基金进行分类，简单明了，对投资者具有直接的参考价值。

五、在岸基金和离岸基金

按基金资本来源和运用地域分类，投资基金可以分为在岸基金和离岸基金。

在岸基金也称在岸证券投资基金，是指在本国筹集资金并投资于本国证券市场的证券投资基金，也称为国内基金。一般而言，在岸基金在一国基金市场上应占主导地位。相比离岸基金，在岸基金的监管更为严格，因此其管理和运作也更为规范。

离岸基金又称离岸证券投资基金，是指一国的证券基金组织在他国发行证券基金单位并将募集的资金投资于本国或第三国证券市场的证券投资基金。离岸基金成立的主要目的是避税。如为了吸引全球投资者的资金，离岸基金的资产注册登记都不在母国，他们一般都在素有“避税天堂”之称的地方注册，如卢森堡、开曼群岛、百慕大等，因为这些国家和地区对个人投资的资本利得、利息和股息收入都不收税。

第三节　特殊类型的基金及特征

一、交易型开放式指数基金（ETF 基金）

指数基金是 20 世纪 70 年代以来出现的新的基金品种。为了使投资者能获取与市场平均收益相接近的投资回报，产生了一种功能上近似或等于所编制的某种证券市场价格指数的基金。它是指按照某种指数构成的标准，购买该指数包含的证券市场中的全部或部分证券的基金，其目的在于达到与该指数同样的收益水平。其特点是：它的投资组合等同于市场价格指数的权数比例，收益随着当期的价格指数上下波动。当价格指数上升时基金收益增加，反之收益减少。基金因始终保持当期的市场平均收益水平，因而收益不会太高，也不会太低。

指数基金的优势是：

1. 费用低廉。基金管理人进行投资所产生的成本、销售费用以及管理费较低，尤其交易费用较低。

2. 有利于分散和防范风险，风险相对较小。一方面，由于指数基金分散投资，单个股票的波动不会对指数基金的整体表现构成影响；另一方面，指数基金所盯住的指数一般都有较长的历史可以追踪，在一定程度上风险是可以预测的。因此可以完全消除投资组合的非系统风险，而且可以避免由于基金持股集中带来的流动性风险。

3. 由于指数基金不需进行主动的投资决策，监控方面相对简单。以机构投资者为主的市场中，指数基金可获得市场平均收益率，可以为股票投资者提供更好的投资回报。

4. 指数基金可以作为避险套利的工具。对于投资者尤其是机构投资者来说，指数基金是他们避险套利的重要工具。指数基金由于其收益率的稳定性和投资的分散性，特别适合于社保基金等数额较大、风险承受能力较低的资金投资。

二、上市型开放式基金（LOF 基金）

LOF 基金，英文全称是“Listed Open-Ended Fund”，汉语称为“上市型开放式基金”。也就是上市型开放式基金发行结束后，投资者既可以在指定网点申购与赎回基金份额，也可以在交易所买卖该基金。不过投资者如果是在指定网点申购的基金份额，想要上网抛出，须办理一定的转托管手续；同样，如果是在交易所网上买进的基金份额，想要在指定网点赎回，也要办理一定的转托管手续。我国国内首只上市型开放式基金是南方积极配置基金。

LOF 基金主要特点：

1. 上市型开放式基金本质上仍是开放式基金，基金份额总额不固定，基金份额可以在基金合同约定的时间和场所申购、赎回。

2. 上市型开放式基金发售结合了银行等代销机构与深交所交易网络二者的销售优

势。银行等代销机构网点仍沿用现行的营业柜台销售方式，深交所交易系统则采用通行的新股上网定价发行方式。

3. 上市型开放式基金获准在深交所上市交易后，投资者既可以选择在银行等代销机构按当日收市的基金份额净值申购、赎回基金份额，也可以选择在深交所各会员证券营业部按撮合成交价买卖基金份额。

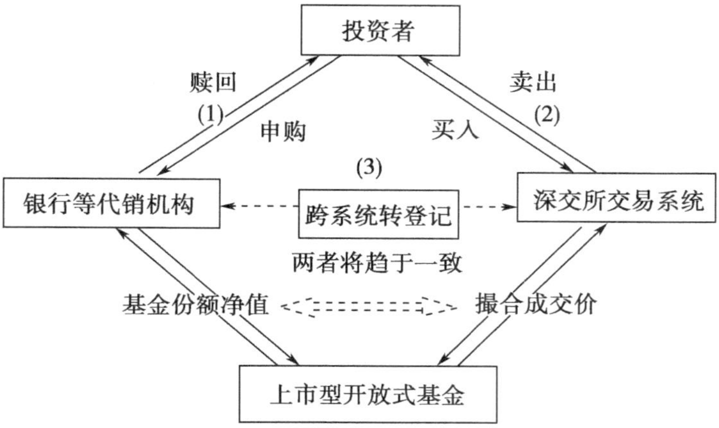

图 2-1　LOF 基金的场内外交易流程

LOF 对投资者的意义表现在以下 3 个方面：

1. 减少交易费用。投资者通过二级市场交易基金，可以减少交易费用。目前封闭式基金的交易费用为交易佣金、过户费和印花税三部分，其中过户费和印花税不收，交易佣金为 3‰，可以视交易量大小向下浮动，最低可到 1‰左右。对比开放式基金场外交易的费用，开放式基金按类型有所不同。按双向交易统计，场内交易的费率两次合并为 6‰，场外交易申购加赎回股票型基金为 15‰以上，债券型基金一般也在 6‰以上。场外交易的成本远大于场内交易的成本。

2. 加快交易速度。开放式基金场外交易采用未知价交易，T+1 日交易确认，申购的份额 T+2 日才能赎回，赎回的金额 T+3 日才从基金公司划出，需要经过托管银行、代销商划转，投资者最迟 T+7 日才能收到赎回款。

LOF 增加了开放式基金的场内交易，买入的基金份额 T+1 日可以卖出，卖出的基金款如果参照证券交易结算的方式，当日就可用，T+1 日可提现金，与场外交易比较，买入比申购提前 1 日，卖出比赎回最多提前 6 日。减少了交易费用和加快了交易速度直接的效果是基金成为资金的缓冲池。

3. 提供套利机会。LOF 采用场内交易和场外交易同时进行的交易机制，为投资者提供了基金净值和围绕基金净值波动的场内交易价格。由于基金净值是每日交易所收市后按基金资产当日的净值计算，场外的交易以当日的净值为准采用未知价交易，场内的交易以交易价格为准，交易价格以昨日的基金净值作为参考，以供求关系实时报价。场内交易价格与基金净值价格不同，投资者就有套利的机会。

三、保本基金(Guaranteed Fund)

保本基金是指在一定时期后(一般是3～5年,最长也可达10年),投资者会获得投资本金的一个百分比(例如100%的本金)的回报,而同时如果基金运作成功,投资者还会得到额外收益。由于保本基金有一定的封闭期,即投资者如果在封闭期内赎回份额的话将得不到基金公司的保本承诺,所以保本基金也被称为“半封闭基金”。保本基金属于低风险、低回报的基金产品。

在国际上,保本基金可分为保证(Capital Guaranteed)和护本(Capital Protected)基金两种类型,其中护本基金不需要第三方提供担保。一般来说,保本基金将大部分资产投资于固定收入债券,以使基金期限届满时支付投资者的本金,其余资产约15%～20%投资于股票等工具来提高回报潜力。

保本基金的主要特点是:① 保障本金安全,一般保本基金在基金合同上都写明了本金的安全程度,保本程度包括部分保证本金安全,如保证90%的本金;② 在一段时间内保证本金安全,一般来说投资者只有全程参与保本期,本金才能得到保证,而其间后进、先出的投资者并不享受基金合同中的保本条款。保本基金从本质上讲是一个平衡型基金,主要通过投资组合中固定收益类资产(债券为主)和股票、衍生金融产品(期权)的策略配置来达到基金保值、增值的目标,此类基金产品风险较低,并不放弃追求超额收益的空间,所以此类产品颇受投资者的青睐,如香港、新加坡、台湾在前段时期股市不景气的状况下,保本基金大行其道,创下了基金销售的佳绩;而在牛市中,由于此类产品能分享股市上涨带来的收益,表现出来的赢利能力并不比股票基金差多少,因而也有很强的市场竞争能力,可以说无论牛市、熊市保本基金都有很强的卖点。

保本基金的投资风险主要来自于3个方面:① 市场短期内突然巨幅下跌,且下跌过程中流动性极度丧失,以至于放大了的风险暴露部分来不及变现就击穿了净值保本线。如美国股市1987年“黑色星期一”。② 投资标的市场处于频繁的剧烈波动状态,引发大量的赎回,基金不得不频繁地调整风险资产与固定收益资产间的比例,运作成本增加,影响了保本目标的实现。③ 基金管理人风险监控与内控管理不严,未能严格执行策略,导致基金投资到期不能保本。从整体制度安排而言,保本基金投资风险的防范通过为保本基金引入担保机构可得到有效增强。

保本基金投资风险的3个方面可以通过精细的测算和严密的制度安排得到控制。其一,保本基金设定了有效的平仓线,若股票投资部分能以一定范围内的冲击成本及时平仓,则不会出现赔付。同时,考虑到如果连续出现大盘无流动性跌幅的情况,保本基金在日常运作的时候会有专门人员每日进行测算,保留出足够的安全空间以防范此类危险。极端情况下,基金公司会以收取的管理费进行贴补。其二,基金管理公司可通过较高的赎回费率(提前赎回的解约罚金)来控制投资者的资金流动频率的进出,其中一部分将会返回基金资产弥补冲击成本。在市场波动不大的情况下,费率的调控力度将比较有效;但在市场出现异常波动而导致投资者心理恐慌的情况下,费率调控的力度将大大降低。因此,鹏华基金管理公司拟推出的保本基金还设置了缓冲区,超过缓冲区的赎回将引发动态平衡的运作，从而对投资比例作出有效微调，确保保本目标的实现。其三，风险监控管理的制度安排和执行是杜绝保本基金运作风险的核心部分。风险控制一般主要由风险监控人员完成。多重监控防火墙的安全设计将有效保证保本投资机制的顺利运行。鹏华基金将设置独立的动态平衡人员，主要投资比例的调整将由动态平衡人员和风险监控人员交叉复核。

四、QFII 基金与 QDII 基金

QFII 是英文 Qualified Foreign Institutional Investors（合格的境外机构投资者）的简称。在 QFII 制度下，合格的境外机构投资者将被允许把一定额度的外汇资金汇入并兑换为当地货币，通过严格监督管理的专门账户投资当地证券市场，包括股息及买卖价差等在内的各种资本所得经审核后可转换为外汇汇出，实际上就是对外资有限度地开放本国证券市场。

根据中国人民银行与中国证监会联合发布的《合格境外机构投资者境内证券投资管理暂行办法》，QFII 的投资范围包括：在证券交易所挂牌交易的 A 股股票、国债、可转换债券、企业债券及中国证监会批准的其他金融工具。

QDII 是 Qualified Domestic Institutional Investor（合格的境内机构投资者）的首字母缩写。它是在一国境内设立，经该国有关部门批准从事境外证券市场的股票、债券等有价证券业务的证券投资基金。QDII（国内机构投资者赴海外投资）资格认定制度由香港政府部门最早提出，与 CDR（预托证券）、QFII 一样，它也是在货币没有实现完全可自由兑换、资本项目尚未开放的情况下，有限度地允许境内投资者投资境外证券市场的一项过渡性的制度安排。

QDII 意味着将允许内地居民外汇投资境外资本市场，就目前而言，即指投资于香港资本市场。QDII 可以为我国有序开放资本市场积累经验，将为培育内地机构投资者起到积极作用。特别是对香港资本市场，虽然从资金状况看，对市值已近 34 000 亿港元的香港市场而言，可能只是杯水车薪。据有关专家预测，如果允许施行 QDII，先期进入香港市场的资金不会超过 50 亿美元。

但一方面由于 QDII 是香港政府对中央政府提出的建议，中央政府给予认真考虑并着手实施，而且允许境内投资者投资境外市场从来没有过先例，足见香港在中央政府心中的地位；另一方面，QDII 将意味着中国资本市场终于开始稳妥地对外开放。这种利好给市场带来的影响是极其深远的。同时我们也应看到，由于 QDII 对香港和内地而言，是一个互利互补的计划，还需要两地政府共同构想。

境内金融机构获得开办境外代客理财业务的牌照 QDII 后，推出的代客境外理财产品称为 QDII 产品。与目前现存的外汇理财产品不同的是，用人民币就能投资 QDII 产品，投资者可以把人民币资金交给取得 QDII 牌照的银行，统一换汇后再投资于境外。因此，这些银行在推出 QDII 产品前必须向国家外汇管理局申请购汇额度。

QDII 产品的四大风险表现在：

1. 市场风险。由于境外理财产品的收益完全取决于所投资的市场或者是某一种货

币的汇率表现，因此在这个市场出现巨大波动时，投资者购买该产品的收益率就会比较低。

2. 汇率风险。境外代客理财产品本金在到期日以预先约定的远期汇率结汇，如果到期时人民币汇率高于该远期结汇汇率，投资者的实际收益将因此降低。由于美元投资收益没有采取风险规避措施，投资者的美元收益将承担人民币升值的汇率风险。

3. 流动性风险。在购买产品前，投资者应看清条款中关于双方提前终止产品权的相关规定。一般而言，境外代客理财产品规定不提供提前赎回，投资者需持有本产品直至到期。产品到期后，投资者应及时查询账户情况，以避免错过资金使用与再投资机会。

4. 信用风险。境外代客理财产品所投资的债券、票据等发行体存在着到期日不能支付本息的信用风险，因此在购买产品前应仔细了解产品的投资用途以及产品中蕴藏的风险。

五、伞型基金(Umbrella Fund)

伞型基金又称系列基金(Series Fund)，是指在一个母基金之下再设立若干个子基金，各个基金独立进行投资决策。其主要特点是在基金内部可以为投资者提供多种选择，即投资者可以根据自己的需要转换基金类型，而不用支付转换费用，能够在不增加成本的情况下为投资者提供一定的选择余地。一般来讲，伞型基金大都是一种营销概念。

伞型基金实际上就是开放式基金的一种组织结构。在这一组织结构下，基金发起人根据一份总的基金招募书发起设立多只相互之间可以根据规定的程序进行转换的基金，这些基金称为子基金或成分基金。而由这些子基金共同构成的这一基金体系就合称为伞型基金。进一步说，伞型基金不是一只具体的基金，而是同一基金发起人对由其发起、管理的多只基金的一种经营管理方式，因此，通常认为“伞型结构”的提法可能更为恰当。

伞型基金有很多优势，对于基金公司而言：① 管理效率明显提高，运作成本得到有效控制，体现了规模经济的效应。伞型基金旗下各子基金在一个相同的管理框架内运作，在托管、审计、法律服务、管理费用等方面享有规模经济优势，从而降低了管理成本。② 可以根据投资者需求变化，增加或清盘旗下基金，操作上极具灵活性，因此其可拓展性比单一基金具有很大的优势。③ 推出系列产品，突出了品牌效应，更有利于营销和推广。另外，伞型基金有利于基金管理公司稳定客户，减少赎回压力。④ 简化了基金设立和运作的法律程序，多只下属基金可一次履行法律程序，而单一基金每只都必须单独履行程序。

对投资者来说，伞型基金提供了更为广泛的投资机会。伞型基金一般会对投资者进行市场细分，根据投资者的不同需求设立各种类型的子基金。如招商安泰系列基金根据投资者对风险的不同偏好或承受程度设立了 3 种不同的风险——收益水平的子基金：招商债券基金、招商平衡型基金、招商股票基金；湘财合丰行业系列基金则由价值优化型成长类、周期类、稳定类 3 只基金组成。基金品种的多样性为投资者提供了多种选择。

从伞型基金在国际基金市场的发展来看，目前该类基金品种已经成为国际基金市场的主流品种之一。目前，我国共有 9 只伞型基金，包括 24 只子基金。

六、对冲基金

对冲基金起源于20世纪60年代的美国华尔街，最初以投资于股票为主。不同于一般投资者的策略是，该基金一般在购入某几种股票的同时又卖空另外几种股票。而被卖空的股票是为基金经理所看淡，预计价格会短期下跌的，故此基金可以从市场借来股票抛空，当股票价格最终下跌时，基金再以较低价格回购股票，偿还给借出股票的机构，从中赚取差额利润。对冲基金成立的原意是减少风险，让基金在股票市场下跌时也可赚取利润。当预计股票市场下跌或会再下跌时，基金经理会借入股票抛空；当价格已下跌后，便补购回所借股票。

对冲基金主要有以下特点：投资活动复杂；高杠杆的投资效应；私募筹资方式；隐蔽和灵活的投资操作等。从广义上来说，对冲基金也是共同基金的一种，但与一般共同基金相比，对冲基金又有许多独特之处：

1. 投资者资格。对冲基金的投资者有严格的资格限制，美国证券法规定：以个人名义参加，最近两年内个人年收入至少在20万美元以上；如以家庭名义参加，夫妇俩最近两年的收入至少在30万美元以上；如以机构名义参加，净资产至少在100万美元以上。根据美国1996年做出的新规定，参与者由100人扩大到了500人，参与者的条件是个人必须拥有价值500万美元以上的投资证券。一般的共同基金无此限制。

2. 操作。对冲基金的操作几乎不受限制，投资组合和交易受限制很少，主要合伙人和管理者可以自由、灵活运用包括卖空在内的各种投资技术、衍生工具的交易和杠杆。一般的共同基金在操作上受限制较多。

3. 监管。目前对冲基金监管相对较宽松。美国1933年的证券法、1934年的证券交易法和1940年的投资公司法曾规定：不足100个投资者的机构在成立时不需要向美国证券管理委员会等金融主管部门登记，并可免于管制。因为投资者主要是少数十分老练而富裕的个体，自我保护能力较强。相比之下，对共同基金的监管比较严格，这主要是因为投资者是普通大众，许多人缺乏对市场的必要了解，出于避免大众风险、保护弱小者以及保证社会安全的考虑，实行严格监管。但是目前国外的新趋势是逐步收紧对对冲基金的监管，比如要求基金披露更多的信息。

4. 筹资方式。对冲基金一般通过私募发起，证券法规定它在吸引顾客时不得利用任何传媒做广告。投资者主要通过4种方式参与：根据在上流社会获得的所谓"投资可靠消息"；直接认识某个对冲基金的管理者；通过别的基金转入；由投资银行、证券中介公司或投资咨询公司的特别介绍。一般的共同基金多是通过公募、公开广告招揽客户。

5. 能否离岸设立。对冲基金通常设立离岸基金，其好处是可以避开美国法律的投资人数限制和避税。1996年11月统计的680亿美元对冲基金中，有317亿美元投资于离岸对冲基金。据估计，如果不把"基金的基金"计算在内，离岸基金管理的资产几乎是在岸基金的2倍。而一般的共同基金不能离岸设立。

七、期货基金(Futures fund)

期货基金是指发行基金证券所筹集的资金主要投资于各种金融期货的证券投资基

金。这种基金的证券组合主要以国际性金融期货为对象,但也不排除有一定数量的非金融期货证券甚至非证券期货。期货是一种合约,只需一定的保证金(一般为5%～10%)即可买进合约。期货可以用来套期保值,也可以以小搏大,如果预测准确,短期能够获得很高的投资回报;如果预测不准,遭受的损失也很大,具有高风险高收益的特点。因此,期货基金也是一种高风险的基金。

期货投资基金在国外可以得到快速的发展,这反映了一种市场的力量,说明在客观上存在着对期货投资基金的巨大需求,而产生这种巨大需求的原因正在于期货投资基金所具有的其他投资工具所不具有的特点和功能。具体而言,我们可以将期货投资基金的特点和功能划分为以下几个方面:

1. 对中小投资者而言,期货投资基金为他们提供了一种进入期货市场的方式。期货投资基金具有期货交易和基金的双重特征。中小投资者通过期货基金这种方式进入期货市场可以享受期货交易和基金管理的双重优势。

2. 对机构投资者而言,期货投资基金为他们提供了改善和优化投资组合的极佳工具。期货投资基金更为重要的功能是对于投资组合而言,它可以起到改善和优化传统投资组合的作用,这一点对于机构投资者来说意义重大。

3. 对传统投资者而言,期货投资基金为他们提供了规避股市风险的另类投资渠道。期货投资由于其特殊的保证金交易制度具有风险放大机制,因而在传统的投资者眼中是一种比股票和债券投资风险高得多的投资方式,因而人们往往认为期货投资基金也比证券基金有更高的风险性。诚然,就个人投资者而言情况确实如此,但是就期货投资基金而言这却是一种误解。此外更重要的是,由于期货投资同股票投资的零相关甚至负相关性,在股市遭遇系统性风险而大跌的时候,同期的期货投资基金却不受影响甚至表现优越。这样期货基金就成为大资金规避股市风险的绝好投资工具。

4. 对稳健型投资者而言,期货投资基金为他们在全球进行风险分散提供了可能。全球期货交易所的建立以及相应不断增加的交易活跃的期货合约,使得期货投资基金经理们既可以通过品种也可以通过地域来分散他们的投资组合。

八、期权基金(Option Mutual Fund)

期权基金是指发行基金证券所筹集的资金主要投资于各种金融期权的证券投资基金。这种基金的证券组合主要以国际性金融期权为对象,但也不排除有一定数量的非金融期权证券甚至非证券期权。期权基金作为同一基金管理公司所管理基金家族中的辅助品种,主要用来对其他基金风险进行对冲。

期权基金是以期权为主要投资对象的投资基金。期权也是一种合约,是指在一定时期内按约定的价格买入或卖出一定数量的某种投资标的的权利。如果市场价格变动对他履约有利,他就会行使这种买入和卖出的权利,即行使期权;反之,他亦可放弃期权而听任合同过期作废。作为对这种权利占有的代价,期权购买者需要向期权出售者支付一笔期权费(期权的价格)。期权基金的风险较小,适合于收入稳定的投资者。其投资目的是为了获取最大的当期收入。

九、套利基金(Arbitrage Fund)

套利基金又称套汇基金，是指将募集的资金主要投资于国际金融市场，并利用套汇技巧，低买高卖进行套利以获取收益的证券投资基金。

套利基金属于对冲基金(Hedge Fund，也称为避险基金)的一种，其投资标的相当广泛，但通常一档套利基金操作设计，只锁定一种标的进行套利，最常见的套利标的包括利率、汇率、可转债、购并与重组中的企业等。

何谓套利？套利是指在一个市场买进某交易工具，在另一个市场卖出，两个交易工具可能相同或类似，借以套取价格差异的利润。那么，有哪些办法可以实现从基金中套利成功呢？

1. 套利 LOF 基金

LOF 基金，即"上市型开放式基金"。也就是说在基金发行结束后，投资者既可在指定网点申购与赎回基金份额，也可以在交易所买卖该基金。不过投资者如果是在指定网点申购的基金份额，想要通过交易所的系统卖出，需要办理跨系统的转托管手续；同样，如果是在交易所系统买进的基金份额，想要在其他指定网点赎回，也要办理转托管手续。转托管手续的办理一般需要 2 天时间。现在深交所开放了 LOF 基金的场内申购与赎回业务，即除了场内的实时连续竞价交易以外，还可以以基金净值来申购和赎回基金份额。这样可为基民节省办理转托管手续的时间，申购的基金份额或赎回资金均在 T+2 日可用。当日场内买入的基金可于 T+1 日在场内卖出；当日申购的基金份额 T+2 日可以在场内卖出；场内卖出基金份额资金当时到账可用，赎回基金份额的资金 2 个工作日后可以到账使用。LOF 基金的套利来自基金净值与实时成交价格间存在的价差。以目前一般交易情况来看，净值与实时成交价格之间的价差一般可达到 1%～2%。如果基金净值高于成交价格，投资者可在场内按成交价格买入，然后按净值赎回；相反，如果基金净值低于成交价格，投资者可选择在场外申购或在场内申购，然后在场内按成交价格卖出，获得套利收益。

2. 套利封闭式基金

封闭式基金套利的根源在于折价交易。在市场上出现很多高市价、高市盈率的股票的同时，封闭式基金是少有的价值低估的投资产品，目前较为短期的封闭式基金平均折价率在 10%左右，较为长期的封闭式基金平均折价率在 25%左右，存在较高的投资价值。随着"封转开"、分红以及股指期货的推出，封闭式基金的套利性和投资价值将会愈加明显。

3. 套利即将复牌股票重仓的基金

这种套利是一种最常见的手段，在股市大牛市的行情下，很多优质股票在未股改待复牌期间，股市便开始大幅拉升，同类股票已实现了很高的涨幅，在这种情况下，就会预期到这些股票在复牌之后将会有惊人的涨幅。但股票在停牌无法买入，于是，就可通过大量买入重仓该股票的基金实现套利。假设在获知股票复牌的信息后，买入重仓该股票的基金，即可在短期内实现套利。其实，这种套利手段看起来简单，但这种套利操作仍然存在风险。

4. 套利 ETF 基金

ETF 基金，即交易所交易基金，是可在交易所上市交易的开放式基金。此种基金在设计时就考虑了套利机制。由于它既可以通过现金申购也可以通过一揽子股票申购，而通过两种不同方式一定会出现一些成本上的差异，只要差价达到一定程度，投资者就可以实现无风险套利。比如某一成分股因为股改或重组等重大利好情况出现停牌，就可以通过购入 ETF 基金，在复牌时卖出就可以实现获利。如果是在复牌前一天买入，基本上可以说是无风险套利。另外，有时某一成分股突然涨停，而 ETF 基金往往价格还没有及时反映出来，如果抓住短暂的机会也是可以实现套利的。

【课后阅读网络资料】

1. 房地产投资信托基金(REITs)是什么样的基金?

从国际上看，房地产投资信托基金(Real Estate Investment Trust，简称 REITs)是一种以发行收益凭证的方式汇集特定多数投资者的资金，由专门投资机构进行房地产投资经营管理，并将投资综合收益按比例分配给投资者的一种信托基金。与我国信托产品纯属私募所不同的是，国际意义上的 REITs 在性质上等同于基金，少数属于私募，但绝大多数属于公募。REITs 既可以封闭运行，也可以上市交易流通，类似于我国的开放式基金与封闭式基金。

世界上第一只 REITs 1960 年诞生于美国，和 20 世纪 60～70 年代的其他金融创新一样，REITs也是为了逃避管制而生。随着美国政府正式允许满足一定条件的 REITs 可免征所得税和资本利得税，REITs 开始成为美国最重要的一种金融工具。目前美国大约有 300 个 REITs 在运作之中，管理的资产总值超过 3 000 亿美元，而且其中有近三分之二在全国性的证券交易所上市交易。

REITs 具有其他投资产品所不具有的独特优势。① REITs 的长期收益由其所投资的房地产价值决定，与其他金融资产的相关度较低，有相对较低的波动性和在通货膨胀时期所具有的保值功能；② 可免双重征税并且无最低投资资金要求；③ REITs 按规定必须将 90%的收入作为红利分配，投资者可以获得比较稳定的即期收入；④ 在美国 REITs 的经营业务通常被限制在房地产的买卖和租赁，在税收上按转手证券计算，即绝大部分的利润直接分配给投资者，公司不被征收资本利得税；⑤ 一般中小投资者即使没有大量资本也可以用很少的钱参与房地产业的投资；⑥ 由于 REITs 股份基本上都在各大证券交易所上市，与传统的以所有权为目的的房地产投资相比，具有相当高的流动性；⑦ 上市交易的 REITs 对房地产业直接投资，信息不对称程度低，经营情况受独立董事、分析师、审计师、商业和金融媒体的直接监督。

从本质上看，REITs 属于资产证券化的一种方式。REITs 典型的运作方式有两种，其一是特殊目的载体公司(SPV)向投资者发行收益凭证，将所募集资金集中投资于写字楼、商场等商业地产，并将这些经营性物业所产生的现金流向投资者还本归息；其二是原物业发展商将旗下部分或全部经营性物业资产打包设立专业的 REITs，以其收益如每年的租金、按揭利息等作为标的，均等地分割成若干份出售给投资者，然后定期派发红利，实际上给投资者提供的是一种类似债券的投资方式。相比之下，写字楼、商场等商业地产的现金流远较传统住宅地产的现金流稳定，因此，REITs一般只适用于商业地产。

另外，从REITs的国际发展经验看，几乎所有REITs的经营模式都是收购已有商业地产并出租，靠租金回报投资者，极少有进行开发性投资的REITs存在。因此，REITs并不同于一般意义上的房地产项目融资。

2. 如何区分大盘基金和小盘基金?

首先要明确大盘、小盘基金不是指基金本身的规模，而是指基金投资的方向。如果基金投资大盘股，就是大盘基金；如果投资小盘股，就是小盘基金。这和基金规模没有关系，一个2亿元规模的基金也可能是大盘基金，一个50亿元规模的基金也可能是小盘基金。但是大盘小盘没有严格的区分标准。

根据晨星(中国)公司的标准，对于国内A股上市公司，按照总市值规模将其股票划分为大盘、中盘和小盘三类。将股票按照其总市值由大到小排列，计算各股票的累计市值占A股总市值的百分比(CR)。累计市值百分比小于或等于70%的为大盘股，在70%～90%的为中盘股，大于90%的小盘股。举例来说，把所有的股票按市值从大到小排队，假如股票总市值分别为5，4，3，2，1，累计市值分别为5，9(5+4)，12(5+4+3)，14(5+4+3+2)，15(5+4+3+2+1)。这样各个股票对应累计市值的百分比就是33%，60%，80%，93%，100%。因此，前两个(市值为5和4)是大盘，中间一个(市值是3)是中盘，最后两个(市值2和1)是小盘。

由于分类标准不一样，在一些情况下，按晨星分类的大盘股会被别的标准分类到小盘里面。而且由于市场的变化，股票市值也会变化，原来的小盘股可能会升到大盘股。

3. RQDII是什么基金?

QFII机制是指外国专业投资机构到境内投资的资格认定制度。R代表人民币。RQFII(RMB Qualified Foreign Institutional Investors)是指人民币合格境外投资者。RQFII境外机构投资人可将批准额度内的外汇结汇投资于境内的证券市场。对RQFII放开股市投资，是从侧面加速人民币的国际化。

2011年8月17日，国务院副总理李克强在港出席论坛时表示，将允许以人民币境外合格机构投资者方式(RQFII)投资境内证券市场，起步金额为200亿元人民币。投资比例是80%为债券，20%为A股。

人民币合格境外机构投资者(RQFII)的推出时间正在步步逼近。香港的监管平台已准备就绪，目前已能够处理人民币合格境外机构投资者以人民币额度管理的零售基金产品的申请。

目前香港业界正在等待内地监管机构公布符合资格券商的名单。符合香港方面资格的申请者向中国证监会申请后，获批外汇管理局额度，再到中国人民银行开户成为RQFII，之后的RQFII产品须由香港证监会审批。预计审批RQFII的流程与审批美元定价的QFII一致。香港证监会主席方正表示，RQFII还没有落实最终推出的时间，也没有可披露的时间表。

(上海证券报，2011-9-9)

【思考题】

1. 比较封闭式基金和开放式基金的异同。
2. 比较公司型基金和契约型基金的异同。
3. 简述公募基金和私募基金各自的特征。
4. 简述成长型基金、收入型基金和平衡型基金的特征。
5. 比较股票基金与股票的异同。
6. 比较债券基金与债券的异同。
7. 简述货币市场基金的特征。
8. 简述 ETF 基金的套利原理。
9. 比较 ETF 与 LOF 的异同。

第三章　证券投资基金的当事人

【学习要点】了解证券投资基金的运作关系；熟悉证券投资基金的当事人构成；掌握基金持有人与管理人、基金持有人与托管人、基金管理人与托管人之间的关系。掌握基金管理人的资格条件；熟悉基金管理人的职责。掌握基金托管人的资格条件；熟悉基金托管人的职责。熟悉基金持有人的权利和义务；掌握基金持有人大会的权利；熟悉基金持有人大会的召集方式。熟悉封闭式基金的承销和代销、交易的业务规则；熟悉开放式基金的注册登记机构的业务职责；了解律师事务所、会计师事务所等其他基金服务机构的职责。

【重点难点】掌握证券投资基金当事人的构成及之间的关系；熟悉基金管理人与托管人的资格条件和职责；明确基金持有人的权力与义务；了解基金持有人大会的权力与召集方式。

第一节　证券投资基金的运作关系

证券投资基金有特定的运作关系和当事人主体。一般而言，证券投资基金由基金发起人发起设立，在我国，根据《暂行办法》、《试点办法》的规定，封闭式基金由发起人设立，开放式基金由管理人设立。个人投资人或机构投资人根据基金契约的要求，通过特定的渠道认购基金单位，发行期结束后，募集资金达到规定的条件基金成立。然后，基金资金交由基金托管人保管，由基金管理人进行投资管理。

日常投资运作中，基金管理人按照基金契约规定的投资范围、投资组合选择符合条件的股票、债券等进行投资，并承担基金会计核算、基金估值、基金信息披露等职责。基金托管人根据基金契约或合同的规定，保管基金资产，接受基金管理人的投资指令划拨资金，进行清算核算，实施对管理人的监督以及保管基金的重大合同和凭证等。基金在运作中的审计、法律服务由符合条件的律师事务所或会计师事务所提供。

不同的基金类型，交易或买卖的渠道、方式等也不相同。封闭式基金交易中，投资人通过证券营业网点进行委托，通过证券交易所和登记结算公司完成交易确认和账户管理等。开放式基金由管理人委托销售机构代理销售，委托其他的或通过自身设立的注册登记机构完成交易确认、账户管理、分红等业务，投资人通过公司直销或代理销售机构的营业网点进行认购、申购、赎回或其他的业务。

第二节　基金当事人构成及相关关系

一、基金当事人构成

在基金的运作中，涉及多个当事人，主要包括：基金发起人、基金投资人、基金管理人、基金托管人，基金销售机构或基金交易机构等中介机构。其中，封闭式基金的当事人主要包括基金发起人、基金投资人、基金管理人、基金托管人、证券交易所、证券登记机构等中介机构；开放式基金也包括了上述主要当事人。同时，因其不存在二级交易市场，要通过多条渠道认购、申购和赎回。所以，一般类型的开放式基金不通过证券交易所买卖。当事人中没有交易所，但增加了基金销售机构和注册登记机构。

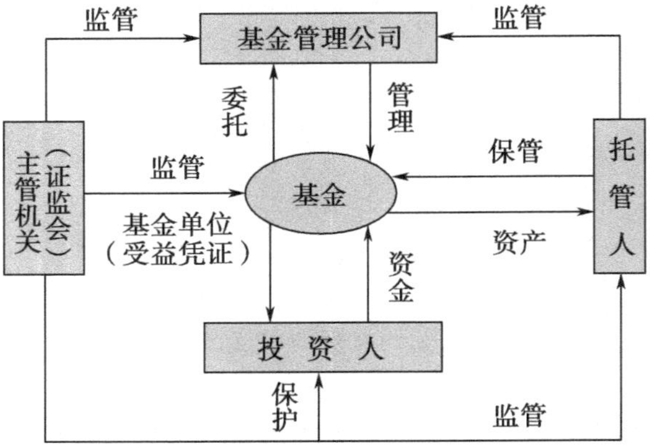

图 3－1　基金主要当事人的构成

除基金承销机构和基金注册登记机构外，基金服务机构还有为基金投资提供咨询服务的基金投资咨询公司；为基金出具会计、审计和验资报告的会计师事务所、审计师事务所和基金验资机构；为基金出具律师意见的律师事务所等基金服务机构。该类机构，也是受基金管理人的委托而从事相关业务的，是一种委托与被委托关系。

二、基金主要当事人之间的关系

（一）持有人与管理人之间的关系

基金管理人是指凭借专门的知识与经验，运用所管理基金的资产，根据法律、法规及基金章程或基金契约的规定，按照科学的投资组合原理进行投资决策，谋求所管理的基金资产不断增值，并使基金持有人获取尽可能多收益的机构。基金持有人与基金管理人之间的关系是通过信托关系而形成的所有者与经营者之间的关系。前者是基金资产的所有者，后者是基金资产的经营者；前者可以是自然人，也可以是法人或其他社会团体，后者则是由职业投资专家组成的专业经营者。

（二）持有人与托管人之间的关系

基金持有人和基金托管人的关系是委托与受托的关系。基金发起人代表基金持有人把基金资产委托给基金托管人保管。对持有人而言，基金资产委托专门的机构保管，尤其是公开募集的基金持有人比较分散，以其单个力量无法有效保护资产的安全，通过基金托管人的介入，有利于保证基金资产的安全。反映在不同的基金类型上：封闭式基金由发起人代表基金持有人委托托管人；开放式基金由管理人以设立人的身份代表持有人委托托管人。

（三）管理人与托管人之间的关系

管理人与托管人的关系主要因各国法律、法规和基金类型的不同而存在差异。在国外，有的基金由托管人担任受托人角色，托管人与管理人形成委托与受托的关系；有的基金由管理人担任受托人的角色，管理人与托管人形成委托与受托的关系。在我国，管理人和托管人是平行受托关系。即基金管理人和基金托管人受基金持有人的委托，分别履行基金管理和基金托管的职责。

在业务运作关系上，基金管理人和基金托管人都是为基金提供服务的专业性机构，同时，二者之间具有互相监督的关系。基金管理人运作基金资产，但不实际持有基金资产。基金托管人保管基金资产，依据基金管理人的指令进行清算交割，并监督基金管理人的投资运作是否合法合规。基金管理人和基金托管人均对基金持有人负责。二者的权利和义务在基金契约或基金章程中有明确规定，任何一方有违规之处，对方都有权监督并及时制止，直至请求更换违规方。这种相互制衡的运行机制，有利于保证基金财产的安全和基金运用的高效。

第三节　基金管理人

基金管理人是基金的组织者和管理者，在整个基金的运作中起着核心的作用。它不仅负责基金的投资管理，而且承担着产品设计、基金营销、基金注册登记、基金估值、会计核算以及客户服务等多方面的职责，基金持有人的利益保护也与基金管理人的行为密切相关。基金管理费是基金管理人的主要收入来源。基金管理人只有以投资者的利益为重，不断使投资者取得满意的投资回报才能在竞争中立于不败之地。

基金管理人在不同国家（地区）有不同的名称。例如，在英国称投资管理公司，在美国称基金管理公司，在日本多称投资信托公司，在我国台湾称证券投资信托事业，但其职责都是基本一致的，即运用和管理基金资产。鉴于基金管理公司在证券投资基金运作中的特殊地位和作用，我国对基金管理公司实行严格的市场准入管理。

一、基金管理人的资格条件

基金管理人是基金资产的管理和运用者，基金收益的好坏取决于基金管理人管理运用基金资产的水平，因此必须对基金管理人的任职资格作出严格限定，才能保护投资者的利益，只有具备一定条件的机构才能担任基金管理人。各个国家或地区对基金管理人的任职资格有不同的规定，一般而言，申请成为基金管理人的机构要依照本国或本地区的有关证券投资信托法规，经政府有关主管部门审核批准后，方可取得基金管理人的资格。审核内容包括：基金管理公司是否具有一定的资本实力及良好的信誉，是否具备经营、运作基金的硬件条件（如固定的场所和必要的设施等）、专门的人才及明确的基金管理计划等。

在美国，基金管理公司必须经SEC核准。

在日本，从事基金管理业务必须取得大藏省的许可证。基金监管机构一般从基金管理人的资本大小、资产质量、经营业绩、董事的资格、主要业务人员的素质经验以及是否有投资管理计划等方面来对基金管理人的资格进行审查。

在香港，按照《单位信托及互惠基金守则》的规定，基金管理公司必须符合以下条件：公司的主要业务为基金管理；公司有能力动用足够的财政资源去有效处理业务；实收资本及资本储备最少达到100万港币或等值外币；公司贷出的款额不能占其资产的重大比例；公司在任何时候都要维持正资产净值等。

借鉴其他国家和地区的成功做法，我国法规对基金管理人的资格条件、筹建过程、开业标准等也进行了严格的限定。

（一）基金管理公司的市场准入条件

《中华人民共和国证券投资基金法》规定：在我国，设立基金管理公司，应当具备下列条件，并经国务院证券监督管理机构批准。① 有符合本法和《中华人民共和国公司法》规定的章程；② 注册资本不低于1亿元人民币，且必须为实缴货币资本；③ 主要股东具有从事证券经营、证券投资咨询、信托资产管理或者其他金融资产管理的较好的经营业绩和良好的社会信誉，最近3年没有违法记录，注册资本不低于3亿元人民币；④ 取得基金从业资格的人员达到法定人数；⑤ 有符合要求的营业场所、安全防范设施和与基金管理业务有关的其他设施；⑥ 有完善的内部稽核监控制度和风险控制制度；⑦ 法律、行政法规规定的和经国务院批准的国务院证券监督管理机构规定的其他条件。

（二）基金管理公司开业

基金管理公司筹建就绪后，就可以由申请人向中国证监会提出开业申请，并提交符合要求的申请材料。开业申报材料主要包括：筹建情况、验资证明、人员情况、内部机构设置及职能、管理制度、公司章程、营业场所及技术设施、基金管理计划与业务规则以及中国证监会要求提交的其他资料等。

经批准设立的基金管理公司，应持有中国证监会的批准文件到工商行政管理部门办理登记注册手续，并凭工商行政管理部门核发的营业执照和中国证监会的批准文件领取中国证监会颁发的《基金管理公司法人许可证》。基金管理公司自成立之日起6个月内必须开业。逾期没有开业的，原批准文件自动失效，由中国证监会收回《基金管理公司法人许可证》。

二、基金管理人的职责

（一）基金管理人的职责

基金管理人是受基金持有人的委托运作和管理基金，按照诚实信用原则，依据国家法律、法规和基金契约的规定履行职责的。一般来说，基金管理人的主要职责有：投资并管理基金资产、按规定披露基金信息、向基金持有人支付收益等。

我国《证券投资基金管理暂行办法》规定，基金管理人的职责主要有：按照基金契约的规定运用基金资产投资并管理基金资产；及时、足额向基金持有人支付基金收益；保存基金的会计账册、记录15年以上；编制基金财务报告，及时公告，并向中国证监会报告；计算并公告基金资产净值及每一基金单位资产净值等。《开放式证券投资基金试点办法》规定，基金管理人除上述规定外，还应当履行下列职责：依据基金契约，决定基金收益分配方案；编制并公告季度报告、中期报告、年度报告等定期报告；办理与基金有关的信息披露事宜；确保需要向基金投资人提供的各项文件或资料在规定时间内发出；并且保证投资人能够按照基金契约规定的时间和方式，随时查阅到与基金有关的公开资料，并得到有关资料的复印件等。

（二）基金管理人的行为约束

根据主要国家和地区法律、法规的规定，证券投资基金运作中，基金管理人的行为也要受到严格的约束。在我国，《证券投资基金管理暂行办法》规定，基金管理人在管理运作基金资产时，不得从事以下行为：将本基金投资于其他基金；以基金的名义使用不属于基金名义下的资金买卖证券；从事任何形式的证券承销或者以管理人自有资金从事除债券以外的其他证券自营业务；动用银行信贷资金从事基金投资；从事证券信贷业务；将基金资产用于抵押、担保、资金拆借或者贷款；从事证券信用交易；以基金资产进行房地产投资；从事可能使基金资产承担无限责任的投资；将基金资产投资于与基金托管人或者基金管理人有利害关系的公司发行的证券；进行内幕交易、操纵市场、通过关联交易损害基金持有人的利益等。

三、基金管理人的主要业务

我国基金管理人只能由依法设立的基金管理公司担任。最初，我国基金管理公司的业务主要局限于对证券投资基金的募集和管理上。但是随着资本市场的发展，我国基金管理公司已经被允许从事除证券投资基金的募集和管理以外的其他业务，如其他资产管理业务、提供投资咨询服务等，当前的基金管理公司已经在向综合资产管理机构的方向发展。

（一）证券投资基金业务

证券投资基金业务主要包括基金募集与销售、基金的投资管理和基金的营运服务。

1. 基金募集与销售。依据我国《证券投资基金法》的规定，依法募集基金是基金管理公司的一项法定权利，其他任何机构不得从事基金的募集活动。能否将国内基金成功地推向市场并不断地扩大基金财产规模，对基金管理公司的经营和管理业绩有着非常重要的影响。为成功地募集基金并销售出去，基金管理公司必须在市场调查的基础上进行基金产品的开发和创新，尽可能多地设计出满足不同投资者需求的基金产品及类型。

2. 基金的投资管理。投资管理业务是基金管理公司最核心的一项业务。随着基金管理公司数量的不断增加，基金业的竞争日趋激烈。基金管理公司也清醒地认识到其核心的竞争力主要表现在投资管理能力方面。谁的投资管理能力强，谁就能在行业中取得竞争优势，否则只能落得被并购和破产的命运。因此，努力地为投资者提供与市场上同类产品相比具有竞争力的投资回报，将能够吸引更多的投资人，基金管理公司的工作重心自然也就放在了基金资产的投资与管理上。

3. 基金运营服务。基金的营运事务是基金投资管理与市场营销的后台保障，通常包括基金注册登记、核算与估值、基金清算和信息披露等业务。基金营运业务在很大程度上反映了基金管理公司对投资者服务的质量，对基金管理公司整体业务的发展起着重要的支撑作用。

（二）受托资产管理业务

根据 2008 年 1 月 1 日《基金管理公司特定客户资产管理业务试点办法》的规定，符合条件的基金管理公司既可以单独为单个客户办理特定的资产管理业务，也可以为特定的多个客户办理特定的资产管理业务。但基金管理公司为特定的多个客户办理特定资产管理业务，还需中国证监会另行规定(详见本章阅读资料(1))。

根据规定，基金管理公司为单一客户办理特定资产管理业务的，客户委托初始资产不得低于 5 000 万元人民币。受托资产管理业务的开放，使得我国基金管理公司在向综合资产管理公司转变上迈出了一大步。

符合下列条件的基金管理公司经中国证监会批准，可以变更经营范围，开展特定资产管理业务：① 净资产及资产管理规模符合中国证监会的有关规定；② 经营行为规范，管理证券投资基金 2 年以上且最近 1 年内没有因违法违规行为受到行政处罚或被监管机构责令整改，没有因违法违规行为正在被监管机构调查；③ 已经配备了适当的专业人员从事特定资产管理业务；④ 已经就防范利益输送、违规承诺收益或者承担损失、不正当竞争等行为制定了有效的业务规则和措施；⑤ 已经建立公平交易管理制度，明确了公平交易的原则、内容以及实现公平交易的具体措施；⑥ 已经建立有效的投资监控制度和报告制度，能够及时发现异常交易行为；⑦ 中国证监会根据审慎监管原则确定的其他条件。

（三）投资咨询服务

2006 年 2 月，证监会基金部发布《关于基金管理公司向特定对象提供投资咨询服务有关问题的通知》，基金管理公司不需报经中国证监会审批，可以向合格的境外投资机构(QFII)、境内保险公司等特定对象和机构提供投资咨询服务。

基金管理公司向特定对象和机构提供投资咨询服务禁止以下业务和行为：① 侵害基金份额持有人和其他客户的合法权益；② 承诺投资收益；③ 与投资咨询客户约定分享投资收益或者分担投资损失；④ 通过广告等公开方式招揽投资咨询客户；⑤ 代理投资咨询客户从事证券投资。

（四）社保基金管理及企业年金管理业务

根据《全国社会保险基金投资管理暂行办法》和《企业年金基金管理试行办法》的规定，基金管理公司可以作为投资管理人管理社会保险基金和企业年金。目前，部分已经取得投资管理人资格的基金管理公司已经开展了管理社会保险基金和企业年金的业务。

（五）QDII 业务

QDII 是 Qualified Domestic Institutional Investor（合格的境内机构投资者）的首字

母缩写。它是在一国境内设立，经该国有关部门批准从事境外证券市场的股票、债券等有价证券业务的证券投资基金。和QFII一样，它也是在货币没有实现完全可自由兑换、资本项目尚未开放的情况下，有限度地允许境内投资者投资境外证券市场的一项过渡性的制度安排。

2007年6月22日，中国证监会公布《合格境内机构投资者(QDII)境外证券投资管理办法》及相关规定，打开了合格的内地证券公司、基金公司公开募集资金投资境外证券市场的闸门。QDII业务推进的一个重要目的，是将境内的充裕资本向海外疏散，以缓解国内股票、房地产等资产价格上涨的压力。这次证券基金系QDII产品的放行，意味着将会有大量的境内资金可以通过合法渠道投资香港股票，对香港证券市场和全球资本市场将是一个利好。相比2007年5月11日中国银监会调高商业银行的QDII产品对于股票的投资比例，券商基金系QDII政策的推出是中国投资海外证券市场政策的进一步推进。

四、基金管理公司的职能

依据我国《证券投资基金法》的规定，基金管理人只能由依法设立的基金管理公司担任。担任基金管理人，应当经国务院证券监督管理机构核准。基金管理公司的职能主要有：

1. 以特殊形式广泛筹集社会公众的零星款项，通过投资于各种证券形成经济发展所需要的长、短期资金，有利于国民经济的发展。

2. 充分发挥其专业职能。可以通过其所拥有的经验丰富、精力充沛的证券投资业务专门人才，为个人投资者提供各项咨询、服务工作。

3. 作为特殊的中介机构分散一定的投资风险，避免个人投资者所固有的缺陷。

4. 作为机构投资者，能够按照国家宏观金融调控政策对证券市场上的股市交易秩序进行有效的制约，以便于证券市场的管理。

5. 在新的金融形势下，能利用自身的业务特点，根据新时期金融事业发展的需要进行开拓性的金融业务创新，不断创造出新的投资工具，尽可能地吸收社会闲散资金，通过有效的宏观管理，对经济发展起到促进作用。

第四节　基金托管人

基金托管人是证券投资基金的主要当事人之一。在基金运作中引入托管人制度，有利于基金财产的安全和投资者利益的保护。基金托管人的主要职责表现在基金资产保管、基金投资运作监管、基金资金清算以及基金会计复核等方面。

一、基金托管人的资格条件

基金托管人是指按法律、法规的规定，承担基金资产保管等职责的专业机构。为了保障广大投资者的利益，防止基金资产被挤占、挪用等，证券投资基金一般都要由专门机构即基金托管人来保管基金资产。也就是说基金托管人是依据基金运行中“管理与保管分开”的原则对基金管理人进行监督和对基金资产进行保管的机构。

各主要国家和地区的法律、法规都对基金托管人的资格有严格的要求。从基金资产的安全性和基金托管人的独立性出发，一般都规定基金托管人必须是由独立于基金管理人并具有一定实力的商业银行、保险公司或信托投资公司等金融机构担任。

根据美国《1940年投资顾问法》规定，基金的托管人必须是符合以下条件的商业银行或信托公司：在任何时候股东权益不得少于50万美元；至少每年公布一次财务报表；经联邦或州监管部门的特许并受到监管当局的检查。

香港《单位信托及互惠基金守则》规定，基金的托管人必须符合以下要求：① 据《银行业条例》的规定而获发牌的银行；② 附属于上述银行的信托公司；③ 根据《受托人条例》注册的信托公司；④ 在香港以外地方注册成立而获得证监会接纳为从事银行业务的机构或信托公司。基金托管人的账目必须经独立核数，其实收资本及非分派资本储备最少为1 000万元港币或等值外币。

在台湾地区，基金托管人必须由银行担任，同时为了保证基金托管人相对基金管理人的独立性，《证券投资信托基金管理办法》规定有下列情形之一的银行，除非经“证管会”核准，不得担任基金托管人：① 投资于本基金的管理人已发行股份总数10%以上；② 担任本基金的管理人的董事或监察人；③ 本基金的管理人持有该银行10%以上股份；④ 本基金的管理人或其代表人担任该银行的董事或监察人。

我国《证券投资基金管理暂行办法》规定，基金托管人必须是商业银行并应当具备下列条件：① 设有专门的基金托管部；② 实收资本不少于80亿元；③ 有足够的熟悉托管业务的专职人员；④ 具备安全保管基金全部资产的条件；⑤ 具备安全、高效的清算、交割能力。

同样，基金托管人不是固定不变的，如果不能按契约或合同的规定履行职责，或因其他原因不能履行职责，托管人可以被更换。对此，我国有明确的规定。

二、基金托管人的权利和义务

基金托管人的权利主要有：① 保管基金的资产；② 监督基金管理人的投资运作；③ 获取基金托管费用。

基金托管人的义务主要包括如下内容：① 保管基金资产；② 保管与基金有关的重大合同及有关凭证；③ 负责基金投资于证券的清算交割，执行基金管理人的投资指令，负责基金名下的资金往来。

三、基金托管人的职责

（一）基金托管人的主要职责

按照法律、法规或惯例，托管人承担的职责主要有：① 资产保管；② 执行基金的投资指令，并办理基金名下的资金往来；③ 复核审查管理人计算的基金净资产；④ 监督基金管理人的行为是否符合基金契约的规定。

在我国，依照《证券投资基金管理暂行办法》的规定，基金托管人的主要职责有：安全保管基金的全部资产；执行基金管理人的投资指令，并负责办理基金名下的资金往来；监督基金管理人的投资动作，发现基金管理人的投资指令违法违规的，不予执行，并向中国证监会报告；复核、审查基金管理人计算的基金资产净值及基金价格；保存基金的会计账册、记录15年以上；出具基金业绩报告，提供基金托管情况，并向中国证监会和中国人民银行报告等。

（二）基金托管人的行为约束

为了保护基金其他当事人尤其是基金持有人的权益，基金托管人的行为也要受到严格的约束。在我国，主要禁止基金托管人的以下行为：从事基金投资；挪用基金资产；在基金公司信息披露前，向他人泄露基金有关信息等。

若有下列情形之一的，经中国证监会和中国人民银行批准，基金托管人必须终止其职责：

1. 解散、依法被撤销、破产或者由接管人接管其资产的。
2. 基金管理人有充分理由认为更换基金托管人符合基金持有人利益的。
3. 代表50%以上基金单位的基金持有人要求基金托管人退任的。
4. 中国人民银行有充分理由认为基金托管人不能继续履行基金托管职责。

新任基金托管人应当经中国证监会和中国人民银行审查批准；经批准后，原任基金托管人方可退任。原任基金托管人托管的基金无新任基金托管人承接的，该基金应当终止。

第五节　基金持有人及其大会

一、基金持有人的权利和义务

基金持有人是基金单位或份额的持有者。作为基金的受益人，基金持有人享有基金资产的对应权益。一般来说，基金的资产由基金的托管人保管，基金的权益属于基金的持有人，持有人还要承担基金投资的亏损。

一般来说，基金持有人的权利有：基金收益权、转让权或处分权。基金收益权，即以持有的基金份额，承担基金投资的亏损和收益；转让权或处分权，即封闭式基金通过证券市场的自由转让的权利，开放式基金持有人赎回的权利等。

《暂行办法》规定，基金持有人享有下列权利：出席或者委派代表出席基金持有人大会；取得基金收益；监督基金经营情况，获取基金业务及财务状况的资料；取得基金清算后的剩余资产等。

与此同时，基金持有人还应当履行下列义务：遵守基金契约；交纳基金认购款项及规定的费用；承担基金亏损或者终止的有限责任；不从事任何有损基金及其他基金持有人利益的活动等。

二、基金持有人大会的权利及召集方式

（一）持有人大会的权利

基金持有人组成基金持有人大会，基金持有人大会是基金持有人行使权利的重要场所。基金持有人大会一般每年举行一次。持有人大会可由管理人主持召开，或应持有1/3以上已发行基金单位的受益人的要求而召开。根据《暂行办法》的规定，有下列事项之一的，应当召开基金份额持有人大会：① 修改基金契约；② 更换基金管理人；③ 更换基金托管人；④ 提前终止基金；⑤ 与其他基金合并；⑥ 中国证监会规定的其他情形等。

（二）持有人大会召开方式

基金持有人大会有现场开会和通讯方式开会两种方式。

1. 现场开会

现场开会由基金持有人本人出席或以代理投票授权委托书委派代表出席。现场开会同时符合以下条件时，可以进行持有人大会议程：① 到会人数不少于规定人数；② 亲自出席会议的基金持有人与受托出席会议者所代表的基金持有人合计不少于若干人（如100人）；③ 亲自出席会议者持有基金单位的凭证、受托出席会议者出具的委托人持有基金单位的凭证及委托人的代理投票授权书符合法律、法规、基金契约和会议通知的规定；④ 其他。

2. 通讯方式开会

通讯方式开会应以书面方式进行表决。在符合以下条件时，通讯开会的方式视为有效：① 召集人按基金契约规定公布会议通知后，在两个工作日内连续公布相关提示性公告；② 召集人在公证机关的监督下按照会议通知规定的方式收取基金持有人的书面表决意见；③ 本人直接出具书面意见或授权他人代表出具书面意见的，基金持有人不少于若干人（如100人），并且所有出具有效书面意见所代表的基金持有人所持有的基金份额不少于在权利登记日基金总份额的一定比例（如25%）；④ 其他。

【课后阅读网络资料】

（1）关于基金管理公司开展特定多个客户资产管理业务有关问题的规定（证监会公告〔2009〕10号）

（2）专户理财的类型　资料查询：百度百科

【思考题】

1. 简述证券投资基金当事人的构成及其相互之间的关系。
2. 简述基金管理人的资格条件和职责。
3. 简述基金托管人的资格条件和职责。
4. 简述基金持有人的权利和义务。
5. 简述基金持有人大会的权利和召集方式。

第四章　证券投资基金的运行

【学习要点】本章主要学习证券投资基金发行管理制度；封闭式基金发行和上市的规则和程序；开放式基金交易申购的流程和规则；证券投资基金变更与终止的程序。

【重点难点】了解基金发起设立的注册制和审批制；理解封闭式基金的发行方式；掌握封闭式基金的上市交易规则和程序；掌握开放式基金申购、赎回规则和程序；了解LOF和ETF交易规则。

第一节　证券投资基金的发起设立

发起设立基金是指基金管理公司为基金批准成立前所做的一切准备工作，包括基金品种的设计、签署基金成立的有关法律文件、提交申请设立基金的主要文件及申请的审核与批准。

一、证券投资基金发起设立的管理制度

（一）注册制

所谓注册制是指基金的发起人只需向证券监督管理机构报送法律法规规定的有关材料，进行登记注册，即可发起设立证券投资基金。目前金融市场较为发达的国家和地区一般采用注册制，包括美国、英国、我国的香港和台湾地区。

以美国为例，《1933年证券法》规定，除法定可以豁免的外，发行证券均需要向美国证监会注册。对发行人提交的注册说明书要进行审查，在宣布注册说明书生效前不得发行证券。在美国，公募基金实行注册登记制，私募基金实行注册豁免制。证券投资基金招募说明书的审查工作主要由美国证券交易委员会投资管理部负责。由于开放式证券投资基金实行的是持续销售基金单位规则，基金发起人可能会不断修改其注册说明书以反映其经营状况的变化，因此开放式证券投资基金的注册备案又分为初次备案和新股份备案两种。美国法律规定，初次备案的招募说明书于备案20日后自动生效；而新股份备案的招募说明书则要在备案的75日后才生效。如果是对刚备案后的招募说明书只做有限修正，则修正文件立即生效。近年来随着框架注册和电子注册模式的推出，注册效率大幅提高。1998年，美国对招募说明书的语言和格式要求进行了修改，在信息披露简化方面作出了新的规定，要求在风险因素描述、招募说明书封面等环节应以通俗易懂的语言表达，不得使用复杂的法律语言。

（二）审批制

所谓审批制简言之就是“非经有权部门审查、核准，不得设立”，主要是指证券监管当

局按照有关法律法规的规定，对证券投资基金发起设立所提供材料内容的真实性、完整性和准确性等方面进行审查，对程序和形式上的合法性进行审查，并有权决定是否同意该基金设立的制度。审批制赋予了主管人员相应的权利，而基金发行的审批权是一种稀缺资源，这就有可能导致以权谋私，发生具体操作上的不规范行为。此外，层层上报与核准的制度也大大降低了证券投资基金发起设立的效率。

目前，我国对证券投资基金的发起设立实行的是审批制。由于我国市场化程度不高，法律法规以及发行人和承销商等中介机构的行业自律能力还有待于进一步加强，尤其是现在市场中占据投资者主力的中小投资者，其投资观念尚未成熟，因此，必须依靠政府有关管理部门对基金的发行进行把关。但随着我国市场化改革的不断深入，我国证券投资基金发起设立的审批制度必然要向着注册制方向发展。资本市场的融资行为也是一种商业行为，应该由市场来进行调控。证监会要实行注册制也就是改变政府审核职能，这是一种向市场化方向发展的必然趋势。

二、证券投资基金设立的条件和程序

（一）证券投资基金设立的条件

证券投资基金须由基金发起人申请设立。基金发起人是指为设立基金，采取必要的行为和措施，并完成发起设立基金的法定程序的机构。例如，在筹备基金的过程中，发起人必须负责起草申请设立报告、设计基金的具体方案、拟订基金契约等有关文件，还要为基金的设立承担责任。

对基金发起人的资格条件，各个国家都有专门规定，必须具备一定的条件才能够成为基金的发起人。我国 1997 年颁布的《证券投资基金管理暂行办法》规定，凡申请设立证券投资基金，必须符合一定的条件。由于基金在我国的迅速发展，我国于 2004 年 6 月 1 日颁布了《证券投资基金法》。两者内容相差不是很大。

一般来讲，申请设立基金必须具备下列条件：

1. 主要发起人为按照国家有关规定设立的证券公司、信托投资公司和基金管理公司。

2. 每个发起人的实收资本不少于 3 亿元，主要发起人有 3 年以上从事证券投资经验、连续盈利的记录，但是基金管理公司除外。

3. 发起人、基金托管人、基金管理人有健全的组织机构和管理制度，财务状况良好，经营行为规范。

4. 基金托管人、基金管理人有符合要求的营业场所、安全防范设施以及与业务有关的其他设施。

5. 中国证监会规定的其他条件。

申请设立开放式基金，还必须在人才和技术设施上能够保证每周至少一次向投资者公布基金资产净值和申购、赎回价格。现在已经要求每天向投资者公布基金资产净值和申购、赎回价格。基金发起人认购基金单位占基金总额的比例和在基金存续期间持有基金单位占基金总额的比例，由中国证监会规定。

（二）证券投资基金设立的程序

证券投资基金的设立包括四个主要步骤。

1. 确定基金性质。按组织形态不同，基金有公司型和契约型之分；按基金券可否赎回，又可分为开放型和封闭型两种，基金发起人首先应对此进行选择。

2. 选择共同发起人、基金管理人与托管人，制定各项申报文件。根据有关对基金发起人资格的规定慎重选择共同发起人，签订“合作发起设立证券投资基金协议书”，选择基金保管人，制定各种文件，规定基金管理人、托管人和投资人的责、权、利关系。

3. 向主管机关提交规定的报批文件。同时，积极进行人员培训工作，为基金成立做好各种准备。

4. 发表基金招募说明书，发售基金券。一旦招募的资金达到有关法规规定的数额或百分比，基金即告成立，否则，基金发起便告失败。

三、证券投资基金设立的主要文件

根据我国《证券投资基金管理暂行办法》，基金发起人申请设立基金时，应当向中国证监会提交下列文件：

（一）申请报告

申请报告的主要内容包括：基金名称、拟申请设立基金的必要性和可行性、基金类型、基金规模、存续期间、发行价格、发行对象、基金的交易或申购与赎回安排、拟委托的托管人和管理人以及主要发起人签字、盖章等。

（二）发起人名单及协议

发起人协议是指基金发起人就发起设立的有关事项达成的一致协议书。主要内容包括以下几方面：

1. 拟申请设立的基金名称、基金类型、基金规模、存续期间等。

2. 基金发起人的权利、义务，并具体说明基金未成立时各发起人的责任和义务。

3. 发起人认购基金单位的出资方式、期限以及首次认购和在存续期间持有的基金单位份额。

4. 拟聘任的基金管理人和基金托管人。

5. 发起人对主要发起人的授权。

6. 其他事项。

（三）基金契约

基金契约是指基金管理人、托管人和发起人为设立投资基金而订立的用以明确基金当事人各方权利与义务关系的书面文件。管理人对基金财产具有经营管理权；托管人对基金财产具有保管权；投资者则对基金运营收益享有收益权。

基金契约不但规范了管理人与托管人的行为准则，还规范了基金其他当事人如基金持有人、律师、会计师等的地位与责任。同时，基金契约也为制定投资基金其他有关文件提供了依据，包括招募说明书、基金募集方案及发行计划等。如果这些文件与基金契约发生抵触，则必须以基金契约为准。因此，基金契约是投资基金正常运作的基础性文件。

基金契约的主要内容包括：

1. 基本情况说明。包括基金名称、发行规模、基金类型、基金存续期间、基金资产构成以及基金资产管理的规定。此外，还包括基金管理人及托管人的名称、地址及法人代表，会计师，审计师事务所等相关人员或机构的详细资料。

2. 投资基金的持有人、管理人、托管人的权利与义务。

3. 基金的受益凭证的发行、购买、赎回与转让等。

4. 基金的投资目标、投资范围、投资政策和投资限制。

5. 基金资产估值。

6. 基金的信息披露。

7. 基金的费用、收益分配与税收。

8. 公司股东大会与董事会。

9. 基金终止与清算。

（四）托管协议

托管协议是基金公司或基金管理公司与基金托管人就基金资产保管达成的协议，该协议书从法律上确定了委托方和受托方双方的责任、权利和义务，而且着重是确定托管人一方。托管人一方所负的责任和义务主要有：

1. 按照基金管理人或基金公司的指示，负责保管基金资产。

2. 负责基金买卖证券的交割、清算和过户，负责向基金证券受益人派发投资受益。

3. 根据基金契约或基金公司章程对基金管理人进行有效监督等。

（五）招募说明书

招募说明书是基金的说明性文件。主要是为了在向投资者销售基金时，使投资者能更详细地了解基金的性质、内容、投资等方面的详细情况，从而保证投资者根据自己的投资目标作出相应的投资决策。其主要内容如下：

1. 基金的基本情况。包括基金发行的总数、投资者购买和赎回基金的程序、时间、地点、价格、其他费用；基金净资产的计算；费用、税收、收益的分配；投资的风险等。

2. 基金契约的修订、终止及清算。主要说明基金契约何时需要修订、何时终止、基金终止后的清算办法等。

3. 基金持有人大会。主要说明在什么情况下需要召开基金持有人大会、大会召开的程序和要求等。

4. 基金有关当事人的介绍。主要是对基金管理人、基金托管人、律师、会计师、监事等的介绍。

（六）证券公司、信托投资公司作为发起人的，经会计师事务所审计的发起人最近三年的财务报告

（七）律师事务所出具的法律意见书

（八）募集方案

（九）中国证监会要求提交的其他文件

第二节　证券投资基金的发行与销售

一、封闭式基金的发行

证券投资基金的发行也叫基金的募集，它是指基金发起人在其设立或扩募基金的申请获得国家主管部门批准之后，向投资者推销基金单位、募集资金的行为。

在国外，封闭式基金在发行时，除规定发行价、发行对象、申购方法、认购手续、最低认购额外，还需要规定基金的发行总额和发行期限，一旦发行总额认满，不管是否到期，基金就自行封闭，不能再接受认购申请。

（一）封闭式基金发行流程

封闭式基金的发行流程主要包括以下环节：

1. 基金管理公司代表基金发起人在监管机构指定的报刊上刊登发行公告、招募说明书和基金契约等文件。同时，进行路演等一系列的推介活动。

2. 基金开始发行期间，通过证券营业所网点和商业银行代销渠道，向投资人发售基金单位。封闭式基金的募集期限为 3 个月，自该基金批准之日起计算。

3. 发行期结束后，基金管理人不得动用已募集的资金进行投资，应将发行期间募集的资金划入验资账户，由有资格的机构和个人进行验资。封闭式基金自批准之日起 3 个月内募集的资金超过该基金批准规模的 80％的，并且基金份额持有人人数达到 200 人以上，该基金方可成立。

4. 封闭式基金募集期满时，其所募集的资金少于该基金批准规模的 80％的，该基金不得成立。基金发起人必须承担基金募集费用，已募集的资金并加计银行活期存款利息必须在 30 天内退还基金认购人。

（二）封闭式基金发行方式

从不同的角度划分，基金发行有不同的类型。

1. 公募发行与私募发行

基金发行按发行对象及发行范围可分为公募发行和私募发行。我国《证券投资基金管理暂行办法》规定，封闭式基金只能采取公募发行的方式。

所谓公募发行指以公开的形式向不特定的社会公众发行基金的方式。发行的对象包括个人投资者和机构投资者，即合法的投资者都可以认购基金单位。公募发行可以采取包销、代销和自销 3 种方式，其中包销和代销需要券商等中介机构经销基金。

所谓私募发行即基金发起人面向少数特定的投资者发行基金的方式，基金发起人承担募集基金的全部工作。发行的对象一般是有资金实力的机构和个人。由于发行的对象特定，所以，发行的费用较低，也节省时间。

2. 网上发行和网下发行

从发行渠道看，封闭式基金有网上发行和网下发行两种方式。前者指将所发行的基金单位通过与证券交易所的交易系统联网的全国各地的证券营业部，向广大的社会公众发售基金单位的发行方式；后者是指将所要发行的基金通过分布在一定地区的证券或银行营业网点，向社会公众发售基金单位的发行方式。在实际操作中，还采用网上发行和网下发行相结合的方式。该种方式下，也采用"回拨机制"调换两种渠道的销售额度和比例。

3. 比例配售和敞开发售

从 1998 年到 2001 年，因为投资者认购踊跃，所以，封闭式基金的发行实际采用了"比例配售"的方式。投资者在认购基金单位时，须开设证券交易账户或基金交易账户，在指定的发行时间内通过证券交易网点以公布的价格和符合规定的申购数量进行申购。在申购结束后，按照申购的总数和发行的数量对所有的申购进行配号抽签，决定中签的申购号码，只有中签的投资者才能认购到基金。2002 年开始，封闭式基金发行困难，投资者认购不踊跃，故实际采用"敞开发售"的方式。

4. 直接发行和承销

直接发行是指基金发起人不通过承销商而由自己直接向投资者销售基金。私募基金多采取直接发行的方式。这是最简单的发行方式，在这种销售方式中，投资基金的份额按净资产价值出售，出价与报价相同，即所谓的不收费基金。承销则是指发起人通过证券承销商发行基金，证券承销商可以全额包销也可以余额包销或者代销。我国基金的销售大部分是这种方式。在基金的分销渠道方面，一般是银行和保险公司参与基金的分销业务。实际上，封闭式基金发行中多采用了自办发行、承销和代销等相结合的方式。

（三）发行价格

基金证券的发行价格是指投资者购买基金证券的单价。在我国，其发行价格由两方面构成：基金面值，人民币 1.00 元；发行费用（包括律师费、会计师费等），人民币 0.01 元。计算总额为每份基金单位发行价格 1.01 元。根据有关规定，发行费用在扣减基金发行中的会计事务所费、律师费、发行公告费、材料制作费、上网发行费等后的余额要计入基金资产。

（四）发行期限

根据我国的有关法律，封闭式基金的发行期限是自该基金批准之日起 3 个月。自该基金被批准之日算起，其所募集的资金要超过批准规模的 80%，最低募集资金不少于 2 亿元，该基金方可成立，否则不得成立。基金发起人必须承担基金募集费用，已募集的资金并加计银行活期存款利息必须在 30 天内退还基金认购人。

二、开放式基金的发行

（一）开放式基金发行方式

在我国，根据《证券投资基金管理暂行办法》和《开放式证券投资基金试点办法》规定，开放式基金以公开募集的方式发行。在基金管理公司的直销网点以及与基金管理公司建立代理销售关系的银行和证券公司的指定营业网点，向投资人公开发行。这种发行方式又称为场外发行认购。2005 年 7 月 13 日，深圳证券交易所发布了《深圳证券交易所开放式基金申购赎回业务实施细则》；同年 7 月 14 日，上海证券交易所发布了《上海证券交易所开放式基金认购、申购、赎回业务办理规则（试行）》。由此，我国开放式基金场内的认购、申购与赎回开始施行。

（二）开放式基金的认购程序

投资者参与认购开放式基金，分开户、认购、确认 3 个步骤。不同的开放式基金在开户、认购、确认的具体要求上有所不同，具体要求以基金份额发售公告为准。

1. 基金账户的开立

基金账户是基金登记人为基金投资者开立的、用于记录其持有的基金份额余额和变动情况的账户。投资者进行开放式基金的认购必须拥有基金登记人为投资者开立的基金账户。基金账户可通过基金代理销售机构办理。目前，我国开放式基金主要通过基金管理人的直销中心、商业银行、证券公司、证券投资咨询机构、专业基金销售机构以及中国证监会规定的其他具备基金代销业务资格的机构进行销售。基金投资者主要分为个人投资者和机构投资者。基金账户的开户手续会因投资者身份以及认购地点的不同而有所不同。个人投资者申请开立基金账户，一般需提供下列资料：

（1）本人法定身份证件（身份证、军官证、士兵证、武警证、护照等）。

（2）委托他人代为开户的，代办人须携带授权委托书、代办人有效身份证件。

（3）在基金代销银行或证券公司开设的资金账户。

（4）开户申请表。

机构投资者申请开立开放式基金账户需指定经办人办理，并需提供法人营业执照副本或民政部门、其他主管部门颁发的注册登记证书原件、授权委托书等资料。

2. 资金账户的开立

资金账户是投资者在基金代销银行、证券公司开立的用于基金业务的结算账户。投资者认购、申购、赎回基金份额以及分红、无效认（申）购的资金退款等资金结算均通过该账户进行。

3. 认购确认

个人投资者办理开放式基金认购申请时，需在资金账户中存入足够的现金，填写基金认购申请表进行基金的认购。个人投资者除可亲自到基金销售网点认购基金外，还可以通过电话、网上交易、传真等方式提交认购申请。机构投资者办理开放式基金认购申请时，需先在资金账户中存入足够的现金，填写加盖机构公章和法定代表人印章的认购申请表进行基金的认购。一般情况下，基金认购申请一经提交就不得撤销。

投资者 T 日提交认购申请后，一般可于 T+2 日后到办理认购的网点查询认购申请的受理情况。投资者在提交认购申请后应及时到原认购网点打印认购成交确认情况。销售网点（包括代销网点和直销网点）对认购申请的受理并不表示对认购申请的成功确认，而仅代表销售网点确实接受了认购申请。申请的成功确认应以基金登记人的确认登记为准。基金合同生效后，基金登记人将向基金投资者邮寄基金认购确认单。认购申请被确认无效的，认购资金将会退还给投资者。

（三）开放式基金的发行价格及认购

1. 发行价格的确定

开放式基金的发行价格是指投资人购买基金证券的单价。在我国，开放式基金的发行价格由单位基金资产净值加一定的认购手续费用构成。其中：单位基金净值，在发行期为基金面值，人民币 1.00 元；认购费用是投资人在认购基金时由投资人支付的一次性费用。此认购费用如在认购时支付，则称为前端收费；如在赎回时支付，则称为后端收费。后端收费一般随持有期而消减，对某些基金而言，若持有期超出一定期限，后端收费可以免除。根据《开放式证券投资基金试点办法》规定，认购费率不得超过申购金额的 5%。

2. 认购份额的确定

开放式基金的认购采取金额认购的方式，即投资者在办理认购申请时，不是直接以认购数量提出申请，而是以金额申请。在扣除相应费用后，再以基金面值为基准换算为认购数量。为统一规范基金认(申)购费用及认(申)购份额的计算方法，更好地保护基金投资人的合法权益，中国证监会于 2007 年 3 月对认(申)购费用及认(申)购份额计算方法进行了统一规定。根据规定，基金认购费率将统一按净认购金额为基础收取，相应的基金认购费用与认购份额的计算公式为：

$$净认购金额=认购金额-认购费用$$

$$认购费用=净认购金额\times认购费率$$

$$净认购金额=认购金额/(1+认购费率)$$

$$认购份额=(净认购金额+认购利息)/基金份额面值$$

(四) 开放式基金发行期限

根据《开放式证券投资基金试点办法》规定：基金管理人应当自开放式基金设立申请获得批准之日起 6 个月内进行设立募集；超过 6 个月尚未开始设立募集的，原申请内容如有实质性改变，应当向中国证监会报告；原申请内容没有实质性改变的，应当向中国证监会备案；开放式基金的设立募集期限不得超过 3 个月，设立募集期限自招募说明书公告之日起计算。

三、ETF 的发行

根据《上海证券交易所交易型开放式指数基金业务实施细则》的规定，ETF 指数基金管理人可以采用网上和网下两种方式发售基金份额。网上认购是指投资者通过基金管理人指定的基金发售代理机构，使用证券交易所的交易网络系统进行的认购。网下认购是指投资者通过基金管理人或其指定的发售代理机构进行的认购。

(一) ETF 的认购方式

根据投资者认购 ETF 份额所支付的对价种类，ETF 份额的认购又可分为现金认购和证券认购。现金认购是指用现金换购 ETF 份额的行为；证券认购是指用指定证券换购 ETF 份额的行为。

我国的投资者在 ETF 募集期间，可以采取网上现金认购、网下现金认购、网下股票认购 3 种方式认购 ETF。

1. 网上现金认购：是指投资者通过基金管理人指定的发售代理机构用上海证券交

易所网上系统以现金进行的认购。采用网上发售方式的，投资者应当使用在证券登记结算机构开立的证券账户，按照基金合同、基金招募说明书、基金发售公告书确定的网上发售认购方式进行申报。

2. 网下现金认购：指投资者通过基金管理人及其指定的发售代理机构以现金进行的认购。采用网下发售方式的，投资者按基金合同、基金招募说明书、基金发售公告书的规定进行认购。基金份额在上交所网上发售的时间为一个交易日。交易型指数基金的基金合同和招募说明书，应当明确基金份额网上发售和网下发售时投资者认购基金份额所支付的对价种类。具有基金代销业务资格的上交所会员接受投资者网上认购基金份额申报的，应当要求投资者足额交付认购资金或者组合证券。

3. 网下股票认购：网下股票认购是指投资者通过基金管理人指定的发售代理机构以股票进行的认购。投资者以组合证券认购基金份额的，按照基金合同和基金招募说明书的规定，确认其是否拥有对应的足额组合证券。无足额组合证券的，其认购申报全部无效。投资者以现金认购基金份额的，接受申报的本会员应即时冻结投资者用于认购的资金，并不得挪用。

（二）认购费用及认购份额的计算

基金管理人及基金发售代理机构在 ETF 份额发售时一般会收取一定的认购费用或认购佣金。认购费用或认购佣金由投资者承担。我国 ETF 在发售时一般按 1 元/份计价。

1. 通过基金管理人进行现金认购的投资者，认购以 ETF 份额申请。认购费用和认购金额的计算公式为：

$$认购费用=认购价格\times认购份额\times认购费率$$

$$认购金额=认购价格\times认购份额\times(1+认购费率)$$

认购费用由基金管理人在投资者认购确认时收取，投资者需以现金方式交纳认购费用。

例：某投资者认购 100 000 份 ETF 份额，认购价格为 1 元/份，认购费率为 1%，则需准备的资金金额计算如下：

$$认购金额=1\times100\,000\times(1+1\%)=101\,000(元)$$

$$认购费用=1\times100\,000\times1\%=1\,000(元)$$

即投资者需准备 101 000 元资金，方可认购到 100 000 份基金份额。

2. 通过发售代理机构进行现金认购的投资者，认购以 ETF 份额申请。认购佣金和认购金额的计算公式为：

$$认购佣金=认购价格\times认购份额\times佣金比率$$

$$认购金额=认购价格\times认购份额\times(1+佣金比率)$$

认购佣金由发售代理机构在投资者认购确认时收取，投资者需以现金方式交纳认购佣金。

例：某投资者到某发售代理机构网点认购 1 000 份 ETF，认购价格为 1 元/份，假设该发售代理机构确认的佣金比率为 1%，则需准备的资金金额计算如下：

$$认购佣金=1\times1\ 000\times1\% = 10(元)$$

$$认购金额=1\times1\ 000\times(1+1\%)=1\ 010(元)$$

即投资者需准备 1 010 元资金，方可认购到 1 000 份 ETF 份额。

3. 通过发售代理机构进行股票认购的投资者，认购以单只股票股数申请。认购份额和认购佣金的计算公式为：

$$认购份额 = \sum \frac{第\ i\ 只股票在网下股票认购日的均价\times有效认购数量}{1.00}$$

$$认购佣金 = 认购价格\times认购份额\times佣金比率$$

认购佣金由发售代理机构在投资者认购确认时收取。在发售代理机构允许的条件下，投资者可选择以现金或 ETF 份额的方式支付认购佣金。如投资者选择以 ETF 份额支付佣金，则：

$$净认购份额=认购份额-\frac{认购佣金}{认购价格}$$

例：某投资者持有指数成分股中股票 A 和股票 B 各 10 000 股和 20 000 股，到某发售代理机构网点认购基金，选择以现金支付认购佣金。假设×月×日股票 A 和股票 B 的均价分别为 15.5 元和 4.5 元，基金管理人确认的有效认购数量为 A 股票 10 000 股和 B 股票 20 000 股，发售代理机构确认的佣金比例为 1%，则其可得到的 ETF 份额和需支付的认购佣金如下：

$$认购份额=(15.5\times10\ 000)\div1.0+(4.5\times20\ 000)\div1.0=245\ 000(份)$$

$$认购佣金=1\times245\ 000\times 1\%=2\ 450(元)$$

即投资者可认购到 245 000 份基金份额，并需另行支付 2 450 元的认购佣金。

续上例，假设该投资者选择以 ETF 份额方式交纳认购佣金，则投资者最终可得的净认购份额为：

$$净认购份额=245\ 000-(2\ 450\div1)=242\ 550(份)$$

认购费用、认购佣金及认购份额的计算应在招募说明书及发售公告中作出明确规定。

四、LOF 基金的发行

上市开放式基金发售结合了银行等代销机构与证交所交易网络二者的销售优势。银行等代销机构网点仍沿用现行的营业柜台销售方式，证交所交易系统则采用通行的新股上网定价发行方式。证交所和中国证券登记结算有限公司规定，每只拟发行的上市开放式基金(LOF)须设定规模上限。发行期间若有效认购量超过限额必须实行比例配售。当基金开放申购赎回净申购规模达到基金限额时,基金公司应对当日申购进行比例确认。

（一）LOF 基金发行流程

1. L 日(L 日为最后发行认购日)根据认购数据做清算处理,并发送清算数据。

2. L+1 日冻结认购资金,检查认购资金是否足额。

3. L+2 日先对资金不足部分做拉单处理后,根据基金公司提供的认购比例做有效认购确认,并发送清算数据。

4. L+3 日将超额认购资金返还至结算参与人备付金账户。

5. L+4 日将认购资金划入相关基金托管人结算备付金账户。

（二）募集方式

LOF 的募集方式分场外募集和场内募集两部分。场外募集的基金份额注册登记在中国结算公司的开放式基金注册登记系统;场内募集的基金份额登记在中国结算公司的证券登记结算系统。

1. LOF 的场外募集

(1) 投资者开户方式

LOF 场外募集与普通开放式基金的募集无异,投资者可以通过基金管理人或银行、证券公司等基金代销机构进行认购。投资者通过基金管理人及其他代销机构从场外认购 LOF,应使用中国结算公司证交所开放式基金账户。以深交所为例,开放式基金账户可通过下列方式开立:

① 已有深圳证券账户的投资者,可通过基金管理人或代销机构以其深圳证券账户申请注册深圳开放式基金账户。

② 尚无深圳证券账户的投资者,可直接申请账户注册。中国结算公司将为其配发深圳证券投资基金账户,同时将该账户注册为深圳开放式基金账户。

③ 已通过基金管理人或代销机构办理过深圳开放式基金账户注册手续的投资者,可在原处直接办理开放式基金业务申报。

④ 已通过基金管理人或代销机构办理过深圳开放式基金账户注册手续的投资者,拟通过其他代销机构、基金管理人申报开放式基金业务的,须用深圳开放式基金账户在新的代销机构、基金管理人处办理开放式基金账户注册确认手续。

投资者通过基金管理人及其代销机构认购的,必须按照金额进行认购(即投资者的认购申报以“元”为单位)。基金管理人可按认购金额分段设置认购费率。认购费率由基金管理人在《基金招募说明书》中约定。

(2) 认购份额及认购费用的确定

中国结算公司开放式基金登记结算系统(以下简称“TA 系统”)依据管理人给定的认购费率,按如下公式计算投资者认购所得基金份额:

$$认购净金额=认购金额/(1+认购费率)$$

$$认购手续费=认购净金额\times认购费率$$

认购份额＝净认购金额/基金份额面值

基金份额面值认购份额按四舍五入的原则保留到小数点后两位。认购资金募集期间的利息可折合成基金份额，募集期结束后统一记入投资者深圳开放式基金账户。

例：某投资者投资1万元认购基金，假设管理人规定的认购费率为1%，则其认购手续费及可得到的认购份额为：

认购净金额＝10 000÷(1＋1%)＝9 900.99(元)

认购手续费＝9 900.99×1%＝99.01(元)

认购份额＝9 900.99÷1.00＝9 900.99(份)

即投资者投资1万元认购基金，可得到9 900.99份基金份额。

2. LOF的场内募集

(1) 认购方式

以深交所为例，LOF通过交易所场内募集基金份额，除要遵循一般开放式基金的募集规定外，基金管理人还需向深圳证券交易所提出发售申请。在获得深圳证券交易所的确认后，在基金募集期内每个交易日的交易时间，上市开放式基金均在深圳证券交易所挂牌发售。LOF场内募集沿用新股网上定价模式，但无配号及中签环节。投资者通过深圳证券交易所认购上市开放式基金，应持深圳人民币普通股票账户或证券投资基金账户。

(2) 认购金额及认购费用的确定

投资者通过深圳证券交易所交易系统认购的，必须按照份额进行认购(即投资者的认购申报以基金份额为单位)。深圳证券交易所挂牌价格为基金面值，投资者需缴纳的认购金额计算公式为：

认购金额＝挂牌价格×(1＋证券公司佣金比率)×认购份额

证券公司佣金＝挂牌价格×认购份额×证券公司佣金比率

认购净金额＝挂牌价格×认购份额

其中，认购费率由基金管理人在《基金招募说明书》中约定。证券公司可按照《基金招募说明书》中约定的认购费率设定投资者认购的佣金比率，并将投资者缴付的认购净金额划付中国结算深圳分公司。

认购净金额募集期间的利息可折合成基金份额。募集期结束后，基金管理人统一计算各投资者可折合的基金份额(所折合的基金份额须为整数份)，并将份额明细数据交中国结算深圳分公司记入投资者的深圳证券账户。

例：某投资者认购1万份基金份额，假设基金管理人规定认购费率上限为1%，证券公司设定的佣金比率为1%，则投资者应交纳的认购金额及证券公司收取的佣金为：

深圳证券交易所挂牌价＝基金面值＝1元

认购金额＝10 000×1＋1%＝10 100(元)

证券公司佣金=10 000×1%=100(元)

认购净金额=1×10 000=10 000(元)

即投资者认购1万份基金份额,需缴纳10 100元,证券公司收取的佣金为100元,中国结算深圳分公司按10 000元减记结算参与人的结算备付金账户。

第三节　证券投资基金的交易

基金的交易是在基金成立之后进行的买卖活动。封闭式基金一般是在证券交易所申请挂牌上市的。由于封闭式基金的封闭性,即买入的封闭基金是不能卖回给发起人的,投资者若想将手中的基金出手,只能通过证券经纪商再通过证券交易所的交易主机进行撮合转让给其他投资者;若想买入,也要通过证券交易所从其他投资者手中买进。开放式基金一般不到证券交易所挂牌上市交易,而是通过指定的销售网点进行申购或赎回。开放式基金的开放性对于投资者来说,就是可以随时从基金发起人和基金管理公司买入(申购)或卖出(赎回)基金。

一、封闭式基金的上市交易

(一)上市交易条件

封闭式基金发行募集成功后,基金管理公司即可依法向有关证券交易所提出上市申请,经中国证监会核准,可以在证券交易所上市交易。中国证监会可以授权证券交易所依照法定条件和程序核准基金份额上市交易。但封闭式基金也与股票有所不同,股份公司一般在运营2年以后才能申请上市,封闭式基金则在发起设立后3个月即可申请上市。

基金份额上市交易,应符合下列条件:

1. 基金份额总额达到核准规模的80%以上。
2. 基金合同期限为5年以上。
3. 基金募集金额不低于2亿元人民币。
4. 基金份额持有人不少于1 000人。
5. 基金份额上市交易规则规定的其他条件。

(二)交易账户的开立

投资者买卖封闭式基金必须开立深、沪证券账户或深、沪基金账户卡及资金账户。基金账户只能用于基金、国债及其他债券的认购及交易。

个人投资者开立基金账户需持本人身份证到证券登记机构办理开户手续。办理资金账户需持本人身份证和已经办理的股票账户卡或基金账户卡,到证券经营机构办理。每个有效证件只允许开设1个基金账户,已开设证券账户的不能再重复开设基金账户。每位投资者只能开设和使用1个资金账户,并只能对应1个股票账户或基金账户。

(三)交易规则

封闭式基金本身类似于普通股份有限公司,所以其交易也很像上市股票的交易。

封闭式基金的交易遵从“价格优先、时间优先”的原则。价格优先是指较高价格买进申报优先于较低价格买进申报，较低价格卖出申报优先于较高价格卖出申报。时间优先是指买卖方向、价格相同的，先申报者优先于后申报者。先后顺序按交易主机接受申报的时间确定。

封闭式基金的报价单位为每份基金价格。交易所只接受会员的限价申报。基金的申报价格最小变动单位为0.001元人民币。买入与卖出封闭式基金份额，申报数量应当为100份或其整数倍。基金单笔最大数量应当低于100万份。目前，深、沪证券交易所对封闭式基金的交易与股票交易一样实行价格涨跌幅限制，涨跌幅比例为10%（基金上市首日除外）。

我国封闭式基金的交易采用电脑集合竞价和连续竞价两种方式。集合竞价是指对一段时间内接收的买卖申报一次性集中撮合的竞价方式。连续竞价是指对买卖申报逐笔连续撮合的竞价方式。集合竞价的时间为交易日的9:15～9:25；连续竞价的时间为交易日的9:30～11:30、13:00～15:00。法定公众假期除外。

我国封闭式基金的交收同A股一样实行T+1交割、交收，即达成交易后，相应的基金交割与资金交收在成交日的下一个营业日（T+1日）完成。开市价即当日该基金第一笔成交价；基金的开盘价通过集合竞价方式产生，不能产生开盘价的，以连续竞价方式产生。收市价为当日该基金最后一笔交易前一分钟所有交易的成交量加权平均价（含最后一笔交易）。当日无成交的，以前收盘价为当日收盘价。

（四）交易费用

基金交易佣金为成交金额的0.25%，不足5元的按5元收取。上交所按成交面值的0.05%收取登记过户费，由证券商向投资者收取，登记公司与证券商平分；深交所按流通面值的0.002 5%向基金收取基金持有人名册服务月费。

二、开放式基金的申购和赎回

（一）开放式基金的交易种类

开放式基金的交易形式分为两种：一种是通过商业银行、证券公司、保险公司等作为中介代理进行基金单位的交易；另一种是和基金管理公司的基金经理人直接进行基金单位交易。与封闭式基金的交易方式不同，开放式基金的交易按种类可以划分为认购、申购、赎回、转换与变更。其中，申购和赎回是两种基本的交易种类。

认购是指投资者在开放式基金募集期间、基金尚未成立时购买基金份额的过程。

申购是指投资人在基金成立之后，按照基金的最新单位资产净值加上少量手续费购买基金的行为。一般来说，开放式基金的最低申购额为1 000元。

赎回是指投资人将已经持有的开放式基金单位出售给基金管理人，收回资金的行为。

巨额赎回是指开放式基金的当日净赎回量超过基金规模的10%时的赎回行为。基金管理人可以在接受赎回比例不低于基金总规模10%的情况下，对其余的赎回申请延期办理。巨额赎回申请发生时，投资人可选择延续赎回或取消赎回两种方式，连续赎回是指投资者对于延期办理的赎回申请部分，选择依次在下一个基金开放日进行赎回。

基金转托管是指投资者同一基金在不同托管点(不同销售商及同一销售商的不能通存通兑的城市或分行)之间实施的所持基金份额托管机构变更的操作。基金的转托管经常使用于LOF基金的套利行为中。

基金转换业务是指投资者在基金存续期间要求将其持有的全部或部分基金份额转换为基金管理人管理的其他开放式基金份额的行为。也就是说，推出基金转换业务的基金公司旗下的任何一只基金，都可以和同一家公司旗下的其他基金直接转换(特殊情况除外)，无需先赎回再申购了。另外，当基金暂停申购时，一般也不能接受转入业务。

非交易过户是指因遗产继承、捐赠或司法执行等原因引起的基金单位持有人的变更行为。基金非交易过户包括遗产继承、捐赠和司法执行。

（二）开放式基金申购份额、赎回金额及费用的确定

申购与赎回价格按正式接受申购赎回日的基金单位净值进行交易，当天的基金单位净值需在收市后由基金管理公司计算确认，于次日公布。

基金管理人办理开放式基金份额的申购，可以收取申购费，但申购费率不得超过申购金额的5%。认购费和申购费可以在基金份额发售或者申购时收取，也可以在赎回时从赎回金额中扣除。

基金管理人办理开放式基金份额的赎回，应当收取赎回费，但中国证监会另有规定的除外。赎回费率不得超过基金份额赎回金额的5%。赎回费在扣除手续费后，余额不得低于赎回费总额的25%，并应当归入基金财产。基金管理人可以根据投资者的认购金额、申购金额的数量适用不同的认购、申购费率标准。基金管理人可以对选择在赎回时缴纳认购费或者申购费的基金份额持有人，根据其持有基金份额的期限适用不同的认购、申购费率标准。基金管理人可以根据基金份额持有人持有基金份额的期限适用不同的赎回费率标准。基金管理人可以从开放式基金财产中计提销售服务费，用于基金的持续销售和给基金份额持有人提供服务。具体管理办法由中国证监会另行规定。

1. 申购份额的确定

与认购基金类似，申购基金同样可分为前端收费模式与后端收费模式。申购费率以净申购金额为基础计算，申购费用与申购份额的计算公式为：

$$净申购金额=申购金额-申购费用$$

$$申购费用=净申购金额\times申购费率$$

$$净申购金额=申购金额/(1+申购费率)$$

$$申购份额=净申购金额/申购当日基金单位净值$$

基金份额份数以四舍五入的方法保留小数点后两位，由此产生误差的损失由基金资产承担，产生的收益归基金资产所有。

2. 赎回金额的确定

$$赎回金额=赎回总额-赎回费用$$

其中：

赎回总额＝赎回数量×赎回日基金份额净值

赎回费用＝赎回总额×赎回费率

赎回费率一般按持有时间的长短分级设置。持有时间越长，适用的赎回费率就越低。

实行后端收取认购/申购费的基金，还应扣除后端认购/申购费，才是投资者最终得到的赎回金额。即：

赎回金额＝赎回总额－后端收费金额－赎回费用

3. 货币市场基金的手续费

货币市场基金费用较低，通常申购、赎回费率为0。一般来说，货币型基金从基金财产中计提比例不高于2.5%的销售服务费，用于基金的持续销售和给基金份额持有人提供服务。

（三）开放式基金交易规则

开放式基金的申购、赎回都必须在证券交易所的开放日内进行，一般为周一到周五（节假日除外），上午09:30—11:30、下午13:00—15:00之间进行。

1. 股票基金、债券基金的申购、赎回原则

（1）“未知价”交易原则

投资者在申购、赎回时并不能即时获知买卖的成交价格。申购、赎回价格只能以申购、赎回日交易时间结束后基金管理人公布的基金份额净值为基准进行计算。这与股票、封闭式基金等大多数金融产品按“已知价”原则进行买卖不同。

（2）“金额申购、份额赎回”原则

申购以金额申请，赎回以份额申请。这是适应“未知价格”情况下的一种最为简便、安全的交易方式。在这种交易方式下，确切的购买数量和赎回金额在买卖当时是无法确定的，只有在交易次日才能获知。

2. 货币市场基金的申购、赎回原则

（1）“确定价”原则

申购、赎回基金份额价格以1元人民币为基准进行计算。

（2）“金额申购、份额赎回”原则

申购以金额申请，赎回以份额申请。

（四）开放式基金交易程序

开放式基金一般不在交易所挂牌交易，它通过基金管理公司及其指定的代销网点销售，银行是开放式基金最常用的代理销售渠道。投资者可以到这些网点办理开放式基金的申购和赎回，具体步骤如下：

1. 开立账户

投资者凭身份证由本人或委托代理人开立基金账户和资金账户，用于基金单位清算和资金结算。如果投资者还要进行基金定投或是网络交易，还需与银行签订自动扣款委

托协议。

2. 填写申购或赎回申请表

投资者申购和赎回开放式基金，必须到基金管理公司指定的销售网点填写申购或赎回申请表。若技术条件成熟，也可以通过传真、电话和互联网发出交易指令。

3. 确认申购金额或赎回份额

由于开放式基金的交易价格是以当日的基金单位净值为准，单位净值会在次日公布，所以投资者在申购时只能填写购买多少金额的基金，而在赎回时只要填写赎回份额就可以了。

4. 支付款项及交易确认

我国规定开放式基金的申购手续费不得超过申购金额的5%，实际操作中一般低于2%，并根据申购金额分档计算，申购费率按照申购金额的增加而递减。基金管理公司一般在T+2日为客户提供申购成交确认书，确定成交的基金单位数。申请赎回时，基金管理公司一般会在交易日的次3日或5日支付赎回款项。我国一般基金规定，在第7日可以领到赎回款项。

三、交易型开放式指数基金(ETF)的交易

投资者有两种方式参与证券交易所ETF的投资：一是直接从事买卖交易；二是进行申购和赎回。按现行有关制度规定，买卖上海证券交易所ETF的投资者需具有上海证券交易所A股账户或基金账户，进行上海证券交易所ETF申购、赎回操作的投资者需具有上海证券交易所A股账户。投资者买卖深圳证券交易所ETF须用深圳证券交易所A股账户或深圳证券投资基金账户；投资者申购、赎回深圳证券交易所ETF须使用深圳证券交易所A股账户。

(一) ETF份额折算

基金合同生效后，基金管理人应逐步调整实际组合直至达到跟踪指数要求，此过程为ETF建仓阶段。ETF建仓期不超过3个月。基金建仓期结束后，为方便投资者跟踪基金份额净值变化，基金管理人通常会以某一选定日期作为基金份额折算日，以标的指数的1‰(或1%)作为份额净值，对原来的基金份额进行折算。ETF基金份额折算由基金管理人办理，并由登记结算机构进行基金份额的变更登记。

ETF基金份额折算的方法：

假设基金管理人确定基金份额折算日(T日)。T日收市后，基金管理人计算当日的基金资产净值X、基金份额总额Y。

T日标的指数收盘值为I，若以标的指数的1‰作为基金份额净值进行基金份额的折算，则T日的目标基金份额净值为I/1 000，基金份额折算比例的计算公式为：

$$\text{折算比例} = \frac{X/Y}{I/1\,000}$$

以四舍五入的方法保留小数点后8位。

$$\text{折算后的份额} = \text{原持有份额} \times \text{折算比例}$$

例：假设某投资者在基金募集期内认购了 5 000 份 ETF，基金份额折算日的基金资产净值为 3 127 000 230.95 元，折算前的基金份额总额为 3 013 057 000 份，当日标的指数收盘值为 966.45 元。

折算比例＝(3 127 000 230.95÷3 013 057 000)÷(966.45÷1 000)＝1.073 843 95

该投资者折算后的基金份额＝5 000×1.073 843 95＝5 369(份)

（二）ETF 基金份额交易

1. 交易流程和交易规则

ETF 基金二级市场交易流程和交易规则与目前的封闭式基金相同。投资者可以通过证券公司经纪业务渠道，委托证券商按二级市场价格现价在二级市场上进行 ETF 基金的基金份额交易。基金管理人在每一交易日开市前向交易所提供当日的申购赎回清单，交易所在开市后根据申购赎回清单中成分股票的价格行情变动，及时计算基金净值估计(Indicative Optimized Portfolio Value，IOPV)，供投资者、套利者作为买卖、套利的参考，买卖双方根据这些信息形成 ETF 基金在二级市场上的交易价格。

投资者从事基金份额的买卖交易，适用证券交易所有关基金买卖申报、竞价、成交、涨跌幅等规定。交易时间为证券交易所的交易日。买卖申报数量为 100 份或其整数倍，申报价格最小变动单位为 0.001 元，实行 10%的涨跌幅限制。

2. ETF 基金份额的申购与赎回

申购是投资者通过一级交易商，申请以一揽子股票和少量现金换取一定数量的基金份额；赎回是投资者通过一级交易商申请以一定数量的基金份额换取一揽子股票和少量现金。

基金份额的申购、赎回，按基金合同规定的最小申购、赎回单位或其整数倍进行申报，如上证 50ETF 和深证 100ETF 的最小申购赎回单位都为 100 万份。基金份额应当用组合证券进行申购、赎回。申购、赎回基金份额的申报指令应当包括证券账号、基金代码、买卖方向(申购为买方，赎回为卖方)、数量等内容。申购、赎回的申报指令不得撤销。投资者申购基金份额的，应当拥有对应的足额组合证券及替代现金。投资者赎回基金份额的，应当拥有对应的足额基金份额。投资者在办理申购、赎回业务之前，需与具有代办基金份额申购与赎回业务资格的证券公司(上海证券交易所称一级交易商，深圳证券交易所称代办证券公司)签订相应的《风险揭示书》。

（三）申购、赎回清单

1. 申购、赎回清单的内容

T 日申购、赎回清单公告内容包括最小申购、赎回单位所对应的组合证券内各成分证券数据、现金替代、T 日预估现金部分、T－1 日现金差额、基金份额净值及其他相关内容。

2. 组合证券相关内容

组合证券是指基金标的指数所包含的全部或部分证券。申购、赎回清单将公告最小申购、赎回单位所对应的各成分证券名称、证券代码及数量。

3. 现金替代相关内容

现金替代是指申购、赎回过程中，投资者按基金合同和招募说明书的规定，用于替代组合证券中部分证券的一定数量的现金。采用现金替代是为了在相关成分股停牌等情况下便利投资者的申购，提高基金运作的效率。基金管理人在制定具体的现金替代方法时遵循公平、公开的原则，以保护基金份额持有人利益为出发点，并进行及时充分的信息披露。现金替代分为 3 种类型：禁止现金替代、可以现金替代和必须现金替代。

（1）禁止现金替代是指在申购、赎回基金份额时，该成分证券不允许使用现金作为替代。

（2）可以现金替代是指在申购基金份额时，允许使用现金作为全部或部分该成分证券的替代，但在赎回基金份额时，该成分证券不允许使用现金作为替代。可以现金替代的证券一般是由于停牌等原因导致投资者无法在申购时买入的证券。对于可以现金替代的证券，替代金额的计算公式为：

替代金额 = 替代证券数量 × 证券最新价格 ×（1 + 现金替代溢价比例）

“最新价格”的确定原则为：

① 该证券正常交易时，采用最新成交价。

② 该证券正常交易中出现涨停时，采用涨停价格。

③ 该证券停牌且当日有成交时，采用最新成交价。

④ 该证券停牌且当日无成交时，采用前一交易日收盘价。

现金替代溢价又称为“现金替代保证”。收取现金替代溢价的原因是，对于使用现金替代的证券，基金管理人需在证券恢复交易后买入，而实际买入价格加上相关交易费用后与申购时的最新价格可能有所差异。为便于操作，基金管理人在申购、赎回清单中预先确定现金替代溢价比例，并据此收取现金替代金额。如果预先收取的金额高于基金购入该部分证券的实际成本，则基金管理人将退还多收取的差额；如果预先收取的金额低于基金购入该部分证券的实际成本，则基金管理人将向投资者收取欠缺的差额。

（3）必须现金替代是指在申购、赎回基金份额时，该成分证券必须使用现金作为替代。必须现金替代的证券一般是由于标的指数调整，即将被剔除的成分证券。对于必须现金替代的证券，基金管理人将在申购、赎回清单中公告替代的一定数量的现金，即“固定替代金额”。固定替代金额的计算方法为申购、赎回清单中该证券的数量乘以其 T 日预计开盘价。

4. 预估现金部分相关内容

预估现金部分是指为便于计算基金份额参考净值及申购赎回，代理证券公司预先冻结申请申购、赎回的投资者的相应资金，由基金管理人计算的现金数额。

T 日申购、赎回清单中公告 T 日预估现金部分。其计算公式为：

T 日预估现金部分＝T－1 日最小申购、赎回单位的基金资产净值－（申购、赎回清单中必须用现金替代的固定替代金额＋申购、赎回清单中可以用现金替代成分证券的数量与 T 日预计开盘价相乘之和＋申购、赎回清单中禁止用现金替代成分证券的数量与 T 日预计开盘价相乘之和）

其中，“T 日预计开盘价”主要根据上海证券交易所提供的标的指数成分证券的预计开盘价确定。另外，若 T 日为基金分红除息日，则计算公式中的“T－1 日最小申购、赎回单位的基金资产净值”需扣减相应的收益分配数额。预估现金部分的数值可能为正、为负或为零。

5. 现金差额相关内容

T 日现金差额在 T+1 日的申购、赎回清单中公告。其计算公式为：

T 日现金差额=T 日最小申购、赎回单位的基金资产净值−(申购、赎回清单中必须用现金替代的固定替代金额+申购、赎回清单中可以用现金替代成分证券的数量与 T 日收盘价相乘之和+申购、赎回清单中禁止用现金替代成分证券的数量与 T 日收盘价相乘之和)

T 日投资者申购、赎回基金份额时，需按 T+1 日公告的 T 日现金差额进行资金的清算交收。

现金差额的数值可能为正、为负或为零。在投资者申购时，如现金差额为正数，则投资者应根据其申购的基金份额支付相应的现金；如现金差额为负数，则投资者将根据其申购的基金份额获得相应的现金。在投资者赎回时，如现金差额为正数，则投资者将根据其赎回的基金份额获得相应的现金；如现金差额为负数，则投资者应根据其赎回的基金份额支付相应的现金。

四、上市开放式基金(LOF)的交易

与传统的开放式基金不在证券交易所交易，而是通过有关金融机构柜台以申购和赎回的方式不同，LOF 既保留了原来开放式基金申购和赎回的方式，又增加了可以在证券交易所交易及申购和赎回的方式。也就是说，在 LOF 发行结束后，投资者既可以在指定网点申购与赎回基金份额，也可以在证券交易所买卖该基金，或通过证券交易所系统进行基金份额的申购与赎回。

(一) LOF 的上市交易

LOF 完成登记托管手续后，由基金管理人向深圳证券交易所提交上市申请，申请在交易所挂牌上市。基金上市首日的开盘参考价为上市首日前一交易日的基金份额净值(四舍五入至价格最小变动单位)。LOF 在交易所的交易规则与封闭式基金基本相同，具体内容如下：

1. 买入 LOF 申报数量应当为 100 份或其整数倍，申报价格最小变动单位为 0.001 元人民币。

2. 深圳证券交易所对 LOF 交易实行价格涨跌幅限制，涨跌幅比例为 10%，自上市首日起执行。

3. 投资者 T 日卖出基金份额后的资金 T+1 日即可到账(T 日也可做回转交易)，而赎回资金至少 T+2 日到账。

(二) LOF 份额的申购与赎回

注册登记在中国结算公司的开放式基金注册登记系统(TA 系统)内的基金份额，可通过基金管理人及其代销机构在场外办理 LOF 的申购、赎回；登记在中国结算公司的证券登记结算系统内的基金份额，也可以通过具有基金代销业务资格且符合风险控制要求的深圳证券交易所会员单位在场内办理申购、赎回业务。

LOF 采取“金额申购、份额赎回”原则，即申购以金额申报，赎回以份额申报。场内申购申报单位为 1 元人民币，赎回申报单位为 1 份基金份额；场外申购、赎回申报单位由基金管理人在《基金招募说明书》中载明。

T 日在深圳证券交易所申购的基金份额，自 T+1 日开始可在深圳证券交易所卖出或赎回；T 日买入的基金份额，T+1 日可以在深圳证券交易所卖出或者赎回。

（三）LOF 份额转托管

LOF 份额的转托管业务包含两种类型：系统内转托管和跨系统转托管。

系统内转托管是指投资者将托管在某证券经营机构的 LOF 份额转托管到其他证券经营机构（场内到场内），或将托管在某基金管理人或其代销机构的 LOF 份额转托管到其他基金代销机构或基金管理人（场外到场外）的操作。

跨系统转托管是指投资者将托管在某证券经营机构的 LOF 份额转托管到基金管理人或代销机构（场内到场外），或将托管在基金管理人或其代销机构的 LOF 份额转托管到某证券经营机构（场外到场内）。

投资者通过深圳证券交易所交易系统获得的基金份额托管在证券营业部处，登记在证券登记系统中。这部分基金份额既可以在深圳证券交易所交易，也可以通过深圳证券交易所交易系统直接申请赎回；投资者通过基金管理人及其代销机构获得的基金份额托管在代销机构/基金管理人处，登记在 TA 系统中，只能申请赎回，不能直接在深圳证券交易所交易。

投资者如需将登记在 TA 系统中的基金份额通过深圳证券交易所交易，或需将登记在证券登记系统中的基金份额申请在场外赎回，应先办理跨系统转托管手续。LOF 份额跨系统转托管只限于在深圳证券账户和以其为基础注册的深圳开放式基金账户之间进行。

投资者将 LOF 份额从证券登记系统转入 TA 系统，自 T+2 日始，投资者可以在转入方代销机构或基金管理人处申报赎回基金份额。投资者将上市开放式基金份额从 TA 系统转入证券登记系统，自 T+2 日始，投资者可以通过转入方证券营业部申报在深圳证券交易所卖出或赎回基金份额。

处于下列情形之一的 LOF 份额不得办理跨系统转托管：

1. 处于募集期内或封闭期内的 LOF 份额。

2. 分红派息前 R−2 日至 R 日（R 日为权益登记日）的 LOF 份额。

3. 处于质押、冻结状态的 LOF 份额。

第四节　证券投资基金的终止与清算

一、封闭式基金的扩募或续期

封闭式基金只要具备有关规定条件，则可以进行扩募或续期。在我国一般应具备下列条件：

1. 基金年收益率高于全国证券投资基金平均收益率。

2. 基金管理人、托管人最近三年内无重大违法、违规行为。

3. 基金持有人大会和基金托管人同意扩募或续期。

4. 中国证监会规定的其他条件。

二、封闭式基金的转型

基金的转型是指基金由契约型封闭式转变为契约型开放式。我国对基金的转型条件一般有下列规定：

1. 基金管理人和托管人应具有管理或托管开放式基金所需的人才、技术和设备等必要条件。

2. 基金管理人、托管人最近三年内无重大违法、违规行为。

3. 基金持有人大会同意基金转型。

4. 中国证监会规定的其他条件。

三、封闭式基金的终止

封闭式基金的终止是指封闭式基金因规定的原因不能存续，要终止上市交易。封闭式基金被终止时，要办理退出登记。

根据《证券投资基金管理暂行办法》的有关规定，有下列情形之一的，基金应当终止：

1. 基金封闭期满，未被批准续期的。

2. 基金经批准提前终止的。

3. 因重大违法、违规行为，基金被中国证监会责令终止的。

四、开放式基金的终止

开放式基金不具有封闭期，上市开放式基金出现下列情形之一的，交易所决定其终止上市：

1. 自暂停上市之日起半年内未能消除暂停上市原因的。

2. 基金合同终止。

3. 基金份额持有人大会决定终止上市。

4. 交易所认为须终止上市的其他情形。

上市开放式基金终止后，基金管理人应当及时到中国证监会办理基金退出登记手续。

五、基金清算

基金清算工作包括：开立投资者基金账户；确认基金认购、申购、赎回、转换以及非交易过户等交易类申请，完成基金份额清算；管理基金销售机构的资金交收情况，负责相关账户的资金划转，完成销售资金清算；设立并管理资金清算相关账户，负责账户的会计核算工作并保管会计记录；复核并监督基金份额清算与资金清算结果。

【阅读资料】

基金大事记

1991年至1996年

自1991年10月我国最初的一批老基金“武汉证券投资基金”和“深圳南山风险投资基金”宣告成立开始，截至1996年底，全国范围内共有“老基金”78只，另有基金类受益券47只。

1997年

2月24日，中国工商银行作为第一家证券投资基金的托管银行，成立了基金托管部。

11月14日，国务院批准发布了《证券投资基金管理暂行办法》。

1998年

3月27日，经中国证监会批准，新成立的南方基金管理公司和国泰基金管理公司分别发起设立了规模为20亿元的两只封闭式基金——“基金开元”和“基金金泰”，由此拉开了中国证券投资基金试点的序幕。

12月2日，老基金“海南银通”和“广证受益”摘牌、清算。老基金的清理规范工作从此正式拉开了帷幕。

1999年

12月29日，证监会颁布《证券投资基金行业公约》。

2000年

3月2日，保险资金入市比例放开。

4月17日，沈阳兴沈、沈阳久盛和富岛基金摘牌。这3只基金退市标志着原有投资基金全面退出历史舞台。

6月18日，中国证监会举办首届基金从业资格考试。

10月8日，中国证监会发布了《开放式证券投资基金试点办法》。

2001年

6月15日，中国证监会发布《关于申请设立基金管理公司若干问题的通知》，引入了“好人举手”制度。从此，发起设立基金管理公司申请人的范围扩大。

8月28日，中国证券业协会基金公会成立。

9月，我国第一只开放式基金——“华安创新”诞生，首发规模约为50亿份基金单位。

10月，《开放式证券投资基金试点办法》颁布。

2002年

6月1日，中国证监会颁布《外资参股基金管理公司设立规则》，自2002年7月1日起实施。

8月以后，根据市场情况封闭式基金发行停止。

10月16日，国安基金管理公司成为首家获准筹建中外合资基金的公司。

12月9日，中国证券业协会证券投资基金业委员会在深圳成立。

12月19日，南方、博时、华夏、鹏华、长盛、嘉实6家基金公司，被全国社保基金理事会首批选定为社保基金管理资格的基金公司。

2003年

4月28日，第一只由中外合资基金管理公司管理的基金——招商安泰系列基金成立。

2004年

3月，海富通收益增长与中信经典配置基金的首发规模双双超过100亿份。我国证券投资基金的规模首超2 000亿份。

6月1日，《中华人民共和国证券投资基金法》正式施行。

12月30日，华夏基金管理公司推出了国内首支ETF(交易型开放式指数基金)——华夏上证50ETF。

2005年

2月，《商业银行设立基金管理公司试点管理办法》公布施行，商业银行设立基金管理公司试点工作进入实质性操作阶段。

5月，景顺长城基金公司旗下的恒丰债券基金拟转变为货币市场基金，成为国内首只转型基金。

8月，首只银行系基金——工银瑞信核心价值股票型证券投资基金成立。

2006年

5月23日，首只生命周期基金——汇丰晋信2016生命周期基金正式成立。

6月，《证券投资基金管理公司治理准则(试行)》。

7月，华夏兴业基金封转开方案获持有人大会表决通过，成为国内首例封转开基金。

7月20日，首只复制基金——南方稳健成长2号基金以超越53亿元的规模结束首发。

10月，《基金管理公司投资管理人员管理指导意见》发布。

11月，首只QDII基金——华安国际配置基金正式成立，募集金额为1.97亿美元。

2007年

7月26日，南方、华夏两家基金公司获得证监会和外管局批复，具备了开展QDII业务的资格。

9月，国内首只股票类QDII基金——南方全球精选配置基金发行。

2008年

9月12日，证监会发布了《关于进一步规范证券投资基金估值业务的指导意见》，对基金管理公司在公允价值计量，尤其是长期停牌股票的估值上作出了制度性安排。新政实施后，躲在停牌股“避风港”中的基金不再安全，纷纷显露了原形。

9月14日，雷曼兄弟在愈演愈烈的美国次贷危机中宣布申请破产保护，华安基金旗下QDII基金受到波及。受全球金融海啸影响，QDII基金2008年出现平均50%以上的净值亏损。

12月16日，证监会基金部发布《证券投资基金产品创新的鼓励措施》，旨在从制度上鼓励基金产品创新。

【案例】

证券投资基金禁忌之：短线操作开放基金

1. 背景资料

S先生曾有过一段对开放式基金频繁进行短线操作的经历。下面我们将S先生进行操作的过程描述出来，然后我们计算一下S先生到底挣了多少钱。

某年初，S先生购买了净值为1.100 0元/份的开放式基金A两万份，短期持有后，该基金净值上升为1.150 0元/份，S先生将该基金出售；同时，S先生申购了净值为0.950 0元/份的开放式基金B两万份，短期持有后，该基金净值上升为0.980 0元/份，S先生再次将该基金抛售。下面我们计算一下S先生经过两次短线操作后到底挣了多少钱。

申购基金单位金额计算方法如下：

申购金额＝申购份额×交易日基金单位净值＋申购费用

申购费用＝申购份额×交易日基金单位净值×申购费率

赎回基金单位金额计算方法如下：

赎回金额＝赎回份额×交易日基金单位净值－赎回费用

赎回费用＝赎回份额×交易日基金单位净值×赎回费率

假设开放式基金的赎回费率为1.5%左右，申购费率为1.0%。那么我们可以计算出来：

S先生申购开放式基金A的价格为：

开放式基金A的申购费用为：20 000份×1.100 0元/份×1.0%＝220(元)

开放式基金A申购价为：20 000份×1.100 0元/份＋220元＝22 220(元)

开放式基金A的赎回费用为：20 000份×1.150 0元/份×1.5%＝345(元)

开放式基金A的赎回金额为：20 000份×1.150 0元/份－345元＝22 655(元)

S先生对开放式基金A的短线操作利润为：22 655元－22 220元＝435(元)

而S先生申购、赎回基金A的交易费用共计：220元＋345元＝565(元)

交易费用是所获利润的1.30倍。

开放式基金B的申购费用为：20 000份×0.950 0元/份×1.0%＝190(元)

开放式基金B的申购价为：20 000份×0.950 0元/份＋190元＝19 190(元)

开放式基金B的赎回费用为：20 000份×0.980 0元/份×1.5%＝294(元)

开放式基金B的赎回价格为：20 000份×0.980 0元/份－294元＝19 306(元)

S先生对开放式基金B的短线操作利润为：19 306元－19 190元＝116(元)

S先生申购、交易基金B的交易费用共计：190元＋294元＝484(元)

S先生对基金B的交易费用是其利润的4.17倍。

假如不存在交易费用,S先生所获得的毛利是多少呢?是1 600元。而实际上扣除交易费用后S先生获得了多少利润呢?仅仅551元!毛利中的65.6%就这样被交易费用所吞噬。

2. 讨论题

S先生对开放式基金投资操作的亲身经历给我们带来怎样的启示呢?

3. 分析思路与路径

S先生对开放式基金的投资经历属于“短线操作开放基金”行为,是在基金投资过程中,某些投资者经常犯的一个投资禁忌,属于一种“短视”的证券投资基金操作行为,投资者应该在基金投资活动中尽量避免这种现象的发生。“短线操作开放基金”的危害主要包括以下两个方面:

(1) 对投资者来讲,能够找到一个优秀的基金管理者是个非常幸运的事情,就如同你找到了一个可靠而且非常善于理财的“管家”。“短线操作开放基金”,就如同投资者频繁地更换“管家”,其投资效果可想而知。

(2) 开放式基金为了防止投资者频繁更换基金而设置了一种障碍:开放式基金的交易价格取决于基金每单位净资产值的大小,其申购价一般是基金单位净资产值加一定的申购费,赎回价是基金单位净资产值减去一定的赎回费。由此可见,开放式基金虽然给了投资者随时申购和赎回的权力,但是却用申购费和赎回费对投资者滥用权力的行为加以制约。也就是说,如果投资者“短线操作开放基金”,会花掉相当部分的“交易费用”。

综上所述,对于投资者来讲,频繁短线操作是开放式基金投资的一大禁忌。这中间既有更换基金存在的“看走眼”的风险在内,更有基金更换所需要的“交易费用”较高的原因。选择一个对自己最合适的基金进行长期投资,与该基金共同成长,不轻易赎回,以避免交易费用过高,这对投资者是一种有利的投资策略。至少,短线操作,对开放式基金的投资者来讲是非常不利的。

引自:邢恩泉.证券投资禁忌50例.北京:电子工业出版社,2006

【能力训练】

一、判断题

1. 开放式基金的赎回申请是采取金额赎回申请的方式。 ( )

2. 后端收费的认购费率一般都会随着投资时间的延长而递减,甚至不再收取认购费。 ( )

3. ETF份额的认购可用现金认购,也可用证券认购。 ( )

4. 基金转换是指投资者不需要先赎回已持有的基金份额,就可以将其持有的基金份额转换为同一基金管理人管理的另一基金份额的一种业务模式。 ( )

5. 投资者赎回基金成功后,注册登记机构一般在T+2日为投资者办理扣除权益的

登记手续。（　　）

6. 目前我国只有上海证券交易所开办LOF基金的交易。（　　）

7. 根据有关规定,我国封闭式基金的募集期限为基金批准之日起3个月内,所以,募集时间必须达到3个月方可成立。（　　）

8. ETF的建仓期为6个月以内。（　　）

9. 开放式基金的后端收费模式是指在认购基金份额时不收费,在赎回基金时才支付认购费用的收费模式。（　　）

10. 开放式基金的申购、赎回全部采用“未知价”进行。（　　）

二、名词解释

注册制　审批制　基金契约　公募发行　私募发行　巨额赎回　基金转托管　前端收费　后端收费　封闭式基金的终止

三、计算题

1. 某投资者进入证券公司交易系统后购买一封闭式基金,依次输入A基金代码“500111”,申报价格“0.80元”,购买份数“5 000份”。该笔交易当日成交。假设证券公司收取的交易费率为0.3%,计算其购买到的基金份额和手续费。

2. 某投资者在A开放式基金成立半年后,又投资5 000元申购A基金,成交的单位净值为1.2元,申购费率为1.5%,计算其购买到的基金份额和申购手续费。

3. 某投资者在A基金成立10个月后,赎回手中持有的A基金5 000份,成交的单位净值为1.25元,赎回费率为0.5%,计算其赎回可以得到的现金和赎回手续费。

【参考答案】

一、1. ×　2. √　3. √　4. √　5. ×　6. ×　7. ×　8. ×　9. √　10. ×

三、1.　购买金额＝每份市价×购买份数＝0.8×5 000＝4 000(元)

购买费用＝购买金额×交易费率＝4 000×0.3%＝12(元)

应付金额＝购买金额＋购买费用＝4 000＋12＝4 012(元)

即投资4 012元购买A基金,可得到5 000份基金份额,需支付12元交易费用。

2. 确认申购金额＝申购金额/(1＋申购费率)＝5 000/(1＋1.5%)＝4 926.11(元)

申购份额＝确认申购金额/基金净值＝4 926.11/1.2＝4 105.09(份)

申购费用＝确认申购金额×申购费率＝4 926.11×1.5%＝73.89(元)

即投资5 000元申购单位净值为1.2元的A基金,可得到4 105.09份基金份额,需支付73.89元申购费用。

3.　赎回总额＝单位基金净值×赎回单位＝1.25×5 000＝6 250(元)

赎回费用＝赎回总额×手续费率＝6 250×0.5%＝31.25(元)

可得赎回金额＝赎回总额－赎回费用＝6 250－31.25＝6 218.75(元)

即赎回5 000份单位净值为1.25元的A基金,可得到6 218.75元现金,需支付31.25元赎回费用。

第五章　证券投资基金的估值、定价与费用

【学习要点】本章主要学习证券投资基金资产净值的计算方法；封闭式基金的定价理论；开放式基金申购、赎回价格的确定方法；证券投资基金费用的构成以及计提标准。

【重点难点】掌握基金单位资产净值；了解基金估值的过程及原则；理解封闭式基金的定价理论；掌握开放式基金申购、赎回价格的计算方法；掌握基金的费用构成。

第一节　证券投资基金的估值

在基金的运作过程中，基金单位价格会随着基金资产价值和收益的变化而变化，不能再以发行时的价格出现。为了比较准确地对基金进行计价和报价，使基金价格能较准确地反映基金的真实价值，就必须对某个时点上基金的每一单位或每一股份实际代表的价值予以估算，并将估值结果以净资产值公布。

一、基金净资产与单位基金资产净值

（一）基金净资产

所谓基金净资产是指基金所拥有的资产根据每个交易日市场收盘价所计算出的总资产价值，扣除基金当日的各类成本及费用后，所得到的净资产价值。

其中，总资产是指基金拥有的所有资产（包括股票、债券、银行存款和其他有价证券等）按照市场价格计算的资产总额。总负债是指基金运作及融资时所形成的负债，包括应付给他人的各项费用、应付资金利息等。由于基金所拥有的资产的价值总是随市场的波动而变动，所以基金净值也会不断变化。

（二）单位基金资产净值

单位基金资产净值，即每一基金单位代表的基金资产的净值。单位基金资产净值计算的公式为：

单位基金资产净值＝（总资产－总负债）/基金单位总数

单位基金净值是反映基金绩效表现的一个重要指标，开放式基金的交易价格就是以每基金单位的净值为依据确定的。

（三）基金累计净值

基金累计净值，是指基金最新净值与成立以来的分红业绩之和。计算公式为：

基金累计净值＝基金单位净值＋基金成立以来每份累计分红派息的金额

“最新净值”应该说主要是提供一种即时的交易价格参考，分红可以从一定程度上反映基金的赢利情况，但主要体现的还是基金的收益实现能力。分红业绩实际上是可以通过累计净值得到反映的，因此，从投资者进行基金业绩比较的角度来说，基金累计净值应该是比最新净值和分红更重要的指标。

例如：2008 年 7 月 2 日某基金单位净值是 1.048 6 元，2009 年 4 月派发的现金红利是每份基金单位 0.025 元，则累计净值＝1.048 6＋0.025＝1.073 6 元。

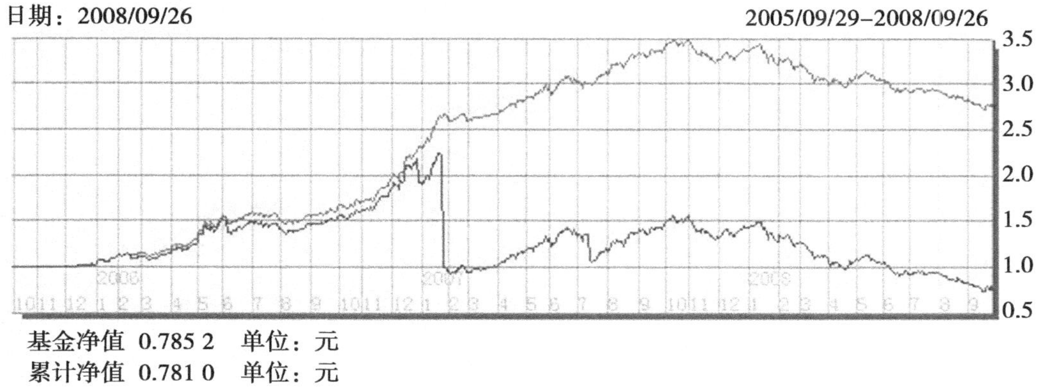

图 5－1 交银精选基金累计净值走势图

二、基金估值

对证券投资基金的估值实质是对基金净资产的估值。在基金的运作过程中，基金单位价格会随着基金资产值和收益的变化而变化，不能再以发行时的价格出现。为了比较准确地对基金进行计价和报价，使基金价格能较准确地反映基金的真实价值，就必须对某个时点上基金的每一单位或每一股份实际代表的价值予以估算，并将估值结果以净资产值公布。基金估值是计算基金资产净值的关键。

（一）基金估值的方式

纵观世界各国的基金估值程序，主要有以下方式：

1. 由基金管理人独立完成基金的估值并对外公告单位基金资产净值，基金管理人承担全部估值差错的责任。

2. 基金管理人完成估值后，交由基金托管人复核，基金管理人对外公告单位基金资产净值，双方各自承担相应责任。

3. 由基金管理人委托托管人或专业机构进行估值，托管人或专业机构将估值结果通知管理人，由管理人对外公告单位基金资产净值。托管人或专业机构承担全部估值差错的责任。

在我国，基金日常估值由基金管理人和托管人同时进行。基金单位资产净值由基金管理人完成估值后，将估值结果以书面形式报给基金托管人，基金托管人按基金契约规定的估值方法、时间、程序进行复核，基金托管人复核无误后返回给基金管理人。当基金估值出现错误时，基金管理人应当立即公告、予以纠正，并采取合理的措施防止损失进一步扩大；估值错误偏差达到基金资产净值的一定比例时，基金管理人应当通报基金托管人并报中国证监会备案。因基金估值错误给投资者造成损失的应先由基金管理人承担，基金管理人对不应由其承担的责任，有权向过错人追偿。

（二）证券投资基金资产估值过程

基金资产价值的估算过程如下：

1. 确定估值日

估值日是指对基金资产进行估值的实际日期。因管理制度和基金种类的不同，基金资产估值日的具体规定也不相同。不过各国通常都规定基金管理人必须在每一个交易日或每周一次或至少每月一次对基金资产进行估值并对外公告。我国证券投资基金管理人和托管人每日对基金资产进行估值。

2. 估算基金总资产

基金所持有的包括股票、债券及配股权证等证券类资产根据基金所持证券估算日的收盘价，分别计算其市值并汇总，再加上基金的银行存款、清算备付金等现金类资产、应收利息等应收项目以及按照有关法规规定应作为资产类的投资估值增值等的总和即为基金总资产。计算公式为：

基金资产总值＝所持证券市值总额＋现金＋银行存款＋应收利息收入等

3. 估算基金净资产和单位基金净资产

基金资产净值总额＝基金资产总额－基金负债总额

基金负债总额是指基金应付给基金管理人的管理费用、基金托管人的托管费等应付费用和其他负债。

计算基金单位资产净值有两种常用的方法，即已知价计算法和未知价计算法。已知价又称事前价（Backward Price），或称历史计价（Historic price），是指基金管理公司根据上一个交易日的收盘价来计算基金所拥有的金融资产，包括现金、股票、债券、期货合约、期权等的总值，减去其对外负债总值，然后再除以已售出的基金单位总数，得出每个基金单位的资产净值。未知价又称事后价（Forward Price），或称预约计价，是指根据当日证券市场上各种金融资产的收盘价计算的基金资产净值。投资者在收盘前进行基金买卖，是无法确切知道当日收盘价的，因此称为未知价计算法。在实行这种计算方法时，投资者当天并不知道其买卖的基金价格是多少，要在第二天才知道单位基金的价格。而在已知价计算法下，投资者当天就可以知道单位基金的买卖价格，可以及时办理交割手续。

（三）基金资产估值的原则与方法

2006 年 11 月 26 日，我国证监会下发了《关于基金管理公司及证券投资基金执行〈企业会计准则〉的通知》，规定证券投资基金自 2007 年 7 月 1 日起执行《企业会计准则》。为规范基金各类投资品种的估值业务，确保基金执行新会计准则后及时、准确地进行份额净值计价，更好地保护基金份额持有人的合法权益，具体规定了基金估值的基本原则和方法。

1. 估值的基本原则

（1）对存在活跃市场的投资品种，如估值日有市价的，应采用市价确定公允价值。估值日无市价，但最近交易日后经济环境未发生重大变化的，应采用最近交易市价确定公允价值。估值日无市价，且最近交易日后经济环境发生了重大变化的，应参考类似投资品种的现行市价及重大变化因素，调整最近交易市价，确定公允价值。有充足证据表明最近交易市价不能真实反映公允价值的，应对最近交易的市价进行调整，确定公允价值。

（2）对不存在活跃市场的投资品种，应采用市场参与者普遍认同，且被以往市场实际交易价格验证具有可靠性的估值技术确定公允价值。运用估值技术得出的结果，应反映估值日在公平条件下进行正常商业交易所采用的交易价格。采用估值技术确定公允价值时，应尽可能使用市场参与者在定价时考虑的所有市场参数，并应通过定期校验，确保估值技术的有效性。

（3）有充足理由表明按以上估值原则仍不能客观反映相关投资品种的公允价值的，基金管理公司应根据具体情况与托管银行进行商定，按最能恰当反映公允价值的价格估值。

2. 具体投资品种的估值

（1）交易所上市交易品种的估值。交易所上市股票和权证以收盘价估值，上市债券以收盘净价估值，期货合约以结算价格估值。交易所以大宗交易方式转让的资产支持证券，采用估值技术确定公允价值，在估值技术难以可靠计量公允价值的情况下，按成本进行后续计量。

（2）交易所发行未上市品种的估值。首次发行未上市的股票、债券和权证，采用估值技术确定公允价值，在估值技术难以可靠计量公允价值的情况下，按成本计量；送股、转增股、配股和公开增发新股等发行未上市股票，按交易所上市的同一股票的市价估值；首次公开发行有明确锁定期的股票，同一股票在交易所上市后，按交易所上市的同一股票的市价估值；非公开发行有明确锁定期的股票，按本文附件确定公允价值。

（3）交易所停止交易等非流通品种的估值。因持有股票而享有的配股权以及停止交易但未行权的权证，采用估值技术确定公允价值。

（4）全国银行间债券市场交易的债券、资产支持证券等固定收益品种，采用估值技术确定公允价值。

3. 计价错误的处理及责任承担

（1）基金管理公司应制定估值及份额净值计价错误的识别及应急方案。当估值或份额净值计价错误实际发生时，基金管理公司应立即纠正，及时采取合理措施防止损失进一步扩大。当错误达到或超过基金资产净值的0.25%时，基金管理公司应及时报告。

（2）基金管理公司和托管银行在进行基金估值、计算或复核基金份额净值的过程中，未能遵循相关法律法规规定或基金合同约定，给基金财产或基金份额持有人造成损害的，应分别对各自行为依法承担赔偿责任；因共同行为给基金财产或基金份额持有人造成损害的，应承担连带赔偿责任。

第二节　证券投资基金的定价

证券投资基金的价格被划分为封闭式基金价格和开放式基金价格两大类。

一、封闭式基金的定价

（一）封闭式基金的价格

按买卖标的的具体形式划分，封闭式基金的价格有面值、净值和市价 3 种，3 种价格通常出现在 3 个不同的阶段。

首先是基金发行阶段，又称第一阶段，发行价格一般为基金面值，即平价发行；基金发行期满后至基金上市日之前为第二阶段，这时基金的价格按基金净资产计算；基金上市交易后称为基金交易阶段，又称第三阶段，这时的基金价格是由交易双方在证券交易市场上通过公开竞价的方式来确定，即按市价买卖。

基金面值、净值、市价都是封闭式基金价格的构成内容，面值、净值是市价的基础，市价是面值和净值的市场表现形式。但它们之间又存在着两个重要区别：

1. 面值和净值属于价值范畴，市价属于价格范畴。

2. 净值主要由基金本身内在的表现即资产和收益等的状况来决定，而市价主要受供求关系决定。

封闭式基金的基金单位是上市交易的，影响封闭式基金价格的因素相对较为复杂。

（二）封闭式基金定价理论

基金从形式上看与股票相似。但是股票定价的方法，尤其是市盈率法却并不适用于基金定价。最主要的原因是基金与其他上市公司投资的领域不同。

由于基金获利的资本只能是基金的净资产，因此单位资产净值可以说是基金定价中重要的坐标。基金价格的市场表现有 3 种情况：等于、高于和低于其净值。

投资者可以在通过基金的间接投资和不通过基金的直接投资间进行选择。具体来说，如果通过基金进行间接投资取得的回报率，在扣除有关费用后仍然高于投资者直接在证券市场上投资获得的回报率，那么基金的价格应当高于其资产净值（即基金用于投资的资本），基金应当溢价交易；反之，则基金应当折价交易。可以说，基金的价格可以通过在直接和间接投资之间的套利来决定。

1. 基金的贴现定价法

基金贴现定价法的原理是：基金的内在价值决定基金的理论价格，而基金的内在价值决定于基金在未来时段所能带来的收益现值。所以，其基本模型如下：

$$PV = \sum_{t=1}^{n} \frac{D_t}{(1+k)^t} + \frac{NAV_n}{(1+k)^n}$$

式中：PV——基金价值，可理解为基金的价格；

D_t——基金在第 t 年分配的红利；

NAV_n——基金清盘时扣除各种费用后的净值；

n——基金存续期限；

k——基金应得市场收益率。

但基金贴现定价模型有其存在的条件，我们需要先做一些假设：

（1）投资者有套利的基础，即可在证券市场上进行国库券、股票、基金 3 个证券品种的任意选择。

（2）假设债券和基金的存续期与基金相同，比如都是 15 年，而股票可长期持有。

（3）在基金清盘时，基金持有者可以按每份基金 NAV 来赎回本金。

2. 收益比较定价法

由于投资者既可以自己买股票，又可以通过证券投资基金购买股票。投资者资金的取向取决于两种投资回报的相对高低，由于资金的趋利性转移，使得基金的定价最终会使得套利的基础不存在，即市场平衡。此时投资者直接投资股票与证券投资基金间接投资股票的回报相等。基于此一思路，我们得出如下模型：

$$V_f = \frac{A}{1+B}[1+(R_1-t)]^n$$

$$V_s = A(1+R_2)^n$$

$$V_f = V_s$$

式中：V_f——投资于基金所获收益终值；

V_s——投资于股票所获收益终值；

A——投资者的投资额；

B——基金的溢价率；

R_1——基金的应得收益率；

R_2——股票市场的平均收益；

t——基金的各种费用占投资的比率；

n——投资的年限。

此模型的缺陷在于基金收益率和股市平均收益率不容易确定，它们受很多因素影响，致使这种方法定价有误差，特别是我国证券市场属不成熟市场，投机因素多，波动性大，误差就更大。

二、开放式基金的价格

开放式基金的发行总额不固定，投资者可随时在基金承销机构购入基金份额或赎回基金份额。基金承销机构则根据估值日的每份基金净资产来计算基金的赎回价和认购价，来主持每天的基金交易，因此开放式基金的交易价格代表着每份基金的内在价值。

基金报价一般报两种价格，即卖出价和买入价，这与外汇买卖报价是一样的。需要注意是，买入价（卖出价）是针对基金管理公司的，卖出价是基金管理公司卖出基金单位的价格，即投资者的买入（申购）价。买入价是基金管理公司买入基金单位的价格，就是投资者的赎回价。

1. 基金卖出(申购)价

一般来说,卖出价中包括销售机构的佣金。销售机构的佣金在卖出基金单位时收取,称为“前收费”,也可以在投资者赎回时收取,称为“后收费”。无论是前收费还是后收费,只能收取一次。如在前收费方式下,卖出价公式是:

卖出价＝单位净资产价值＋销售佣金(前收费)

例如,一位投资人有100万元用来申购开放式基金,假定申购的费率为2%,单位基金净值为1.5元,那么

申购费用＝100万元×2%＝2(万元)

净申购金额＝100万元－2万元＝98(万元)

申购份额＝98万元÷1.50元＝653 333.33(份)

2. 基金买入(赎回)价

基金的买入价一般来说有3种计算方法。第一种买入价就是基金单位净值;第二种买入价等于单位资产净值减去“后收费”;第三种买入价是再在第一和第二种价格的基础上减去赎回费。西方多数开放式基金不收赎回费。也有的基金管理公司报价时只报一个价,即基金的资产净值。但是,在卖出基金单位时会加上前收费,在赎回时可能减去赎回费。

例如,一位投资人要赎回100万份基金单位,假定赎回的费率为1%,单位基金净值为1.5元,那么

赎回价格＝1.5元×(1－1%)＝1.485(元)

赎回金额＝100万元×1.485元＝148.5(万元)

基金管理公司将采用何种方式来计算基金价格,如何计算基金的价格,会在基金招募说明书或基金契约中详细说明。如我国的“华安创新基金”的申购费率为个人1.5%,机构1.2%,采取“前收费”方式。赎回费率统一为0.5%。基金公司对外只报一个价,即基金单位资产净值。

第三节　证券投资基金的费用

基金在运作过程中产生的费用支出就是基金费用,部分费用构成了基金管理人、托管人、销售机构以及其他当事人的收入来源。

一、基金费用的种类及计提标准

基金费用主要包括以下几个方面:

(一) 基金管理人的管理费

基金管理费是指支付给实际运用基金资产、为基金提供专业化服务的基金管理人的费用,也就是管理人为管理和操作基金而收取的报酬。

基金管理费年费率按基金资产净值的一定百分比计提，不同风险收益特征的基金其管理费相差较大，如目前货币市场基金为0.25%～1%，债券基金通常为0.5%～1.5%，股票基金则通常在1%～2%。管理费逐日计提，月底由托管人从基金资产中一次性支付给基金管理人。

若基金管理人的基金管理费按基金资产净值的0.33%年费率计提，则计算方法如下：

$$H = E \times 0.33\% \div \text{当年天数}$$

式中：H——每日应计提的基金管理费；

E——前一日基金资产净值。

（二）基金托管人的基金托管费

基金托管费是指基金托管人为基金提供服务而向基金或基金公司收取的费用。

基金托管费收取的比例与基金规模、基金类型有一定关系。通常基金规模越大，基金托管费率就越低。新兴市场国家和地区的托管费收取比例相对要高。基金托管费年费率国际上通常为0.2%左右；美国一般为0.2%；我国内地及台湾、香港地区则为0.25%。目前，我国封闭式基金按照0.25%的比例计提基金托管费；开放式基金根据基金合同的规定比例计提，通常低于0.25%；股票基金的托管费率要高于债券基金及货币市场基金的托管费率。

若基金托管费按基金资产净值的0.10%年费率计提，则计算方法如下：

$$H = E \times 0.10\% \div \text{当年天数}$$

式中：H——每日应计提的基金托管费；

E——前一日的基金资产净值。

基金托管费每日计提，按月支付。由基金管理人向基金托管人发送基金托管费划付指令，基金托管人复核后于次月首日起5个工作日内从基金财产中一次性支付给基金托管人。

（三）销售服务费

销售服务费，在美国又称为12b—1费用，即持续性销售费用。12b—1费用这个名称起源于美国的一条法律条款规定。12b—1费用是美国证券交易委员会规定的每年收取的用以支付销售开支等的营销费用。该费用每年支付，可以划归为每年发生的运作费用的一种。

12b—1费用一般不超过净资产的0.75%。因12b—1费用每年提取，投资时间越长，持续性销售费用的负担越明显。在美国，大多数机构投资者很少购买征收12b—1费用的基金。销售佣金（前收或后收申购费用）和12b—1费用一起构成总的分销成本。在美国，不收申购佣金（无论是前收费还是后收费），并且持续性销售费用不超过0.25%的基金称为免佣基金。在我国，基金销售服务费目前只有货币市场基金可以从基金资产列支，这和货币市场基金的运作模式与其他开放式基金不同有关，费率大约为0.25%。

若销售服务费按前一日基金资产净值0.25%的年费率计提，则计算方法如下：

$$H = E \times 0.25\% \div \text{当年天数}$$

式中：H——每日应计提的基金销售费；

E——前一日的基金资产净值。

销售服务费每日计提，按月支付，由基金托管人于次月首日起5个工作日内从基金财产中一次性支付给基金管理人，由基金管理人支付给基金销售机构。销售服务费主要用于支付销售机构佣金以及基金管理人的基金营销广告费、促销活动费、持有人服务费等。

（四）基金交易费

基金交易费指基金在进行证券买卖交易时所发生的相关交易费用。目前，我国证券投资基金的交易费用主要包括印花税、交易佣金、过户费、经手费、证管费。交易佣金由证券公司按成交金额的一定比例向基金收取，印花税、过户费、经手费、证管费等则由登记公司或交易所按有关规定收取。参与银行间债券交易的，还需向中央国债登记结算有限责任公司支付银行间账户服务费，向全国银行间同业拆借中心支付交易手续费等服务费用。目前在深、沪证券交易所上市基金只收取手续费，不收取印花税。

（五）基金其他运作费

为保证基金正常运作，基金还应承担其他相关费用，包括审计费、律师费、上市年费、信息披露费、分红手续费、持有人大会费、开户费、银行汇划手续费等。按照有关规定，发生的这些费用如果影响基金份额净值小数点后第5位的，即发生的费用大于基金净值十万分之一，应采用预提或待摊的方法计入基金损益。发生的费用如果不影响基金份额净值小数点后第5位的，即发生的费用小于基金净值十万分之一，应于发生时直接计入基金损益。

二、不列入基金费用的项目

基金管理人和基金托管人因未履行或未完全履行义务导致的费用支出或基金财产的损失以及处理与基金运作无关的事项发生的费用等不列入基金费用。基金合同生效之前的律师费、会计师费和信息披露费用等不得从基金财产中列支。

下列费用不列入基金费用：

1. 基金管理人和基金托管人因未履行或未完全履行义务导致的费用支出或基金财产的损失。

2. 基金管理人和基金托管人处理与基金运作无关的事项发生的费用。

3. 基金合同生效前的相关费用，包括但不限于验资费、会计师和律师费、信息披露费用等费用。

【阅读材料】

封闭式基金之谜

大量的研究发现，国内外的资本市场上，都存在着封闭式基金的价格与净资产值长期处于背离状态的现象。这种独特的现象被金融学家们称作“封闭式基金之谜”(The Closed-End Fund Discount Puzzle)。从上个世纪60年代开始，封闭式基金折价现象就引起了众多研究者的兴趣。

自封闭式基金折价之谜被发现以来，经济金融学家们就一直试图为它找出一个合理的解释。早期的各种研究欲以代表基金基本层面的因素为出发点，来解释折价的存在。它们都有一个共同点，均认为封闭式基金折价是由基金所持有的投资组合的某些特征引起的。具有代表性的这些传统解释有：代理成本、资产流动性、基金业绩、资本利得税。

代理成本论认为基金收取的管理费用是导致折价的主因，包德鲁克斯(Boudreaux,1973)指出如果管理费用高出合理水平，或者投资者预期未来管理能力会变差，则代理成本(管理费用)问题便会导致封闭式基金出现折价。资产流动性论(马尔基尔Malkiel,1977)认为封闭式基金的资产净值是用基金持有的股份的市场价格来计算的，通常一只基金持有的某一股票的份额很大，售出时将不可避免地导致股价下跌，因而使得套现后的收益比当前账面的数额少。基金绩效论(马尔基尔,1977)认为折价之所以存在乃因为市场对基金的未来盈利能力评价不高。资本利得税对这一解释认为出售已升值的封闭式基金股份必须缴纳资本利得税(Capital Gain Tax)，此损失应该在基金净值中扣除，故以折扣的形式反映在价格上了。

马尔基尔(1997)的研究被视为早期研究的经典之作，他检验了关于美国封闭式基金折价的各种传统解释，被检验的因素包括：① 尚未实现的资本升值；② 红利分发政策；③ 资产的流动性；④ 代理费用(管理费用)；⑤ 持有的国外股票；⑥ 基金业绩；⑦ 基金投资组合的转换。马尔基尔以横截面和时间序列回归方法来测度上述因素是否可以解释折价问题，结果发现基金折价与尚未实现的升值(在基金未实现的升值期间)、资本收益的分配政策、资产的流动性以及国外股票的持有情况有一定的相关性。然而，马尔基尔指出这些因素的解释力有限，只解释了问题的一小部分，便推测市场心理对折价的形成和变动可能有很重要的作用。

鉴于传统研究无法取得令人满意的解释，新的研究便另辟蹊径。大部分研究以投资者情绪为中心，全面考虑了封闭式基金的两个风险：一是其持有的投资组合所带来的风险，它决定了基金股份的基本价值；二是由于市场中投资者情绪波动形成的风险，它使得基金股份的市场价格偏离其基本价值，从而演变成折价。

李等人(lee et. al,1991)认为传统研究不仅无法较满意地解释狭义的折价之谜的成因，而且也根本无法解释广义的折价之谜的四大动态特征。他们认为应考虑投资者情绪这一重要因素，因其对解开折价之谜的 4 个特征有决定性的帮助。然而，投资者情绪很难被定量测度，因此无法直接验证这一新猜想，只能通过间接验证。具体需要验证如下关系：① 不同基金的折价变动的同步性；② 新基金上市的时间选择；③ 小公司的收益率变动和基金折价之间的关系。结果发现每一个问题均与投资者情绪息息相关，间接说明了这一因素的重要性。首先，基金的折价都高度相关。尽管基金的投资组合不太相同，但由于散户是基金的主要投资者，因此他们的情绪变化会直接影响各基金的折价，使得其走势大致趋同。其次，根据投资者情绪假说，新的封闭式基金会择时上市，即选择在投资者情绪看好整个封闭式基金业之时上市。实证结果发现情况确是如此，许多新封闭式基金在现有封闭式基金的折价变小时才上市。最后，投资者情绪假说认为封闭式基金的折价应该与小公司股票的收益率呈反方向变动，原因是当投资者对基金未来的收益持乐观态度时，基金的折价就变低，而与此同时这种乐观情绪则表现在对小公司股票的强烈需求上，结果使得其收益率明显提高。李等人对规模投资组合的收益率、封闭式基金折价和市场指数收益率作了回归分析，发现当封闭式基金折价缩小时规模小的股票表现较好。

尽管我国基金业起步较晚，但也出现了封闭式基金折价问题，引起了市场人士的广泛关注。定量分析显示，我国封闭式基金的折价在幅度上比国外严重，目前社会上对基金业运作的看法颇为负面，认为它们并非完全依靠专业化的管理而是凭本身的资金实力和享受的特殊待遇来获取收益，把基金联合锁仓、拉抬重仓股等一系列不当甚至违法行为归咎于两个方面的问题：基金信息披露透明度不够和监管制度安排有缺陷。我们的研究结果表明，提高透明度和加强监管无疑对我国基金市场的健康发展有利，但并不能解决封闭式基金折价这一问题，它与证券市场的宏观环境和投资者的情绪息息相关。国外的经验也告诉我们，基金折价具有普遍性和长期性，不可能通过完善制度在短期内消除。对于封闭式基金折价之谜的解释和解决的探讨将是未来金融学领域的研究重点之一。

【能力训练】

一、计算题

某投资者欲投资某基金，前一交易日单位基金资产净值为1.25元。若基金管理费率为0.33%，托管费率为0.10%，销售服务费率为0.25%，试计算该基金每日需计提的上述3项基金费用是多少。

二、名词解释

基金净资产　基金单位资产净值　基金累计净值　事前价　事后价　前收费　后收费　基金管理费　基金托管费　销售服务费　基金交易费

三、思考题

1. 单位基金资产净值和累计净值有何区别？
2. 基金资产的估值有何重要性？
3. 基金资产估值需要考虑哪些因素？
4. 试述我国基金资产估值的原则及方法。
5. 简述基金费用的种类以及它们的计提标准如何。

第六章　证券投资基金的收益分配与税收

【学习要点】熟悉基金的利润来源，基金利润分配对基金份额净值的影响，掌握封闭式基金、开放式基金、货币市场基金收益分配的有关规定。熟悉针对基金作为营业主体的税收规定，了解针对基金管理人和托管人的税收制度与规定，熟悉针对机构法人和个人投资者的税收规定。

【重点难点】封闭式基金、开放式基金、货币市场基金的收益分配的规定。掌握对基金的营业主体、基金管理人和托管人、法人和个人投资者的税收规定。

不同类型基金在利润分配方式上有所不同，利息收入、投资收益及其他收入是基金的主要利润来源。各个国家和地区对基金的征税都有各自不同的规定，但各国和各地区政府为了鼓励和支持投资基金的发展，都倾向给予基金税收上的优惠，少征或者免征基金所应承担的某些税负。基金税收涉及 3 个方面，包括基金作为一个营业主体的税收、基金管理人和基金托管人作为基金营业主体的税收以及投资者买卖基金涉及的税收。

第一节　基金利润

基金经营活动所产生的利润是基金利润分配的基础，基金利润分配是基金投资者取得投资收益的基本方式。基金获得的投资收益，在扣除有关费用后，要将收益分配给基金的投资者。世界范围内基金的种类很多，各种类型的基金在投资对象、投资策略和投资目标上都有所不同，从而其投资收益的组成也各不相同。对于不同的国家或不同的基金，基金投资利润均有不同的分配方式。

一、基金利润来源

基金利润是指基金在一定会计期间的经营成果。利润包括收入减去费用后的净额、直接计入当期利润的利得和损失等。基金收入是基金资产在运作过程中所产生的各种收入。基金收入来源主要包括利息收入、投资收益以及其他收入。基金资产估值引起的资产价值变动作为公允价值变动损益，也记入当期损益。

（一）利息收入

利息收入是基金经营活动中因债券投资、资产支持证券投资、结算备付金、银行存款、存出保证金、按买入返售协议融出资金等而实现的利息收入，利息收入包括债券利息收入、资产支持证券利息收入、存款利息收入、买入返售金融资产收入等。

任何类型的投资基金，无论是封闭式基金还是开放式基金都必须保留一定数额的现金，因此其收益中都必然包含有利息收入。封闭式基金保留现金为了寻求更好的投资机会或者在遭遇投资风险时能作出相应的补救，开放式基金为了满足基金所有者赎回基金份额的要求，更是必须经常性地保留一定比例的现金，否则就很容易发生流动性危机，甚至给基金带来巨大的损失。一般来说，基金都会将必须保留的这部分现金存入银行，从而获得存款利息收入。货币市场基金投资于短期商业票据、CDS的货币市场工具，其收益主要就是由利息组成。债券基金投资于短期国库券、中长期国债和企业债券，其收益也主要是债券的利息。

（二）投资收益

投资收益是指基金经营活动中因买卖股票、债券、资产支持证券、基金等实现的差价收益，因股票、基金投资等获得的股利收益以及衍生工具投资产生的相关损益，如卖出或放弃权证、权证行权等实现的损益。具体包括股票投资收益、债券投资收益、资产支持证券投资收益、基金投资收益、衍生工具收益、股利收益等。

（三）公允价值变动损益

公允价值变动损益是基金持有的采用公允价值模式计量的交易性金融资产、交易性金融负债等公允价值变动形成的应计入当期损益的利得或损失，并于估值日对基金资产按公允价值估值时予以确认。

（四）基金的费用

基金的费用是指基金在日常投资经营活动中发生的、会导致所有者权益减少的、与向基金持有人分配利润无关的经济利益的总流出。基金在运作过程中产生的费用支出就是基金费用，部分费用构成了基金管理人、托管人、销售机构以及其他当事人的收入来源。开放式基金的费用由直接费用和间接费用两部分组成。直接费用包括交易时产生的认购费、申购费和赎回费，这部分费用由投资者直接承担；间接费用是从基金净值中扣除的法律法规及基金契约所规定的费用，包括管理费、托管费和运作费等其他费用。

二、与基金利润有关的几个财务指标

根据目前的相关规定，与基金利润有关的指标主要有以下几个：

（一）本期利润

本期利润是基金在一定时期内全部损益的总和，是一个能够全面反映基金在一定时期内经营成果的指标，包括记入当期损益的公允价值变动损益。该指标既包括了基金已经实现的损益，也包括了基金未实现的估值增值或减值。

（二）本期已实现收益

本期已实现收益指基金本期利息收入、投资收益、其他收入（不含公允价值变动收益）扣除相关费用后的余额，是将本期利润扣除本期公允价值变动损益后的余额。

（三）期末可供分配利润

期末可供分配利润是指期末可供基金进行利润分配的金额。由于基金本期利润包括已实现和未实现两部分，如果期末未分配利润的未实现部分为正数，则期末可供分配利润的金额为期末未分配利润的已实现部分；如果期末未分配利润的未实现部分为负数，则期末可供分配利润的金额为期末未分配利润(已实现部分减去未实现部分)。

(四) 未分配利润

未分配利润是基金进行利润分配后的剩余额。未分配利润将转入下期分配。

第二节 基金利润分配

理性的基金投资者最关心的是基金的投资回报，即每年基金的投资收益有多少、有多少比例的收益能进行分配、基金的长期成长性等。

一、基金利润分配对基金份额净值的影响

进行利润分配的基金会导致基金份额净值的下降。例如，某一基金在分配前的份额净值是1.25元，假设每份基金分配0.05元，在进行分配后基金的份额净值将会下降到1.2元。尽管基金的份额净值下降，但这并不意味着投资者有投资损失。假设一个基金投资者在该基金中拥有1 000份的基金投资，分配前投资者在该基金中的投资价值为1 250元(1 000×1.25)，分配后该投资者获得了50元(=1 000×0.05)的现金分红，其在该基金上的投资价值为1 200元(1 000×1.2)，与现金分红合计仍为1 250元，因此分配前后的价值不变。

二、封闭式基金的利润分配

根据《证券投资基金运作管理办法》有关规定，封闭式基金的利润分配每年不得少于一次，封闭式基金年度利润分配比例不得低于基金年度已实现利润的90%。而且，封闭式基金当年利润应该先弥补上一年度亏损，然后才可以进行当年分配。

三、开放式基金的利润分配

开放式基金按规定需在基金合同中约定每年基金利润分配的最多次数和基金利润分配的最低比例。开放式基金当年利润也同封闭式基金一样，应先弥补上一年度亏损，然后才可以进行当年分配，每年至少分配一次。

开放式基金的分配方式有两种：

(一) 现金分红方式

根据基金的利润分配有关规定，基金分配应当采用现金方式。根据基金利润情况，基金管理人以投资者持有基金单位数量的多少，将利润分配给投资者，这是基金分配最普遍的形式。

(二) 分红再投资转换为基金份额

尽管《证券投资基金管理暂行办法》中规定基金应以现金分红，但基金通常还存在另一种分配方式，这就是再投资方式。再投资方式是将投资人分得的收益再投资于基金，并折算成相应数量的基金单位。这实际上是将应分配的收益折为等额的基金单位送给投资人。许多基金为了鼓励投资人进行再投资，往往对红利再投资低收或免收申

购费率。

四、货币市场基金的利润分配

《货币市场基金管理暂行规定》第九条规定："对于每日按照面值进行报价的货币市场基金，可以在基金合同中将收益分配的方式约定为红利再投资，并应当每日进行收益分配。"

2005年3月25日中国证监会下发的《关于货币市场基金投资等相关问题的通知》(证监基金字〔2005〕41号)规定："当日申购的基金份额自下一个工作日起享有基金的分配权益，当日赎回的基金份额自下一个工作日起不享有基金的分配权益。"具体而言，货币型基金交易的时间点有个临界点，就是下午3点，在这之前买入或者赎回的，算作当天的交易，第二天开始生效，在3点后买入或者赎回的，算作第二个工作日的交易，第三天开始生效。举个例子，周五下午3点前买入的，从周六开始有利润，下午3点后买入的，从下周一(周末不算工作日)开始有利润；周五下午3点前赎回的，从周六开始没有利润，下午3点后赎回的，从下周一开始没有利润(周末有利润)。

节假日的利润计算基本与在周五申购或赎回的情况相同。

五、中国基金收益分配的限定

2009年4月1日《证券投资基金收益分配条款的审核指引》(简称《指引》)的文件已下发到各基金公司手中，对基民关注的基金分红问题进行了规范。

《指引》出台背景：上市公司"铁公鸡"现象近来成为市场关注的焦点。而且，2008年A股市场泥沙俱下，多数基金的净值在上半年还保持在1元以上，但经过1年的下跌后，大多数基金的净值已处于1元以下。在这种情况下，基金分红变得"可望而不可即"。因为根据《基金法》、《证券投资基金运作管理办法》等规定，目前开放式基金大多在合同中约定"基金投资当期出现净亏损，则不进行收益分配"，另外，基金收益分配后每份基金份额的净值不能低于面值。

《指引》对基金公司分红作出限定：第一，基金管理公司在设计基金产品时，应根据基金产品特性拟订相应的收益分配条款，使基金的收益分配行为与基金产品特性相匹配。第二，基金管理公司在设计带有分红条款的基金产品时，应当在基金合同以及招募说明书中约定每年基金收益分配的最多次数和每次收益分配的最低比例。第三，基金公司在上报产品的同时，要在基金合同以及招募说明书中约定基金收益分配方案的相关内容，基金收益分配方案中至少应载明基金期末可供分配利润、基金收益分配对象、分配时间、分配数额以及比例、分配方式等内容。第四，基金合同以及基金招募说明书中应该约定：基金红利发放日距离收益分配基准日(即期末可供分配利润计算截止日)的时间不得超过15个工作日。第五，基金合同中若约定"基金收益分配后基金份额净值不能低于面值"的条款，应详细说明该条款的含义，"例如，基金收益分配基准日的基金份额净值减去每单位基金份额收益分配金额后不能低于面值"。

根据《指引》中的条款，基金只要满足会计期末净值减去分红金额不低于1元的条件，即使分红日净值低于1元也需分红。规定基金合同不能约定“基金投资当期出现净亏损，则不进行收益分配”等易生歧义。

第三节　基金的税收

基金是以募集资金从事证券投资的形式获取投资收益，基金的税收主要是指对基金投资收益所征收的所得税。一些国家和地区主要是针对投资所得征收所得税，由于各国、各地区情况和法律法规的不同，其做法也存在很大差别。但是，有一个总的原则是各国都承认的，那就是尽可能对基金投资所得的征税实行优惠，并尽量避免重复征税。

一、基金的税收

（一）营业税

对基金管理人运用基金买卖股票、债券的差价收入，免征营业税。《关于证券投资基金税收问题的通知》规定：“对基金管理人运用基金买卖股票、债券的差价收入，在2003年底前暂免征收营业税。”《关于证券投资基金税收政策的通知》规定：“自2004年1月1日起，对证券投资基金管理人运用基金买卖股票、债券的差价收入，继续免征营业税。”以发行基金方式募集资金不属于营业税的征税范围，不征收营业税。

（二）印花税

印花税是宏观调控的一种手段。根据财政部、国家税务总局的规定，从2008年9月19日起，基金卖出股票时按照1‰税率征收证券（股票）交易印花税，而对买入交易不再征收印花税。

（三）所得税

所得税是国家对从事各类经营或提供劳务等行为获取所得收入而征收的税种，包括企业所得税和个人所得税。证券投资基金从证券市场中取得的收入，包括买卖股票、债券的差价收入，股权的股息、红利收入，债券的利息收入及其他收入，暂不征收企业所得税。对基金取得的股利收入、债券的利息收入、储蓄存款利息收入，由上市公司、发行债券的企业和银行在向基金支付上述收入时代扣代缴20%个人所得税。根据《关于股息红利个人所得税有关政策的通知》、《关于股息红利有关个人所得税政策的补充通知》，对证券投资基金从上市公司分配取得的股息红利所得，扣缴义务人在代扣代缴个人所得税时按50%计算应纳税所得额。

二、基金管理人和基金托管人的税收

基金管理人、基金托管人从事基金管理活动取得的收入，依照税法的规定征收营业税和企业所得税。

三、机构投资者买卖基金的税收

（一）营业税

对基金管理人运用基金买卖股票、债券的差价收入，免征营业税。

（二）印花税

2008 年 9 月 19 日起，基金卖出股票时按照 1‰的税率征收股票交易印花税，买入交易不再征收印花税。

（三）所得税

对基金管理人运用基金买卖股票、债券的差价收入，免征所得税。对基金取得的股利收入、债券的利息收入、储蓄存款利息收入由上市公司、发行债券的企业和银行在向基金支付上述收入时代扣代缴 20%的所得税。

四、个人投资者投资基金的税收

由于证券投资基金是一种主要针对个人投资者设计的金融产品，因此世界各国都对个人购买基金提供特殊的税收优惠，以鼓励大家积极参与基金的投资。目前中国的个人投资者买卖基金份额免征印花税，个人投资者投资基金份额的差价收入也暂不征收个人所得税，税收政策对个人投资基金有很丰厚的税收优惠措施。

（一）印花税

个人投资者买卖基金份额暂免征收印花税。

（二）所得税

1. 个人投资者买卖基金份额获得的差价收入，在对个人买卖股票的差价收入未恢复征收个人所得税以前，暂不征收个人所得税。

2. 个人投资者从基金分配中获得的股票的股利收入、企业债券的利息收入、储蓄存储利息收入，由上市公司发行债券的企业和银行在向基金支付上述收入时，代扣代缴 20%的个人所得税。证券投资基金从上市公司分配取得的股息红利所得，扣缴义务人在代扣代缴个人所得税时，按 50%计算应纳税所得额。基金向个人投资者分配股息、红利、利息时，不再代扣代缴个人所得税。个人投资者从基金分配中取得的收入，暂不征收个人所得税。

3. 投资者从基金分配中获得的国债利息、买卖股票差价收入，在国债利息收入、个人买卖股票差价收入未恢复征收所得税以前，暂不征收所得税。

4. 个人投资者从封闭式基金分配中获得的企业债券差价收入，按现行税法规定，应对个人投资者征收个人所得税，税款由封闭式基金在分配时依法代扣代缴。

5. 个人投资者申购和赎回基金份额取得的差价收入，在对个人买卖股票的差价收入未恢复征收个人所得税以前，暂不征收个人所得税。

专栏介绍

美国基金的收益分配与税收

一、美国基金的收益分配

美国法律规定，基金至少必须把获利的95%分配给投资者。货币市场基金的收入全部是利息，通常每个月分配一次；债券基金收益包括利息资本利得，每月或每季分配一次；其他购买股票的基金，通常为每年分配一次。美国基金的收益分配方式主要有：派发红利、派发资本利得、红利销售和收益的再投资。

（一）派发红利

派发红利是美国基金最主要的收益分配方式。基金派发的红利来源于基金所购买债券的利息和股票的分红，而实际可以分配的数额是债券利息加股票分红减去基金的运作费用。在实际操作上，有一些基金将短期资本利得也计入分红收益，使得其收益分配的基数加大，投资者就可以获益更多。绝大多数基金每季度派发一次红利。

（二）派发资本利得

资本利得是指基金买卖股票所获得的差价收入，它是基金尤其是股票基金投资收益最主要的组成部分。美国的基金管理人将资本利得区分为短期资本利得和长期资本利得2种，短期资本利得是基金将持有不到1年的股票卖出而获得的差价收入；长期资本利得是指基金卖出其持有1年以上的股票而获得的差价收入。通常对长期资本利得征收所得税的税率要比短期资本利得的税率优惠很多。与派发红利相比，资本利得的派发次数和派发数额都不稳定。基金1年可以多次派发红利，但资本利得1年最多只派发1次，如果基金投资状况不太理想，就可能不派发资本利得。

（三）红利销售

在基金临近分红时向投资者销售基金的做法在美国被称为“红利销售”，因为投资者若买入基金股份即可参加基金分红。虽然红利销售可以使投资者在短时间内即获得分红收益，但是由于基金分红时会除权，而且投资者获得分红还须缴纳所得税，万一基金除权后走出贴权行情，投资者获得的分红收益就不能弥补因基金贴权而带来的损失。因此，美国基金管理部门严格禁止经纪人在红利派发的除权日向投资者销售基金。

（四）收益再投资

如果投资者长期看好一只基金，他可能愿意将分得的红利和资本利得收益继续投资于基金，以求获得更多的长期资本增值。基金管理人通常会设计一系列收益再投资的方案来满足投资者的需要。比如，将红利收入用于再投资、只将资本利得用于再投资或将红利和资本利得都用于再投资等。通常投资者应事先选择相应的收益再投资方案，签订协议并不得随意更改。目前其发展趋势是，基金管理人一般都允许投资者更改收益再分配方案并会为投资者更改方案提供便捷的服务。

二、美国基金的税收

根据1942年颁布的有关法律，美国对投资公司的红利股息收入、利息收入和任何资本增值都是免税的。但这种免税必须具备一定的条件：① 享受免税待遇的必须是经证券管理部门登记注册的合格投资公司。② 享受免税待遇的投资公司的性质须为“受控”公司。即必须满足以下条件：公司90%以上的总收入来自于股息、利息以及证券销售所得；3个月以内证券销售的总收入不得高于70%，而且至少有50%的基金资产是现金、政府证券及多样化证券；任何一个应税年度，类似应税股息的分配不得低于总投资收入(利息与红利股息收入减去费用)和短期资本收益的90%。

从股东的利益出发，投资公司可保留已实现的长期资本收益用于再投资，并进行纳税，基金投资公司或其股东应就其所得税收益中向主管部门和投资者报告此项支付，然后以收益减去税收的差额增记证券成本，表明他持有价值部分的资本收益已经支出。

投资公司向投资者支付的投资收益，投资者应依法缴纳个人所得税。美国1986年以前的税法，将投资者收入中的一般收入和短期资本收益区别对待，除对一般的投资或劳务所得征收个人所得税外，对于短期资本投资中的红利和股息收入另征资本增值税。导致投资公司向投资者分配投资收益时，需说明哪些收入来自投资净收入，哪些收入来自已实现资本收益，以便投资者就不同的收益申报纳税。这种做法给基金投资公司和投资者带来许多麻烦，给税务部门也增加了许多额外的工作。1986年美国对原有税法进行了修改，规定基金受益人的所有利息、红利股息收入和资本利得都视同普通收入，报税时并入综合税项统一按一定比例缴纳，免去了分别缴纳的麻烦。

【案例实证】

在某基金成立时拥有100份该基金，忽略分红对基金投资操作带来的影响，研究现金分红与红利转投策略的差异和基金分红与从未分红的收益差异。截止到2011年5月23日，该基金净值为1.395元，累计净值3.076元。累计公布1 532个净值数据，其中770个交易日上涨，88个交易日平盘，674个交易日下跌。该基金成立以来累计分红13次，每份基金累计分红1.681元。

分析：

1. 现金分红与红利转投

如果采取现金分红的方式，100份基金现金收益168.1元，基金市值为139.5元，基金持有者资产为168.1+1.395×100=307.6元，累计收益为307.6%，年化收益率73.29%。如果采取红利转投的方式，截至5月23日，基金持有者拥有基金份额为320.31份，基金持有者资产为1.395×320.31=446.83元，累计收益为446.83%，年化收益率为106.46%。

2. 从未分红的收益

通过对基金净值复权，忽略基金分红对基金投资策略和操作的影响(这种影响在一般的市场情况下很少)，截至 5 月 23 日，该基金的理论净值 4.531 元，实现收益 453.1%，年化收益率 107.95%。

提示：

运营收益优于大盘表现的基金，分红会损害持有者的权益，影响持有者的收益水平。如果没有进行分红，持有者将多获得 453.1%－307.6%＝144.5%复利超额收益，年化超额收益率为 34.67%。红利转投是持有者最佳的分红方式，可以使持有者最大限度地获得复利收益。如果采取红利转投，持有者将获得 446.83%－307.6%＝139.23%复利超额收益，年化超额收益率为 33.17%。对于基金长期持有者来说，基金拆分是最佳的收益获得方式，同时也是基金经理持续稳定地贯彻投资策略和操作的最佳方式。

【能力训练】

一、单选题

1. 下列不属于利息收入的是(　　)。

A. 债券利息收入　　B. 资产支持证券利息收入

C. 股利收入　　D. 买入返售金融资产收入

2. 基金进行利润分配会导致基金份额净值(　　)。

A. 不变化　　B. 上升　　C. 下降　　D. 为零

3. 封闭式基金年度利润分配比例不得低于基金年度已实现利润的(　　)。

A. 50%　　B. 70%　　C. 90%　　D. 95%

4. 封闭式基金一般采用(　　)方式分红。

A. 现金　　B. 股利　　C. 红利　　D. 都可以

5. 假设投资者在 2011 年 6 月 17 日(周五)申购了基金份额，那么利润将会从(　　)起开始计算。

A. 6 月 20　　B. 6 月 21　　C. 6 月 22　　D. 6 月 19

二、多选题

1. 个人投资者投资基金的税收包括(　　)。

A. 营业税　　B. 印花税　　C. 所得税　　D. 增值税

2. 基金的下列收入，不征收企业所得税的有(　　)。

A. 基金买卖股票、债券的差价收入

B. 基金管理人和基金托管人取得从事基金管理活动取得的收入

C. 企业投资者买卖基金份额获得的差价收入

D. 企业投资者从基金分配中获得的债券差价收入

3. 基金的税收包括(　　)。

A. 营业税　　B. 印花税　　C. 所得税　　D. 增值税

4. 基金进行利润分配时，会导致(　　)。

A. 基金份额净值上升　　B. 基金份额净值下降

C. 投资者蒙受损失　　D. 利润分配前后价值不变

5. 我国开放式基金按照规定需要在基金合同中约定每年基金利润分配的(　　)。

A. 最多次数　　B. 最低比例　　C. 最高比例　　D. 最少次数

三、判断题

1. 公允价值变动损益一般在估值日次日予以确认。(　　)
2. 期末可供分配利润反映基金本期已实现的损益。(　　)
3. 基金进行利润分配会导致基金份额净值的上升。(　　)
4. 封闭式基金的利润分配每年不得少于两次。(　　)
5. 货币市场基金每周五进行利润分配时，将同时分配周六和周日的利润。(　　)

四、基本概念

本期利润、本期已实现收益、期末可供分配利润以及未分配利润

【参考答案】

一、单选题：1. C　2. C　3. C　4. A　5. D

二、多选题：1. BC　2. AD　3. ABC　4. BD　5. AB

三、判断题：1. ×　2. ×　3. ×　4. ×　5. √

第七章 基金的信息披露

【学习要点】了解基金信息披露的含义与作用，信息披露实质性、形式性原则，熟悉信息披露禁止行为的规范，基金信息披露的分类。熟悉基金管理人的信息披露义务，掌握基金合同、招募说明书的重要信息。熟悉基金季度报告、半年度报告、年度报告的主要内容。掌握基金信息披露的重大性概念及其标准，熟悉需要进行临时信息披露的重大事件。掌握货币市场基金收益公告披露的内容，净值偏离度信息披露的要求。掌握QDII基金的信息披露的内容与要求。

【重点难点】基金信息披露的含义与作用，实质性原则与形式性原则，基金信息披露的禁止行为。需要进行临时信息披露的重大事件。货币市场基金财务指标、净值表现以及投资组合报告的信息披露内容。

真实、准确、完整、及时的基金信息披露是树立整个基金行业公信力的基石，成熟规范的市场必然要求基金信息的高透明度。强制信息披露制度可以有效地防止利益冲突与利益输送，有利于投资者利益的保护。基金信息披露主要包括募集信息披露、运作信息披露和临时信息披露。中国的基金信息披露制度体系分为国家法律、部门规章、规范性文件与自律性规则4个层次。基金管理人、基金托管人是基金信息披露的主要义务人。大多数国家或地区对基金信息披露的要求很高，这主要是为了加强基金的信息透明度，保护中小投资者的利益。

第一节 基金信息披露概述

一、基金信息披露的含义与作用

基金信息披露是基金市场上的有关当事人在基金募集、上市交易、投资运作等一系列环节中，依照法律法规规定向社会公众进行的信息披露。依靠强制性信息披露，增强市场参与各方对市场的理解和信心，培育和完善市场运行机制，是世界各国（地区）证券市场监管的普遍做法，基金市场作为证券市场的组成部分也不例外。基金信息披露对实现资本市场的公平、公正、公开原则，推动基金市场发展具有重要意义。基金信息披露的作用主要表现在以下几个方面。

（一）有利于投资者的价值判断

在基金份额的募集过程中，基金招募说明书等募集信息披露文件向公众投资者阐明了基金产品的风险收益特征及有关募集安排，使投资者能够选择适合自己风险偏好和收益预期的基金产品。在基金运作过程中,现有基金份额持有者通过充分披露基金投资组合、历史业绩和风险状况等信息,可以评价基金经理的管理水平,了解基金投资是否符合基金合同的承诺,从而判定该基金产品是否值得继续持有。

(二)有利于防止利益冲突与利益输送

资本市场的基础是信息披露,其监管的主要内容就是对信息披露的监管。信息披露可以改变投资者的信息弱势地位,增加资本市场的透明度,防止利益冲突与利益输送,增加对基金运作的公众监督,限制和阻止基金管理中不当和欺诈行为的发生。相对于实质性审查制度,强制性信息披露的基本推论是投资者在公开信息的基础上"买者自慎"。

(三)有利于提高证券市场的效率

由于证券市场信息存在的不对称问题,会使投资者无法对基金进行有效甄别,也无法有效克服基金管理人的道德风险,高效率的基金无法吸引到足够的资金进行投资,不能形成合理的资金配置机制。通过强制性信息披露,能迫使隐藏的信息得以及时和充分地公开,从而消除逆向选择和道德风险等问题带来的低效状况,有利于提高证券市场的效率。

(四)有效防止信息滥用

如果法规不对基金信息披露进行规范,任由不充分、不及时、虚假的信息得以传播,那么市场上便会充斥着各种猜测,投资者可能会受各种市场"噪声"影响,导致作出错误的投资决策,甚至给基金运作带来致命性打击,不利于整个行业的长远发展。

二、基金信息披露的原则

根据内容方面的实质性要求和形式方面的技术性要求,基金信息披露的原则一般可分为实质性原则和形式性原则。前者包括真实性原则、准确性原则、完整性原则、及时性原则和公平披露原则,后者包括规范性原则、易解性原则和易得性原则。

(一)实质性原则

1. 真实性原则。真实性原则是基金信息披露最根本、最重要的原则,它要求披露的信息必须以客观事实为基础,以没有扭曲和不加粉饰的方式反映信息的真实状态。

2. 完整性原则。完整性原则要求在披露某一具体信息时,必须对该信息的所有重要方面进行充分的披露,不仅披露对信息披露义务人有利的信息,更要披露不利的各种风险因素。该原则要求充分披露重大信息,但并不是要求事无巨细地披露所有信息,因为这不仅将增加披露义务人的成本,也将增加投资者收集信息的成本和筛选有用信息的难度。

3. 准确性原则。为了避免信息发布人利用语言的多解性把误解责任推卸给投资人,上市公司所编制的招股说明书、投资价值分析报告等,在对公开披露信息的准确性理解与解释上,应当以一般投资者的判断能力作为标准。准确性要求披露文件不得含有广告效应和模糊不清的语言。例如,不得刊登任何人、机构或企业题字,不得有任何祝贺性、恭维性或推荐性的词句。律师出具法律意见书,不宜使用"基本符合条件"一类的措辞,在行文中不宜使用"假设"、"推定"一类措辞。

4. 及时性原则。及时性原则要求公开披露信息处于最新状态，要求以最快的速度公开信息，体现在基金管理人应在法定期限内披露基金招募说明书、定期报告等文件，在重大事件发生之日起 2 日内披露临时报告。因为信息的时效性非常强，如果在信息公开发布之前时间留得越长，就越容易助长内幕人员的内幕交易。

5. 公平披露原则。公平披露原则要求将信息向市场上所有的投资者平等公开地披露，而不是仅向个别机构或投资者披露。

（二）形式性原则

1. 规范性原则。规范性原则要求基金信息必须按照法定的内容和格式进行披露，以保证披露信息的可比性。

2. 易解性原则。易解性原则要求信息披露的表述应当简明扼要、通俗易懂，避免使用冗长、技术性用语。

3. 易得性原则。易得性原则要求公开披露的信息易为一般公众投资者所获取。中国目前基金信息披露采用了多种方式，包括通过中国证监会指定报刊、基金管理人网站披露信息，将信息披露文件备置于特定场所供投资者查阅或复制，直接邮寄给基金份额持有人等。

三、基金信息披露的禁止行为

为了防止信息误导给投资者造成损失，保护公众投资者的合法权益，维护证券市场的正常秩序，法律法规对于借公开披露基金信息为名，编制、传播虚假基金信息，恶意进行信息误导，诋毁同行或竞争对手等行为作出了禁止性规定，具体包括以下情形。

（一）虚假记载、误导性陈述或者重大遗漏

虚假记载是指信息披露义务人将不存在的事实在基金信息披露文件中予以记载的行为；误导性陈述是指使投资者对基金投资行为发生错误判断并产生重大影响的陈述；重大遗漏是指披露中存在应披露而未披露的信息，以至于影响投资者作出正确决策。

（二）对证券投资业绩进行预测

对于证券投资基金，其投资领域横跨资本市场和货币市场，投资范围涉及股票、债券、货币市场工具等金融产品，基金的各类投资由于受到发行主体、经营情况、市场涨跌、宏观政策以及基金管理人的操作等因素影响，其风险收益变化存在一定的随机性。因此，对基金的证券投资业绩水平进行预测并不科学，应予以禁止。

（三）违规承诺收益或者承担损失

基金是存在一定投资风险的金融产品，投资者应根据自己的收益偏好和风险承受能力，审慎选择基金品种。虽然管理人可以受托管理基金资产，托管人可以受托保管基金资产，但没有人可以替代投资者承担基金投资的盈亏。对于基金信息披露义务人而言，他也不具有承诺收益的能力，也不可能承担损失。因此，如果基金信息披露中违规承诺收益或承担损失，则将被视为对投资者的诱骗及进行不当竞争。

（四）诋毁其他基金管理人、托管人或者基金销售机构

如果基金管理人、托管人或者基金销售机构对其他同行进行诋毁、攻击，借以抬高自

己，则将被视为违反市场公平原则，扰乱市场秩序，构成一种不当竞争行为。

四、基金信息披露的分类

基金信息披露大致可分为基金募集信息披露、运作信息披露和临时信息披露。

（一）基金募集信息披露

基金募集信息披露可分为首次募集信息披露和存续期募集信息披露。首次募集信息披露主要包括基金份额发售前至基金合同生效期间进行的信息披露。在基金份额发售前，基金管理人需要编制并披露招募说明书、基金合同、托管协议、基金份额发售公告等文件。当基金将验资报告提交中国证监会办理基金备案手续后，基金还应当编制并披露基金合同生效公告。存续期募集信息披露主要指开放式基金在基金合同生效后每6个月披露一次更新的招募说明书。由于开放式基金不是一次募集完成的，而是在其存续期间不断进行申购、赎回，这就需要针对潜在的基金投资者披露与后续募集期间相对应的基金募集、运作信息。

（二）基金运作信息披露

基金运作信息披露主要指在基金合同生效后至基金合同终止前，基金信息披露义务人依法定期披露基金的上市交易、投资运作及经营业绩等信息。

基金运作信息的披露时间一般是可以事先预见的。基金运作信息披露文件包括：基金份额上市交易公告书、基金资产净值和份额净值公告、基金年度报告、半年度报告、季度报告。其中，基金年度报告、半年度报告和季度报告统称为基金定期报告。

（三）基金临时信息披露

基金临时信息披露主要指在基金存续期间，当发生重大事件或市场上流传误导性信息，可能引致对基金份额持有人权益或者基金份额价格产生重大影响时，基金信息披露义务人依法对外披露临时报告或澄清公告。基金临时信息的披露时间一般无法事先预见。

五、XBRL在基金信息披露中的应用

（一）XBRL简介

XBRL（Extensible Business Reporting Language，可扩展商业报告语言）是国际上将会计准则与计算机语言相结合，用于非结构化数据，尤其是财务信息交换的最新公认标准和技术。通过对数据统一进行特定的识别和分类，可直接为使用者或其他软件所读取及进一步处理，实现一次录入、多次使用。

（二）基金信息披露应用XBRL的意义

XBRL在基金信息披露中的应用，将有利于促进信息披露的规范化、透明化和电子化，提高信息编报、传送和使用的效率和质量。对于编制信息披露文件的基金管理公司及进行财务信息复核的托管银行，采用XBRL将有助于其梳理内部信息系统和相关业务流程，实现流程再造，促进业务效率和内部控制水平的全面提高；对于分析评价机构等基金信息服务中介，将可以更低成本和以更便捷的方式获得高质量的公开信息；对于投资

者，将更容易获得有用的信息，便于其进行投资决策；对于监管部门，通过将公开信息和监管信息的 XBRL 化，可以加大数据分析深度和广度，提高监管效率和水平。

（三）信息披露中应用 XBRL 的概况

在中国，基金自 2008 年也启动了信息披露的 XBRL，已实现了季度报告和净值公告等定期报告的 XBRL 报送。中国证监会基金信息披露网站为中国证监会子网站，并独立于中国证监会网站，于 2009 年 7 月 20 日正式上线。网站的基本定位是“基金信息披露义务人按法规规定以 XBRL 实例文档形式向中国证监会报备并对外披露信息的专用网站”。这是自 2008 年初证监会启动基金信息披露 XBRL 工作以来，首次以网站平台方式对外展示 XBRL 应用成果。该网站作为集中登载基金信息披露 XBRL 文档的专用网站，将为广大投资者提供最新的基金净值日报、基金季度报告等公开披露基金信息。

第二节　中国基金信息披露制度体系

对基金信息披露的严格要求是证券市场发展的趋势。1999 年，中国证监会发布实施《证券投资基金信息披露指引》，并在此基础上构建了中国基金试点时期的信息披露制度法律框架。2003 年 10 月《证券投资基金法》颁布后，为了适应基金市场不断发展的需要，中国证监会先后发布了与《证券投资基金法》配套的一系列基金信息披露规章和规范性文件，进而形成一套新的基金信息披露制度体系。中国基金信息披露制度体系可分为国家法律、部门规章、规范性文件与自律性规则 4 个层次。

一、基金信息披露的国家法律

中国法律对基金信息披露的规范主要体现在 2004 年 6 月 1 日起施行的《证券投资基金法》中。《证券投资基金法》规定，基金管理人、基金托管人和其他基金信息披露义务人应当依法披露基金信息，保证所披露信息的真实性、准确性和完整性。基金信息披露义务人应当确保应予披露的基金信息在基金监管机构规定的时间内披露，并保证投资者能够按照基金合同约定的时间和方式查阅或者复制公开披露的信息资料。

二、基金信息披露的部门规章

中国基金信息披露的部门规章主要体现在 2004 年 7 月 1 日起施行的《证券投资基金信息披露管理办法》中。《证券投资基金信息披露管理办法》对基金信息披露义务人进行了细化，并对各类基金信息披露的具体披露时间和披露方式、信息披露事务管理等方面做了详细的规定。

三、基金信息披露的规范性文件

中国基金信息披露的规范性文件分为 3 类：基金信息 XBRL 内容与格式准则、基金信息披露编报规则、《证券投资基金信息披露 XBRL 标引规范》及相关 XBRL 模板。基金信息披露内容与格式准则主要对各类披露文件的内容与格式进行规范，具体包括第 1 号

《上市交易公告书的内容与格式》、第 2 号《年度报告的内容与格式》、第 3 号《半年度报告的内容与格式》、第 4 号《季度报告的内容与格式》、第 5 号《招募说明书的内容与格式》、第 6 号《基金合同的内容与格式》和第 7 号《托管协议的内容与格式》。

基金信息披露编报规则主要对披露文件中特定部分或特殊基金品种的披露进行规范，具体包括第 1 号《主要财务指标的计算及披露》、第 2 号《基金净值表现的编制及披露》、第 3 号《会计报表附注的编制及披露》、第 4 号《基金投资组合报告的编制及披露》和第 5 号《货币市场基金信息披露特别规定》。

《证券投资基金信息披露 XBRL 标引规范》是在 XBRL 国际组织最新的技术规范框架下，根据中国会计准则和基金披露法规定义的词汇表，于 2008 年由中国证监会发布实施的规范性文件。基金信息披露 XBRL 模板是根据中国会计准则和基金披露法规要求，将各类披露文件进一步表格化，并为各类信息元素加注 XBRL 编号，具体包括《基金信息披露 XBRL 模板第 1 号〈季度报告〉》、《基金信息披露 XBRL 模板第 2 号〈净值公告〉》等文件。

四、信息披露自律性规则

在证券交易所上市交易的基金信息应遵守证券交易所的业务规则，如《上海证券交易所证券投资基金上市规则》和《深圳证券交易所证券投资基金上市规则》。此外，ETF 相关信息披露义务人应遵守证券交易所《交易型开放式指数基金业务实施细则》相关规定，LOF 相关信息披露义务人还应遵守证券交易所《上市开放式基金业务规则》、《上市开放式基金业务指引》相关规定。

第三节　基金主要当事人的信息披露义务

在基金募集和运作过程中，负有信息披露义务的当事人主要有基金管理人、基金托管人、召集基金份额持有人大会的基金份额持有人。他们应当依法及时披露基金信息，并保证所披露信息的真实性、准确性和完整性。各基金当事人在信息披露中的具体职责如下：

一、基金管理人的信息披露义务

对于基金管理人来说，主要负责办理与基金财产管理业务活动有关的信息披露事项，具体涉及基金募集、上市交易、投资运作、净值披露等各环节。

1. 向中国证监会提交基金合同草案、托管协议草案、招募说明书草案等募集申请材料。在基金份额发售的 3 日前，将招募说明书、基金合同摘要登载在指定报刊和管理人网站上；同时，将基金合同、托管协议登载在管理人网站上，将基金份额发售公告登载在指定报刊和管理人网站上。

2. 在基金合同生效的次日，在指定报刊和管理人网站上登载基金合同生效公告。

3. 开放式基金合同生效后每 6 个月结束之日起 45 日内，将更新的招募说明书登载在管理人网站上，更新的招募说明书摘要登载在指定报刊上；在公告的15日前，应向中国证监会报送更新的招募说明书，并就更新内容提供书面说明。

4. 基金拟在证券交易所上市的，应向交易所提交上市交易公告书等上市申请材料。基金获准上市的，应在上市日前3个工作日，将基金份额上市交易公告书登载在指定报刊和管理人网站上。ETF上市交易后，其管理人应在每日开市前向证券交易所和证券登记结算公司提供申购、赎回清单，并在指定的信息发布渠道上公告。

5. 至少每周公告一次封闭式基金的资产净值和份额净值。开放式基金在开始办理申购或者赎回前，至少每周公告一次资产净值和份额净值；放开申购赎回后，应于每个开放日的次日披露基金份额净值和份额累计净值。如遇半年末或年末，还应披露半年度和年度最后一个市场交易日的基金资产净值、份额净值和份额累计净值。

6. 在每年结束后90日内，在指定报刊上披露年度报告摘要，在管理人网站上披露年度报告全文。在上半年结束后60日内，在指定报刊上披露半年度报告摘要，在管理人网站上披露半年度报告全文。在每季结束后15个工作日内，在指定报刊和管理人网站上披露基金季度报告。上述定期报告在披露的第2个工作日，应分别报中国证监会及其证监局、基金上市的证券交易所备案。对于当期基金合同生效不足2个月的基金，可以不编制上述定期报告。

7. 当发生对基金份额持有人权益或者基金价格产生重大影响的事件时，应在2日内编制并披露临时报告书，并分别报中国证监会及其证监局备案。封闭式基金还应在披露临时报告前送基金上市的证券交易所审核。

8. 当媒体报道或市场流传的消息可能对基金价格产生误导性影响或引起较大波动时，管理人应在知悉后立即对该消息进行公开澄清，将有关情况报告中国证监会及基金上市的证券交易所。

9. 管理人召集基金份额持有人大会的，应至少提前30日公告大会的召开时间、会议形式、审议事项、议事程序和表决方式等事项。会议召开后，应将持有人大会决定的事项报中国证监会核准或备案，并予公告。

10. 基金管理人职责终止时，应聘请会计师事务所对基金财产进行审计，并将审计结果予以公告，同时报中国证监会备案。

除依法披露基金财产管理业务活动相关事项外，对管理人运用固有资金进行基金投资的事项，基金管理人也应履行相关披露义务，包括：在基金季度报告中披露运用固有资金投资封闭式基金的情况；持有封闭式基金超过基金总份额5%的，还应按规定进行临时公告；拟申购、赎回开放式基金的，或已投资其他公司管理的开放式基金的，应按规定提前披露有关信息。

二、基金托管人的信息披露义务

基金托管人的信息披露义务主要是办理与基金托管业务活动有关的信息披露事项，具体涉及基金资产保管、代理清算交割、会计核算、净值复核、投资运作监督等环节。

1. 在基金份额发售的3日前，将基金合同、托管协议登载在托管人网站上。

2. 对基金管理人编制的基金资产净值、份额净值、申购赎回价格、基金定期报告和定期更新的招募说明书等公开披露的相关基金信息进行复核、审查，并向基金管理人出具书面文件或者盖章确认。

3. 在基金年度报告中出具托管人报告，对报告期内托管人是否尽职尽责履行义务以及管理人是否遵规守约等情况作出声明。

4. 当基金发生涉及托管人及托管业务的重大事件时，例如，基金托管人的专门基金托管部门的负责人变动、该部门的主要业务人员在 1 年内变动超过 30%、托管人召集基金份额持有人大会、托管人的法定名称或住所发生变更、发生涉及托管业务的诉讼、托管人受到监管部门的调查或托管人及其托管部门的负责人受到严重行政处罚等，托管人应当在事件发生之日起 2 日内编制并披露临时公告书，并报中国证监会及其各地方监管局备案。

5. 托管人召集基金份额持有人大会的，应至少提前 30 日公告大会的召开时间、会议形式、审议事项、议事程序和表决方式等事项。会议召开后，应将持有人大会决定的事项报中国证监会核准或备案，并予公告。

6. 基金托管人职责终止时，应聘请会计师事务所对基金财产进行审计，并将审计结果予以公告，同时报中国证监会备案。

同基金管理人一样，基金托管人也应建立健全各项信息披露管理制度，指定专人负责管理信息披露事务。

三、基金份额持有人的信息披露义务

基金份额持有人的信息披露义务主要体现在与基金份额持有人大会相关的披露义务。根据《证券投资基金法》，当代表基金份额 10%以上的基金份额持有人就同一事项要求召开持有人大会，而管理人和托管人都不召集的时候，代表基金份额 10%上的持有人有权自行召集。此时，该类持有人应至少提前 30 日公告持有人大会的召开时间、会议形式、审议事项、议事程序和表决方式等事项。会议召开后，如果基金管理人和托管人对持有人大会决定的事项不履行信息披露义务的，召集基金持有人大会的基金份额持有人应当履行相关的信息披露义务。

另外，有时公开披露的基金信息需要由中介机构出具意见书，该类中介机构应保证所出具文件内容的真实性、准确性和完整性。

第四节　基金募集信息披露

基金合同、基金招募说明书和基金托管协议是基金募集期间的三大信息披露文件。

一、基金合同

基金合同是约定基金管理人、基金托管人和基金份额持有人权利义务关系的重要法律文件。投资者缴纳基金份额认购款项时，即表明其对基金合同的承认和接受，此时基

金合同成立。

（一）基金合同的主要披露事项

1. 募集基金的目的和基金名称。

2. 基金管理人、基金托管人的名称和住所。

3. 基金运作方式。

4. 封闭式基金的基金份额总额和基金合同期限，或者开放式基金的最低募集份额总额。

5. 确定基金份额发售日期、价格和费用的原则。

6. 基金份额持有人、基金管理人和基金托管人的权利和义务。

7. 基金份额持有人大会召集、议事及表决的程序和规则。

8. 基金份额发售、交易、申购、赎回的程序、时间、地点、费用计算方式以及给付赎回款项的时间和方式。

9. 基金收益分配原则、执行方式。

10. 作为基金管理人、基金托管人报酬的管理费、托管费的提取、支付方式与比例。

11. 与基金财产管理、运用有关的其他费用的提取、支付方式。

12. 基金财产的投资方向和投资限制。

13. 基金资产净值的计算方法和公告方式。

14. 基金募集未达到法定要求的处理方式。

15. 基金合同解除和终止的事由、程序以及基金财产清算方式。

16. 争议解决方式。

（二）基金合同所包含的重要信息

基金合同包含以下两类重要信息：

1. 基金投资运作安排和基金份额发售安排方面的信息。例如，基金运作方式，运作费用，基金发售、交易、申购、赎回的相关安排，基金投资基本要素，基金估值和净值公告等事项。此类信息一般也会在基金招募说明书中出现。

2. 基金合同特别约定的事项，包括基金各当事人的权利义务、基金持有人大会、基金合同终止等方面的信息。

(1) 基金当事人的权利义务，特别是基金份额持有人的权利。例如，基金份额持有人可申请赎回持有的基金份额，参与分配清算后的剩余基金财产，要求召开基金份额持有人大会并对大会审议事项行使表决权，对基金管理人、托管人或基金份额发售机构损害其合法权益的行为依法提起行政诉讼等。

(2) 基金持有人大会的召集、议事及表决的程序和规则。根据《证券投资基金法》，提前终止基金合同、转换基金运作方式、提高管理人或托管人的报酬标准、更换管理人或托管人等事项均需要通过基金份额持有人的大会审议通过。持有人大会是基金份额持有人维权的一种方式，基金合同当事人应当在基金合同中明确约定持有人大会的召开、议事规则等事项。

(3) 基金合同终止的事由、程序及基金财产的清算方式。基金合同一旦终止，基金财产就进入清算程序，对于清算后的基金财产，投资者都享有分配权。对此，基金投资者需要事先了解，以便对基金产品的存续期限有所预期，对封闭式基金现行的价格水平有所判断，对基金产品的风险有所认识。

二、基金招募说明书

基金招募说明书是基金管理人为发售基金份额而依法制作的，供投资者了解管理人基本情况、说明基金募集有关事宜、指导投资者认购基金份额的规范性文件。

（一）招募说明书的主要披露事项

1. 招募说明书摘要。

2. 基金募集申请的核准文件名称和核准日期。

3. 基金管理人、基金托管人的基本情况。

4. 基金份额的发售日期、价格、费用和期限。

5. 基金份额的发售方式、发售机构及登记机构名称。

6. 基金份额申购、赎回的场所、时间、程序、数额与价格，拒绝或暂停接受申购、暂停赎回或延缓支付、巨额赎回的安排等。

7. 基金的投资目标、投资方向、投资策略、业绩比较基准、投资限制。

8. 基金资产的估值。

9. 基金管理人、基金托管人报酬及其他基金运作费用的费率水平、收取方式。

10. 基金认购费、申购费、赎回费、转换费的费率水平、计算公式、收取方式。

11. 出具法律意见书的律师事务所和审计基金财产的会计师事务所的名称和住所。

12. 风险警示内容。

13. 基金合同和基金托管协议的内容摘要。

（二）招募说明书包含的重要信息

招募说明书包含基金很多重要信息，作为投资者应对招募说明书中的下列信息加以重点关注。

1. 基金运作方式。不同运作方式的基金，其交易场所和方式不同，基金产品的流动性不同。封闭式基金主要通过交易所进行交易；开放式基金主要在基金的直销和代销网点申购赎回；而个别开放式基金品种，如 ETF 既可在交易所上市交易，也可在一级市场上以组合证券进行申购赎回。

此外，不同运作方式的基金，其运作特点也会有差异。开放式基金的运作中要保留一定的现金以应付赎回，而封闭式基金组合运作的流动性要求会低一些，两类基金的风险收益特征必然会存在差异。

2. 从基金资产中列支的费用种类、计提标准和方式。不同基金类别的管理费和托管费水平存在差异，这些条款是管理人计提基金运作费用的依据，也是投资者合理预期投资收益水平的重要标准。即使是同一类别的基金，计提管理费的方式也可能不同。有的管理人是按日计提管理费；有的管理人会在招募说明书中约定，如果基金资产净值低于某一标准将停止计提管理费；对于一些特殊的基金品种，如货币市场基金，其不仅计提管理费和托管费，还计提销售服务费用。

3. 基金份额的发售、交易、申购、赎回的约定，特别是买卖基金费用的相关条款。不同开放式基金的申购、赎回费率可能不同。即使是同一开放式基金品种，由于买卖金额不同、收费模式不同，也可能适用不同的费率水平，甚至有些基金品种是不收取申购和赎回费的，例如货币市场基金。

4. 基金投资目标、投资范围、投资策略、业绩比较基准、风险收益特征、投资限制等。这是招募说明书中最为重要的信息，它们体现了基金产品的风险收益水平，可以帮助投资者选择与自己风险承受能力和收益预期相符合的产品。与此同时，投资者通过将此信息同基金存续期间披露的运作信息进行比较，可以判断基金管理人遵守基金合同的情况，决定是否继续信赖该管理人。

5. 基金资产净值的计算方法和公告方式。对于投资者来说，除应了解基金估值的原则和方法外，还应清楚基金资产净值的公告方式，以便及时了解净值信息。由于开放式基金是按照基金份额净值进行申购、赎回的，而封闭式基金的交易价格一般也是围绕基金份额净值上下波动的，因此，基金资产净值与基金投资成本息息相关。

6. 基金风险提示。只有对投资基金的相关风险有清醒的认识，投资者才能作出科学的选择，才能放心地将资金交给管理人管理。即便是基金运作中出现亏损，投资者也能理解和接受。同样，风险的充分揭示对于基金管理人来说，可以保证资金来源的稳定，从而为基金运作提供基本保障。因此，在招募说明书封面的显著位置，管理人一般会作出“基金过往业绩不预示未来表现；不保证基金一定盈利，也不保证最低收益”等风险提示。在招募说明书正文，管理人还会就基金产品的各项风险因素进行分析，并列明与特定基金品种、特定投资方法或特定投资对象相关的特定风险。

7. 招募说明书摘要。主要包括基金投资基本要素、投资组合报告、基金业绩和费用概览、招募说明书更新说明等内容，可谓是招募说明书内容的精华。在基金存续期的募集过程中，投资者只需阅读该部分信息，即可了解到基金产品的基本特征、过往投资业绩、费用情况以及近6个月来与基金募集相关的最新信息。

三、基金托管协议

基金托管协议是基金管理人和基金托管人签订的协议，主要目的在于明确双方在基金财产保管、投资运作、净值计算、收益分配、信息披露及相互监督等事宜中的权利义务及职责，确保基金财产的安全，保护基金份额持有人的合法权益。

基金托管协议包含两类重要信息：第一，基金管理人和基金托管人之间的相互监督和核查。依据法律法规和基金合同的约定，基金托管人应对基金投资对象、投资范围、投融资比例、投资禁止行为、基金参与银行间市场的信用风险控制等进行监督；基金管理人应对基金托管人履行账户开设、净值复核、清算交收等托管职责情况等进行核查。第二，协议当事人权责约定中关于持有人权益的重要事项。当事人在净值计算和复核中重要环节的权责，包括管理人与托管人依法自行商定估值方法的情形和程序、管理人或托管人发现估值未能维护持有人权益时的处理、估值错误时的处理及责任认定等。

第五节 基金运作信息披露

基金运作信息披露文件主要包括净值公告、季度报告、半年度报告、年度报告以及基金上市交易公告书等。

一、基金净值公告

基金净值公告主要包括基金资产净值、份额净值和份额累计净值等信息。封闭式基金和开放式基金在披露净值公告的频率上有所不同。封闭式基金至少每周披露一次资产净值和份额净值。对开放式基金来说,在其放开申购、赎回前,至少每周披露一次资产净值和份额净值;放开申购、赎回后,披露每个开放日的份额净值和份额累计净值。

二、基金季度报告

基金管理人应当在每个季度结束之日起 15 个工作日内,编制完成基金季度报告,并将季度报告登载在指定报刊和网站上。在季度报告的投资组合报告中,需要披露基金资产组合、按行业分类的股票投资组合、前 10 名股票明细、按券种分类的债券投资组合、前 5 名债券明细及投资组合报告附注等内容。

三、基金半年度报告

基金管理人应当在上半年结束之日起 60 日内,编制完成基金半年度报告,并将半年度报告正文登载在网站上,将半年度报告摘要登载在指定报刊上。与年度报告相比,半年度报告的披露有以下特点:

1. 半年度报告不要求进行审计。

2. 半年度报告只需披露当期的数据和指标;而年度报告应提供最近 3 个会计年度的主要会计数据和财务指标。

3. 半年度报告披露净值增长率列表的时间段与年度报告有所不同。半年度报告既无需披露近 3 年每年的净值增长率,也无需披露近 3 年每年的基金收益分配情况。

4. 半年度报告的管理人报告无需披露内部监察报告。

5. 财务报表附注的披露。半年度财务报表附注重点披露比上年度财务会计报告更新的信息,并遵循重要性原则进行披露。例如:

(1) 半年度报告无需披露所有的关联关系,只披露关联关系的变化情况,而且关联交易的披露期限也不同于年度报告。

(2) 半年度报告只对当期的报表项目进行说明,无需说明两个年度的报表项目。

6. 重大事件揭示中,半年度报告只报告期内改聘会计师事务所的情况,无需披露支付给聘任会计师事务所的报酬及事务所已提供审计服务的年限等。

7. 半年度报告摘要的财务报表附注无需对重要的报表项目进行说明;而年度报告摘要的报表附注在说明报表项目部分时,则因审计意见的不同而有所差别。

四、基金年度报告

基金年度报告是基金存续期信息披露中信息量最大的文件,基金年度报告的财务会计报告应当经过审计。应当在每年结束之日起 90 日内,编制完成基金年度报告,并将年度报告正文登载于网站上,将年度报告摘要登载在指定报刊上。基金年度报告的主要内容如下。

(一)基金管理人和托管人在年度报告披露中的责任

管理人是基金年度报告的编制者和披露义务人,为了进一步保障基金信息质量,法规规定基金年度报告应经 2/3 以上独立董事签字同意,并由董事长签发;如个别董事对年度报告内容的真实、准确、完整无法保证或存在异议,应当单独陈述理由和发表意见;未参会董事应当单独列示其姓名。

托管人在年度报告披露中的责任主要是一些与托管职责相关的披露责任,包括负责复核年报、半年报中的财务会计资料等内容,并出具托管人报告等。

(二)正文与摘要的披露

为满足不同类型投资者的信息需求,提高基金信息的使用效率,目前基金年报采用在管理人网站上披露正文、在指定报刊上披露摘要两种方式。基金管理人披露的正文信息应力求充分、详尽,摘要应力求简要揭示重要的基金信息。相对于正文,摘要在基金简介、报表附注、投资组合报告等部分进行了较大程度的简化。普通投资者可以通过阅读摘要获取重要信息,而专业投资者通过阅读正文可获得更为详细的相关信息。

(三)关于年度报告中的"重要提示"

为明确信息披露义务人的责任,提醒投资者注意投资风险,目前法规规定应在年度报告的扉页就以下方面作出提示:

1. 管理人和托管人的披露责任。

2. 管理人管理和运用基金资产的原则。

3. 投资风险提示。

4. 年度报告中注册会计师出具非标准无保留意见的提示。

(四)基金财务指标的披露

基金年度报告一般应披露以下财务指标:本期已实现收益、本期利润、加权平均基金份额本期利润、本期加权平均净值利润率、本期基金份额净值增长率、期末可供分配利润、期末可供分配基金份额利润、期末资产净值、期末基金份额净值和基金份额累计净值增长率等。投资者通过比较基金净值增长指标与同期基金业绩比较基准收益率,可以了解基金实际运作与基金合同规定基准的差异程度,判断基金的实际投资风格。

(五)基金净值表现的披露

由于基金的主要经营活动是证券投资,其资产运作情况主要表现为证券资产的利息收入、投资收益和公允价值变动损益,具体又反映到基金资产净值的波动上。投资者通过考察较长历史阶段内基金净值增长率的波动,可以了解基金产品的长期收益情况和风险程度。法规的具体要求见表 7-1。

表 7-1 基金净值表现披露的要求

披露项目	年度报告	半年度报告	季度报告
列表显示过往特定期间基金净值增长率及同期业绩比较基准收益率	列表显示过往 3 个月、6 个月、1 年、3 年、5 年、自基金合同生效起至今基金份额资产净增长率及其与同期业绩比较基准收益率的比较	列表显示过往 1 个月、3 个月、6 个月、1 年、3 年、自基金合同生效起至今基金份额净值增长率及其与同期业绩比较基准收益率的比较	列表显示本季度基金份额净值增长率及其与同期业绩比较基准收益率的比较
图示基金年净值增长率及同期业绩比较基准的收益率	柱状图显示基金过往 3 年(成立不满 3 年的,图示基金自合同生效以来)每年的净值增长率,并与同期业绩比较基准的收益率进行比较	无	无
图示基金合同生效以来净值变动与同期业绩比较基准的变动	折线图显示基金自合同生效以来基金份额净值的变动情况,并与同期业绩比较基准的变动进行比较		

(六) 管理人报告的披露

管理人报告是基金管理人就报告期内管理职责履行情况等事项向投资者进行的汇报。具体内容包括:管理人及基金经理情况简介,报告期内基金运作遵规守信情况说明,报告期内公平交易情况说明,报告期内基金的投资策略和业绩表现说明,管理人对宏观经济、证券市场及行业走势的展望,管理人内部监察稽核工作情况,报告期内基金估值程序等事项说明,报告期内基金利润分配情况说明及对会计师事务所出具非标准审计报告所涉事项的说明等。

(七) 基金财务会计报告的编制与披露

1. 基金财务报表的编制与披露。基金财务报表包括报告期末及其前一个年度末的比较式资产负债表、该两年度的比较式利润表、该两年度的比较式所有者权益(基金净值)变动表。

2. 财务报表附注的披露。报表附注的披露内容主要包括:基金基本情况、会计报表的编制基础、遵循会计准则及其他有关规定的声明、重要会计政策和会计估计、会计政策和会计估计变更以及差错更正的说明、税项、资产负债表日后非调整事项的说明、关联方关系及其交易、重要报表项目的说明、利润分配情况、期末基金持有的流通受限证券、金融工具风险及管理等。

(八) 基金投资组合报告的披露

基金年度报告中的投资组合报告应披露以下信息:期末基金资产组合、期末按行业分类的股票投资组合、期末按市值占基金资产净值比例大小排序的所有股票明细、报告期内股票投资组合的重大变动、期末按券种分类的债券投资组合、期末按市值占基金资产净值比例大小排序的前 5 名债券明细等。

基金股票投资组合重大变动的披露内容包括:报告期内累计买入、累计卖出价值超出期初基金资产净值2%的股票明细；对累计买入、累计卖出价值前20名的股票价值低于2%的，应披露至少前20名的股票明细；整个报告期内买入股票的成本总额及卖出股票的收入总额。披露该信息的意义主要在于反映报告期内基金的一些重大投资行为。

（九）基金持有人信息的披露

基金年度报告披露的持有人信息主要有：

1. 上市基金前10名持有人的名称、持有份额及占总份额的比例。

2. 持有人结构，包括机构投资者、个人投资者持有的基金份额及占总份额的比例。

3. 持有人户数、户均持有基金份额。

当期末基金管理公司的基金从业人员持有开放式基金时，年度报告还将披露公司所有基金从业人员投资基金的总量及占基金总份额的比例。

（十）开放式基金份额变动的披露

法规要求在年度报告中披露开放式基金合同生效日的基金份额总额、报告期内基金份额的变动情况（包括期初基金份额总额、期末基金份额总额、期间基金总申购份额、期间基金总赎回份额、期间基金拆分变动份额）。

五、基金上市交易公告书

凡是根据有关法律法规发售基金份额并申请在证券交易所上市交易的基金，基金管理人均应编制并披露基金上市交易公告书。

第六节　基金临时信息披露

一、基金信息披露的重大性标准

重大性的标准直接决定信息披露的范围与程度，各国（地区）信息披露所采用的“重大性”概念有以下两种标准：一种是影响投资者决策标准；另一种是影响证券市场价格标准。按照前一种标准，如果可以合理地预期某种信息将会对理性投资者的投资决策产生重大影响，则该信息为重大信息，应及时予以披露。按照后一种标准，如果相关信息足以导致或可能导致证券价值或市场价格发生重大变化，则该信息为重大信息，应予披露。

二、基金临时报告

对于重大性的界定，中国基金信息披露法规采用较为灵活的标准，即影响投资者决策标准或者影响证券市场价格标准。如果预期某种信息可能对基金份额持有人权益或者基金份额的价格产生重大影响，则该信息为重大信息，相关事件为重大事件，信息披露义务人应当在重大事件发生之日起2日内编制并披露临时报告书。

三、基金澄清公告

由于上市交易基金的市场价格等事项可能受到谣言、猜测和投机等因素的影响，为防止投资者误将这些因素视为重大信息，基金信息披露义务人还有义务发布公告对这些谣言或猜测进行澄清。

第七节　特殊基金品种的信息披露

货币市场基金、QDII 基金等一些特殊的基金品种，中国基金信息披露法规规定，这些特殊的基金品种除遵循信息披露的一般规定外，还应针对产品特性，补充披露其他信息。

一、货币市场基金特有的信息披露

（一）收益公告

货币市场基金不像其他类型基金那样定期披露份额净值，而是需要披露收益公告，包括每万份基金净收益和 7 日年化收益率。按照披露时间的不同，货币市场基金收益公告可分为 3 类，即封闭期的收益公告、开放日的收益公告和节假日的收益公告。

封闭期的收益公告是指货币市场基金的基金合同生效后，基金管理人于开始办理基金份额申购或者赎回当日，在中国证监会指定的报刊和基金管理人网站上披露截至前 1 日的基金资产净值、基金合同生效至前一日期间的每万份基金净收益、前一日的 7 日年化收益率。

开放日的收益公告是指货币市场基金于每个开放日的次日在中国证监会指定报刊和管理人网站上披露开放日每万份基金净收益和 7 日年化收益率。

节假日的收益公告是指货币市场基金放开申购赎回后，在遇到法定节假日时，于节假日结束后第二个自然日披露节假日期间的每万份基金净收益、节假日最后一日的 7 日年化收益率以及节假日后首个开放日的每万份基金净收益和 7 日年化收益率。

（二）偏离度信息的披露

为了客观地体现货币市场基金的实际收益情况，基金管理人会采用影子定价于每一估值日对基金资产进行重新估值。当影子定价所确定的基金资产净值超过摊余成本法计算的基金资产净值（即产生正偏离）时，表明基金组合中存在浮盈；反之，当存在负偏离时，则基金组合中存在浮亏。目前，基金信息披露法规要求，当偏离达到一定程度时，货币市场基金应刊登偏离度信息，主要包括以下 3 类：

1. 在临时报告中披露偏离度信息。当影子定价与摊余成本法确定的基金资产净值偏离度的绝对值达到或者超过 0.5％时，基金管理人将在事件发生之日起 2 日内就此事项进行临时报告。

2. 在半年度报告和年度报告中披露偏离度信息。在半年度报告和年度报告的重大事件揭示中，基金管理人将披露报告期内偏离度的绝对值达到或超过 0.5％的信息。

3. 在投资组合报告中披露偏离度信息。在投资组合报告中，货币市场基金将披露报告期内偏离度绝对值在 0.25％～0.5％之间的次数、偏离度的最高值和最低值、偏离度绝对值的简单平均值等信息。

二、QDII 基金的信息披露

（一）信息披露所使用的语言及币种选择

QDII 基金在披露相关信息时，可同时采用中、英文，并以中文为准，可单独或同时以人民币、美元等主要外汇币种计算并披露净值信息。当涉及币种之间转换的，应披露汇率数据来源，并保持一致性。

（二）基金合同、招募说明书中的特殊披露要求

1. 境外投资顾问和境外托管人信息。基金管理公司在管理 QDII 基金时，应在招募说明书中披露境外投资顾问和境外托管人的相关信息，包括境外投资顾问和境外托管人的名称、注册地址、办公地址、法定代表人、成立时间，境外投资顾问最近一个会计年度资产管理规模，主要负责人的教育背景、从业经历、取得的从业资格和专业职称介绍，境外托管人最近一个会计年度实收资本、托管资产规模、信用等级等。

2. 投资交易信息。QDII 基金投资金融衍生品应在基金合同、招募说明书中详细说明拟投资的衍生品种及其基本特性、拟采取的组合避险、有效管理策略及采取的方式、频率。如 QDII 基金投资境外基金，应披露基金与境外基金之间的费率安排。

3. 投资境外市场可能产生的风险信息，包括境外市场风险、政府管制风险、政治风险、流动性风险、信用风险等的定义、特征及可能发生的后果。

（三）净值信息的披露要求

QDII 基金应至少每周计算并披露一次净值信息。如投资衍生品，应在每个工作日计算并披露净值。QDII 基金的净值在估值日后 2 个工作日内披露。

（四）定期报告中的特殊披露要求

1. 境外投资顾问和境外资产托管人信息。在基金定期报告的产品概况部分中披露境外投资顾问和境外资产托管人的基本情况，在定期报告的管理人报告部分中披露境外投资顾问为基金提供投资建议的主要成员的情况。

2. 境外证券投资信息。在基金投资组合报告中，QDII 基金将根据股票所在证券交易所的不同，列表说明期末在各个国家（地区）证券市场的股票投资分布情况，除股票投资和债券投资明细外，还会披露基金投资明细及金融衍生品组合情况。

3. 外币交易及外币折算相关的信息。在报表附注中披露外币交易及外币折算采用的会计政策，计入当期损益的汇兑损益等。

（五）临时公告中的特殊披露要求

当 QDII 基金变更境外托管人、变更投资顾问、投资顾问主要负责人变动、出现境外涉及诉讼等重大事件时，应在事件发生后及时披露临时公告，并在更新的招募书中予以说明。

专栏介绍

美国基金的信息披露

美国基金一个重要的特色就是对信息的披露要求非常详细。基金运作者提供给投资者的计划都要有充足的投资信息，以便于投资者作出自己的决定，信息要求包括如下：

1. 说明在信息充分提供的前提下，一旦投资者选择了某一个投资组合，就意味着要同时承担投资组合所带来的风险和收益。

2. 每一个基金的投资目标、风险和收益以及所投资的资产类型和分散度，都要描述清楚。

3. 说明投资者怎样获得投资指导。

4. 交易费用和成本的说明，例如销售佣金或赎回费用，这都是划在投资者的成本中。

5. 基金运作者可以提供给投资者他们所需要的额外的信息服务。

另外，美国共同基金在对投资者投资咨询和“教育”时也很注重信息的披露。美国基金对投资者所提供的投资咨询主要通过给投资者的信息来体现。

【案例实证】

2008 年 9 月 12 日，中信泰富第一次发布有关炒汇的消息是在通函中称“该公司于 9 月 7 日已知悉有关外汇买卖合约构成的风险”。10 月 20 日，公司第一次发布亏损公告，称该公司“为了减低西澳州铁矿项目面对的货币风险，签订若干杠杆式外汇买卖合约而引致亏损，预计本公司截至 2008 年 12 月 31 日年度业绩将受到影响”。两次公告均没有说明何时签订了这些杠杆式合约。10 月 23 日，公司暂停其高管范红龄在港交所的公职，更有数名高管向公司提出辞职，其中包括“操盘手”张立宪。此后，中信泰富在例行的一周预警中称，公司因 3 份杠杆式合约，得到 8.05 亿港元的实际亏损和 147 亿港元的账面损失。

分析：

中信泰富既然从事外汇期货，就要锁定风险，签订合约之初就应该发布公告，说明“存在”潜在的风险。正是由于中信泰富迟迟不公布亏损，才遭到投资者指责。上市公司信息披露不及时，“将生米煮成熟饭了，才向投资者通报一声”。证券法对于上市公司信息披露的要求是准确、及时、全面，其中“及时”最难做到，在证监会和两个交易所每年处罚的信息披露问题中，一多半都是由于不及时。

提示：

对风险公司监管部门应密切关注，证监会应该启动相应的监管程序，要求一些上市公司加强风险控制。中信泰富曾经也是赚过钱的，但是搞风险投资，无论上市公司还是监管部门，不能只看结果不看过程。

【能力训练】

一、单选题

1. 下列选项中，属于实质性原则的是(　　)。

A. 规范性原则　　B. 及时性原则　　C. 易解性原则　　D. 易得性原则

2. 以下属于基金首次募集披露的信息是(　　)。

A. 基金份额上市交易公告书　　B. 基金资产净值

C. 基金年度报告　　D. 基金份额发售公告

3. 以下属于基金运作披露的信息是(　　)。

A. 招募说明书　　B. 基金合同

C. 上市交易公告书　　D. 基金份额发售公告

4. 中国的基金信息披露制度体系分为(　　)个层次。

A. 3　　B. 4　　C. 5　　D. 6

5.《基金信息披露管理办法》属于(　　)。

A. 国家法律　　B. 部门规章　　C. 规范性文件　　D. 自律性原则

二、多选题

1. 在投资组合报告中，货币市场基金应披露报告期内偏离度绝对值在 C.25%～0.5%间的(　　)等信息。

A. 次数　　B. 偏离度的最高值和最低值

C. 偏离度绝对值的简单平均值　　D. 偏离度绝对值加权平均值

2. 按照披露时间的不同，货币市场基金收益公告可分为(　　)。

A. 封闭期的收益公告　　B. 年末的收益公告

C. 开放日的收益公告　　D. 节假日的收益公告

3. 反映货币市场基金特殊性的信息披露内容，具体包括(　　)的披露内容。

A. 基金收益公告

B. 基金份额

C. 影子价格与摊余成本法确定的净值产生较大偏离的情形

D. 净值表现

4. (　　)是基金募集期间的三大信息披露文件。

A. 基金临时公告　　B. 基金合同

C. 基金招募说明书　　D. 基金托管协议

5. 基金如遇半年或年末，应披露半年度和年度最后一个市场交易日的(　　)。

A. 基金资产净值　　B. 基金份额净值

C. 基金持有人名单　　D. 份额累计净值

三、简答题

1. ETF 和 LOF 有哪些区别和联系？

2. 基金管理公司的业务有哪些？

【参考答案】

一、1. B　2. D　3. C　4. B　5. B

二、1. ABC　2. ACD　3. ACD　4. BCD　5. ABD

三、1. 答：区别：(1) ETF是一种产品创新。是一种可上市交易的新型指数基金，而LOF的创新意义则在于开放式基金交易方式的创新。(2) ETF的一级市场是以一揽子股票进行申购和赎回，而LOF的一级市场就像一般的开发式基金一样进行现金的申购和赎回。(3) 虽然LOF和ETF都有套利机会，但LOF的套利主要在于消除折价现象，而ETF的套利侧重于盈利空间。(4) 所有投资者都可参加LOF的一、二级市场套利，但ETF的一级市场的门槛更高，很多中小投资者基本上无法参与套利。(5) ETF的一揽子股票申购赎回的机制，有助于提高股市成交量。(6) LOF存在一个ETF所不具备的优势——由于LOF提供的是一个平台，而不是单一的产品，因此任何基金都可利用这一平台进行发行和交易。

联系：(1) 同跨两级市场。ETF和LOF都同时存在一级市场和二级市场，都可以像开放式基金一样通过基金发起人、管理人、银行及其他代销机构网点进行申购和赎回。(2) 理论上都存在套利机会。(3) 折溢价幅度小。(4) 费用低，流动性强。

2. 答：(1) 基金管理业务。是指基金管理公司根据专业的投资知识和经验投资运作基金资产的行为，是基金管理公司最基本的一项业务。(2) 受托资产管理业务。是指基金管理公司作为受托投资管理人根据有关法律法规和投资委托人的意愿，与委托人签订受托投资管理合同，将委托人委托的资产在证券市场上从事股票、债券等有价证券的组合投资，以实现受托资产收益最大化的行为。(3) 基金销售业务。是指基金管理公司通过自行设立的网点或电子交易网站把基金单位直接销售给基金投资人的行为。

第八章 证券投资基金的资产配置管理

【学习要点】本章主要介绍了证券投资基金资产配置的内涵和重要性，其中包括资产配置的因素，证券基金投资管理公司实施完整的投资管理过程以及资产配置的过程和条件，资产配置的资产类别选择、行业配置资产配置与经济周期的关系。通过论证证券投资基金流动性风险，了解证券投资基金资产配置管理的措施，并且能理解不同的资产配置策略的内容、优缺点以及实际应用。

【重点难点】资产配置的过程和条件、资产配置的资产类别选择、动态资产配置策略、静态资产配置策略、战略性资产配置策略、战术性资产配置策略、行业配置资产配置与经济周期的关系、市场流动性的度量、开放式基金流动性风险管理的重要性。

第一节 证券投资基金资产配置概述

一、证券投资基金资产配置的内涵和重要性

（一）证券投资基金资产配置的内涵

证券投资基金资产配置是指基金管理人决定如何在可投资的资产类型之间进行分配资金的过程。这一过程既包括基金管理人将资金按一定投资权重在股票、固定收益类证券（包括国债、公司债券和货币市场工具等）、现金和其他资产（包括房地产项目、房地产信托投资基金和黄金等）等不同类型资产之间的分配，也包括资金在不同类别资产内部的分配。我国《证券投资基金法》规定证券投资基金只能投资于股票、固定收益类证券和现金资产，而不能投资于房地产项目、房地产信托投资基金和黄金。

究其本质，资产配置致力于解决 4 个基本问题：

1. 如何确定在现金资产和非现金资产类别之间的资产配置比例。

2. 如何确定在以股票为主的风险资产和以固定收益类证券为主的无风险资产类别之间的资产配置比例。

3. 如何确定在常规资产和另类资产之间的最佳资产配置比例。

4. 如何确定在国内资产和国际资产之间的资产配置比例。

以上述问题为背景，资产配置关注 4 种至关重要的因素：

1. 投资者的风险偏好情况、对价格风险和购买力风险等风险因素的风险承受能力与效用函数。

2. 确定各种资产类别在投资期间的预期风险收益及其相关关系。

3. 在可承受的风险水平上构造能够提供最优收益率的投资组合。

4. 投资者是否对投资组合的资产配置进行再平衡，是倾向于定期还是不定期对投资组合的资产配置进行再平衡。

资产配置在证券投资基金投资管理过程中的关键步骤，它是构建投资组合的先决条件。

证券基金投资管理公司实施完整的投资管理过程可以分为以下 6 个阶段：

1. 确定投资目标、投资理念与投资战略。在基金管理人了解市场运行规律的基础上确定投资理念，同时结合对基金持有人结构、风险偏好和基金管理人对自身管理能力的了解，确定投资目标，形成投资策略。

2. 信息管理。基金管理人通过对外部信息和内部信息进行收集、整理和加工，通过对行业和上市公司进行调研，提供有价值的研究报告。

3. 资产配置。基金管理人决定在可投资的资产类型之间分配资金。

4. 构建投资组合。基金管理人在资产配置的基础上，依据投资策略选择具体投资品种来构造投资组合。

5. 交易执行。基金公司交易员依照指令在二级市场购买证券，实际构造投资组合。

6. 绩效评估与动态调整。基金管理人对过去的投资业绩进行分析和评估，不断完善和调整自己的管理模式。

（二）证券投资基金资产配置在投资管理过程中的重要性

国外许多学者证明资产配置对证券投资基金的业绩起着决定性的作用。夏普在 1986 年就指出资产配置在现代投资组合策略中具有非常重要的作用，基金每月报酬率的变动，绝大部分是因为所持有证券的类型，而不是在每一种类型中所挑选的个股。他以一组有 12 项资产类别来代表资产类型，发现美国共同基金每月报酬的变异，有 80%～90%可以用资产配置来加以解释。Brinson，Hood 和 Beebower(1986)在《金融分析家杂志》发表的“组合绩效的决定”论文中指出在养老基金的总回报率中 93.6%可以由资产配置来解释；Brinson，Siger 和 Beebower(1991)做进一步研究，得出类似结论；Blake(1999)对英国养老基金和年金的投资组合收益率进行研究，资产配置解释了 90%以上的绩效波动；Ibboston，Kaplan(2000)研究发现在不同基金绩效差异中，资产配置可以解释 40%；在同一基金回报随时间波动的收益中，资产配置可以解释 90%；在同一基金的总回报中，资产配置可以解释 100%。

证券投资基金进行资产配置具有重要的意义，主要体现在以下几个方面：

1. 资产配置综合了不同类别资产的主要特征，在此基础上构建投资组合，能够改善投资组合的综合风险——收益水平，能够实现在一定的风险下收益最大化或者在给定的收益水平下风险最小化。

2. 资产配置是不断进行认知和平衡的权衡过程，其中在时间跨度、资本保值目标和预期收益来源等方面尤其重要。

3. 资产配置需要设定最小化和最大化权衡因素，以确保选择足够多的资产类别，而不是过分集中于某类资产类别。

4. 资产配置实现多种类别资产与特定投资品种的分散投资，从而将投资组合的期望风险特征与投资者自身的风险承受能力相匹配，并对无法分散化的波动性进行补偿。

二、资产配置的过程和条件

（一）资产配置的过程

一个完整的系统化和定量化的资产配置过程包括以下 6 个步骤：

第一步，基金管理人对未来预期期望收益、风险及各资产类别之间未来收益的相关性的各项假设进行测算，并进行详细说明。

第二步，基金管理人将选择最能够与投资者的投资目标相匹配的各种资产类别，它们所构成的投资组合在一定的风险下能够实现收益最大化或者在给定的收益水平下风险最小化。

第三步，基金管理人建立长期的战略性资产配置策略。

第四步，基金管理人在战略性资产配置策略的框架下，制定战术性资产配置策略。

第五步，基金管理人定期对投资组合实施再平衡，进行动态调整。

第六步，基金管理人需要对资产配置策略进行进一步的再考察和再检验，确保其符合所处的投资环境和对金融市场的大势预期。

（二）资产配置发挥作用的条件

资产配置能够在符合以下条件之一的时候发挥较好的作用：

1. 价格的循环领涨。资产配置的分散化使得组合内的不同类别资产的价格在不同的时期循环领涨，避免过分依赖单一类别资产。

2. 各类别资产收益的方差和资产类别间的相关性在一定时期内保持合理的稳定性关系，资产配置的最终结果就越接近于预期的目标。如果这些关系长期变化为一种不稳定性关系，或者投资组合进行一点轻微的调整，就可能产生巨大的变动，则资产配置的结果就可能越偏离预期结果。

3. 资产配置理论隐含的基本假设之一是多数主要资产价格在同一时期内呈现不同方向和程度的变动。如果一种类别的资产价格朝一个方向急剧变动而另一种类别的资产价格朝相反方向变动，则资产配置就显得越有效，反之亦然。

4. 适当的再平衡活动。资产配置需要监控由于价格走势差异所引起的不同类别资产权重的变化，并对此作出必要的调整。资产配置的再平衡活动要注意再平衡的频率和再平衡的原则。如果过于频繁或者过于缓慢的再平衡资产权重，就可能影响资产配置的预期收益。

5. 基金管理人的管理能力。资产配置的结果在很大程度上取决于基金管理人在选择和评价资产类别时的能力、技巧和风险承受的能力。

三、资产配置的资产类别选择

美国证券投资基金在战后不同时期资产配置的资产类别选择。在 20 世纪 50—70 年代，大部分美国证券投资基金资产配置的资产类别选择基本上限于传统的投资组合——股票、债券和现金，投资组合资产配置比例接近股票60%、债券30%、现金10%。从20世纪80年代起，随着全球金融自由化和投资自由化进程的加快，美国基金就开始大力投资于海外发达国家市场和新兴市场的股票和债券，还包括风险资本和房地产。从20世纪90年代至今，美国证券投资基金资产配置的资产类别选择趋于更加广泛，涉及的资产包括股票、债券、现金、房地产、房地产投资信托基金(REITs)、发达国家市场股票和债券、新兴国家股票和债券。另外，还在投资组合中运用绝对收益策略：在股票领域，包括认股权证和可转换债券套利、对冲封闭式基金、综合证券套利和其他衍生金融工具的运用；在固定收益证券领域，包括不同形式的债券套利，涉及期货、掉期协议、信用风险、收益率曲线形状和隐含的期权特征等等。而我国《证券投资基金法》规定证券投资基金只能投资于股票、固定收益类证券和现金资产。一般而言，资产配置的主要资产类别可以归纳为四大类资产：股票、固定收益类证券、现金和另类资产，而且各大类资产还包括许多子类别资产。基金管理人通过了解各种主要类别资产类别的特性，作出理性的资产配置决策。

（一）股票资产

我们将股票资产视为主要的风险资产，股票资产可以依据行业的增长周期性与经济增长周期性的相关程度进一步细分为4类子类别资产：

1. 成长性行业。成长性行业呈现出远远高于经济增长速度的增长势头。例如，主要依靠技术进步和新产品不断创新获得发展的信息产业属于成长性行业。笔者认为，目前我国每年的经济增长速度平均8%～9%，只要在未来3～5年内能以年均20%～30%增长的行业都具有很好的成长性，值得长期投资。

2. 周期性行业。周期性行业的增长速度与国民经济的经济增长速度紧密相关。当经济增长呈现快速增长，周期性行业迅速处于景气阶段；当经济增长出现减缓或衰退的时候，周期性行业也会迅速减缓增长势头。消费品行业、耐用品制造业及其他需求收入弹性较高的行业，属于典型的周期性行业。

3. 防守型行业。防守型行业的产品需求弹性较小，需求相对稳定，其经济增长速度相对稳定，与国民经济增长相关性不太强。经济周期即使处于衰退时期，对防守型行业影响也比较小，甚至它们还会出现一定的增长势头。例如，食品加工业、公用事业行业与水、电、煤气供应行业属于典型的防守型行业。

4. 资源类行业。资源类行业由于资源稀缺性的行业特性而单列为一个行业，该行业不论经济增长速度如何，由于资源的稀缺性和不能无节制采掘的特点，按照国家产业政策制定开采的计划进行开采，而与经济增长速度相关性很弱。经济增长幅度加快，会引起对同类资源国外进口的增加，比较典型的是石油行业，铜、铝、锡、黄金等矿产资源行业等等。

另外，股票资产也可以依据市值的大小进一步细分为3类子类别资产：大盘股、中盘股和小盘股；还可以依据国别的不同细分为国内股票和国际股票等。

（二）固定收益类证券

固定收益类证券(Fixed Income Security)是指在一定时期内，证券的发行者依据招募说明书事先约定的利率支付给投资者利息，使得投资期间每单个期间的收益固定的证券。

固定收益类证券按照期限来划分可以细分为货币市场固定收益类证券和资本市场固定收益类证券。货币市场固定收益类证券是指到期期间在1年以内的固定收益类证券，主要包括国库券、可转让大额定期存单、银行承兑汇票、商业本票和国债回购。而资本市场固定收益类证券是指到期期间在1年以上的固定收益类证券，主要包括中长期国债、金融债券、企业债券、可转换债券、认股权证、零息债券、浮动利率债券和国际债券等等。其中，债券是固定收益类证券最主要的类别资产，因此本章将以债券投资资产配置为重点内容。

1. 国债。国债是指政府为满足重大项目建设或者长期国库的需要，由财政部委托中央银行通过招投标的方式向投资者发行的债券。国债的信用级别最高，流动性最好，一般被视为无风险资产。

2. 金融债券。金融债券是指由以银行为主体的金融机构发行的金融企业债券，由于以银行信用作担保，金融债券的风险要比普通公司债券低得多。

3. 公司债券。公司债券是指由公司担任发行主体，以公司信用作担保向投资者发行的债券。公司债券的风险相对于国债和金融债券较高，票面利率或者收益率相对于国债和金融债券也较高。依照有无担保，可以分为有担保公司债券、无担保公司债券和金融机构担保公司债券。

4. 可转换债券。可转换债券是介于公司债券和普通股之间的一种混合金融衍生产品，投资者拥有在一定时期内选择是否按照一定的转换价格和转换比例将可转换公司债券转换成为公司普通股票的权利。在可转换债券转换成为公司股票以前，可转换债券的持有人是公司的债权人，一旦转换成为公司股票以后，就成为了公司的股东。

5. 零息债券。零息债券是指以贴现方式发行，投资者持有期间不向投资者支付利息，到期按照面值偿还的债券，面值和发行价格之间的差额就是投资者的报酬。

6. 认股权证(Warrant)。认股权证又称为窝轮，是属于期权中的一种，可以由发行股票的公司或者第三者发行，赋予权证持有人在特定时期内，按照约定的价格，购买或者卖出一定数量的股票(正股)的权利。它按照买卖方向的不同分为认购权证(Call Warrant)和认沽权证(Put Warrant)。

第二节　资产配置策略的主要类型

一、战略性资产配置策略与战术性资产配置策略

资产配置策略依据投资政策指导思想的不同分为战略性资产配置策略(Strategic Asset Allocation，简称为SAA)与战术性资产配置策略(Tactical Asset Allocation，简称为TAA)两种策略，Mark Anson(2000)在“战略性资产配置与战术性资产配置”一文中指出，战略性资产配置策略与战术性资产配置策略是资产配置策略中的两大最重要类型。

（一）战略性资产配置策略

战略性资产配置策略是指机构投资者为了实现长期投资目标而决定在不同资产之间如何进行配置的投资政策，它是基金管理公司投资决策委员会的核心任务，所以又称为政策性资产配置。战略性资产配置是以马柯维茨的均值方差和夏普的 beta 理论为理论基础，其核心思想是建立长期的投资组合政策，一般整个投资周期为 3～5 年，所以战略性资产配置本质上是为了防范证券市场的风险，而不是为了战胜市场，不是为了在证券市场获取超额收益，在这种程度上战略性资产配置又称为 beta 驱动型资产配置。战略性资产配置能够反映基金公司投资决策委员会的风险容忍度。一般而言，风险容忍度越高，基金会投资于股票或者其他流动性较差的资产；相反，风险容忍度越低，基金会投资于固定收益类的证券比例就会越大。战略性资产配置的投资比例在整个投资期间并不是固定不变的，有时候也会进出入市场进行资产配置的再平衡。但是这种调整不能过于频繁，频繁的进出入市场会造成较高的交易成本，更重要的会使得长期投资者会由长期投资策略转向短期投资策略，去战胜市场。衡量战略性资产配置是否拥有成功的市场时机选择能力关键在于投资委员会是否拥有正确的再配置资产的能力，从而使得积极资产配置的超额收益足以弥补较高的交易成本。

（二）战术性资产配置策略

战术性资产配置策略是投资者充分抓住由于宏观和微观经济层面的变化而导致金融资产的市场价格偏离其内在价值的市场机会，主动调高或者降低主要资产类别的资产配置比例，在短期预测的基础上对投资组合进行一定程度的调整，在不增加投资组合风险的前提下追求额外的投资收益。战术性资产配置策略要求投资者具备一定的预测能力，通过对历史数据的分析找到预测所需的领先指标。

所以战术性资产配置的本质是为了战胜市场，追求超额收益。战术性资产配置策略的目标在于：在不提高系统性风险或者投资组合波动性的前提下提高长期报酬。

大多数战术性资产配置策略具有以下共同特征：

1. 战术性资产配置策略倾向于客观和量化的分析而不是依赖于主观的判断。战术性资产配置往往通过运用包括回归分析和最优化方法在内的一些分析工具来帮助预测和决策。依赖主观的判断的方法不能称为战术性资产配置策略，只能称为常规平衡管理策略。

2. 主要是通过对资产未来价格的衡量来完成。也就是说，战术性资产配置在很大程度上是“价值导向”——买进那些被认为是低估价值的证券，卖出那些被认为是高估价值的证券。长期来说，证券的内在价值和市场价格是趋于一致的，但短期内市场价格偏离内在价值，围绕内在价值波动。这就为获得资本利得提供了机会。一般而言，国际资本市场比较常用的价值评估方法可以分为两大类别：相对价值法和绝对价值法。前者主要有市盈率法、市净率法和净现值法；后者主要有股利贴现模型和现金流贴现模型。

3. 战略性资产配置和战术性资产配置的比较

战略性资产配置和战术性资产配置的区别主要表现在以下方面：

（1）策略的决策者不一样。战略性资产配置是由基金管理公司的投资决策委员会所决定，是总体投资策略的原则；而战术性资产配置是由基金的投资职员，一般是基金经理所决定，基金经理运用他们各自的能力和对市场的判断来把握市场机会。

(2) 运作的期限不一样。战略性资产配置是长期性的资产配置，投资周期一般是3～5年，在整个投资周期内对投资组合的资产配置进行再平衡调整不是很频繁，即使是进行积极的资产配置也主要是为了获取超额收益去弥补较高的交易成本；而战术性资产配置则是短期性的资产配置，它要求投资者根据市场机会的不断变化相应地不断调整资产配置的比例，资产配置再平衡调整很频繁。

(3) 面临的风险类型不一样。管理基金的一个简单的方法是将资产分为两大类别：beta驱动和alpha驱动。战略性资产配置是属于beta驱动类型，意味着基金要面对的是整个市场风险——beta风险，beta风险是与某种市场基准指数紧密联系在一起的；战术性资产配置是属于alpha驱动，alpha风险度量相对于beta风险的偏离，意味着基金面对的是积极资产配置导致偏离市场基准指数的额外风险。

(4) 策略的性质不一样。战略性资产配置在某种程度上是被动式的资产配置，一般而言将股票与债券的配置比例设定为60∶40，最极端的例子就是纯指数型基金；而战术性资产配置则是积极式资产配置方式，它与期货的相结合运用能有效地防范下跌风险，类似于复制性期权。

(5) 利润的源泉不一样。战略性资产配置受beta驱动，其利润主要来源于投资决策委员会所选择的基准市场指数；而战术性资产配置受alpha驱动，其利润主要来源于基金经理的能力，这包括积极的进出入市场时机的把握和优秀的选择股票构建投资组合的能力。

(6) 交易成本不一样。战略性资产配置在整个投资周期对资产配置进行再平衡的频率较低，交易成本较低；而战术性资产配置由于频繁进出入市场，交易成本较高。另外，必须指出的是，战略性资产配置策略与战术性资产配置策略不是对立的，两者可以在一定程度上结合，一般原则的是在投资政策层面上执行战略性资产配置策略，战略性资产配置策略以书面文件单独或者作为投资政策报告指导思想的一部分为战术性资产配置投资提供指导，即在战略性资产配置策略的基础上实施战术性资产配置投资策略。战略性资产配置能够建立风险程度低而又有效地规避风险，而战术性资产配置能够获得超越市场基准指数的超额收益。如果战术性资产配置与期货或者期权等衍生工具结合运用，就能够将alpha与beta从投资组合中分离出来。

二、保险性资产配置策略

保险性资产配置策略(Insurance Asset Allocation，简称IAA)又称为投资组合保险策略(Portfolio Insurance，简称PI)，是一种目标在于能够锁定投资组合整体价值的下跌风险，同时保留继续分享市场上涨所带来收益的机会，从而实现在风险控制或者保证本金安全前提下利润最大化的资产配置策略。

保险性资产配置策略最早起源于美国证券市场使用期权等金融衍生工具，主要是卖出期权对风险资产进行保险，保证投资者从风险资产投资中获取一个最低收益，同时保证其积极投资继续可能获取大量收益的潜力。它以期权理论为基础,但不限于一定要使用期权。后来金融投资专家和研究学者将其进行推广,使用数理模型和计算机程序来计算和优化风险资产和无风险资产的资产配置比例,实现复制类似期权的投资效果。

马柯维茨的投资组合理论指出金融市场风险主要分为系统风险和非系统风险两种。通过构建投资组合可以规避非系统风险,而系统风险一般难以直接规避。系统风险的规避要求运用投资组合保险型资产配置策略来实现。投资组合保险型资产配置策略的最大贡献在于能够锁定投资组合整体价值的下跌风险,同时保留继续分享市场上涨所带来收益的机会,从而实现了投资组合目标从单纯意义上的利润最大化向以不确定性和风险控制为前提下利润最大化的升华。

以构造投资组合保险型资产配置策略的基础的不同以及在投资期间是否需要对投资组合资产配置进行调整为依据,投资组合保险型资产配置策略主要分为两大类:第一大类是以 B－S 期权定价模型和其他衍生金融工具为基础的静态投资组合保险策略,主要包括欧式保护性看跌期权策略、欧式保护性看涨期权、买入期权领形组合和复制性看跌期权策略;第二大类是依据投资者的风险偏好程度设立不同的参数模型并且需要不断调整资产配置比例的动态投资组合保险策略,主要包括买入并持有策略、固定组合 CM 策略、固定比例投资组合保险 CPPI 策略、时间不变性投资组合保险 TIPP 策略、止损 SL 策略与修正后的止损 MSL 策略、固定收益资产投资 CPPI 策略。

三、动态资产配置策略和静态资产配置策略

资产配置策略依据在投资期间是否需要对投资组合资产配置比例进行调整为基准,分为动态资产配置策略(Dynamic Asset Allocation,简称 DAA)与静态资产配置策略(Fixed-Weight Asset Allocation,简称 FAA)两种策略。动态资产配置策略是投资者需要根据市场行情的变化,如果发现与投资目标可能发生较大偏离,就主动地调高或者降低主要资产类别的资产配置比例,进行资产配置比例再平衡的资产配置策略;静态资产配置策略则是投资者在期初一旦确定资产配置比例,在整个投资期不作任何调整的资产配置策略。

Bala Arshanapalli,Daniel Coggin(2001)在“静态资产配置是否真的更好”一文中对动态资产配置策略和静态资产配置策略进行比较研究。争议的焦点在于决定一个设置资产配置政策合适的方法,静态还是动态资产配置对于投资实际收益和风险状况有着至关重要的作用。他们认为,有两种检验资产配置的方法:一是通过基金;二是通过资产类别。前者是指通过收集不同的基金的数据,针对不同基金进行跨时间段(Over Time)和横截面数据分析,检验他们的投资政策、选时能力、选股能力。后者是通过资产类别评估基金资产配置绩效,集中于跨时间段各类资产再投资组合中权重的变化。

BHB(1986)和 BDB(1991)主张采取静态资产配置策略,对每一类资产类别采取长期固定的资产配置权重,对每类资产使用 10 年平均权重,股票就以 S&P500 指数,债券以雷曼政府——公司债券指数,现金以 30 天国库券为主。在此基础上允许适当地利用市场机会获得超额收益,通过实证证明资产配置在决定投资组合绩效中起着非常重要的

作用。

四、投资风格资产配置策略

价值投资和增长投资是运用得最广泛的两大类投资风格，相应的投资风格资产配置策略主要有价值型资产配置策略和成长型资产配置策略两种。

Geoffrey Gerber(1994)指出风格配置是资产配置的重要组成部分，投资风格资产配置策略主要有价值型资产配置策略和成长型资产配置策略两种。投资者可以采用基于收益率的方法或基于要素模型的方法来进行价值型资产配置和成长型资产配置策略的风格界定。另一方面，投资者可以通过风格择时模型在价值型与成长型之间选择和转换风格资产配置策略。

（一）价值型风格资产配置

价值型风格资产配置是以分析公司的内在价值为理论基础，投资于由于市场不理智的行为或公司出现不可抗力事件而导致公司股票的市场价格低于内在价值的投资策略。价值型资产配置往往被形容寻找“便宜货”的投资策略，其投资的关键在于不受市场潮流和大众行为的影响，寻找价值远远高于价格的股票，并且准确把握市场趋势发生反转的时机。价值型资产配置的评判标准，国际上比较流行的是以低P/E(市盈率)，低P/B(市净率)，低P/S(价格与销售收入的收率)，低P/CF(价格与每股现金流的比率)，或者用股利贴现模型(DDM)得出的价值与目前价格相差较大的差额。价值型资产配置中最著名的是由“华尔街教父”之称的格雷厄姆提出的“安全空间”的概念和理论。1976年，格雷厄姆去世不久，他最倾心培养的学生沃伦·巴菲特继承了他的“安全空间”价值投资法并将其发扬光大至今，巴菲特仍然继续信奉格雷厄姆的基本观点——“安全空间”，当公司股票的市场价值明显低于其内在价值时，购买这类股票就是成功的投资。

格雷厄姆建议安全空间的概念可以在3个领域得到成功地运用。首先是对于像债券和优先股这种具有稳定收益的证券很有效；其次，可用来做比较分析，如低P/E，低P/B，低P/CF；最后，如果公司的股票市价与其内在价值的差距足够大，投资此类公司越有效。他同时也指出，如果公司内在价值中最大的一部分取决于管理质量、业务性质以及乐观增长计划的话，则此安全空间是没有基础；相反，如果内在价值中的较大部分是由于可测量的数量因素支撑，则下跌空间会有个下限。格雷厄姆坚持“安全空间”的两种选股方法：第一种方法是以不超过公司净资产的2/3的价格购买股票，最好是净流动资产的2/3；第二种是购买市盈率低的股票。他坚持两种买入技巧：一种是在整个股票市场低迷时买入；另一种是在整个市场并不低迷但该公司股票市价远远低于其内在价值时买入。他认为这两种选股方法和买入技巧都有一种体现于股票价格上的“安全空间”。“安全空间”的价值型资产配置从价格与内在价值之间的变化关系的角度可以体现在以下3个获利空间。第一空间：当价格远远低于内在价值的时候，价格向价值回归的过程；第二空间：价格超过内在价值，惯性向上的获利空间；第三空间：内在价值本身增长所产生的获利空间。格雷厄姆的“安全空间”的价值投资策略主要是努力抢占第一空间。后来，沃伦·巴菲特将其进行完善发展，将成长性考虑进去，巴菲特的“安全空间”价值投资开始努力抢占第一和第三空间。但由于在第二空间找不到投资机会，就放弃第二空间。巴菲特的安全空间价值投资策略通过在迪士尼公司、美国运通公司、吉利公司、华盛顿邮报公司、可口可乐公司、麦当劳公司等投资的巨大成功得到充分体现。

（二）成长型风格资产配置策略

成长型风格资产配置策略是指投资预期发展前景良好、成长性极佳、收益增长能够超过国民经济增长速度并且能在较长时期内保持持续增长的公司的投资策略。成长型风格资产配置不仅能保证投资者获取持续增长的股息红利，还能获取资本升值的收益，颇受市场投资者的青睐。根据进出入市场时机的角度我们将成长投资型分为合理价格的成长投资策略（Growth At Reasonable Price，CARP）和惯性成长投资策略（Momentum Investment）。

合理价格的成长投资策略的关键在于把握准确地进入市场的时机，即当自己意识到投资品种的巨大成长潜力，而还未被市场其他投资者所发掘，价格还没有明显上涨，市场没有对其良好成长性作出应有反应的时候。它既要考虑盈利的可持续增长，也要考虑目前价格的高低。进入市场的时机较早，就具备与以后进入者价位成本上的相对“安全空间”。相对应的是，宁愿较晚退出，甚至作为长期战略投资者享受长期的价值增值和分红派息。它与价值型评估标准不一样：价值型以低市盈率 P/E 作为投资决策的依据之一，合理价格的成长投资策略考虑盈利增长率 G，采用 PE/G，即市盈率与增长率的比率作为投资决策的重要依据：PE/G 越低越好，价值越被低估；PE/G 越高，则说明成长性相对较低，价值上升空间相对有限。

惯性成长投资策略的关键在于把握准确地退出市场的时机，这是源于惯性成长投资策略主要投资于那些具有超常收益增长的股票，或者那些价格虽然已经高涨，但市场对其增长预期依然显得保守的股票。这与前面价值投资中提出的“安全空间”的第二空间有些类似，此阶段投资的风险相对较大，一旦公司的盈利成长性不及市场预期，股价就会迅速向下调整。所以惯性投资策略进入时机晚，宁愿退出早些，以确保最后一段增长的价格上升空间，但其持仓成本比合理价格的成长投资策略高，抗风险能力比合理价格的成长投资策略弱，导致此类投资者执筹心态较不稳定，所以在这种意义上讲，大部分机构投资者会在长线操作方面倾向于采取合理价格的成长投资策略，仅仅在短线操作上倾向于采取惯性成长投资策略，快进快出。

总而言之，成长性投资策略应注重发掘以下 4 类股票：

1. 有极佳的成长性，还没有为其他投资者发掘，价格处于低位的股票。
2. 实际的成长性比市场预期要佳的股票。
3. 市场有一定反应，但价格与其内在价值还有较大的安全空间的股票。
4. 既具备价值型又具备成长型特征的股票。

五、周期性资产配置策略

（一）股票周期的资产配置

股票周期一般分为熊市的底部、牛市上涨、牛市的顶部和熊市下跌 4 个阶段。在股票周期的各个阶段，资产配置策略的重点会发生很大的变化：

1. 熊市进入底部阶段。在股票市场进入熊市底部的时候，投资者应该优化固定收益类资产的持有结构。如果伴随着市场利率上调，投资者应该减持长期固定收益类资产并转向增持期限较短的投资工具；如果伴随着市场利率下调，投资者应该增持长期固定收益类资产和现金工具。

2. 牛市上涨阶段。随着股票市场由熊市触底，进入牛市上涨的早期和中期阶段，投资者应该加大对各种股票以及类似股票的另类资产的资产配置力度，同时减持现金、固定收益类证券和类似固定收益类证券的另类资产配置比例。

3. 牛市的顶部阶段。随着股票市场进入股票周期的顶部，投资者应该将积极型资产配置转向防御性资产配置，减持对各种股票以及类似股票的另类资产的资产配置，增加现金、高质量的固定收益类证券和类似固定收益类证券的另类资产以及保本产品和避险产品。

4. 熊市下跌阶段。投资者应该较大比例的持有非股票类资产，将风险资产的资产配置比例降至较低水平。

（二）经济周期的资产配置

这里我们将经济周期依照价格稳定的程度为依据分为 4 个阶段：

1. 通货紧缩阶段，其特征是总体物价水平处于下跌状态。

2. 价格稳定阶段，总体物价水平处于稳定状态。

3. 反通货膨胀和适度通货膨胀阶段，总体物价水平处于适度上升阶段，有时也许会出现小幅下跌。

4. 严重通货膨胀阶段，总体物价水平处于急剧上升状态。表 8－1 就给出了不同经济周期的资产配置比例情况。

表 8－1　不同经济周期阶段的资产配置比例比较

	通货紧缩	价格稳定	反通货膨胀和适度通货膨胀	严重通货膨胀
股票	降低	大量增加	大量增加	保持正常
债券	大量增加	保持正常	保持正常	大量降低
现金及等价物	大量增加	降低	保持正常	保持正常
房地产	保持正常	保持正常	保持正常	大量增加
黄金、白银	大量降低	大量降低	大量降低	大量增加

六、行业资产配置策略

（一）行业资产配置策略的内涵和执行

行业资产配置策略是指投资者在对不同行业的景气程度和经营业绩充分研究的基础上，在不同行业周期时期挑选景气程度较高的行业，增加对景气行业的资产配置比例，降低不景气行业的资产配置比例的一种二级资产配置策略。它是“自上而下”(Top-down)投资策略中的最主要环节。“自上而下”是投资者按照宏观层次、中观层次、微观层次的顺序进行研究，作出投资决策的过程。首先，在宏观层次上，投资者需要考虑影响资本市场的各类因素，评价国际经济形势、国际汇率变化，评价国内宏观经济环境，尤其是货币政策、财政政策以及其他相关政策等对资本市场的影响，预测资本市场未来收益的变化，决定各大类资产的一级资产配置。其次，在中观层面上进行行业分析和行业资产配置。投资者通过充分了解各个行业目前所处的阶段是处于复苏、高涨还是萧条的阶段性质，分析各个细分子行业的风险——收益状况，在投资的重点行业、重点子行业方面作出选择。最后，微观层次，投资者要重点进行公司分析。投资者应注重研究前面分析的重点行业和子行业中最具有代表性、最具有龙头地位、业绩受益于行业变化最大的一些公司，从而决定投资组合中的具体投资对象和投资金额。

（二）行业配置资产配置与经济周期的关系

Steven E. Bolten 在经济周期与行业配置的关系的研究上指出，机构投资者采取行业轮换策略时，在经济/股价周期的不同阶段应重视不同的行业资产配置策略，通过分析 4 个不同经济阶段中不同行业特性，给出不同阶段中不同行业的行业资产配置策略。

第一阶段，由于利率较低、消费者信心复苏以及对像车、房子等高价耐用消费品需求的上升等有利因素的影响，那些具有相对高的到期收益率的行业首先发生变化。在这一阶段，应重点配置的行业包括汽车、集装箱、铁路、货车运输业、住房、家具、家电等行业。

第二阶段，商品价格的上升将使自然资源行业和服务业的收益上升。固定的成本结构、高效率的操作使得这些行业预期收益的增长率达到它们在经济/股价周期中的最高点。这一阶段应重点配置的行业包括服装、广播、办公用品、零售、建筑、股票经纪、投资银行、旅馆等行业。

第三阶段，经济进一步增长，通货膨胀加速，消费者信心增长，个人收入达到新高，生产能力达到顶点。那些奢侈品的生产商、销售商和资本产品的生产商的预期收益的增长率高于利率的增长率。此阶段应重点配置的行业包括房地产、资本品、机器、旅游、航空公司、商业、飞机、钢铁、金属、电影、出版、宝石、银行、保险、化妆品、办公室设备、印刷、造纸、石油等行业。

第四阶段，经济衰退对不同的行业的预期收益率产生不同的影响。那些“防御”性的行业，轮换策略的投资者预期这些行业的收益增长较慢，或者保持稳定，或者轻微下降。在这一阶段，应重点配置的行业包括电子产业、其他产业、葬礼服务、食品、日用品、电话、饮料、有线电视等行业。

（三）美林行业配置投资时钟

美国投资银行界久负盛名的美林证券发明创造了行业资产配置投资时钟(如图 8-1)，是行业选择投资的主要依据。

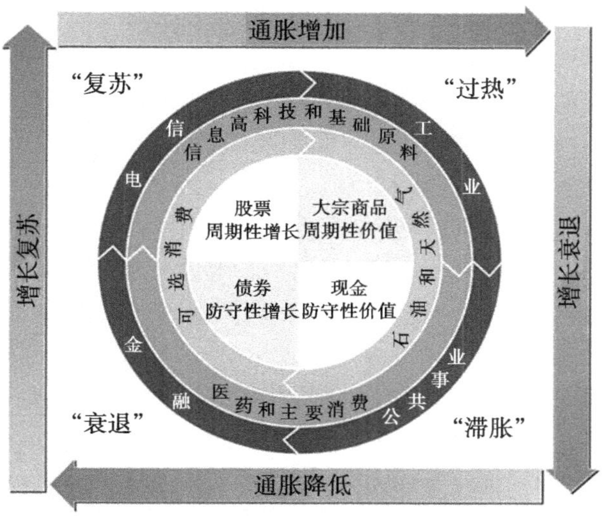

图 8-1 美林行业配置投资时钟

1. 确立 4 个宏观经济形式分界线。根据分析宏观经济数据的热度是否达到了临界点来确定预期增长最低点、通货膨胀最低点、预期增长最高点和通货膨胀最高点这 4 个宏观经济形式的分界线。

2. 用宏观经济形式分界线将投资时钟分为 4 个阶段。分隔第一和第二阶段的是预期增长最低点;分隔第二和第三阶段的是通货膨胀最低点;分隔第三和第四阶段的是预期增长最高点;分隔第四和第一阶段的是通货膨胀最高点。

3. 确定各个阶段的性质和重点配置行业。第一阶段是防卫性增长阶段,重点投资于医药行业和消费行业;第二阶段是周期性增长阶段,重点投资于有线电视、传媒电讯行业和科技股;第三阶段是周期性价值阶段,重点投资于煤炭、金属、矿产和石油等资源类行业;第四阶段是防卫性价值阶段,重点投资于公用事业行业、食品行业和烟草行业。

第三节　证券投资基金流动性风险及防范

一、证券投资基金流动性风险的类型

流动性风险是指资产在市场中变现所遭受的损失以及由此带来的成本,它是资产变现能力的综合反映。证券投资基金的流动性风险是指基金管理者在面临持有人赎回压力时,难以在合理的时间内以公允价格将其投资组合变现而引起资产损失或交易成本的不确定性。当流动性供给者与流动性需求者出现不匹配时,往往会导致流动性的降低。

证券投资基金的流动性风险可分为两种类型:第一种类型是市场变现型流动性风险,是指基金所交易的证券流动性较差,基金不能按照当前或与之相近的市场价格购买或出售该证券的风险。第二种类型是赎回型流动性风险,是指当发生基金持有人不定期的赎回或者突发的巨额赎回基金份额的时候,基金公司所持有的现金无法满足需求而被迫以较大的成本变现资产，造成基金净值下降，进而可能引发类似银行“挤兑”的“挤赎”直至清盘的风险。赎回型流动性风险是开放式基金面临的最主要的流动性风险。封闭式基金具有规模固定的特点，面临的流动性风险主要是市场变现型流动性风险；而开放式基金的规模不固定，投资者可以随时申购和赎回，那么开放式基金面临的流动性风险包含市场变现型和赎回型两种流动性风险。

开放式基金和封闭式基金可以通过主动选择流动性较好的证券品种来防范市场变现型流动性风险，具有较大的主动性和可控性。但是赎回风险却是开放式基金面临的最主要的流动性风险，基金持有人不定期的赎回或者突发的巨额赎回使得基金管理人处于被动地位。开放式基金在资产配置中需要配置一部分现金应付投资者日常赎回需求和突发的巨额赎回。投资者的不确定性赎回造成的流动性需求会给基金的运作带来冲击，因为基金会被迫在不是很好投资机会的时候变现资产或者建仓，这会降低投资组合的利润和基金管理公司的收入。基金经理可以通过出售流动性较好的资产或者融资方式应对小的流动性冲击，而在面对较大的流动性冲击的时候，就被迫变现流动性较差的风险资产。

二、开放式基金流动性风险管理的重要性

流动性风险是开放式基金面临的最重要风险。随着开放式基金的迅猛发展，开放式基金的家数和规模的不断扩大，开放式基金加强流动性风险管理就具有很强的现实性和紧迫性。

1. 加强开放式基金的流动性风险管理有利于维护证券市场的稳定，为市场创造一个良好的环境，减少市场波动对经济的负面影响。一个长期稳定良好的证券市场环境能够保持较高的流动性，可以有效地降低交易成本，让市场充分发挥资源配置功能，提高资源配置的效率。

2. 加强开放式基金的流动性风险管理有利于维护基金管理公司的持续经营。流动性风险管理的目的就是为了控制投资风险，获取最大化的投资收益。如果一家基金持有的现金经常无法满足需求而被迫以较大的成本变现资产，就会造成基金净值下降，造成基金持有人信心不足，不断地赎回造成的资金出逃会威胁到基金的正常经营和生存。

3. 加强开放式基金的流动性风险管理有利于保护基金持有人和投资者的利益。如果众多基金遭受大面积赎回，基金就会被迫在二级市场上以较大的成本变现资产，一方面，造成股票市场的大幅下跌，投资者遭受重大损失；另一方面，如果有一家基金因流动性不足而倒闭清盘，将会对市场造成巨大的外部性效应。其他开放式基金就可能面临类似“银行挤兑”的巨额赎回，一家基金的倒闭可能引发市场连锁反应，加速危机的发展。1998 年 9 月，美国对冲基金长期资本管理公司的倒闭，一度引起了美国证券市场乃至全球市场的恐慌。20 世纪 90 年代中期台湾证券监管机构采取行政性手段促使封闭式基金转型，其封闭式基金陆续改为开放式。在封闭式基金转型后，大部分遭遇了大量赎回（约 70%～80%之间）。为应对基金持有人的大量赎回，基金管理人不得不抛售股票，基金单位净值的大幅下降，基金持有人出现恐慌赎回，形成恶性循环，对证券市场造成极大冲

击，极大地损害了基金持有人的利益。

三、市场流动性风险的度量

Black 指出，市场流动性是指任何数量的证券均可立即买进或卖出，或者说小额买卖可按接近目前市场价格、大额买卖在一定时间内可按平均接近目前市场价格成交。流动性实际上就是投资者根据市场的基本供给和需求状况，以合理的价格迅速交易一定数量资产的能力。基金的流动性越高，进行即时交易的成本就越低。

从以上定义可以看出，流动性实际包含了 3 个方面：速度（交易时间）、价格（交易成本）和交易数量。在衡量基金流动性时，一般从以下 4 个方面进行考虑：① 宽度（Width），是从价格方面衡量基金流动性，在特定的时间内，如果资产交易的买方的溢价很小或卖方的折价很少，则该基金资产具有流动性。最常见的指标是买卖价差，即当买卖价差足够小时，市场具有宽度；当大额订单的买卖价差很大时，市场缺乏宽度。② 深度（DePth），较大量的交易可以按照合理的价格较快执行。即在目前价格上可交易的能力。深度反映了在某一个特定价格水平上可交易的数量。深度指标可用来衡量市场的价格稳定程度，即在深度较大的市场，一定数量的交易对价格的冲击相对较小。③ 速度（Immediacy），指证券交易的即时性。是指投资者有买卖证券的愿望，可以立即得到满足。④ 弹性（Resiliency），具有流动性的市场，较大数量的交易在较短的时间内得到执行，而造成价格上的较大变化，价格将立刻返回到均衡水平。

衡量流动性常见的指标主要有以下几种：

（一）Amivest 流动性比率

该指标由 Amivest 公司最先使用，是指使价格变化 1 个百分点时需要多少交易量（金额）。其计算方法如下：

$$L = \sum_{t=1}^{n} P_{it} V_{it} \Big/ \sum_{t=1}^{n} \mid \% \Delta P_{it} \mid$$

式中：L——流动性比率；

P_{it}——t 日基金投资组合中股票 i 的收盘价；

V_{it}——t 日股票 i 的交易量。

Amivest 流动性比率越高，则交易量对价格的影响就越小，即该股票的流动性越好；Amivest 流动性比率越低，交易量对价格的影响就越大，流动性也就越低。但 Amivest 流动性比率没有考虑公司流通股本数量，一般流通股本越多，其成交量通常也越多，Amivest 指标可能会出现流通股本越多的股票流动性越高的情形。

（二）Hui—Heubel 流动性比率

Hui 和 Heubel（1984）提出了与 Amivest 流动性比率相似的流动性衡量指标，但 Hui—Heubel 的指标根据股票市值进行调整。

其计算方法如下：

$$L = \frac{(P_{\max} - P_{\min})/P_{\min}}{V/(S \cdot P)}$$

式中：L——Hui—Heubel 流动性比率；

$P_{\max}$——每日股票中最高价；

P_{mix}——每日股票中最低价；

V——总交易金额；

S——股票流通数量；

$\overline{P}$——股票平均收盘价。

Hui—Heubel 流动性比率与 Amivest 流动性比率不同之处主要有以下两点：一是 Hui—Heubel 流动性比率使用每日最高价和最低价衡量价格波动，而不是每日收盘价；二是 Hui—Heubel 流动性比率把交易量和公司市值挂钩，考虑了公司规模的影响。Hui—Heubel 流动性比率的缺点是容易受到最高价和最低价的极端值的影响，而且以最高价和最低价衡量价格波动也不尽合理。

（三）市场调整的流动性指标(Market—Adjustedliquidity)

Hui 和 Heubel(1984)的市场调整流动性指标用于测量在既定的交易量下，根据市场影响进行调整的价格变化。市场调整的流动性指标的计算分两步。

第一步是建立总股票回报的市场模型，以识别并剔除市场对价格的影响。市场模型如下：

$$R_i = \alpha + \beta R_m + \mu_i$$

式中：R_i——i 股票每日回报；

R_m——股票指数每日市场回报；

α——回归系数；

β——表系统风险；

μ_i——特有风险的回归残差或误差项。

Hui 和 Heubel 认为，股票特有风险反映了该股票的流动性：流动性高的股票，其波动将表现为上述方程的特征，因为该股票的随机波动幅度很小；反之，价格波动较大的流动性低的股票将偏离上述方程。

第二步是衡量交易量的变化对市场调整后的价格波动的影响。特有风险对交易量变化的敏感度可以如下方程表示：

$$\mu_i^2 = \gamma_0 + \gamma_1 V_i + e_i$$

式中：μ_i^2——市场方程中的残差平方；

V_i——每日交易金额变化的百分比；

γ_0、γ_1——回归系数；

e_i——残差。

当对两个股票进行比较时，在既定的市场条件下，值较小的股票的流动性低于值较大的股票。

四、证券投资基金流动性风险的防范策略

（一）强化基金管理，拓展融资渠道

1. 证券选择管理。通过量化流动性指标来进行风险度量，对基金组合配置具有指导意义。基金经理在对基金进行资产配置时，需要兼顾基金的盈利性、安全性和流动性。不同风格的基金经理，对基金的投资组合配置各不相同。追求基金成长型的，风险较高，收益率也较高，但是投资组合的流动性风险较大；追求稳健型的投资风格，投资组合的风险较小，收益率较低，流动性风险也较低。流动性要求基金所持有的证券：一是证券持有期要与现金支付的期限相匹配，或者有稳定的可预期股息、利息流入；二是证券本身流动性好。但在目前股票市场上，上市公司业绩波动幅度很大，分红随意性大。另一方面，在上市公司素质普遍不高、优质蓝筹股稀缺的情况下，难免出现各家基金同时重仓持有某只股票的情况。有关法规只对基金所持有股票占总股本比例规定了上限，并没有规定其占流通股比例，致使对一些流通股与总股本差别较大的股票出现一家基金或多家基金重仓控制的情况，增加了基金流动性风险。因此，根据目前我国市场情况，开放式基金要选择流通盘较大、市场认同度较高的蓝筹股作为投资对象，尽量避免基金经理间的从众行为。

2. 资产的流动性管理。开放式基金对所筹集的资金加以统筹运用和配置，以确保资产的流动性和盈利性。根据流动性将基金资产分类排序，资产按流动性强弱依次划分为现金、国债、普通股。对于资产管理，具体操作上主要采用资金集中法，即把开放式基金不同来源的资金集中起来，然后按风险、收益率和流动性的大小进行合理配置。一般将一部分资金（约占总资产的5%～10%）作为准备金，应付客户的赎回要求；其次分配一部分资金（约占总资产的20%）作为二级准备金，投资于国债，以补充基金的流动性；第三，将部分资金投资于流动性较强的蓝筹股，以保证在某些极端情况下，可以以低成本变现；最后可考虑投资于高成长性和有重组题材的股票，虽然这类股票风险可能较高、流动性可能较差，但其收益往往也很高，开放式基金通过对该类股票的中长期投资，谋求较高的收益率，以提高整个基金的盈利性。

3. 资金来源的管理。资金来源的流动性管理是指开放式基金为了弥补其资产流动性不足而向外筹措资金的经营管理活动，积极创新融资工具，将开放式基金的资金来源由被动转变为主动，广泛组织资金来源，以应付赎回的流动性需求。在具体操作层面，可采用的方法包括：① 加强宣传与营销的工作力度，激发广大投资者申购基金的热情；② 在债券市场与货币市场中，运用国债回购和逆回购等工具来保证基金的流动资金。

4. 稳定的基金风格定位。在发达国家资本市场，每个投资基金都有自己独特的投资风格，并保持相对稳定。首先，稳定的风格提高了整个投资组合的流动性风险的控制能力，同时，稳定的投资风格容易吸引该风格偏好的投资者。在稳定的风格下，投资者保持较为冷静的头脑，对基金的认识比较充分，能够保持相对足够的信心，减少因赎回导致的流动性风险。基金经理必须在选股的基础上具备对整个投资组合流动性风险的控制能力，使自己持有资产的流动性能够与不同程度的净赎回比率相匹配，以合理分散流动性

风险，主要做法是进行投资组合。对于不同的投资风格，有不同的绩效衡量方法，投资者对于该基金有了相对清醒的认识，即使发生了一些股市的动荡，投资者也不会轻易改变对该基金的信心，流动性的风险相对降低。

5. 细分基金市场，改变营销策略。基金管理者根据投资风格，加强基金的营销管理，向投资者阐述基金的投资理念和投资模式，促使高流动性需求投资者向低流动性需求投资者转化，树立长期投资理念，让投资者在购买和赎回时慎重抉择，减轻基金赎回压力，以此来防范流动性风险。在营销策略上，树立客户服务的理念，不仅寻找稳定的顾客群，还要留住顾客。这就要求基金经理必须加强市场宣传力度，提高服务意识，优化服务水平。巴菲特非常注重与客户的交流，即使在非常不利的局面下，仍然向投资者说明具体情况，以坦诚换得投资者的信任。优质服务是增加客户忠诚度的必要条件，但是随着市场的扩容，基金数量的增加，竞争将越来越激烈，客户的选择也越来越多，基金市场将由卖方市场转向买方市场，基金流动性提高，流动性的风险将更加难以防范和管理。需要提高收益率的稳定性和客户服务的质量，留住顾客。这对基金经理人的后台服务支撑能力提出更高的要求，基金经理人必须抱着更开放的心态与大众传媒积极合作，与投资者进行面对面的真诚交流，让投资者充分了解其投资理念、风格及策略，使投资者对基金经理的投资行为产生认同并对投资基金产生信心。

6. 开发及时评估基金流动性风险的工具。通过设置各种指标，及时测算基金组合的流动性风险暴露程度，进一步调整基金投资策略，防范流动性风险。

（二）完善交易机制，创新金融工具

1. 完善市场的制度安排，引入做空机制化解流动性风险。由于我国证券市场缺乏做空机制，即使基金管理人事先预见到了市场的下跌，也无法有效地规避市场风险，只能通过减少股票持有量来减少损失，不可避免地造成了市场在上涨和下跌时的单边极端性。同时，由于基金资金量大，在大势下挫时不便退出，在这方面甚至不如散户有优势。一旦股市出现下跌，即使基金管理人的资产运作能力很强，能够保持基金的跌幅小于市场的平均水平，也同样会面临赎回压力。如果市场下跌的趋势短期内没有改变的话，基金管理人就会面临越来越大的兑现压力。为保证支付赎回，就必须将部分资产变现，基金持有的股票的股价就会进一步下跌，使基金的资产净值受到拖累，由此进入恶性循环，甚至会使基金被迫面临大面积赎回和清算的困境。如果引入做空机制，基金管理人通过该机制预先在高价位抛出，从而可成功规避市场风险，保持基金资产的高流动性。

2. 开发可规避市场风险的金融工具。国外基金经理可以利用相当多的衍生工具如股指期货等进行避险，既保持了一定的流动性，又取得了较高的收益率。在对冲机制作用下，资产的配置会有更大灵活性。随着我国金融市场的发展和衍生工具的陆续推出，将为我国开放式基金的流动性管理提供多样性的手段。同时，进一步发展其他金融期货和期权等衍生金融工具，进一步为开放式基金流动性风险的管理与防范提供更灵活的选择。在费率结构设计上，基金应对大的投资者提供优惠条件，吸引大的投资者，稳定他们的投资，加强开放式基金的客户关系管理是其降低赎回风险的至关重要的环节。提高交易费用，通过高额赎回费的限制，尽可能减少投资者的赎回，降低基金的流动性风险。同时，建立赎回付款期在一定程度上限制投资者的投机行为。赎回付款期是指投资者提出赎回的要求到实际收到现金支付之间的时间差，赎回付款期的设定可以在一定程度上减轻投资组合变动对市场的冲击。赎回付款期在美国是 7 天，在英国是 2 周，在我国香港是 1 个月。在理论上，当赎回额达到一定规模时，或者基金资产减少到一定的规模时，从保护投资者的角度出发，应该暂停赎回。这种做法在国际上已得到广泛应用，我国香港规定，如果在某个交易日接获超逾发行股份总数 10%的赎回要求时，10%以外的赎回要求可以延迟到下一个交易日办理；美国多数基金的募资说明书中也有类似规定。我国内地目前还没有类似的规定，但为了防范和降低流动性风险，可以参考国外开放式基金的经验。

第四节　证券投资基金资产配置的方法

一、Baumol-Tobin(1989)的存货管理模型

鲍莫尔将管理科学中的最优存货控制理论运用到现金留存的研究中。他认为，现金可以作为存货来看待，可以利用存货的经济模型来确定最佳现金留存量。该模型假定，经济单位按照稳定、可以预知的速度使用现金，而且现金收入也是稳定的。现金留存额的总成本包括现金持有成本和交易成本，前者是指持有现金所放弃的报酬，是持有现金的机会成本，这种成本通常用有价证券的投资收益来表示，与现金留存量呈正比列；后者是证券与现金之间的转换成本，也可以认为是证券的变现成本，包括经纪费用、税费以及其他交易成本，该成本与交易次数有关，与现金留存量无关。最佳现金留存量是由上述两种成本线的交点决定的，即基金所持现金的边际机会成本等于流动性短缺的预期成本。

最佳现金留存量 C 即为求解总成本的最小值，得到：

$$C=\sqrt{\frac{Tb}{2r}}$$

式中：T——某一时期内的现金需求总额；

b——证券的变现成本；

r——单位现金的机会成本。

该模型可以计算出最佳现金留存量以及变现次数，表述了基金管理中现金留存的成本结构。但是该模型是以现金流出均匀发生，现金持有的机会成本和证券变现成本易于预测为前提条件的，这与开放式基金投资者赎回实际情况不一样。

二、Miller-Orr(1966)的现金管理模型

Miller-Orr 模型是一种随机模型，是根据每日现金收支变化幅度的大小、投资收益的高低和投资与现金之间相互转换的交易成本的大小，确定现金留存的均衡值和上下限的范围。

Miller-Orr 模型假定无法确切预知每日现金的实际流入和流出状况，只是规定现金余额的上下限(H,L)，并据此判定现金和投资之间转换的时间和数量。Miller-Orr 模型假定每日现金流量服从正态分布，确定现金余额的均衡点，即回位值为：

$$N=\sqrt{\frac{3b\sigma^2}{4r}}+L$$

$$H=3R-3L=3\times\sqrt[3]{\frac{3b\sigma^2}{4r}}+L$$

式中，b 是每次证券的变现成本或者转换成本；r 是留存单位现金的机会成本；σ 是预期每日现金余额变化的标准差（可以根据历史数据测算）。对于下限 L 的确定，则要受到基金管理人每日的最低现金需求以及风险承受能力等因素的影响，基金管理人要预先确定现金不能满足日常赎回的概率。

三、基金产品结构调整法

就股票型基金而言，目前，我国股票型基金的比重相对较高，这不利于证券市场的稳定，也不利于基金业自身的健康发展。对现有的股票型基金，尤其是开放式基金，要重视其净赎回过高带来的不稳定。我国股票型基金在这次全球金融危机的影响下大幅缩水，当市场再度回暖，基金净值重新回到投资成本线时，投资者在保本动机的诱导下可能出现一次大规模的赎回行为。2006 年上半年股票市场由熊市转为牛市时，就曾出现过将近一半的偏股型基金投资者大规模赎回的历史。此外，股票型基金的重仓持股、投资风格雷同等不规范行为亟须调整，推动基金业从基金管理向资产管理的转变。

就债券型基金而言，2008 年我国基金市场中，债券型基金的业绩表现最为突出，债券型基金的市场占比也上升至 6%，这与目前股票市场和债券市场的表现、股票型基金和债券型基金的表现密切相关。在上证综指、股票型基金净值纷纷大幅下跌的市场环境下，国债指数和债券型基金净值均有一定幅度的上升。低风险债券基金的比重上升，对基金产品结构调整尤为重要。20 世纪 80 年代至今，美国基金市场上债券型基金的占比一直保持在 10%以上，货币市场基金则没低于 20%，这意味着美国的基金资产规模在历次危机中都保持着稳定上升的局面。提高债券型基金的市场比重，离不开债券市场的不断完善和发展。

从长期来看，我国债券型基金的发展需要解决其股票投资比例较高的问题。对货币市场基金而言，与其他类型基金相比，货币市场基金具有风险较低且流动性较高的特点，是风险厌恶型投资者进行短期投资的理想投资工具。在过去几年里，货币市场基金获得较大发展，尤其是 2002—2005 年期间，货币市场基金的市场占比一度高达 40%，但目前降至 9%左右。从长期来看，我国的货币市场基金有巨大的发展空间，其作为良好的现金管理工具的特性还未得到充分发挥。在我国当前 20 万亿居民储蓄存款中，有 7 万亿左右的活期存款，而在 17 万亿的企业存款中，也有 9 万亿是活期存款，这为货币市场基金的发展提供了资金来源。

四、模式监管法

我国的证券投资基金业起步较晚，发展至今仅有十多年的历史，与美国、英国和日本等发达国家比较成熟的基金监管体系相比，我国的基金监管体系还有待完善。由于基金持有人以个人投资者尤其是中小投资者为主，建立健全基金监管体系，既有利于保护广大投资者的利益，促进市场公平、有效、透明，降低证券市场的系统风险，同时也肩负着推动基金业健康、快速发展的使命。

我国证券投资基金采用的是集中立法型监管模式，是在借鉴美国监管模式的基础上发展起来的，对证券投资基金单独立法、集中监管。证券监督管理委员会是我国基金市场的最高监管部门，内设基金监管部，具体承担相应的监管职责。证券交易所、证券业协会、证券投资基金业委员会作为行业自律性组织，辅助政府监管，但其自律管理作用发挥得比较有限。针对目前我国基金业的发展状况、证券市场系统性风险较大且有效性不足的特点，基金监管要注重构建风险导向型监管体系、培育投资者成熟的投资理念、坚持政府监管与行业自律并重的监管原则。

（一）构建风险导向型的监管体系

传统的基金监管以合规性监管为主，主要是监督基金相关当事人是否遵守现有的基金法律法规。但证券投资基金作为一种金融中介机构，本身承担着证券投资风险的聚集、转移、分散的职能，而风险监管是金融监管的核心，所以证券投资基金的监管体系应该树立风险导向的理念。传统的监管注重事后的违规行为调查、追究，监管部门按照“猫抓老鼠”的思维来处理基金业发展过程中出现的问题，无形中把监管者置于对立的立场，不仅影响监管工作的有序进行，而且对基金业的健康发展也极为不利。风险导向型的监管体系把监管重心前移，注重风险防范和完善基金管理内部控制制度，围绕风险的识别、排序和解决 3 个环节制定相关监管程序，重在解决基金运行过程中因信息不对称而可能产生的道德风险。在风险导向型监管体系中，确保投资者获取充分的风险信息是监管的重要环节，使投资者的投资决策更合理，投资理念更成熟，这有利于提高投资者对证券投资基金的信任度，也有利于基金公司加强风险控制，从而减轻监管部门的监管压力和对基金产品、业务创新的干预程度，为基金业的发展创造良好的市场环境。

（二）培育投资者成熟的投资理念

美国的投资基金业比较发达，基金投资者的投资理念也相对较为成熟，投资者通常将证券投资基金作为一种类似教育储蓄或者养老计划的投资工具并长期持有，承担相对适中的投资风险并获得较稳定的投资收益，而不过度关注基金市值的短期波动。成熟的投资理念指的是投资者以长期投资为目标，对市场波动反应比较理性。具体表现为：出现市场短期剧烈波动时，投资者不会疯狂地抛售或抢购；市场恢复后，投资者的信心和对基金的投资水平也随即恢复到波动前的正常水平。而目前我国的基金投资者常常把基金当股票来炒，实际上是投机而非投资，这是投资理念极不成熟的表现，加剧了证券市场的波动。

目前，我国证券投资基金持有人仍以中小投资者为主，他们对基金的认识还存在一定的偏差，投资具有盲目性和投机性。正确引导中小投资者的投资行为，积极培育成熟的投资理念刻不容缓。但这是一个循序渐进的过程，并随着中小投资者投资能力增强、投资意识提高以及投资技能提升而不断进步。投资者投资理念的成熟对证券投资基金业的发展意义重大而深远。

培育成熟的投资理念，要注重树立投资者的价值投资理念。投资股票时，注重上市公司的成长性和发展潜力，通过对股票基本面的经济分析，发现具有投资价值并被市场低估的股票进行投资；投资基金时，选择那些与自身风险偏好相适合的基金产品，注重基金的稳定性和成长性。同时，还要加强对个人投资者的教育，增强其风险意识。

（三）坚持政府监管与行业自律并重原则

对证券投资基金业的监管，既要重视政府、证券主管机构对基金市场的监管，也要加强基金业的行业自律。如果完全依靠政府监管，相关的基金监管机构会非常庞大且可能低效率，加大监管的成本。同时，证券投资基金的交易、管理、运作有一定的专业性和复杂性，还可能涉及许多技术性问题和道德问题，加强基金业的行业自律、自我监管，可以充分利用行业内的相关专业知识、专业人员进行有针对性的监管，既能降低政府监管的成本，也能促进基金业的行业自律与发展，增进业内交流与沟通、推动业务创新以及维护行业合法权益等。

行业自律是有效监管的一个不可缺少的层次，而我国目前的集中型监管制度体系具有明显的弱自律性，证券业协会等自律组织只起辅助政府监管的作用。建立健全基金业的监管体系，应坚持政府监管与行业自律并重的原则。

五、战略资产配置法

战略资产配置（Strategy Asset Allocation）根据证券投资基金的投资目标和所在国的法律限制，确定资产分配的主要资产类型以及各资产类型所在的比例。投资组合管理关键的一步就是战略资产配置，可以理解为一种长期的资产配置决策，即通过寻找一种长期的在各种可选择的资产类别上“正常”的分配比例来控制风险和增加收益，实现投资目标。一般认为，战略资产配置是实现投资目标最重要的保证，从投资业绩的来源来讲，战略资产配置是证券投资基金业绩最首要的最基本的源泉。战略资产配置突出体现了投资人在风险和收益之间的权衡结果，即按一定的方式将资产配置在一起，以满足投资者在一定风险水平上的回报率最大的目标。

战略资产配置的过程包括 4 个基本要素：

（1）确定投资组合中可以包括的合适资产的投资范围。

（2）确定这些合适的资产在计划持有期内的预期回报率和风险水平。

（3）在估计各种资产的预期回报率和风险之后，利用投资组合理论和资产配置优化模型，找出在每一个风险水平上能提供最高回报率的投资组合集，并确定资产组合的有效前沿。

（4）在可容忍的风险水平上选择能提供最高回报率的投资组合，作为战略资产配置——在资产组合的有效前沿上选择最合适的组合点。

战略资产配置对风险与收益的权衡取舍可以分成三大类型：

（1）高收益高风险型。采用这种配置战略的投资目标是注重资本增值，使投资者的资金能在一定时间内获得较大的成长幅度。

（2）长期成长与低风险型。采用这种配置战略的投资目标是注重长期投资，使投资者获得较稳定的投资报酬，避免投资风险。

（3）一般风险与收益平衡型。采用这种配置战略的投资目标是根据市场的变化，适时调整投资组合，实现收益与风险平衡，使投资者能定期得到合理的收益，并将部分收益转化为再投资。

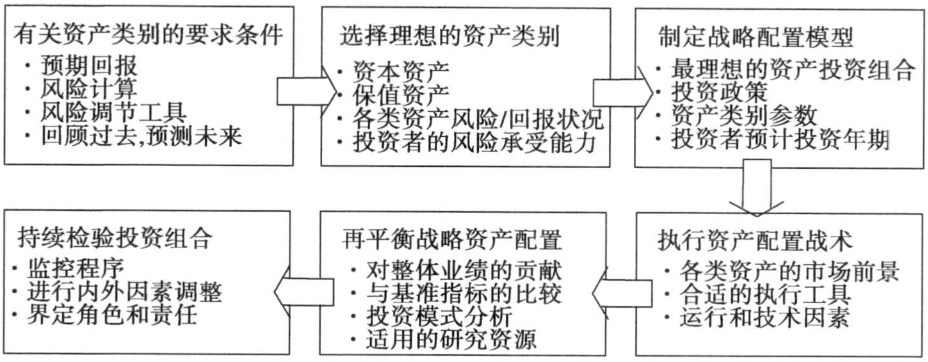

图 8－2　战略资产配置的决策实施图

实际上，战略性资产配置代表着投资人的一种长期投资决策，也称为“资产配置政策”，也就是根据投资人风险收益均衡的结果，确定一项长期的资产配置比例，达到长期收益的需求。这种代表长期投资的战略性资产配置（资产配置政策）是投资业绩的主要来源和决定因素。

六、战术资产配置法

战术资产配置（Tactical Asset Allocation）是指证券投资基金通过对市场波动性进行有效的预测，并在中期或短期内对长期资产配置比例的某种偏离，进而获取额外的收益。因此，可以说战术资产配置是中短期投资管理过程中的决定环节。在短期的市场波动中，战术资产配置就成了投资者在市场获利的重要技术手段，有效地制定并执行科学的战术资产配置，不仅能分散投资的可能风险，同时更能获得更大短期回报，因而越来越多的机构投资者重视其战术资产配置的应用。战术资产配置一般都倾向于客观的分析而不是依赖于主观的判断，往往通过运用包括回归分析和最优化方法在内的分析工具来帮助预测和决策。

战术资产配置在动态调整资产配置状态时，需要根据实际情况的改变重新预测不同资产类别的预期收益情况，但未能再次估计投资者偏好与风险承受力是否发生了变化。也就是说，战术资产配置实质上假定投资者的风险承受能力与效用函数是较为稳定的，在新形势下没有发生大的改变，于是只需要考虑各类资产的收益情况变化，这是战术资产配置的理论基础。因此，战术资产配置的核心在于对资产类别预期收益的动态监控与调整。战术资产配置决策过程涉及3个基本步骤，首先是价值评估，其次是周期性的考虑，最后是两者结合并考虑交易成本，并作出决定，如图8-3所示。

价值评估就是要用一定的评估方法来确定资产类别的相应价值，从而判断一个资产类别的价格波动。周期性考虑的假定前提是股票价格和债券收益率在很多方面受到宏观经济因素的影响，从而表现出一定的周期性，并且这种周期性与宏观经济周期存在着一定的联系。结合价值评估和周期性研究，资产管理者对某些资产类别的短期或者中期收益及风险水平进行预测，如果这种预测偏离了长期平均的预期水平，则可以利用短期或者中期预测作出战术资产配置，调整资产类别的权重。

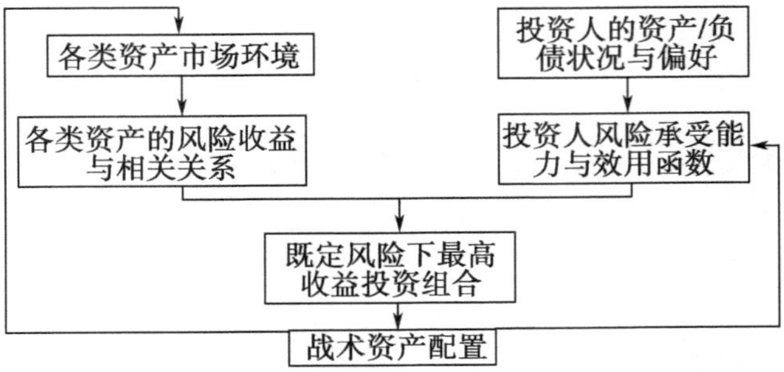

图8-3 战术资产配置的过程

此外，在战术配置决策执行过程中，投资者必须考虑风险的偏好、目前的现金流能力、收益预期的构成和资产的相关性估计。而决策一旦制定，投资者就必须立即地、连续地贯彻这些决策。

战术资产配置有如下主要特征：

(1) 战术资产配置一般是建立在一些分析工具基础上的客观、量化过程。这些分析工具包括回归分析或优化决策等。依赖或部分依赖主观判断的方法不能称为战术资产配置，而只能称为常规平衡管理。量化分析结果有助于投资者更有效地执行既定规则。

(2) 战术资产配置主要受某种资产类别预期收益率的客观测度驱使，因此属于以价值为导向的过程。可能的驱动因素包括在现金收益、长期债券的到期收益率基础上计算股票的预期收益，或按照股票市场股息贴现模型评估股票预期收益变化。

(3) 战术资产配置规则能客观地测度出哪一种资产类别已经失去市场的注意力，并引导投资者进入这一不受人关注的资产类别，其动机来源于这样一个事实：不被市场关注的投资类别通常需要支付更高的收益率才能够吸引资本的流入，因此预期收益率较高。

战术资产配置的风险收益特征与资产管理人对资产类别收益变化的把握能力密切相关。如果资产管理人能够准确地预测资产收益变化的趋势，并采取及时有效的行动，则使用战术资产配置将带来更高的收益。因此，运用战术资产配置的前提条件是资产管理人能够准确地预测市场变化并且能够有效实施战术资产配置的投资方案。

总之，战术资产配置是中短期投资管理过程中的决定环节，特别是在短期的市场波动中，有效的战术资产配置就成了投资者在市场获利的重要的技术手段。因此，战术资产配置是建立在对资产的短期风险和收益特征能力之上的，而短期预测能力的强弱，直接关系到战术资产配置的成败。

【能力训练】

一、选择题

1. 证券基金投资管理公司实施完整的投资管理过程的阶段分为(　　)。

① 确定投资目标、投资理念与投资战略　② 信息管理　③ 资产配置　④ 构建投资组合　⑤ 交易执行　⑥ 绩效评估与动态调整

A. ①②③④　　B. ②③④⑤　　C. ①②⑤⑥　　D. ①②③④⑤⑥

2. 在我国香港特别行政区和英国，证券投资基金一般被称为(　　)。

A. 共同基金　　B. 单位信托基金

C. 证券投资信托基金　　D. 私募基金

3. 基金持有人获取收益和承担风险的原则是(　　)。

A. “收益保底，超额分成”　　B. “利益共享，风险共担”

C. 按“先进先出法”实现收益和风险　　D. 获取无风险收益

4. 基金管理公司的核心业务是(　　)。

A. 基金设立　　B. 基金投资　　C. 基金发行　　D. 风险管理

5. 基金管理公司投资管理的基本目标是(　　)。

A. 高回报

B. 分散风险

C. 高管理费和手续费

D. 为客户寻求与风险相称的投资回报，并维护基金和客户资产的安全

二、简答题

1. 简述资产配置策略具有哪些共同特征。

2. 比较分析战略性资产配置和战术性资产配置的不同点。

3. 简述行业配置资产配置与经济周期的关系。

【参考答案】

一、选择题

1. D　2. B　3. B　4. B　5. D

二、简答题

1. (1) 战术性资产配置策略倾向于客观和量化的分析而不是依赖于主观的判断。战术性资产配置往往通过运用包括回归分析和最优化方法在内的一些分析工具来帮助预测和决策。依赖主观判断的方法不能称为战术性资产配置策略，只能称为常规平衡管理策略。

(2) 主要是通过对资产未来价格的衡量来完成。也就是说，战术性资产配置在很大

程度上是“价值导向”——买进那些被认为是低估价值的证券，卖出那些被认为是高估价值的证券。长期来说，证券的内在价值和市场价格是趋于一致的。但短期内市场价格偏离内在价值，围绕内在价值波动。这就为获得资本利得提供了机会。一般而言，国际资本市场比较常用的价值评估方法可以分为两大类别：相对价值法和绝对价值法。前者主要有市盈率法、市净率法和净现值法；后者主要有股利贴现模型和现金流贴现模型。

2. (1) 策略的决策者不一样。战略性资产配置是由基金管理公司的投资决策委员会所决定，是总体投资策略的原则；而战术性资产配置是由基金的投资职员，一般是基金经理所决定，基金经理运用他们各自的能力和对市场的判断来把握市场机会。

(2) 运作的期限不一样。战略性资产配置是长期性的资产配置，投资周期一般是3～5年，在整个投资周期内对投资组合的资产配置进行再平衡调整不是很频繁，即使是进行积极的资产配置也主要是为了获取超额收益去弥补较高的交易成本；而战术性资产配置则是短期性的资产配置，它要求投资者根据市场机会的不断变化相应地不断调整资产配置的比例，资产配置再平衡调整很频繁。

(3) 面临的风险类型不一样。管理基金的一个简单的方法是将资产分为两大类别：beta驱动和alpha驱动。战略性资产配置是属于beta驱动类型，意味着基金要面对的是整个市场风险——beta风险，beta风险是与某种市场基准指数紧密联系在一起的。战术性资产配置是属于alpha驱动，alpha风险度量相对于beta风险的偏离，意味着基金面对的是积极资产配置导致偏离市场基准指数的额外风险。

(4) 策略的性质不一样。战略性资产配置在某种程度上是被动式的资产配置，一般而言将股票与债券的配置比例设定为60∶40，最极端的例子就是纯指数型基金；而战术性资产配置则是积极式资产配置方式，它与期货的结合运用能有效地防范下偏风险，类似于复制性期权。

(5) 利润的源泉不一样。战略性资产配置受beta驱动，其利润主要来源于投资决策委员会所选择的基准市场指数；而战术性资产配置受alpha驱动，其利润主要来源于基金经理的能力，这包括积极的进出入市场时机的把握和优秀的选择股票构建投资组合的能力。

(6) 交易成本不一样。战略性资产配置在整个投资周期对资产配置进行再平衡的频率较低，交易成本较低；而战术性资产配置由于频繁进出入市场，交易成本较高。另外，必须指出的是，战略性资产配置策略与战术性资产配置策略不是对立的，两者可以在一定程度上进行结合。一般原则是在投资政策层面上执行战略性资产配置策略，战略性资产配置策略以书面文件单独或者作为投资政策报告指导思想的一部分为战术性资产配置投资提供指导，即在战略性资产配置策略的基础上实施战术性资产配置投资策略。战略性资产配置能够建立风险程度低而又有效的风险敞口，而战术性资产配置能够获得超越市场基准指数的超额收益。如果战术性资产配置与期货或者期权等衍生工具结合运用，就能够将alpha与beta从投资组合中分离出来。

3. 第一阶段，由于利率较低、消费者信心复苏以及对像汽车、房子等高价耐用消费品的需求的上升等有利因素的影响，那些具有相对高的到期收益率的行业首先发生变化。

在这一阶段，应重点配置的行业包括汽车、集装箱、铁路、货车运输业、住房、家具、家电等行业。

第二阶段，商品价格的上升将使自然资源行业和服务业的收益上升。固定的成本结构、高效率的操作使得这些行业预期收益的增长率达到它们在经济/股价周期中的最高点。这个阶段应重点配置的行业包括服装、广播、办公用品、零售、建筑、股票经纪、投资银行、旅馆等行业。

第三阶段，经济进一步增长，通货膨胀加速，消费者信心增长，个人收入达到新高，生产能力达到顶点。那些奢侈品的生产商、销售商和资本产品的生产商的预期收益的增长率高于利率的增长率。此阶段应重点配置的行业包括房地产、资本品、机器、旅游、航空公司、商业、飞机、钢铁、金属、电影、出版、宝石、银行、保险、化妆品、办公室设备、印刷、造纸、石油等。

第四阶段，经济衰退对不同的行业的预期收益率产生不同的影响。那些防御性的行业，轮换策略的投资者预期这些行业的收益增长较慢，或者保持稳定，或者轻微下降。在这一阶段，应重点配置的行业包括电子产业、其他产业、葬礼服务、食品、日用品、电话、饮料、有线电视等。

第九章　股票投资组合管理

【学习要点】本章主要介绍了股票投资组合的目的；股票投资组合管理基本策略，包括在购入股票之前的基本分析，对宏观经济指标、行业发展状况、公司市场价值和有价证券内在价值等作定量和定性分析。投资者在追求投资收益的同时，也必然面对投资风险。股票投资的风险可以分为系统风险和非系统风险。本章主要介绍了防范股市风险的基本策略，并从消极型股票投资策略和积极型股票投资策略两个方面进行了系统的论述。

【重点难点】股票投资组合管理基本策略分析、公司基本面分析、公司财务分析、股票投资风险管理、消极型股票投资策略和积极型股票投资策略。

第一节　股票投资组合的目的

一、分散风险

（一）分散风险的定义

在证券投资上，是指将资金分配在多种资产上，而这些资产的回报率相互之间的关联性比较低，以达分散风险的目的。这样做既可以降低风险，又不会损及收益。

（二）分散风险投资原则

市场风险是投资者不能回避的，这解释了为何当大市全面下挫时，一家盈利良好及管理完善的公司的股价亦可能跟随市况下跌。非市场风险属个别投资项目特有的风险，投资者可通过分散投资，达到减低非市场风险的目标。所谓的“分散投资”，就是将资金投放于不同类别的资产上。

前些年，股票市场的异常火爆让许多投资者对之产生了瑰丽的幻想和期望，即使面临这几年的股票市场低潮，仍然有许多人寄希望于股市让自己的资产迅速增值，因而将自己的资产集中投资在某一个股票。其实，这些投资者都违反了投资最重要的原则之一，就是分散投资原则。以股市为例，组合可以包括公用股、地产股、工业股、银行股等，目的是建立一个相关系数较低的投资组合，从而减低风险；另外，当投资的股票数量增加时，组合的风险相对降低。简单而言，如果将资金平均分配在50只股票上，就算其中一家公司不幸倒闭，损失亦只占投资总额的2%，比单独投资在这家要倒闭的公司而蒙受的损失少得多。用一句简单俗语，就是把鸡蛋分散地放在不同的篮子里。但需要提醒的是：分散投资只能减低风险，并不能将风险完全免除。

二、实现收益最大化

任何一项投资都会追求利益最大化，这是进行投资的基本要点。投资股票也不例外，而且最能体现这个最大化的直接收益。股票是有分红的，甚至大额度地配送股份。既然有了这个收益就没有必要再去炒作，等着分红扩股来增加投资收益也不错。这个观念不符合人类不断进取、攀登，追求更高、更好、更快的天性。这就好像说“既然有了桑塔纳还要奥迪干什么”一样。

从理论上讲，投资股票的收益从两个方面获得：一是上市公司的分红、派息、配送股份(做长线投资)；二是赚取股票差价(做短线投资)。前者有个前提必须是上市公司有较高的利润，而利润又来自于正确的经营决策和优秀的管理团队，经过较长时间的努力才能实现，在实现之前有着许多不确定性和各种不利因素的影响，盈利的预期不能确定，收益的绝对保障性难以预料；而后者(炒作)则不同，由于股价的变化，使投资收益具有即刻兑现的时效性和对自己才智应用的验证性，股价涨了你马上就得到收益，不受上市公司经营好坏的影响。所以作为股民更喜欢直接见效、刺激惊险、跌宕起伏的后种获利方式，在达到投资利益最大化的同时使贪婪欲望和感官的刺激得到满足，这就是为什么许多股民在股票市场前仆后继、奋力博弈去赚取股票差价的原因。一句话：怎么赚钱快就怎么干，最大限度地用你的才能让你的投资收益最大化。

第二节　股票投资组合管理基本策略

在购入股票之前，首先要进行基本分析。基本分析是指根据经济学、金融学、投资学等学科的基本原理，对宏观经济指标、行业发展状况、公司市场价值和有价证券内在价值等作定量和定性分析，以寻求在资本市场上被低估的有价证券，判断证券的合理价位，提出投资建议的一种分析方法。

基本分析主要包括宏观经济分析、行业分析、公司分析和证券内在价值分析等。股市是宏观经济的“晴雨表”，通过宏观经济分析，可以初步判断股市在未来一段时间内是上涨还是下跌。当宏观经济向好时，买入股票才有意义；在股市上涨时也不是所有行业的股票都能上涨，即便上涨也有的涨的多，有的涨的少。因此，进行行业分析是必要的。同一行业里不同的公司效益是不一样的，选择好行业之后还要选择好的公司。只有判断出股市上涨，并选择好行业和公司，这时进行投资才能有好的收益。

一、宏观经济分析

宏观经济因素是影响有价证券的主要因素。宏观经济分析主要探讨各种经济指标和经济政策对股票价格的影响。

经济指标主要分为3类：先行性指标，指可以对将来的经济状况提供预示性的信息的指标；同步性指标，指与经济活动同步运行的指标；滞后性指标，指滞后于国民经济变化的指标。

经济政策主要有：货币政策、财政政策、信贷政策、债务政策、利率政策、产业政策和收入分配政策等。

宏观经济与股市是正相关的关系。1990年至2007年中国经济增长率与上证指数关系如图9－1所示。

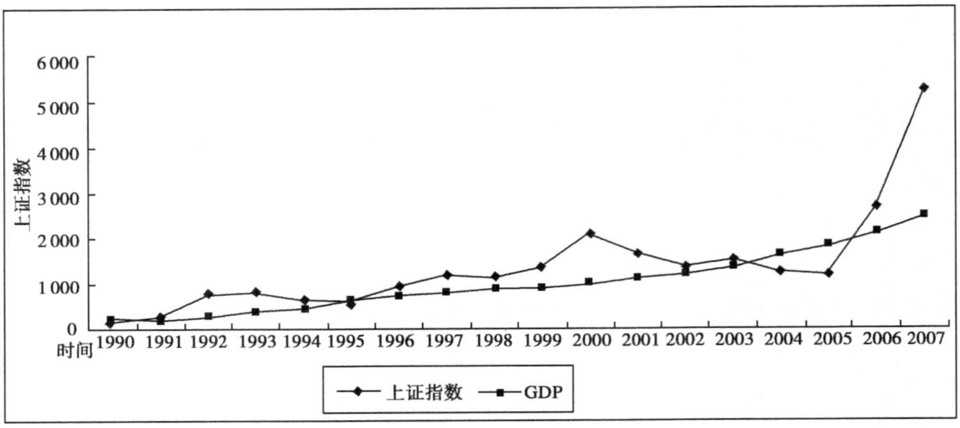

图9－1 GDP与上证指数关系图

（一）宏观经济分析的方法

宏观经济分析法主要有总量分析法和结构分析法。

1. 总量分析法

总量分析法是指对影响宏观经济运行总量指标的因素及其变动规律进行分析，如对国民生产总值、消费额、投资额、银行信贷总额及物价水平变动规律的分析等，进而说明整个经济的状态和全貌。总量分析主要是一种动态分析，因为它主要研究总量指标的变动规律。

2. 结构分析法

结构分析法是指对经济系统中各组成部分及其对比关系变动的分析。如国民生产总值中第三产业的结构分析、消费分析、投资结构分析和经济增长中各因素作用的结构分析等。结构分析主要是一种静态分析，即对一定时间内经济系统中组成部分变动规律的分析。

总量分析法和结构分析法是相互联系的。总量分析侧重于总量指标速度的考察，它侧重于分析经济运行的动态过程；结构分析法侧重于对一定时期经济整体中各组成部分相互关系的研究，它侧重于分析经济现象的相对静止状态。为使投资策略更加准确，需要对经济运行进行全面把握，通常将总量分析法和结构分析法结合起来使用。

（二）宏观经济分析的主要指标

对资本市场证券价格产生重要影响的经济指标有以下几类：

1. 国民经济总体指标，主要有：国内生产总值、工业增加值、通货膨胀率、失业率和国际收支等。

2. 投资指标，主要有：政府投资、企业投资和外商投资等。

3. 消费指标，主要有：社会消费品零售总额、城乡居民储蓄存款额等。

4. 金融指标，主要有：货币供应量、金融机构存贷款余额、利率、汇率和外汇储备等。

5. 财政指标，主要有：财政收入、财政支出和财政赤字与节余等。

综合起来，上述各经济因素对证券市场的影响可归纳为以下几类：经济波动因素、政策因素、制度因素、政治因素、国内外环境因素等。

二、行业分析

行业分析是介于宏观经济分析和公司分析之间的层次分析。它主要分析行业所属的不同市场类型、所处的不同生命周期以及行业的业绩对于证券价格的影响。一般来说，行业的发展状况对该行业的上市公司的影响是巨大的。从一定意义上说，投资某上市公司，实际上是投资于该公司所属的行业。行业分析对投资者来说非常重要。行业分析的主要任务是：解释行业本身所处的发展阶段及其在国民经济中的地位；分析影响行业发展的各种因素；预测行业发展趋势和前景；判断行业投资价值；揭示行业发展风险，从而为投资者提供决策依据或投资依据。

（一）行业的周期及特点

通常每个行业都有自身的生命周期，都要经历一个成长、发展、衰退的演变过程。行业的生命周期可分为 4 个时期：创业期、成长期、成熟期和衰退期。一般来说，在一个行业生命周期的不同阶段会表现出不同的特点。这种特点可通过图 9 - 2 看出。

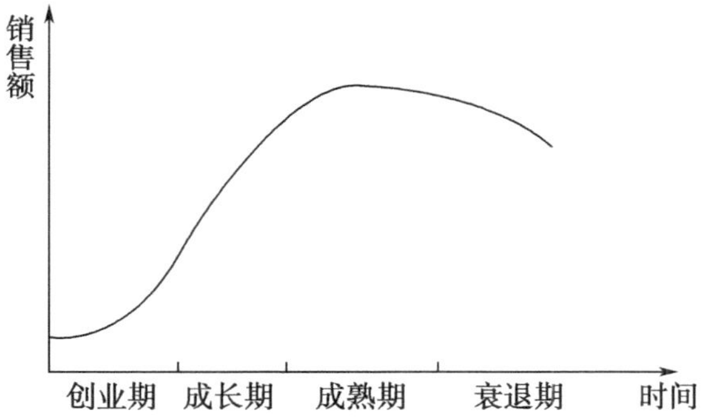

图 9 - 2　行业生命周期图

（二）行业分析的步骤

行业分析分为 4 步：第一步是分析行业处于其生命周期的哪一个阶段；第二步是判断与经济周期和宏观经济状态有关的行业位置；第三步是对行业特征的定性分析；第四步是对行业的定量分析。

一般来说，当行业处于初创阶段，它对资金的需求量很大，但市场和销售额很小甚至为负值，因而它的投资风险性极大，这类企业更适合于投机者而非投资者。处于成长阶段的企业，它的销售额和利润增长很快，但高额利润吸引其他企业纷纷进入而导致竞争激烈，因此这一阶段的风险性仍然很大，所以对处于这一阶段企业的选择属于高风险高回报的投资，成为进取型投资者的选择。在成熟阶段，企业的市场份额和销售额较为稳定，利润率开始下降，同时其他企业也很难进入该市场，因而风险较小，所以这一阶段成为保守型投资者的选择。处于衰退阶段的企业没有发展前途，股票投资者应避免对这类企业进行投资。

一般来说，股票投资者应在该行业处于成长阶段时适时进入进行投资，而在成熟阶段的早期收回资金。为了考察行业受经济周期影响程度的大小，我们把行业分为成长性行业、保护性行业、周期性行业和利率敏感行业。前两者受经济周期和宏观经济状态、宏观经济状态的影响较小，而后两者所受影响较大。投资者在决定投资之前需要了解经济情况，根据市场所处的经济状态选择或回避特定行业。

（三）行业分析的方法

定性和定量分析相结合是一种行之有效的分析方法。

定性分析法主要有历史资料研究法、调查研究法、归纳与演绎法和比较研究法。历史研究法是指通过对已存在的资料的深入研究，寻找事实和一般规律，然后根据这些信息去描述、分析和解释过去的过程，同时揭示当前的状况，并依照这种一般规律对未来进行预测。调查研究法是指通过抽样调查、实地调查、深度调研、深度访谈等形式，通过对调查对象的问卷调查、访谈获得资讯，并对此进行研究的方法。归纳法是从个别出发以达到一般性，从一系列特定的观察中，发现一种模式，这种模式在一定程度上代表所有给定事件的秩序。演绎法则是从一般到个别，从逻辑或者理论上的预期模式到观察检验的模式是否确实存在。演绎法是先推论后观察，归纳法是从观察开始。比较研究法分为横向比较法和纵向比较法。横向比较法一般是取某一时点的状态或者某一固定时段的指标，在这个横截面上对研究对象及其比较对象进行比较研究。纵向比较法指利用行业的历史数据，分析过去的增长情况，并据此预测行业的未来发展趋势的方法。

定量分析法主要是用数理统计法来分析预测行业的发展状况和前景的方法。比较常用的有相关分析、线性分析和时间序列分析等。定量分析法是一种重要的分析方法，具有精确性的特点。

三、公司基本面分析

公司基本面分析是分析的重点，同时也是最关键的分析。无论什么样的分析报告，最终都要落实在某个公司证券价格的走势上来。如果没有对发行证券的公司状况进行全面的分析，就不可能正确地预测其证券的价格走势。公司分析侧重对公司的竞争能力、盈利能力、经营管理能力、发展潜力以及潜在风险等进行分析，以此评估和预测证券的投资价值、价格及未来的趋势。公司分析的主要内容有公司行业地位分析、公司经济区位优势分析、公司产品分析、公司经营能力分析、公司成长性分析和公司财务分析等，其中最重要的是公司财务分析。

公司财务分析主要是对公司财务报表分析，包括公司资产负债表分析、公司利润及分配表分析和现金流量表分析等。下面对几个重要的财务指标进行讨论。

（一）变现能力分析

变现能力是公司产生现金的能力，是考察公司短期偿债能力的关键。反映变现能力的财务比率有流动比率和速动比率。

流动比率是流动资产与流动负债的比值。

$$流动比率=流动资产/流动负债$$

流动比率反映短期偿债能力。流动资产越多，流动负债越少，说明偿债能力越强。这样对于债权人来说，风险越小。

比流动比率更能反映偿债能力的指标是速动比率，其公式如下：

$$速动比率=(流动资产-存货)/流动负债$$

速动比率是流动资产减去存货部分，再除以流动负债的比值。运用这个指标应根据实际情况具体分析。因为有些以存货为主的企业（比如大型仓储式企业），存货几乎占了流动资产的绝大部分。

（二）长期偿债能力分析

长期偿债能力指公司偿付到期长期债务的能力。通常以反映债务与资产、净资产的关系的负债比率来衡量。几个重要的负债比率有：资产负债率、产权比率等。

资产负债率是负债总额除以资产总额的百分比，它反映了在总资产中的负债比率。

$$资产负债率=\frac{负债总额}{资产总额}\times 100\%$$

资产负债率是长期偿债能力中最重要的指标之一。它反映了长短期债务能被及时偿还的可信度。一般来说，比率越小，偿还越有保证。但比率过小，又会影响公司持续发展战略和经营利润。

产权比率是负债总额与股东权益总额之间的比率。

$$产权比率=\frac{负债总额}{股东权益总额}\times 100\%$$

该指标反映由债权人提供的资本与股东提供的资本的相对关系，反映公司基本财务结构的稳定状况。一般来说，股东权益要大于负债总额，因为这样债务偿还才有保障。但也不能一概而论，股东资本可能小于负债总额。在通货膨胀阶段，公司多借入债务可以把风险转嫁给债权人；在经济繁荣时期，公司多借债可以增加营业利润；在经济萎缩阶段，公司少借债可以减少利息费用和财务风险。产权比率高，是高风险、高报酬的财务结构；反之，是低风险、低报酬的财务结构。

（三）盈利能力分析

盈利是公司经营的目标。反映公司盈利能力的主要指标有：主营业务利润率、资产净利率、净资产收益率等。

主营业务利润率是指主营业务利润与主营业务收入的比值。

$$主营业务利润率=\frac{主营业务利润}{主营业务收入}\times 100\%$$

该指标反映了主营业务的收益水平。通过分析该指标，可以促使公司在扩大主营业务的同时改善经营管理，提高盈利水平。

净资产收益率是净利润与年末净资产的百分比。

$$净资产收益率=\frac{净利润}{年末净资产}\times 100\%$$

净资产收益率反映公司所有者权益的投资报酬率，是一个综合指标。该指标有助于公司经营者制定融资策略和经营策略，充分挖掘提高经营效益的潜力。

（四）投资收益分析

投资收益指投资者投入资本所产生的效益。投资收益的多少直接决定投资者的投资策略。反映投资收益的指标主要有每股收益、市盈率、市净率和每股净资产等。

每股收益是指本年净利润与发行在外的年末普通股总数的比值。

$$每股收益=\frac{净利润}{发行在外的年末普通股总数}$$

每股收益是衡量上市公司盈利能力最重要的财务指标，它反映了普通股的获利水平。

市盈率是指每股市价与每股收益的比率。

$$市盈率=\frac{每股市价}{每股收益}$$

市盈率也是衡量上市公司盈利能力的重要指标。一般来说，市盈率越高，表明市场对公司越看好。在市价确定的情况下，每股收益越高，市盈率越低，投资风险越小；在每股收益确定的情况下，市价越高，市盈率越高，风险越大。

每股净资产指年末净资产与发行在外的年末普通股总数的比值。

$$每股净资产=\frac{年末净资产}{发行在外的年末普通股总数}$$

该指标反映发行在外的每股普通股所代表的净资产成本即账面权益。每股净资产在理论上提供了股票价格的最低值。

市净率是每股市价与每股净资产的比值。

$$市净率=\frac{每股市价}{每股净资产}$$

市净率表明股价以每股净资产的若干倍在流通转让，用来评价股价相对于净资产是否被高估。市净率越低，说明股票投资价值越高，股价支撑越有保证；反之，则投资价值越低。这一指标是判断某股票投资价值的重要指标。

（五）营运能力分析

营运能力是公司利用资金运营的能力，是判断资产运营效率的指标。主要指标有存货周转率、应收账款周转率、流动资产周转率、总资产周转率等。存货周转率是主营业务成本与平均存货的比率，它是衡量和评价公司购入存货、投入生产、销售收回等各环节管理状况的综合性指标。

$$存货周转率=\frac{主营业务成本}{平均存货}$$

一般来说，存货周转率越高，存货占用水平越低，资产流动性越好，存货转变为现金或应收账款的速度越快。提高存货周转率可以提高公司的变现能力，存货周转速度越慢则变现能力越差。

应收账款周转率是主营业务收入与平均应收账款的比值。

$$应收账款周转率=\frac{主营业务收入}{平均应收账款}$$

一般来说，应收账款周转率越高，平均收账期越短，说明应收账款的收回越快；否则，公司的营业资金会过多地滞留在应收账款上，影响公司资金的正常周转。

第三节　股票投资的风险及其管理策略

近两年来，股市投资异常火爆。投资者在追求投资收益的同时，也必然同时面对投资风险。股票投资的风险可以分为系统风险和非系统风险。

一、系统风险的主要形式

（一）购买力风险

购买力风险，又称通货膨胀风险，是指由于通货膨胀引起的投资者实际收益率的不确定。证券市场是企业与投资者直接融资的场所，因而社会货币资金的供给总量成为决定证券市场供求状况和影响证券价格水平的重要因素。当货币资金供应量增长过猛，出现通货膨胀时，证券的价格也会随之发生变动。

（二）利率风险

这里所说的利率是指银行信用活动中的存贷款利率。由于利率是经济运行过程中的一个总要经济杠杆，它经常发生变动，从而给股票市场带来明显的影响。一般来说，银行利率上升，股票价格下跌，反之亦然。

其主要原因有两个方面：① 人们持有金融资产的基本目的是获取收益，在收益率相同时，他们则乐于选择安全性高的金融工具。通常情况下，银行储蓄存款的安全性要远远高于股票投资，所以，一旦银行利率上升，资金就会从证券市场流出，从而使证券投资需求下降，股票价格下跌，投资收益率因此减少。② 银行贷款利率上升后，信贷市场银根紧缩，企业资金流动不畅，利息成本提高，生产发展与盈利能力都会随之削弱，企业财务状况恶化，造成股票市场价格下跌。

（三）汇率风险

汇率与证券投资风险的关系主要体现在两方面：一是本国货币升值有利于以进口原材料为主从事生产经营的企业，不利于产品主要面向出口的企业。因此，投资者看好前者,看淡后者,这就会引发股票价格的涨落。本国货币贬值的效应正好相反。二是对于货币可以自由兑换的国家来说,汇率变动也可能引起资本的输出与输入,从而影响国内货币资金和证券市场供求状况。

（四）宏观经济风险

宏观经济风险主要是由于宏观经济因素的变化、经济政策变化、经济的周期性波动以及国际经济因素的变化给股票投资者可能带来的意外收益或损失。

宏观经济因素的变动会给证券市场的运作以及股份制企业的经营带来重大影响,如经济体制的转轨、企业制度的改革、加入世界贸易组织、人民币的自由兑换等等,莫不如此。政府的经济政策对国家的经济发展起着十分重要的作用。在现代经济生活中,不论一国选择了什么样的经济体制,政府对经济实行宏观管理的职能都不会被取消,经济政策从多方面影响到证券投资。政府的产业政策对不同企业股票市场价格变动会带来不同的影响。

（五）社会、政治风险

稳定的社会、政治环境是经济正常发展的基本保证,对证券投资者来说也不例外。倘若一国政治局势出现大的变化,如政府更迭,国家首脑健康状况出现问题、国内出现动乱、对外政治关系发生危机时,都会在证券市场上产生反响。此外,政界人士参与证券投机活动和证券从业人员内幕交易一类的政治、社会丑闻,也会对证券市场的稳定性构成很大威胁。如日本出现的“利库洛特事件”,其影响面如此之广、影响时间如此之长,就是一个典型的例子。

（六）市场风险

市场风险是股票持有者所面临的所有风险中最难对付的一种,它给持股人带来的后果有时是灾难性的。在股票市场上,行情瞬息万变,并且很难预测行情变化的方向和幅度。收入正在渐渐上升的公司,其股票价格却下降了,这种情况我们经常可以看到;还有一些公司,经营状况不错,收入也很稳定,它们的股票却在很短的时间上下剧烈波动。出现这类反常现象的原因,主要是投资者对股票的一般看法或对某些种类或某一组股票的看法发生变化所致。投资者对股票看法(主要是股票收益的预期)的变化所导致的大多数普通股票收益的易变性,称为市场风险。

二、非系统风险的主要形式

（一）金融风险

金融风险与公司筹集资金的方式有关。

金融风险,指任何有可能导致企业或机构财务损失的风险。

一家金融机构发生的风险所带来的后果,往往超过对其自身的影响。金融机构在具体的金融交易活动中出现的风险,有可能对该金融机构的生存构成威胁;具体的一家金融机构因经营不善而出现危机,有可能对整个金融体系的稳健运行构成威胁;一旦发生系统风险,金融体系运转失灵,必然会导致全社会经济秩序的混乱,甚至引发严重的政治危机。

（二）经营风险

经营风险指的是由于公司的外部经营环境和条件以及内部经营管理方面的问题，造成公司收入的变动而引起的股票投资者收益的不确定。经营风险的程度因公司而异，取决于公司的经营活动，某些行业的收入很容易变动，因而很难准确预测。由于公司的收益和现金流量是紧紧依赖于其收入，因此变动的收入将导致收益和现金流量的不确定。当公司收入忽然下降时，由于普通股持有者在进行现金分配时排在最后，他们会遭受重大损失。与公司的债券持有者相比，普通股持有者处于一个风险大得多的地位。当公司经营情况不妙，收入迅速下滑时，公司在支付债务利息和到期本金后，可用于支付股息的收益所剩无几，从而导致股东们所得股息的减少或根本没有股息。与此同时，股票的市场价格一般也会随之降低，使股东蒙受双重损失。

（三）流动性风险

流动性风险指的是由于将资产变成现金方面的潜在困难而造成的投资者收益的不确定。例如：当商业银行流动性不足时，它无法以合理的成本迅速增加负债或变现资产获取足够的资金，从而影响其盈利水平，极端情况下会导致商业银行资不抵债。商业银行作为存款人和借款人的中介，随时持有的、用于支付需要的流动资产只占负债总额的很小部分，如果商业银行的大量债权人同时要求兑现债权，例如出现大量存款人的挤兑行为，商业银行就可能面临流动性危机。

流动性风险与信用风险、市场风险和操作风险相比，形成的原因更加复杂和广泛，通常被视为一种综合性风险。流动性风险的产生除了因为商业银行的流动性计划可能不完善之外，信用、市场、操作等风险领域的管理缺陷同样会导致商业银行的流动性不足，甚至引发风险扩散，造成整个金融系统出现流动性困难。因此，流动性风险管理除了应当做好流动性安排之外，还应当有效管理其他各类主要风险。从这个角度说，流动性风险水平体现了商业银行的整体经营状况。

（四）操作性风险

在同一个证券市场上，对待同一家公司的股票，不同投资者投资的结果可能会出现截然不同的情况，有的盈利丰厚，有的亏损累累，这种差异在很大程度上是因投资者不同的心理素质与心理状态，不同的判断标准和不同的操作技巧造成的。由于这些原因造成的投资者投资收益的差异，称作操作性风险。操作性风险中最重要的是心理因素的影响。个人投资者的心理因素内容比较复杂，比较典型的有“博傻”心理、从众心理、贪婪心理、侥幸心理和赌徒心理等等。

三、如何防范股市风险

（一）分散系统风险

股市操作有句谚语：“不要把鸡蛋都放在一个篮子里。”这句话道出了分散风险的哲理。办法之一是“分散投资资金单位”。20 世纪 60 年代末，一些研究者发现，如果把资金平均分散到数家乃至许多家任意选出的公司股票上，总的投资风险就会大大降低。他们发现，对任意选出的 60 种股票的“组合群”进行投资，其风险可降至 11.9%左右，即如果把资金平均分散到许多家公司的股票上，总的投资收益率将变动，在6个月内变动将达20.5%。办法之二是“行业选择分散”。证券投资，尤其是股票投资，不仅要对不同的公司分散投资，而且这些不同的公司也不宜都是同行业的或相邻行业的，最好是有一部分或都是不同行业的，只有不同行业、不相关的企业才有可能此损彼益，从而能有效地分散风险。办法之三是“时间分散”。就股票而言，只要股份公司盈利，股票持有人就会定期收到公司发放的股息与红利。例如香港、台湾的公司通常在每年3月举行一次股东大会，决定每股的派息数额和一些公司的发展方针和计划，在4月间派息。而美国的企业则都是每半年派息一次。一般临近发息前夕，股市得知公司的派息数后，相应的股票价格会有明显的变动。短期投资者宜在发息日之前大批购入该股票，在获得股息和其他好处后，再将所持股票转手；而长期投资者则不宜在此期间购买该股票。因而，证券投资者应根据投资的不同目的分散自己的投资时间，以将风险分散在不同阶段。

（二）回避市场风险

市场风险来自各种因素，需要综合运用回避方法。一是要掌握趋势。对每种股票价位变动的历史数据进行详细的分析，从中了解其循环变动的规律，了解收益的持续增长能力。二是搭配周期股。有的企业受其自身的经营限制，一年里总有那么一段时间停工停产，其股价在这段时间里大多会下跌。为了避免因股价下跌而造成的损失，可策略性地购入另一些开工、停工刚好相反的股票进行组合，互相弥补股价可能下跌所造成的损失。三是选择买卖时机。以股价变化的历史数据为基础，算出标准误差，并以此为选择买卖时机的一般标准，当股价低于标准误差下限时可以购进股票，当股价高于标准误差上限时最好把手头的股票卖掉。

（三）防范经营风险

在购买股票前，要认真分析有关投资对象，即某企业或公司的财务报告，研究它现在的经营情况以及在竞争中的地位和以往的盈利情况趋势。应将能保持收益持续增长、发展计划切实可行的企业作为股票投资对象，而和那些经营状况不良的企业或公司保持一定的投资距离，这样能较好地防范经营风险。如果能深入分析有关企业或公司的经营材料，并不为表面现象所动，看出它的破绽和隐患，并作出冷静的判断，则可完全回避经营风险。

（四）避开购买力风险

在通货膨胀期，应留意市场上价格上涨幅度高的商品，从生产该类商品的企业中挑选出获利水平高和能力强的企业。当通货膨胀率异常高时，应把保值作为首要因素，如果能购买到保值产品的股票（如黄金开采公司、金银器制造公司等股票），则可避开通货膨胀带来的购买力风险。

第四节　积极型股票投资策略

一、以技术分析为基础的投资策略

1. 市场有效性。以技术分析为基础的投资策略是以否定有弱市场为前提的，技术分析认为投资者可以通过对以往价格进行分析而获得超额利润。

2. 分析基础。技术分析是以市场上历史的交易数据(股份和成交量)为研究基础,认为市场上的一切行为都反映在价格变动中。

3. 使用的分析工具。技术分析通常以市场历史交易数据的统计结果为基础,通过曲线图的方式描述股票价格运动的规律。

二、以基本分析为基础的投资策略

1. 市场有效性。以基本分析为基础的投资策略是以否定半强式有效市场为前提的,基本分析认为公开资料没有完全包括有关公司价值的信息、有关宏观经济形势和政策方面的信息,因此通过基本分析可以获得超额利润。

2. 分析基础。基本分析是以宏观经济、行业和公司的基本经济数据为研究基础,通过对公司业绩的判断确定其投资价值。

3. 使用的分析工具。主要以宏观经济指标、行业基本数据和公司财务指标等数据为基础进行综合分析。

三、市场异常策略

(一) 小公司效应

小公司效应是指小盘股比大盘股的收益率高。1981 年,Banz 发现股票市值随着公司规模的增大而减少的趋势。随后,Reimganum 也发现了公司规模最小的普通股票的平均收益率要比根据 CAPM 模型预测的理论收益率高,且小公司效应大部分集中在 1 月份。由于公司的规模和 1 月份的到来都是市场已知信息,这一现象明显地违反了有效市场假设。

我国证券市场也一度存在小公司效应。如小盘股、小市值的公司往往成为炒作的重点。一些庄家借助送股、转赠等题材不断炒作,一些公司的股价出现了非理性上扬。而 2001 年是小公司股票噩梦的开始,小盘股由于定价明显偏高出现大幅下挫,小公司的跌幅甚至比整个市场跌幅更大。

前期由于股权分置试点消息的影响,中小企业板表现较为出色,小公司效应似乎有卷土重来之势。小公司效应产生的根源在于其投资价值,处于成长期的小公司往往比成熟的大公司有更高的成长性。随着价值中枢的持续下移,一旦市场转暖,小公司效应仍有继续出现的可能。

(二) 低市盈率效应

低市盈率效应是指由低市盈率股票组成的投资组合的表现要优于由高市盈率股票组成的投资组合的表现。这与基本分析中的低市盈率指标基本吻合,而这一观点也得到了一些研究的支持。通过对低市盈率股票的观察可以发现,一方面这类股票的市场价格更接近于价值,或者出现价值被低估的情况;另一方面,这类股票往往是市场投资者关注较少的股票,或者不是短期内的热点。而对于资本市场而言,价格向价值回归是一种长期趋势,而热点转换也是市场运动的规律,因此价值被低估的、暂时性非热点的公司,往往就是潜在的下一个热点，而其股价上涨的空间和概率都比较大。

（三）日历效应

1. 日历效应的定义

日历效应是指金融市场与日期相联系的非正常收益，主要包括季节效应、月份效应、星期效应和假日效应，它们分别指金融市场与季节、月份、星期和假日有关的非正常收益。

2. 1月效应

“1月效应”由 Wachtel 首先在1942年发现。Rozeff and Kinney(1976)进一步研究发现，1904—1974年间 NYSE 的股价指数1月份的收益率明显高于其他11个月的收益率。Gultekin(1983)研究了17个国家1959—1979年的股票收益率，发现其中13个国家1月份的股票收益率高于其他月份。Lakonishok(1998)发现在1926至1989年间，在1月份，最小的10%的股票收益超过其他股票收益。但根据 Mark W. Riepe(2001)研究，1月效应正在弱化。

对于1月效应的解释最主要的有减税卖出假说和橱窗效应假说。减税卖出假说认为，人们会在年底抛售下跌的股票，抵消当年其他股票的资本增值，以达到少缴税收的目的。而年关过后，人们又重新买回这些股票。这种集体买卖行为导致了年终股市的下跌而次年1月股市的上扬。Laura(2003)研究了美国市政债券封闭式基金减税卖出和1月效应的关系，实证证明了减税卖出假说，且发现与经济商相关的市政债券基金呈现出更大的减税卖出行为。橱窗效应假说认为机构投资者希望卖出亏损股票买入赢利股票以装点年终报表，这种买卖在年底对于赢利股票产生正向价格压力，而对于亏损股票产生反向压力，当年终机构投资者的卖出行为停止时，前一年度被打压的亏损股票在1月将产生巨大反弹，导致较大的正收益的产生。其他解释还包括代际馈赠说、购买压力说、避税退休计划说等。

3. 周效应和周日效应

Cross(1973)和 French(1980)研究了 S&P500 指数收益，发现周五取得较高的平均收益而周一较低。Gibbons(1981)和 Keim(1984)发现 Dow Jones 指数周一存在负收益。Rogalski(1984)发现所有周五收盘至周一收盘之间的平均负收益发生在非交易时间，平均交易日收益(从开盘至收盘)所有天都是一致的。其他美国金融市场如期货市场、国债市场、中期债券市场表现出和股票市场类似的效应(Cornell, 1985; Dyland Maberly, 1986)。Jaffe 和(1985)研究了澳大利亚、加拿大、日本和英国4个发达市场，结果表明，在所研究的国家中存在周末效应。但 David J. Kim(1998)对韩国和泰国市场的研究发现不存在周内效应。

对于周一效应两个最典型的解释包括日历时间假说和交易时间假说。Jaffe 等(1985)通过对澳大利亚周二效应的检验后认为可能的原因是美国的 DOW 和亚太地区市场之间的链接关系，他们发现其他主要国家存在和美国相似的周内效应，但由于不同的时差，远东国家可能会经历一日偏差的周内效应。

（四）遵循内部人交易活动

当公司内部人获得私人信息时，他可以利用该信息进行交易获利。

建立“内部人”交易信息披露制度是规制“内幕交易”的有效防范措施之一。实施“内部人”交易事后和事前披露制度将会提高证券市场价格发现效率，并且事前披露比事后披露更有助于降低“内部人”交易对投资者可能产生的损害。

四、各投资策略的比较及主流变化

技术分析策略与基本分析策略的区别在于：

1. 对市场有效性的判定不同

以技术分析为基础的投资策略是以否定有弱市场为前提的，技术分析认为投资者可以通过对以往价格进行分析而获得超额利润。以基本分析为基础的投资策略是以否定半强式有效市场为前提的，基本分析认为公开资料没有完全包括有关公司价值的信息，有关宏观经济形势和政策方面的信息，因此通过基本分析可以获得超额利润。

2. 分析基础不同

技术分析策略以历史交易数据为研究基础，认为市场上的一切行为都反映在价格的变动中。基本分析策略以宏观经济、行业和公司的基本经济数据为研究基础，通过对公司业绩的判断确定其投资价值。

3. 使用的分析工具不同

技术分析策略以历史交易数据的统计结果为基础，通过曲线图的方式描述价格运动的规律。基本分析策略以宏观经济、行业和公司的基本经济数据和公司财务指标等数据为基础进行综合分析。

第五节　消极型股票投资策略

消极型股票投资策略的理论基础在于效率市场假说，即认为人不可能准确预测投资市场的未来运动轨迹，因而在长期中不能获得超过其风险承担水平之上的超额收益。消极型股票投资战略否定了“时机抉择”技术的有效性，而根据投资对象的某一基本特征选择自己的操作策略。

一、简单型消极投资策略

简单型消极投资策略一般是在确定了恰当的股票投资组合之后，在 3～5 年的持有期内不再发生积极的股票买入或卖出行为，而进出市场的时机也不是投资者关注的重点。简单型消极投资策略具有交易成本和管理费用最小化的优势，但同时也放弃了从市场环境变化中获利的可能。此策略适用于资本市场环境和投资者偏好变化不大，或者改变投资组合的成本大于收益的状态。

二、组合型消极投资战略

坚持组合型消极投资战略的投资管理人并不试图用基本分析的方法来分辨高估或低估的股票，也不试图预测股票市场的变化，而是在长期持有并预期发生的股票市场整体价格统计特征的基础之上，模拟市场构造投资组合，以期取得与比较基准相一致的风险收益结果。对于组合型消极投资战略来说，进出场时机同样不是投资者关注的重点。

与简单型消极投资战略相比，组合型投资战略更强调严格遵循并尽可能模拟市场结构，因此组合型投资战略也被直接称为“指数法”，通过跟踪一组股票数的整体业绩来设计投资组合。

三、指数型消极投资策略

指数型消极投资策略的核心思想是相信市场是有效的，任何积极的股票投资策略都不能取得超过市场的投资收益，因此，复制一个与市场结构相同的指数组合，就可以排除非系统性风险的干扰而获得与市场相同或相近的投资回报。

（一）指数型投资策略的理论基础与实践基础

按照资本资产定价模型，在一个有效的市场中，“市场投资组合”为每单位风险提供了最大的收益。所以管理人在实际进行资产管理时，会构造股票投资组合来复制某个选定的股票价格指数的波动，这就是通常所说的指数化策略。

从国外证券市场的实践来看，指数投资基金的收益水平总体上超过了非指数基金的收益水平，而这主要得益于两点：一是市场的高效性；二是成本较低。

（二）跟踪误差问题

复制的投资组合的波动不可能与选定的股票价格指数的波动完全一致。成分股的权数也会因为公司合并、股票拆细和发放股票红利、发行新股和股票回购等原因而变动，而复制的投资组合不能对此自动调整，更不用说复制的投资组合中包含的股票数目少于指数的成分股了。所以，跟踪误差是难以避免的。

一般来说，复制的组合包括的股票数越少，跟踪误差越大，调整所花费的交易成本越高。如果基金管理人希望复制的投资组合的股票数小于目标股票价格指数的成分股数目，可以使用市值法或分层法来构造具体的投资组合。

所谓市值法，即选择指数成分股中市值最大的部分股票，按照其在股价指数所占比例购买，将剩余资金平均分配在剩下的成分股中。而分层法就是将指数的成分按照某个因素分类，然后按照各类股票在股价指数中的比例构造投资组合，至于各类中的具体股票可以随机或按照其他原则选取。

（三）加强指数法

虽然加强指数法的核心思想是将指数化投资管理与积极型股票投资策略相结合，但是加强指数法与积极型股票投资策略之间仍然存在着显著的区别，也就是风险控制程度不同。

加强指数法的重点是在复制组合的基础上加强风险控制，其目的不在于积极寻求投资收益的最大化，因此，通常不会引起投资组合特征与基准指数之间的实质性背离。

四、投资三分法

在西方各国，如美国最流行的三分法是：三分之一的现金存入银行以备急需；三分之一的现金购买债券、股票等有价证券作长期投资；剩下的三分之一投资于房地产等不动产，因为一般情况下房地产只会增值而不会贬值，这部分投资可以作为准备金和后备金，以备其他投资蚀本时用以保本或翻本。

在有价证券的投资上，投资者也往往将三分之一用来购买安全性高的债券或优先股，三分之一购买有发展前途的成长型股票，三分之一购买普通股票，以分散风险并取得差价收益。

目前我国的房地产市场尚未发育成熟，投资者可以把三分之一资金用于银行存款或持有资金，三分之一购买安全性较高的债券，三分之一购买股票。只要投资者能按一定的比例适当分配手中的资金，就能以钱养钱，并能最大限度地抓住获利机会。

五、摊平操作法

俗话说，智者千虑必有一失。任何精明的投资人，都不可避免有时会作出错误的决策，如买进的时机不对，或者买进价格高了等。因此，有经验的股票投资者都必定会摒弃赌徒心理，讲究逐步操作，即任何买卖进出都不用尽全部财力，以便下档摊平，或上档加码。

下档摊平的操作方法，是指投资人在买进股票后，由于股价下跌，使得手中持股形成亏本状态，当股价跌落一段时间后，投资人以低价再买进一些以便降低成本的操作方式。下档摊平的操作方法大体上可以分为 3 种：

1. 逐次平均买进摊平法

即将要投入的股票的资金分成三部分，第一次买进全部资产的三分之一，第二次再买进三分之一，剩余的三分之一最后买进。这种方法不论行情上下，都不冒太大风险。

2. 加倍买进摊平法

加倍买进摊平法分为两段式和三段式两种。两段式为将总投资资金分成 3 份，第一次买进三分之一，如果行情下跌，则利用另外的三分之二。三段式是将总投资资金分成 7 份，第一次买进七分之一，如果行情下跌，则第二次买进七分之二，如果行情再下跌，则第三次买进七分之四。此法类似于“倒金字塔买进法”，适用于中、大户操作。

3. 加倍卖出摊平法

加倍卖出摊平法是将资金分成 3 份。第一次卖出三分之一，如发现市场状况逆转，行情确已下跌，则第二次卖出三分之二，即要多卖出 1 倍的股票。这样可以尽快摊平，增加获利的机会。上档加码就是买进股票之后，股价上升了，再加码买进一些，持股数量增多，扩大获利的比率。

【能力训练】

一、单项选择题

1. 股票投资组合管理的目标就是(　　)。

A. 实现收益最大化　　　　B. 实现价值最大化

C. 实现风险最小化　　D. 实现效用最大化

2. 要通过股票组合更好地分散非系统风险，应当（　　）。

A. 选择同一行业的股票　　B. 选择每股收益差别很大的股票

C. 选择不同行业的股票　　D. 选择相关性较差的股票

3. 消极型股票投资战略的基础在于（　　）。

A. 有效市场假说　　B. 人的能力的有限性

C. 基本分析的局限性　　D. 技术分析的局限性

4. 积极型组合管理策略的目的是（　　）。

A. 超越市场　　B. 获得市场组合收益

C. 实现其效用的最大化　　D. 实现证券投资收益最大化

二、简答题

1. 比较证券投资基本分析与技术分析的主要区别。

2. 简述系统风险的主要形式。

三、计算题

1. 某企业基期营业利润为50 000元，固定成本为150 000元。

(1) 若计划期销售量比基期增加10%，计算计划期的目标利润及其变动率。

(2) 若计划期销售量比基期减少5%，计算计划期的目标利润及其变动率。

(3) 若要实现目标利润85 000元，计算计划期销售量的变动率。

2. 华丰公司2008年流动资产利润率为28%，流动资产周转率为4次，销售收入15 000万元。计算：

(1) 销售利润率。

(2) 2008年的销售利润。

(3) 2008年流动资产平均数额。

四、思考题

甲购买体育彩票中了35 000元大奖，他准备存入银行。在去银行的路上碰见了乙，乙建议他炒股，说炒股能赚大钱。说着说着，在保险公司工作的丙也走过来了，说炒股票风险太大，还是购买商业保险好一些。这时甲被说得左右为难，不知该怎么办才好。

请问：甲的这笔钱怎么处理好呢？储蓄、炒股、购买债券、基金和商业保险究竟哪一个比较合适呢？根据你所学的投资理财知识，给出你的建议。

【参考答案】

一、单项选择题

1. D　2. D　3. B　4. A

二、简答题

1. (1) 对市场有效性的判定不同。以技术分析为基础的投资策略是以否定有弱市场为前提的，技术分析认为投资者可以通过对以往价格进行分析而获得超额利润；而以基本分析为基础的投资策略是以否定半强式有效市场为前提的，基本分析认为公开资料没有完全包括有关公司价值的信息，有关宏观经济形势和政策方面的信息，因此通过基本分析可以获得超额利润。

(2) 分析基础不同。技术分析是以市场上历史的交易数据(股份和成交量)为研究基础，认为市场上的一切行为都反映在价格变动中；基本分析是以宏观经济、行业和公司的基本经济数据为研究基础，通过对公司业绩的判断确定其投资价值。

(3) 使用的分析工具不同。技术分析通常以市场历史交易数据的统计结果为基础，通过曲线图的方式描述股票价格运动的规律；基本分析则主要以宏观经济指标、行业基本数据和公司财务指标等数据为基础进行综合分析。

2. 购买力风险　利率风险　汇率风险　市场风险　社会政治风险　宏观经济风险

三、计算题

1. (1) (15＋5)×1.1－15＝7 万

(7－5)/5＝40％

目标利润 7 万，变动率为上升 40％

(2) (15＋5)×0.95－15＝4 万

(5－4)/5＝20％

目标利润 4 万，变动率为下降 20％

(3) (15＋8.5)/(15＋5)＝1.175

1.175－1＝17.5％

销量变动率为上升 17.5％

2. (1) 2008 年流动资产平均数额＝销售收入/流动资产周转率＝15 000/4＝3 750 万元

(2) 2008 年的销售利润＝流动资产平均数额×流动资产利润率＝3 750×28％＝1 050 万元

(3) 销售利润率＝销售利润/销售收入＝1 050/15 000×100％＝7％

四、思考题

首先，要明白储蓄、股票、债券、基金、保险都是不同的理财产品，都有各自的特点。储蓄风险最低，但收益也比较低；股票风险大，收益却很高。所谓收益与风险成正比，从这个层面来讲，理财产品本身并没有好坏之分，只有是否适合投资者之说。

其次，要了解投资者的投资风格，是保守型还是积极型，或者是稳健型？有些人喜欢在承担高风险的情况下获得高收益，他们会去股市淘金；但是有些人可能只想获得稳定的收益，不愿冒太大风险，他们会选择储蓄、债券。所以，甲应该首先明白自己属于什么类型，然后再考虑投资。

第三，甲需要明确投资理财的目的是什么。投资理财当然是为了资金升值，但是最终目的还是用这些钱去生活，理财的目的是生活。因此，甲需要给自己设定理财目标，买房买车还是考虑退休养老保障等等，然后对自己的财务状况进行规划投资，不仅仅是体彩大奖，各种收入支出都应该纳入规划中。投资理财是人的一生中都应该做的事情，是一种新的生活方式。

第十章 债券投资组合管理

【学习要点】本章主要介绍了债券收益率及收益率曲线的衡量与计算方法，久期是衡量债券利率风险的重要指标，掌握债券利率风险程度的测量。在此基础上，本章还对债券的积极性投资组合策略以及债券的消极性投资组合策略做了详细的讲解。

【重点难点】单一债券收益率的衡量，久期的计算，债券的特征、特点以及计算公式，构建指数化组合投资的基本方法，债券互换估价分析，信用分析，收益率差分析，利用收益率曲线策略。

第一节 债券收益率及收益率曲线

一、债券收益率的衡量

（一）单一债券收益率的衡量

单一债券收益率按照投资者分析方法的不同可以有多种计算方法，中国人民银行为促进债券市场发展，明确规定了几种收益率的计算方法。

在对单一债券收益率的衡量上，可以采用多种方法，其中债券到期收益率是普遍采用的计算方法。

债券到期收益率被定义为使债券的支付现值与债券价格相等的贴现率，即内部收益率。债券的到期收益率被看作使债券自购买日起至到期日为止的平均收益率。对于一年付息一次的债券而言，其计算公式为：

$$P=\frac{C}{1+y}+\frac{C}{(1+y)2}+\cdots+\frac{C}{(1+y)n}+\frac{F}{(1+y)n}$$

式中：P——债券价格；

C——债券利息；

y——到期收益率；

n——到期年数；

F——债券面值。

已知债券价格、债券利息、到期年数，可以通过试算法计算债券的到期收益率。

到期收益率的含义是将未来的现金流按照一个固定的利率折现，使之等于当前的价格，这个固定的利率就是到期收益率。这种方法虽然可以准确地衡量现金流量的内部收益率，但是不能准确地衡量债券的实际回报率。付息式债券的投资回报主要由三部分组成：本金、利息与利息的再投资收益。在到期收益率的计算中，利息的再投资收益率被假设为固定不变的当前到期收益率。但实际上，收益率曲线在绝大多数情况下都是倾斜的，而且市场时刻都在变化之中，票息的再投资利率是变动的。另外，到期收益率的计算没有考虑税收的因素，当债券收益需要计算税款时，要在票息中扣除税款后再进行折现。

（二）债券投资组合收益率的衡量

一般采用两种常规的方法来计算投资组合的收益率，即加权平均投资组合收益率和投资组合内部收益率。

1. 加权平均投资组合收益率

加权平均投资组合收益率是对投资组合中所有债券的收益率按所占比重作为权重进行加权平均后得到的收益率，是计算投资组合收益率最通用的方法，但其缺陷也很明显。例如，对于一个计划投资期限为 2 年的投资者来说，如果投资组合的 99%都集中在 6 个月期的债券上，使用加权平均的方式计算的投资组合收益率将很难对投资决策形成有效支持。

2. 投资组合的内部收益率

债券投资组合的内部收益率是通过计算投资组合在不同时期的所有现金流，然后计算使现金流的现值等于投资组合市场价值的利率，即投资组合内部收益率。

与加权平均投资组合收益率相比，投资组合内部收益率具有一定优势。但投资组合内部收益率的计算需要满足以下两个假定，这一假定也是使用到期收益率需要满足的假定，即：

（1）现金流能够按计算出的内部收益率进行再投资。

（2）投资者持有该债券投资组合直至组合中期限最长的债券到期。

二、影响收益率的因素

（一）基础利率

基础利率是投资者所要求的最低利率，一般使用无风险的国债收益率作为基础利率的代表。

（二）风险溢价

债券收益率与基础利率之间的利差反映了投资者投资于非国债的债券时面临的额外风险，因此也称为风险溢价。

1. 发行人种类

不同种类的发行人代表了不同的风险和收益率，它们以不同的能力来履行契约所规定的义务，这种利差一般称为市场板块内利差。

2. 发行人的信用度

债券发行人的信用度越低，投资者所要求的收益率越高；反之则较低。

3. 提前赎回等其他条款

如果条款对债券发行人有利，比如提前赎回条款，则投资者将要求相对于其他债券来说较高的利差；反之，如果条款对债券投资者有利，比如提前退回期权和可转换期权，则投资者可能要求一个较小的利差。

4. 税收负担

国债利息一般不需要支付所得税。而零息债券没有利息支付，其面值与发行价格之间的资本利得需要缴纳资本利得税，而与投资者所处的所得税税收等级无关。

5. 债券的预期流动性

一般来说，债券流动性越大，投资者要求的收益率越低；反之，则要求的收益率越高。

6. 到期期限

由于债券价格的波动性与其到期期限的长短相关，因此期限越长，市场利率变动时其价格波动幅度也越大，债券的利率风险也越大。

三、收益率曲线

（一）收益率曲线的定义

将不同期限债券的到期收益率按偿还期限连接成一条曲线，即为债券收益率曲线，它反映了债券偿还期限与收益的关系。

债券收益率散点图分析是债券市场最基本的分析工具，透过这项分析工具我们可以了解债券收益率与剩余年期分布的情形、判别价格异常状况、察觉市场投资机会。债券收益率散点图是个二维空间图，把债券剩余年期与到期收益率的关系以散点形式标明出来，同时绘制收益率曲线，这样的图形叫做债券收益率散点图。图 10－1 为债券收益率散点图范例(2004. 6. 4 盘中)。

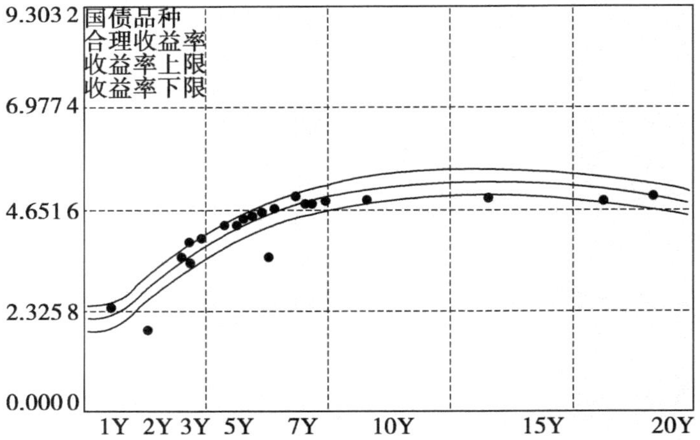

图 10－1　国债对交易所国债收益率曲线散点图

（二）收益率曲线具备的 3 个特性

1. 代表性：是指收益率曲线必须代表市场上看不到的利率与期限之间的关系。

2. 解释性：是指收益率曲线必须能解释债券市场上的价格成因。

3. 可操作性：是指收益率曲线上各年期的利率是投资人可以在该年期的债券品种上以曲线上的到期收益率进行买卖。

代表性与可操作性通常反映在市场上流动性较高的债券品种上，只有这些流动性好的债券才有代表性。因此如果某个债券利率的散点落于曲线的下方，代表该债券的流动性不佳却要求较低的收益率（较高的价格），因此是相对价格不合理的债券。相反的，如果债券的利率的散点落于曲线的上方，代表该债券的流动性不佳，却要求较高的收益率（较低的价格），只要是利率在一定范围以内，就是价格相对合理的债券。因此债券收益率曲线的散点图可以说明哪些债券价格相对合理，哪些债券价格相对不合理。

（三）债券收益率曲线的3种分析法

1. 合理价格区间法

投资人可以在债券收益率散点图设定上下合理利率范围如上图中上下两条线，当债券的收益率散点落于该曲线范围内，则价格视为合理，如果落于曲线范围之外，代表相对不合理，便有了介入的机会（因为至少当下立即卖掉债券可以买入同年期、收益率更高的债券，或是当下持有到期比从市场上另外买入同年期的债券获得更高的收益率）。

2. 浮动利率债券分析法

由于国内的浮动利率债券票面基础利率是按照一年期定期存款利率设定的，该利率又是人民银行所规定、非市场交易的结果，因此，市场利率大幅波动时定期存款利率并不会改变。

但是正向浮动利率债券(Positive Floaters)却可以在未来利率上升时获得票面的补偿、弥补利率上升时的跌价损失，反向的浮动利率债券(Negative Floaters)则可以在未来利率下降时获得票面的补偿、增加利率上升时的升值空间，因此浮动利率债券搭配债券收益率散点图会对国内这种基础利率不变动的情形起到很大的指导作用。

将浮动利率债券的基础利率按照当前基础利率推展，使之成为一个固定利率债券，按照当前市价可以推算出一个到期收益率，把这个到期收益率与债券剩余年限的关系以散点形式画在散点图上，如果是一个正向浮动利率债券、散点落于曲线下方，代表着价格较高，则投资人会普遍存着未来利率上升的期待。反之，如果散点在曲线上方，则代表未来有降息的可能。

3. 分段利率机会分析法

分析收益率曲线的形状与散点可以推出额外的投资机会。以当前上交所国债与国债收益率曲线的散点图来看，10年以上的4个债券收益率散点几乎成为水平线，这代表着10年至20年的区段可能有了投资的机会。

按照预期理论与风险回报关系来看，如果要投资20年，先投资10年、10年后再投资10年与当下直接投资20年，显然先投资10年债券就可以获得与直接投资20年债券相同的收益率，那么后来的10年投资都是额外赚得的收益（假设无再投资风险）。

第二节 债券投资组合的风险及其测量

一、风险种类

（一）利率风险

利率风险，是指利率的变化对证券投资带来的造成亏损的风险。

利率变化会直接影响金融资产的价格。如果利率上升会产生以下效果：

1. 资金流向变化。利率提高，会吸引社会资金进入间接融资渠道，由于风险较大等原因，进入直接融资市场的资金会减少，股票市场需求减少，股价也随之下跌，基金价格也往往下跌。

2. 公司利润减少。利率提高，使公司贷款成本提高，利息负担加重。利润减少，使股票价格下降，引起基金价格下跌。

3. 投资者评估股票和其他有价证券的折现率会上升，从而使股票价格与基金价格一起下跌。利率下降，则会产生相反效果，使股票价格和基金价格一起上升。

利率与证券的价格一般呈反方向变化。当市场上的利率普遍提高时，证券价格会下降(包括股票和债券)。一般债券对利率的变化反应较快，方向基本是反向的；而股票的反应相对慢一些，同时股票价格的变化在短期和长期对利率变动的反应方向可能是相反的。利率风险是固定收益证券、债券的主要风险，利率变动对长期债券的影响大于短期债券。

利率从两个方面影响证券价格。一方面，利率的变动会改变人们对于不同投资种类的看法，利率提高时会有部分资金流向储蓄等收益随利率提高而增加的品种；另一方面，利率变动会改变整个经济和上市公司的盈利状况，利率提高，公司借钱的成本就会上升，其他情况不变，公司的盈利就会下降，股息会减少，股票价格也会相应下降。

（二）再投资风险

再投资风险是指债券持有者在持有期间收到的利息收入、到期时收到的本息、出售时得到的资本收益等，用于再投资所能实现的报酬，可能会低于当初购买该债券时的收益率。所以，随着债券到期日的临近，投资者面临的再投资风险也增大了。

对于长期债券来说，其风险也是相对最大的。长期企业债券的风险来自于市场风险，到期期限越长，市场风险越大，也就是交易价格变动的可能性越大。所以，投资者要得到高的目标收益率，就不得不承担这种长期的市场风险。如果投资者只购买了短期债券，而没有购买长期债券，就会有再投资风险。

（三）流动性风险

流动性风险是指经济主体由于金融资产的流动性的不确定性变动而遭受经济损失的可能性。

流动性风险主要用于衡量投资者持有债券的变现难易程度。在实践中，可以根据某种债券的买卖价差来判断其流动性风险的大小。一般来说，买卖价差越大，流动性风险就越高。在一个交易非常活跃的市场中，债券交易的买卖价差通常很小，一般只有几个基点。当然，对于那些打算将债券长期持有至到期日为止的投资者来说，流动性风险就不再重要。

（四）经营风险

经营风险与公司经营活动引起的收入现金流的不确定性有关。它可以通过公司期间运营收入的分布状况来度量。也即是说，运营收入变化越大，经营风险就越大；运营收入越稳定，经营风险就越小。经营风险被分为外部经营风险和内部经营风险。内部经营风险通过公司的运营效率得到体现；外部经营风险则与那些超出公司控制的环境因素（如公司所处的政治环境和经济环境）相联系。

政府债券不存在经营风险，高质量的公司债券的持有者承受有限的经营风险，而低质量债券的持有者则承受比较多的经营风险。在极端情况下，低质量债券（垃圾债券）要求的收益率接近于权益所有者所要求的回报率，因此又被称为高收益债券。

（五）购买力风险

债券投资的名义收益率包括实际回报率和持有期内的通货膨胀率。由于通货膨胀率处于变化过程中，因此投资者并不总能预料到通胀率的变化程度。未预期的通货膨胀使债券投资的收益率产生波动，在通货膨胀加速的情况下，将使债券投资者的实际收益率降低。

因此，债券和其他固定收益证券，如优先股，易于受到加速通胀的影响，即购买力风险的影响。另一方面，债券在通货紧缩时期或通胀减速期是较具有价值的投资。事实上，在资产配置方案中，固定收益证券的基本优点是在通货的条件下可以套期保值。

（六）汇率风险

当投资者持有债券的利息及本金以外币偿还，或者以外币计算但换算成本币偿还的时候，投资者就面临着汇率风险。若外币相对于本币升值，债券投资带来的现金流可以兑换到更多的本币，从而有利于债券投资者提高其收益率；而当外币相对于本币贬值时，债券投资带来的现金流可以兑换的本币就会减少，这样将会降低债券投资者的收益率。

（七）赎回风险

对于有附加赎回选择权的债券来说，投资者面临赎回风险。这种风险来源于 3 个方面：首先，可赎回债券的利息收入具有很大的不确定性；其次，债券发行人往往在利率走低时行使赎回权利，从而加大了债券投资者的再投资风险；最后，由于存在发行者可能行使赎回权的价位，因此限制了可赎回债券的上涨空间，使得债券投资者的资本增价潜力受到限制。

二、风险测量

（一）基点价格值

基点价格值是指应计收益率每变化 1 个基点时引起的债券价格的绝对变动额。

我们知道，对于收益率的微小变动，不论是上升还是下降，特定债券的价格将大致呈相同幅度的百分比变动。因此，应计收益率每下降或上升 1 个基点时的价格波动性是相同的。

基点价格值是价格变化的绝对值，价格变化的相对值称作价格变动百分比，它是价格变化的绝对值相对于初始价格的百分比。公式为：

价格变动百分比＝基点价格值/初始价格

我们用下面的例子来说明什么是基点价格值。

例：有 A、B、C 三种债券，半年付息一次，下一次付息在半年后，相关资料如下：

	A	B	C
票面利率	8%	8%	8%
面值(元)	100	100	100
信用评级	AA	AA	AA
到期时间	5 年	10 年	15 年
收益率	8%	8%	8%
价格(元)	100	100	100

分别计算它们的基点价格值。

令收益率上升一个基点，从 8% 提高到 8.01%，可以计算出，新的债券价格分别是 99.959 5 元、99.932 1 元、99.913 6 元，价格分别变动－0.040 5 元、－0.067 9 元和－0.086 4 元，基点价格分别是 0.040 5 元、0.067 9 元和 0.086 4 元。

令收益率下降一个基点，从 8% 减少到 7.99%，新的债券价格分别是 100.040 6 元、100.068 0 元和 100.086 5 元，价格分别变动 0.040 6 元、0.068 0 元和 0.086 5 元，基点价格值分别是 0.040 6 元、0.068 0 元和 0.086 5 元。

可以看到，收益率上升或下降一个基点时的基点价格值是近似相等的。由于收益率下降引起价格变动幅度比同等的收益率上升引起的价格变动幅度应该大一些，但是，这里由于收益率的变动很小(仅为一个基点)，收益率上升或下降引起的价格波动是大致相等的。

(二) 价格变动收益率值

投资者使用的另一个估算债券价格波动率的指标是价格变化的收益率值。要计算该指标，首先需要计算当债券价格下降 x 元时的到期收益率值，新的收益率值与初始收益率(价格变动前的收益率)的差额即是债券价格变动 x 元时的收益率值。其他条件相同时，债券价格收益率值越小，说明债券的价格波动性越大。

(三) 久期

久期是测量债券价格相对于收益率变动的敏感性指标。

1. 久期的概念

久期(也称持续期)的概念是由 Macaulay 于 1938 年提出的,所以又称为麦考勒久期(简记为 D)是对债券到期时间的一个加权平均,权重等于各期现金流的现值占债券市场价格的比例。

用公式表示为:

$$D=\frac{\sum_{t=1}^{T}PV(C_t)\times t}{B}=\sum_{t=1}^{T}\left[\frac{PV(C_t)}{P_0}\times t\right]$$

式中:D——麦考勒久期;

B——债券当前的市场价格;

$PV(C_t)$——债券未来第 t 期现金流(利息或资本)的现值;

T——债券的到期时间。

需要指出的是,在债券发行时以及发行后,都可以计算麦考勒久期。计算发行时的麦考勒久期,T(到期时间)等于债券的期限;计算发行后的麦考勒久期,T(到期时间)小于债券的期限。

任一金融工具的久期公式一般可以表示为:

$$D=\frac{\sum_{t=1}^{n}\frac{tC_t}{(1+i)^t}+\frac{nF}{(1+i)^n}}{\sum_{t=1}^{n}\frac{C_t}{(1+i)^t}+\frac{F}{(1+i)^n}}$$

式中:D——久期;

t——该金融工具现金流量所发生的时间;

C_t——第 t 期的现金流;

F——该金融工具的面值或到期日价值;

n——到期期限;

i——当前的市场利率。

久期公式又可表示为:

$$D=\frac{\sum_{t=1}^{n}\frac{tC_t}{(1+i)^t}+\frac{nF}{(1+i)^n}}{P}$$

式中:P——该金融工具的市场价值或价格。

下面试举一例来说明久期的计算过程。假设面额为 1 000 元的 3 年期变通债券,每年支付一次息票,年息票率为 10%,此时市场利率为 12%,则该种债券的久期为:

$$D=\frac{\frac{100\times 1}{(1.12)^1}+\frac{100\times 2}{(1.12)^2}+\frac{100\times 3}{(1.12)^3}+\frac{1\,000\times 3}{(1.12)^3}}{\sum_{t=1}^{3}\frac{100}{(1.12)^t}+\frac{1\,000}{(1.12)^3}}=\frac{2\,597.6}{951.96}=2.73(\text{年})$$

如果其他条件不变,市场利率下跌至 5%,此时该种债券的久期为:

$$D=\frac{\frac{100\times 1}{(1.05)^1}+\frac{100\times 2}{(1.05)^2}+\frac{100\times 3}{(1.05)^3}+\frac{1\,000\times 3}{(1.05)^3}}{\sum_{t=1}^{3}\frac{100}{(1.05)^t}+\frac{1\,000}{(1.05)^3}}=\frac{3\,127.31}{1\,136.16}=2.75(\text{年})$$

同理，如果其他条件不变，市场利率上升至 20%，此时久期为：

$$D=\frac{\frac{100\times 1}{(1.20)^1}+\frac{100\times 2}{(1.20)^2}+\frac{100\times 3}{(1.20)^3}+\frac{1\,000\times 3}{(1.20)^3}}{\sum_{t=1}^{3}\frac{100}{(1.20)^t}+\frac{1\,000}{(1.20)^3}}=\frac{2\,131.95}{789.35}=2.68(\text{年})$$

再者，如果其他条件不变，债券息票率为 0，那么：

$$D=\frac{\frac{1\,000\times 3}{(1.12)^3}}{\frac{1\,000}{(1.12)^3}}=3(\text{年})$$

从上面的计算结果可以发现，久期随着市场利率的上升而下降，随着市场利率的上升而下降，这说明两者存在反比关系。此外，在持有期间不支付利息的金融工具，其久期等于到期期限或偿还期限。那些分期付息的金融工具，其久期总是短于偿还期限，是由于同等数量的现金流量，早兑付的比晚兑付的现值要高。金融工具到期期限越长其久期也越长；金融工具产生的现金流量越高，其久期越短。

2. 久期的性质

（1）债券的到期时间和到期收益率不变时，债券的久期，随着票面利率的下降而延长。这是因为债券的久期与利息支付额呈现反方向变化，即票面利率上升，久期下降。

（2）当债券的票面利率和到期收益率不变时，债券的久期，随着债券的到期时间增长而增长。不过，久期的增长不是无限的，增长到一定程度后将保持稳定。但是当到期收益率水平很高时，久期可能随着到期时间的增长而下降。

（3）在票面利率和到期时间保持不变时，债券的久期随着到期收益率的下降而延长。因为到期收益率下降，意味着久期公式中的贴现因子变小，久期公式中的分母变大，同时分子变得更大，所以久期增长了。

（4）当息票债券的到期期限增加，它的行为越来越类似于永续债券。它未来所将支付的面值也越来越不重要，其久期却是有限的。

（5）债券的久期与债券的价格变化的百分比成正比，而与到期收益率的变化成反比。一个债券组合的久期可以由组合内债券久期的加权平均得到。令 $\omega_i=\frac{V_i}{V}$，它表示第 i 个债券的价格占债券组合价格的权重，于是债券组合的久期 $D=\sum_{i=1}^{m}\omega_i D_i$。久期的这一性质，被称为久期的可加性。

3. 基于久期的债券利率敏感性测量

我们已经知道，债券的到期时间与价格的利率敏感性是相关的。与到期时间相比，久期能更准确地衡量债券价格的利率敏感性，是对债券利率风险程度的测量，是规避资产组合利率风险的重要工具。如果两个债券到期时间相同,但票面利率不同,它们的价格对于利率变动的反应程度是不相同的。然而,如果两个债券的久期相等,即使票面利率不同,它们价格的利率敏感性也是相同的。这是因为久期不仅考虑了到期时间长短不同对利率敏感性的影响,还包含了票面利率这一影响利率敏感性的重要因素。所以,只有对于不存在息票支付的零息债券,到期时间才能准确衡量利率敏感性。因为这时到期时间与久期正好相等。用一句话来概括就是,债券价格波动与久期成比例,而不是与到期时间成比例。

公式$\frac{\Delta P}{P}=-\frac{D}{1+y}\times\Delta y$清楚地表达了价格波动与久期的关系。

定义$\frac{D}{1+y}$为修正久期,用D^*表示,那么,上式可以转化为$\frac{\Delta P}{P}=-D^*\times\Delta y$,表明债券价格的变动百分比(相对数)等于修正的久期与到期收益率变动值(绝对数)的乘积。修正的久期越大,利率变动时价格的波动越大,利率风险就越大。

4. 久期的缺陷

作为衡量价格敏感性的测度值,久期的局限是没有考虑收益率的波动性。用久期度量债券价格变化的前提假设是市场利率是单一的(计算过程中采用了到期收益率,所有现金流的折现率都一样)、平行变化的(所有折现率都变化同样的幅度),即收益率曲线平行移动;收益率只发生微小变动。但是债券组合的潜在价格敏感性不仅取决于久期,而且也取决于影响债券的收益率波动性。例如:一只与高收益(或垃圾)债券相同到期日、同时发行的国债的久期比高收益债券的久期要大。其中有两个原因,首先国库券的票面利率比较低,其次国债以较低的收益率水平出售。这是不是意味着国债有着更大的价格波动风险?未必。它同样取决于国债与高收益债券收益率的相对波动性。

第三节　债券的消极性投资组合策略

一、概述

在债券投资组合管理策略中,采用消极的投资策略还是采用积极的投资策略,主要取决于投资者对债券市场有效性的判断。有效债券市场是指债券的当前价格能充分反映所有有关的、可得信息的债券市场。如果债券价格反映了所有的历史信息,债券市场就是弱式有效市场;如果债券价格反映了所有公开信息,包括历史信息和预期到的与未来有关的信息(如财务报表提供的信息),债券市场就是半强有效市场;如果债券价格反映了所有信息,包括公开和内幕信息,债券市场就是强式有效市场。

如果债券市场是有效的,即债券的价格反映了所有公开、可得的信息,那么,通过寻找错误定价的债券和预测利率走势来获得风险调整后的超额回报率就是不可能的。在有效债券市场上最好的投资策略就是消极的投资策略。消极投资策略的目的不是战胜市场,而是控制债券组合的风险,并且获得与承担的风险相适应的回报率。

一般而言,消极投资策略追求的目标主要有 3 类:一是为将来发生的债务提供足额资金；二是获得市场平均回报率，即获得与某种债券指数相同（相近）的业绩；三是在既定的流动性和风险约束条件下追求最高的预期收益率。与上述3种目标相适应，在债券组合管理的实践中产生了两种主要的消极投资策略：买入并持有策略和指数化策略。

二、买入并持有策略

买入并持有策略是消极型组合投资的一种比较简单的方法，是投资者根据投资目标构造一个投资组合，并持有到债券到期的一种方法。这种方法不需要考虑用积极的交易策略获得高额收益，只需要寻找那些到期期限（或久期）接近于投资者预定的投资期限的债券，尽量减少债券价格和再投资的风险。

由于这一方法对投资者而言没有特别的要求，它是最简单的一种债券组合投资管理方法。在投资实践中，投资经理经常运用并修正买入并持有策略。这种策略是在买入债券之后，当发现该品种有较为有利的价位时，增加其持仓量。对应于此种策略，投资者主要考虑短期债券。这种方法的缺点是资金流动性较差。

三、指数化组合投资策略

债券指数化组合投资在投资管理中，是一种经常运用并且十分重要的方法。

指数化策略是指债券管理者构造一个债券资产组合模仿市场上存在的某种债券指数的业绩，由此使债券资产组合的风险回报与相联系的债券市场指数的风险回报状况相当。虽然指数化策略在其他投资领域是很早就有的事，但是在债券领域，指数化策略是一个相对比较新的现象。

因此，本章将着重论述指数化组合投资方法。指数化组合投资主要有两种情况：一是纯指数化组合投资；二是增强指数化组合投资。

（一）纯指数化组合投资

纯指数化组合投资是一种相对于某个特定的基准，使债券组合的风险最低（同时预期收益率也最低）的方法。这种方法的实质是保证债券投资组合的收益与指数的差距为二者之间的成本差额（费用加上交易成本）。纯指数化组合投资试图完全复制指数，即使自己的投资组合中各类债券的权重与债券指数相一致。因此，这种方法也称为“完全复制法”。然而，在债券市场中，这种方法很难实现，并且成本也很高。这是因为，指数中的许多债券是多年前发行的，其流动性通常并不强，并且在发行时的利率与当前利率差别很大，现在的债券持有者可能不愿意出售所持有的债券。对于国债市场，完全复制法是可行的，而对于机构债券、抵押债券或公司债券市场这样做却不可行。机构债券或公司债券被锁定在机构投资者的长期债券投资组合中，只有当出价特别高时，才能从这些投资者手中购买到这些债券。因此，即使有可能完全复制出一种广泛的债券指数，其结果也是非常低效的。

（二）增强指数化组合投资

增强指数化组合投资包括两种类型：一种是采用主要风险因子匹配来构建组合；另一种是采用少量风险因子不匹配来构建组合。第一种方法需要投资于大样本债券，以便使投资组合的风险因素与指数的风险因素相匹配。这种投资组合如果可以完全实现的话，与完全复制法相比，其月平均跟踪差异较高，但其实现和维护的成本却低很多，因而其净投资绩效将更为接近指数。需要被匹配的风险因素有久期、现金流分配、部门、信用品质、赎回风险。通过匹配的风险因子，在市场发生大的变动时（如企业债券的价差增加、利率水平改变、收益率曲线变形等）能够保持和基准指数同样的变动。通过有效率的构建方法以及在组合选入被低估的债券，增强型组合投资能够取得比纯指数化组合高的收益率。第二种方法允许在风险因素（久期除外）中出现微小的匹配误差，使组合投资倾向于某些特定因素（例如部门、信用品质、期限结构、赎回风险等）。由于匹配（与对跟踪的影响）误差非常微小，它仍可被视为一种增强型指数化组合投资方法。这些额外的增强实质上是在保持与指数相同的方向及暴露于相同的风险因素的同时，采用可进一步缩小与指数距离的调整策略。为成功地实行增强指数化组合投资，有很多种增强策略来弥补由于交易费用和成本带来的跟踪误差。主要包括：成本增强策略、选择发行人增强策略、收益率曲线增强策略、行业和信用品质增强策略、赎回风险增强策略。

四、指数化组合投资的构建和管理

（一）基准指数的构建和选择

运用指数化组合投资时，选定恰当的债券市场指数十分重要，因为它直接决定着投资者的风险收益情况。所以定义基准是指数化投资的第一步，也是最重要的一个环节。一般情况下，对指数化投资的研究通常把国债市场指数当作已知的，进而分析指数基金的有效性和执行策略。不过，为了满足投资理财的需要，产生了许多不同类型的债券市场指数。一些债券指数是用来度量整个市场的业绩，而另一些指数的创建主要用于投资基金的业绩评价，还有一些指数的建立是为了给金融产品创新提供基础。作为固定收益证券指数化组合投资的基准指数，要努力满足多种需求目标，这些需求包括：① 准确的度量市场的业绩和投资者的情绪；② 资产配置；③ 建立其他的投资工具，有效地执行特定的投资策略以及进行风险管理；④ 评价基金经理的业绩；⑤ 对共同基金进行风格分析。所以，合理构建和选择基准指数是指数化投资的关键。

在构建和选择基准指数时应该遵循一些必要的原则：① 要有广泛的市场代表性；② 要具有可投资性和可复制性；③ 采用市场资本化加权；④ 应该保持方法的透明性和一致性；⑤ 必须采用持续的、一致的、合理的维护规则；⑥ 应该被投资者广泛的认可和使用，从而满足投资者多种不同的需要。显然，在基准指数的选择中也存在其他标准，但是以上 6 条标准是最重要的标准，这些标准是构建一个良好的基准指数的基础。

（二）构建指数化组合投资的基本方法

目前，构建指数化组合投资有以下几种基本方法。

1. 采用完全复制方法。指数化组合投资最简单的方法就是采用完全复制法，即按照与基准指数相同的权重持有每一种成分证券，这样指数化组合投资就可以完全复制指数的风险和收益。完全复制方法获得的业绩与基准指数的业绩非常接近，但是并不完全一致。差异主要来自于投资组合调整而产生的交易成本。随着时间的变化，基准指数不断调整其组成债券，指数化组合投资也必须随之调整才能与之相适应，每次调整都面临着交易成本的影响。交易成本和管理费用对指数化组合投资的收益率会产生负面影响。在美国，大多数指数基金都采用完全复制方法构建投资组合，因为投资组合构成上任何微小的差异都会产生跟踪误差。但是，尽管简单，不论从概念上还是从计算上，完全复制方法存在一定的缺点：① 当指数中的成分债券进行调整时，投资组合中的每一种债券都需要进行调整以反映指数新的权重；② 当一些组成债券缺乏流动性或者组成债券的流动性高度不平衡时，采用完全复制的指数基金承受较大的交易成本，产生较大的跟踪误差。因为完全复制方法是一种成本非常高的指数化投资方法，所以在这种情况下，就需要构建一个与指数不同的投资组合：该投资组合的交易成本要低于构建完全复制的投资组合，同时要与指数高度相关。

2. 抽样复制方法。抽样复制方法是指复制基准指数的业绩的过程中不购买所有的组成债券，而是采用部分有代表性的债券复制指数。抽样复制的优势在于有许多方法进行抽样，包括随机抽样、大量持有、分层抽样和优化。不论采用何种抽样方法，第一步都要确定构建投资组合所需要债券的数量。很明显，随着债券数目的增加，跟踪误差就会下降。这样，跟踪投资组合中债券的数目取决于投资者的风险厌恶程度。风险厌恶程度较高的基金经理偏好较小的跟踪误差，所以需要使用更多的债券构建投资组合；而对于风险厌恶程度较低的基金经理可能选择持有少量的债券，承担较大的跟踪误差。

3. 大量持有法。大量持有是比较简单的方法，它根据指数的编制原理选择债券，大量持有对指数影响大的债券。隐含在这种方法背后的逻辑非常简单。大部分指数的收益率可能取决于一些相对数目较少的高权重的债券，所以这种方法可以获得与指数近似的收益率。当然，与其选择大量持有发行规模大的债券，也可以根据其他的标准选择所持有的债券，比如选择具有高换手率的债券，选择相对换手率较高的债券。但是，如果最终的投资组合只是所选债券的资本化加权的投资组合，那么这个投资组合通常不是所选债券的最优组合。所以，在给定跟踪投资组合中债券的数目以后，需要通过优化方法建立跟踪误差最小化的复制投资组合。大量持有方法的主要缺陷在于缺乏风险控制。

4. 分层抽样方法。分层抽样方法是一种能够进行部分风险控制的方法。分层抽样方法通过建立与指数具有相同风险暴露的投资组合，以使得跟踪风险最小化。这种过程将样本分解为许多“细胞”，然后从这些细胞中选择所投资的债券。跟踪指数的准确程度取决于基准组合与复制组合之间的差异。如果两者之间的差异小，跟踪效果就会较好，残差风险也会很小。分层抽样提供了一定程度的风险控制，但是这种风险控制是不够的。原因在于残差风险由两部分构成：特殊风险和超市场协方差(XMC)。特殊风险是与个别债券相关的风险，是与其他债券的特殊风险相互独立的。为了使一个投资组合与每个债券的特殊风险免疫，投资组合中每个债券的权重应该与指数中的权重相一致。此外，残差风险还存在其他成分，即超市场协方差(XMC)。XMC是来自于经济中基本因素的风险。当投资组合与指数对这些因素存在不同的风险暴露时，就存在超市场风险。由于抽样方法从发行规模大的债券开始抽样，就会减少发行规模小的债券的持有量，增加对一些因素的风险暴露，不能有效控制XMC。所以，当投资组合与指数存在差异时，投资组合相对基准指数就会产生残差风险。在这种情况下，抽样方法失败。同样，抽样方法也不能控制指数化组合投资的系统风险。系统风险取决于头寸的大小以及选择债券的范围。抽样方法可能过多的持有发行规模大的债券，从而减低系统风险，但是不能控制系统风险。最后，使用抽样方法不会明确理解增加或删除一只债券所带来的相对利益或成本。在修正投资组合时这个问题尤为重要，因为在跟踪指数时，必须比较交易成本和相关利益。因为没有定量度量跟踪误差，不会知道是否交易成本会对投资组合产生的具体影响。换句话说，抽样方法不能说明交易成本是有益的还是无益的。

5. 优化方法。优化方法是一种能够有效控制风险的方法，基本的思路是在给定债券数目的前提下，建立一个具有最小跟踪误差和最低交易成本的投资组合。在优化方法中结合了风险的预测，以期找到一个具有最小跟踪误差的投资组合，同时维持较低的交易成本。优化过程是通过多次反复实现的，即在某一时间建立一个投资组合进行一次"交易"，在每次交易之后度量预期跟踪误差，直到预期跟踪误差通过反复也不能得到改善，最后完成投资组合的构建。目前，投资组合优化主要的方法是线性规划、二次规划和基于 VAR 的组合投资优化，每种方法都有其相对的优点和缺点。

6. 方差最小化法。方差最小化法是最复杂的方法。需要使用历史数据来估计指数中每个债券的跟踪误差的方差。首先为每个债券估计一个价格函数。该价格函数包含两组因素：① 以理论即期利率贴现该债券的现金流；② 其他因素，如久期或者部门特征。选取大规模的债券总体和技巧的统计技巧，可以由历史数据估计价格函数。价格函数确定之后，便可以建立跟踪误差方程。接下来要构建指数化资产组合的跟踪误差的方差最小。由于该变量是一个二次函数（基准收益与资产组合收益之差的平方），以最小化跟踪误差为目标的最优指数化资产组合应使用二次规划。

（三）指数化组合投资方法选择的基本原则

目前，对于指数化投资方法的选择还没有统一的标准，但是有一点是明确的，那就是所有的指数化组合投资方法都具有可选择性，选择何种方法取决于现实条件。

具体来讲，指数化组合投资方法的选择应该服从以下基本原则：

1. 满足特定的投资目标

任何投资方法必须满足特定的投资目标，服务于特定的投资目标，指数化组合投资也不例外。总的来说，主要有两种类型的指数基金：被动管理的指数基金和增强型指数基金。最流行的是被动管理的指数基金，它的基本目标是紧密地跟踪特定的基准指数，这些基金基本上都采用完全复制方法，即持有全部的或大部分组成债券。增弧型指数基金努力获取超过目标基准的收益，因此大部分基金都使用了"收益提升技术"。一些基金经理使用杠杆来提升收益，另一些基金经理使用抽样技术，还有一些基金经理利用"倾斜投资"或使用衍生工具。

2. 建立针对特定基准指数的组合投资

选择指数化组合投资方法必须充分考虑到基准指数的结构。在理想状态下，如果存在构建良好的指数，那么采用完全复制将是主流的指数化投资方法。对于一些设计不良的市场指数以及成分债券缺乏流动性的市场指数来说，采用抽样复制为基础的方法是非常有益的。一般来说,如果一个基准指数中包含的债券较少,而且每一个组成债券具有足够的流动性,交易成本也不高,采用完全复制方法是可行的。与此相反,如果一个基准指数含有太多的债券,而且大部分债券缺乏流动性,那么就应该选择抽样复制的方法。

3. 在跟踪误差和交易成本之间作出适当的平衡

成功的指数化组合投资需要在跟踪误差和交易成本之间作出适当的平衡。有许多方式可以获得这种平衡。在这些方法中,一些方法简便易行,比如选择大量持有一些组成债券。而另一些方法非常复杂,在优化方法中结合了风险的预测,以期找到一个具有最小跟踪误差的投资组合,同时维持较低的交易成本。交易成本主要与指数化投资组合中的债券数目有关,而债券数目又直接影响到了跟踪误差的大小。一般来说,持有的成分债券越多,跟踪误差就会越小,持有的成分债券越少,跟踪误差就会越大。

4. 在跟踪误差和超额收益之间作出适当的平衡

从竞争的角度来看,对于指数基金,获取超额收益非常重要。如果所有基金采用同样方法跟踪指数,则对于这些基金来说竞争的基础是成本(我们的收费最低)。然而,如果某些基金牺牲一定程度的跟踪误差,获得了高于指数的收益(超额收益>0),则竞争的基础将改变(我们的基金能获得超越指数的收益)。所以,在选择具体指数化组合投资方法时,指数基金应该在跟踪误差和超额收益之间作出适当的平衡。如果基金的首要目标是要获取竞争优势,就应该适当放宽对跟踪误差的限制,选择更加灵活的投资方法,比如使用衍生工具和利用杠杆投资。相反,如果基金的首要目标是控制跟踪误差,就应该选择较为保守的投资方法。

第四节　债券的积极性投资组合策略

一、概述

积极的债券管理者认为债券市场并非那么有效,所以明智的投资人总是能够把握机会战胜市场(获得超过市场平均收益的超额回报)。此类投资者认为市场无效主要体现在债券定价错误和市场利率波动的可预测性。基于此,债券管理者进行债券选择,力图识别定价错误的债券或对市场利率作出精确的预测以把握市场时机进行买卖。积极的债券管理一般都是这两种方法的结合使用。

固定收益证券的积极型组合投资,是指总体目标在一定风险程度范围内,对固定收益证券进行最优选择,以此获取预期报酬最大化。由于涉及期望收益,投资者必须预测影响固定收益证券报酬的因素,如利率水平的变化、长短期利率相对改变、各种类型固定收益证券的利差变化等,因此投资者是否具有预测能力及预测的准确与否,将直接影响到积极型组合投资的绩效;同时,投资者有必要积极寻找价格被错估的固定收益证券,抛售高估固定收益证券,买进低估固定收益证券。固定收益证券的积极型组合投资适用于低效率市场,投资者寻求"错误定价",积极进行组合调整,在承受一定风险后,获取超额报酬。

主要的方法有：① 利率预期策略；② 估价分析策略；③ 信用分析；④ 收益率差分析；⑤ 债券互换；⑥ 利用收益率曲线策略。

二、利率预期策略

利率预期策略又称为久期策略。一个管理人如果相信自己能够正确预期未来的利率水平，他就会根据预期来改变组合的久期。由于久期是对利率敏感性的衡量，那么当预期利率下降时就应该增加久期而预期利率上升时缩短久期。对于选取某债券指数为基准的管理人而言，这就等于相对指数增加或缩短久期。客户可能会限制久期对指数的偏离程度。

要改变组合的久期可以将原有的债券与具有目标久期的债券互换。不过，改变久期另一个更有效的方法是利用远期利率合约。买入远期可以增加久期，相应地卖出可以减少久期。

积极策略最关键的当然是正确预期未来利率变动方向的能力。学术研究并不认为利率可以被正确预期从而获得持续的风险调整后的超额回报，所以在远期利率上能否获得持久的超额回报是值得怀疑的。虽然管理人不一定采用基于利率预期的各级策略，但是为了弥补低于指数的表现，他们却常常采用利率预期策略。比如，假定某管理人的投资期限为 1 年，在距此 3 个月前，如果组合的表现低于指数，那么管理人为了保持投资账户可能就会在利率上下注，此时如果正确就可以保留账户。当然，如果失误就会使组合的表现更加劣于指数。当利率预期失误时，有可能不管先前的表现如何，投资账户都会遭受损失。客户为了避免这一类的赌注，可以在组合久期偏离指数的程度上作出限制。同样，在评估管理人绩效时如果进行因素剥离就能更好地计算出基金表现中有哪些部分是由利率水平的变动引起的。

三、估价分析

估价分析是投资经理依据债券的内在价值对债券组合进行重构和调整。债券价值是由它的特征和市场上这些特征的平均值所决定的。在完成债券的估价后，应当将得出的债券价值和当前的市场价格进行对比，从而确定哪些债券被高估，哪些债券被低估。依据投资者对特征成本的分析，应该买进被低估的债券，而抛售或回避被高估的债券。

四、信用分析

信用分析策略是指通过对债券发行者的详细分析，以确定其违约风险的预期变化。信用分析试图解释债券信用等级的变化，并应用这一策略购买信用等级预期上调的债券，而卖出或回避信用等级下调的债券。

五、收益率差分析

收益率差分析是假设不同种类的债券之间存在一定的关系（比如长期国债与短期国债之间、工业债券和公用事业债券之间存在收益率差），因此债券基金经理一旦发现异常情况出现，就立即抓住时机进行调期。不同期限之间的利率差主要通过收益率曲线的形状来体现，收益率曲线上的间断点往往成为投资调整的对象。如果预期收益率曲线基本维持不变，且目前收益率曲线是向上倾斜的，则可以买入期限较长的债券；如果预期收益率曲线变陡，则可以买入短期债券，卖出长期债券；如果预期收益率曲线将变得较为平坦时，则可以买入长期债券，卖出短期债券。如果预期正确，上述投资策略可以为投资者降低风险，提高收益。

六、债券互换

债券互换就是同时购买和出售具有相似特性的两个以上债券，从而获得收益级差。不同债券之间的差异，如票息、违约风险、利率、久期、税负、可回购条款、市场流动性等诸因素，决定了债券互换的潜在可获利性。债券互换可用来提高当前收益率和到期收益率，并利用利率的变动和收益率差的调整来获利，并能提高投资组合质量以及用于税负减免等目的。在评估债券时，投资者一般都要考虑如下两个方面以决定是否进行互换操作：高收益级差和短过渡期。过渡期是债券价值从偏离值重新返回平均值的时间。总而言之，收益级差越大，过渡期越短，投资者从债券互换中获得的回报率就越高。目前债券互换主要有 3 种类型：替代互换、跨市场利差互换、税差互换。

（一）替代互换

替代互换是指将债券组合中的债券转换为市场上同质但收益率更高的债券。这里的同质债券主要是指两种债券在票面收益率、期限结构、风险等级、赎回特征等方面基本上是相同的。采用替代互换策略的原因是债券管理者认为市场对这两种债券的定价存在错误，或者说两种债券的收益率差异不合理。随着时间的推移，这两种债券的不合理比价关系会消失，那么这种价格的不一致必会带来获利的机会。

当两种债券的收益率出现暂时的不一致时，投资者也可以通过买入价值低估（收益率高估）同时卖空价格高估（收益率低估）的债券，将来当两种债券的价格一致时投资者就可以获得超额利润。当然，债券互换策略也适用于债券组合的互换。

需要特别注意的是，两种同质债券的收益率存在差异，很可能是两种债券的风险、流动性或凸性不一致，而债券市场正确地确定了债券的价格。在这种情况下，替代互换就无法获得超额利润。

（二）跨市场利差互换

跨市场利差互换是指利用两类市场（如国债市场与公司债券市场）收益率差额的不合理，从一个收益率低的市场转移到收益率高的市场以获得额外收益。这种策略是在对市场正常收益率差额预测与现行市场实际收益率差额比较的基础上进行的。同时，债券投资者相信利差的实际值与预测值不一致只是暂时的情况，随着时间的推移这种偏离现象会逐渐消失。其实，跨市场利差互换策略的基本思想还是发掘错误定价的债券，与替代互换策略关注同类债券比价（收益率关系）是否合理不同，这种策略关注的是不同类型债券的利差是否合理，卖出（卖空）收益率偏低的债券或买入收益率偏高的债券。但是，这里要注意一个问题，就是对不同种类的债券利差的判断问题。由于不同种类的债券的利差决定受多种因素的影响，所以一定要判断清楚两种债券的利差是不是由于市场环境的变化而造成的，如经济周期处于繁荣阶段导致公司违约风险减少，违约风险报酬就会下降。在这种情况下，公司债券与政府债券的利差就会比历史平均值要小。也就是说，此时利差的变化只能看成是正确地反映了风险变化的一个调整而已。在这种情况下债券投资者采用跨市场利差互换策略就无法获得超额回报率。

（三）税差互换

税差互换是指通过债券的互换而获得纳税方面的好处。这实际上是一种利用税收优势的互换操作。

七、利用收益率曲线策略

自上而下的收益率曲线策略是指根据债券收益曲线来构造资产组合，将预期到的变动资本化。

1. 子弹策略：子弹策略将偿还期限高度集中于收益率曲线上的一点。

2. 哑铃策略：哑铃策略将偿还期限集中于两个极端。在实际操作中，哑铃策略是相对于子弹策略来说的。

3. 梯形策略：梯形策略中，每个偿还期限的债券所占比重差不多。收益率曲线变动时，根据不同策略构造的组合的表现各不相同，具体表现取决于变动的类型和变动的规模。因此，并不存在一般意义上的最优收益率曲线策略。

【能力训练】

一、选择题

1. 大多数债券价格与收益率的关系都可以用一条（　　）弯曲的曲线来表示，而且（　　）的凸性有利于投资者提高债券投资收益率。

A. 向下，较高　　B. 向下，较低　　C. 向上，较高　　D. 向上，较低

2. 下列关于收益率曲线叙述不正确的是（　　）。

A. 将不同期限债券的到期收益率按偿还期限连接成一条曲线，即是债券收益率曲线

B. 它反映了债券偿还期限与收益的关系

C. 理论上，应当采用零息债券的收益率来得到收益率曲线，以此反映市场的实际利率期限结构

D. 收益率曲线的斜率总是大于零

3. 当收益率为 9%时某债券的价格为 98 元，当收益率为 9.01%时价格为97.05 元，收益率为 10%时价格为 92 元，其基点价格是（　　）元。

A. 0.95　　B. −0.05　　C. 6　　D. −6

4. 某零息债券面值 100 元，2 年后到期，当前市价 95 元，2 年期市场利率为 15%，则该债券的久期为（　　）。

A. 1　　B. 2　　C. 0.15　　D. 1.1

5. 假设其他因素不变，久期越(　　)，债券的价格波动性就越(　　)。

A. 大，小　　B. 大，大　　C. 小，不变　　D. 小，大

6. 下列关于收益率曲线叙述不正确的是(　　)。

A. 将不同期限债券的到期收益率按偿还期限连接成一条曲线，即是债券收益率曲线

B. 它反映了债券偿还期限与收益的关系

C. 理论上，应当采用零息债券的收益率来得到收益率曲线，以此反映市场的实际利率期限结构

D. 收益率曲线的斜率总是大于零

二、简答题

1. 简述构建指数化组合投资的基本方法。

2. 简述债券投资组合的风险。

3. 简述优化方法的基本思路。

【参考答案】

一、选择题

1. A　大多数债券价格与收益率的关系都可以用一条向下弯曲的曲线来表示，这条曲线的曲率就是债券的凸性。凸性对于投资者是有利的，在其他情况相同时，投资者应该选择凸性更大的债券进行投资。尤其是预期利率波动较大时，较高的凸性有利于投资者提高债券投资收益。

2. D

3. A　基点价格是指应计收益率每变化1个基点时引起的债券价格的绝对变动额。即：98－97.05＝0.95元。

4. B　零息债券的久期等于预期偿还期限，故该债券的久期为2。

5. B　久期是测量债券价格相对于收益率变动的敏感性指标。

6. D

二、简答题

1. (1) 采用完全复制方法。

(2) 抽样复制方法。

(3) 大量持有法。

(4) 分层抽样方法。

(5) 优化方法。

(6) 方差最小化法。

2. 利率风险、再投资风险、流动性风险、经营风险、购买力风险、汇率风险、赎回风险。

3. 优化方法是一种能够有效地控制风险的方法，基本思路是在给定债券数目的前提下，建立一个具有最小跟踪误差和最低交易成本的投资组合。在优化方法中结合了风险

的预测，以期找到一个具有最小跟踪误差的投资组合，同时维持较低的交易成本。优化过程是通过多次反复实现的，即在某一时间建立一个投资组合进行一次“交易”，在每次交易之后度量预期跟踪误差，直到预期跟踪误差通过反复也不能得到改善，最后完成投资组合的构建。

第十一章　证券投资基金的财务报表分析

【学习要点】本章主要讲述证券投资基金财务报表分析的相关理论，内容主要包括：财务报表分析的定义、目标及分析方法；证券投资基金财务报表分析的含义、组成部分及其与企业财务报表分析相比的特殊性；证券投资基金财务报表分析的主要方法，包括比率分析法、比较分析法及相关的财务指标分析方法；证券投资基金财务报表分析应注意的问题及相关技巧。

【重点难点】本章的学习，应重点掌握证券投资基金财务报表分析的知识，能够根据证券投资基金年报的财务报告部分，结合实际情况，进行财务报表分析工作。难点是证券投资基金财务报表分析与企业财务报表分析内容上有一定差别。

专栏介绍

知识经济替代工业经济是一次划时代的革命，对社会的影响比工业经济替代农业经济更深远、意义更重大。随着知识经济时代的到来，形成并发展于工业经济时代的公司财务理论在许多方面显示其不适应性，因而必须考虑其创新与发展问题。根据《关于基金管理公司及证券投资基金执行〈企业会计准则〉的通知》的有关规定，证券投资基金于 2007 年 7 月 1 日执行新会计准则。新的会计准则对证券投资基金的财务报表披露提出了新的要求，比如在新准则颁布以前，所有者权益（基金净值）变动表并不是主要报表，在基金公司的财务报告中，它仅作为附表在“会计数据和业务数据摘要”中列示。然而在新颁布的会计准则——《财务报表列报》中，所有者权益（基金净值）变动表脱颖而出成为主要报表之一，其地位和作用令人刮目相看。所有者权益变动表标志着我国在变革收益报告方面终于有了实质性的进步。所有者权益变动表列示了所有者权益的增减变动情况，有利于财务报表的使用者进一步了解基金的净值状况。近年来，证券投资基金尤其是开放式基金在我国已蓬勃发展。对投资者来说，投资的效率在很大程度上取决于市场上信息的流通效率，及时、全面、准确地获得有关基金的信息是投资基金的必要前提。

第一节　财务报表概述

财务分析有助于了解一个企业经营业绩和财务状况的真实面目，从晦涩的会计程序中将会计数据背后的经济含义挖掘出来，为投资者和债权人提供决策基础。

一、财务报表分析的定义

财务报表分析，又称公司财务分析，是通过对公司财务报表的有关数据进行汇总、计算、对比，综合地分析和评价公司的财务状况和经营成果。它属于会计分析的重要组成部分。会计分析一般包括事前的预测分析、事中的控制分析、事后的总结分析。财务报表分析属于定期进行的事后总结分析，是财务报表编制工作的延伸和深化。

二、财务报表分析的内涵

1. 财务报表分析是在企业经济活动分析、财务管理学和会计学的基础上形成的一门综合性、边缘性学科。

2. 财务报表分析有完整的理论体系和方法体系。

3. 财务报表分析有系统、客观的资料依据，它的最基本资料是财务会计报表。

4. 财务报表分析有明确的目的和作用。

三、财务报表分析主要目标与功能

1. 对于公司的经营管理人员。他们通过分析财务报表判断公司的现状及可能存在的问题，以便进一步改善经营管理。

2. 对于公司的现有投资者及潜在投资者。他们通过对财务报表所传递的信息进行分析、加工得出反映公司发展趋势、竞争能力等方面的信息，计算投资收益率、评价风险，比较本公司和其他公司的风险和收益，决定自己的投资策略。

3. 对于公司的债权人。债权人通过密切观察公司有关财务情况、分析财务报表，得出对公司短期偿债能力和长期偿债能力的判断，以决定是否需要追加抵押和担保，是否提前收回债权等。

四、财务报表分析的方法与原则

财务报表分析的方法主要有单个年度的财务比率分析、不同时期比较分析、与同行业其他公司之间的比较分析 3 种。

1. 财务比率分析是指对某公司一个财务年度内的财务报表各项目之间进行比较，计算比率，判断年度内偿债能力、资本结构、经营效率、盈利能力情况等。

2. 对本公司不同时期的财务报表进行比较分析，可以对公司持续经营能力、财务状况变动趋势、盈利能力作出分析，从一个较长的时期来动态地分析公司状况。

3. 与同行业其他公司进行比较分析可以了解公司各种指标的优劣，在群体中判断个体。

使用本方法时常选用行业平均水平或行业标准水平，通过比较得出公司在行业中的地位，认识优势与不足，真正确定公司的价值。

财务报表分析的原则主要有：坚持全面原则、坚持考虑个性原则。

第二节　证券投资基金财务报表概述

一、证券投资基金财务报表的定义

证券投资基金的财务报表是投资基金财务状况报告的一个重要组成部分，它是广大投资者了解投资基金运营状况与收支状况的主要依据。封闭式基金和开放式基金由于运作方面存在的差异，导致它们所需公开的财务报表并不完全一致。对于开放式基金来说，由于其运营较复杂，因此除需公开基金资产负债表、利润表、所有者权益（基金净值）变动表外，还要公开基金单位的净资产值和分配记录等内容。证券投资基金的财务报表是指根据会计账簿记录的有关资料，按照规定的报表格式，总括反映一定期间证券投资基金的经营活动、财务成果及净值变动情况的一种报告文件。

二、证券投资基金财务报表的特殊性

证券投资基金财务报表的特殊性体现在以下方面：

1. 会计主体是证券投资基金。基金会计的责任主体是对其进行会计核算的基金管理公司与基金托管人，其中前者承担主会计责任。

2. 突破了会计确认的现实原则。确认的会计实现原则是指会计只对“已发生”或“已实现”的经济交易、事项或情况进行确认，而对于“未实现”的经济交易、事项或情况则不能加以确认。

3. 采用公允价值计量属性。与其他会计主体相比，基金计量的明显特征在于：其计量属性为公允价值而非历史成本。会计披露是指以会计报告为核心进行的信息披露制度。

4. 逐日对基金资产进行评估，并计算基金资产净值。

5. 证券投资基金的财务报表披露内容更丰富。

证券投资基金财务报表披露的特殊性体现在以下两个方面：一方面，基金资产负债表建立在公允价值基础之上，而企业资产负债表则以历史成本为基础；另一方面，基金经营业绩表所包括的内容涵盖了基金所取得的所有已实现收入与未实现利得，但企业收益表却只反映已实现收入。

三、新会计准则对证券投资基金的影响

新会计准则的实施，会给基金公司管理的基金带来两方面的影响：

（一）体现在公允价值上

新会计准则引入了公允价值计量的要求，对于股票投资来说，这与基金现行的估值方法并没有不同。但在债券投资上则存在公允价值如何确定的问题。目前，中短债基金和货币市场基金都采取摊余成本法辅以影子定价法。实行新的会计准则则意味着中短债基金要由过去的摊余成本法变为公允价值法。同时，由于债券交易方法带来的公允价

值难以确定的问题，这需要一个具体的操作指引。

（二）影响净值和分红

对于公允价值计量模式的严格要求可能影响基金净值，这一点对货币型基金影响尤大；另一方面，新会计准则中要求交易性证券投资期末应按交易所市价计价，公允价值的变动计入当期损益，这可能在理论上影响证券投资基金的分红规模。

例如，2008 年如果基金的分红依据新会计准则，投资股票浮动盈利部分都可以分红，基金的分红规模比原有会计核算办法有非常大的提高。

新会计准则在基金行业中的实施，将有利于促进基金信息披露质量的提高，促进基金管理公司完善业务流程，提升基金运作水平，健全内控机制，积极开展创新活动。同时，有助于提高监管效率，更好地保护基金份额持有人的合法权益。

四、证券投资基金财务报表的主要组成部分

（一）资产负债表

资产负债表包括基金的资产、负债和基金的净资产三部分，它反映的是在某一时点上，基金资产存量以及基金公司为了取得这些资产而形成的负债和股东权益的总量，是一个静态报告书（指到某一时点上的具体数值）。

（二）利润表

利润表是反映企业在一定会计期间经营成果的报表，又称为动态报表、损益表、收益表。证券投资基金的利润表包括基金取得的收入和发生的费用，它是按照权责发生制的原则，反映基金会计年度的经营成果的动态报告（在多个时点上的多个数值）。

（三）所有者权益（基金净值）变动表

基金净值变动表属于动态报表，从左到右列示了基金净值的组成项目，自下而上反映了各项目年初至年末的增减变动过程。

从反映的时间看，基金净值变动表列示两个会计年度基金净值各项目的变动情况，便于对前后两个会计年度的基金净值总额和各组成项目进行动态分析。基金净值变动表反映的是一定时期基金净值的变动情况，也是考察基金资金流动的重要依据。尤其是开放式基金规模不固定，可以自由申购与赎回，因此透过该表可以分析开放式基金的资金流动情况，其意义重大。

五、证券投资基金主要会计数据和财务指标

与财务数据不同的是，财务指标具有一个特定的含义，比如可以反映基金公司经营效用的单位基金净收益和反映盈利能力的基金净资产收益率以及单位可分配净收益、单位净值、净值增长率、累计净值增长率等。

第三节 证券投资基金财务报表分析的主要方法

一、比率分析的方法

财务比率最主要的好处就是可以消除规模的影响，用来比较不同证券投资基金的收益与风险，从而帮助投资者和债权人作出理智的决策。它可以评价某项投资在各年之间收益的变化，也可以在某一时点比较不同的证券投资基金。由于不同的决策者信息需求不同，所以使用的分析技术也不同。

（一）资产负债表项目

1. 负债比率＝负债/资产×100％

负债比率又称财务杠杆，可以反映基金的负债水平究竟有多大，所有者（基金持有人）所拥有基金资产的比率有多大。资产负债率反映在总资产中有多大比例是通过借债来筹资的，也可以衡量企业在清算时保护债权人利益的程度。这个指标反映债权人所提供的资本占全部资本的比例。这个指标也被称为举债经营比率。从股东的立场来看，在全部资本利润率高于借款利息率时，负债比例越大越好，否则相反。

2. 流动比率＝流动资产/流动负债×100％

这项比率是评价企业用流动资产偿还流动负债能力的指标，说明企业每一元流动负债有多少流动资产可以用作支付保证。对于证券投资基金来说，该指标可以反映基金流动比率。流动资产包括现金、存款、应收款、有价证券等。由于投资基金主要投资于有价证券，所以基金公司的流动比率应比较高，通常认为要达到2以上，才表明基金公司有足够的清偿能力和经营能力。

3. 估值增值/总资产

在资产一项中，有股票、债券估值增值这两项，因其并未实际变现成为实际资产，有可能因为市场上行情的变动而发生巨大波动。所以可以采用“估值增值/总资产”的方式，可以看出基金资产中结构不稳定的部分的比率。

4. 现金（包括银行存款）/资产

基金管理公司在进行投资运作时，必须保持一部分的现金来支付如红利及其他一些费用。但这部分比率不能太高，因为现金产品基本上是非盈利资产，可能反映基金管理公司在现金使用上存在的问题，影响公司的盈利能力。一般来说，现金（包括银行存款）/资产大约在10％比较合理。

（二）利润表项目

1. 股票买卖价差收入/基金的经营收入

真正反映基金公司经营水平的收入是股票和债券的买卖价差收入，其他一些收入由于受到国家政策的扶持并不能代表基金的经营水平。我们可通过股票买卖价差收入/基金的经营收入（总收入）的比率来判断基金的实际经营效果。

2. 收入(总收入)/总费用的比率水平

1 单位的费用获得 1 单位的收入和 2 单位的费用获得 1 单位的收入，其资金使用率是不一样的。我们可通过收入(总收入)/总费用的比率水平来了解基金的资金使用效率。一般来说，该比率越高，资金使用率越高，基金公司的资金使用情况就越让人放心。

(三) 注意事项

在对年度财务报表所提供的数据进行财务分析后，我们应注意在上面的比率分析中，除了注意数值的准确性以外，还应注意 3 个问题：

1. 注意比率的横向比较

对本基金公司的资产结构、资本构成以及经营效率指标，如资产周转率、流动比率、速动比率等，应当在同其他基金的平均水平进行比较后才能判断其优劣及合理性。

2. 注意纵向比较

比率分析所使用的数据是历史数据，这对于预测基金公司的未来发展趋势并不是绝对可靠的。因此，投资者应当将公司财务报表提供的本年度指标与公司前几年的指标预测值结合起来进行比较分析，才有利于提高预测的准确度和合理度。

3. 注意全面衡量，善于进行综合分析

投资者在进行比率分析时，切忌孤立地分析某一指标，而应当综合公司财务活动的各方面指标进行综合分析，才能正确评价公司的经营效益。

二、比较分析法

有比较才有鉴别，简单地对一家基金进行分析很难看出该基金的业绩好坏，而且只对基金年报进行分析，不对基金的过去表现和现在表现有所了解，得出的判断往往很片面，这就需要对基金进行横向和纵向的比较，并运用上面提到的比率水平。

比较分析有以下几个原则：

1. 项目比较

一般在分析资产负债表时，应将资本总额与负债总额进行比较以及将不同项目所列的数字进行比较，如基金收入与基金费用比较，进而研究基金公司的财务结构和经营结构是否合理。

2. 历史比较

进行财务报表分析时应将过去一定时期的有关数据与年报进行比较，如将基金在年度内每周提供的基金净值与年报中的基金净值比较，分析基金净值增长是否处于稳步发展的水平，是否存在年末基金重仓股强力影响基金净值的可能，用以分析目前基金经营业绩和发展趋势，为投资者投资或选择基金提供参考。

3. 同业比较

基金年报很重要的一个作用便是可以比较相同性质的基金的发展水平。如成长型与成长型基金之间进行比较，如比较基金的净值增长率、基金的分配比例等。

如此，可以帮助投资者了解该基金在同业中的地位，便于投资者进行投资抉择，同时还可以促进基金管理者调整其经营策略，提高对投资者的吸引力。

三、主要财务指标分析

主要财务指标浓缩了基金上一年度运营业绩。纵向比较这些财务指标，可以得出基金业绩增长的持续性和稳定性；横向比较这些指标，可以判断该基金在基金业中的排名情况及比较优势。

1．基金单位

基金单位是指基金发起人向不特定的投资者发行的，表示持有人对基金享有资产所有权、收益分配权和其他相关权利，并承担相应义务的凭证。

2．基金资产总值

基金资产总值是指基金购买的各类证券价值、银行存款本息以及其他投资所形成的价值总和。

3．基金资产净值

基金资产净值是指基金资产总值减去按照国家有关规定可以在基金资产中扣除的费用后的价值。若想判断一个基金的大致表现，可以观察一定时期内该基金资产净值的变化情况，并将它与市场以及其他同类基金的变动幅度加以对比。通过对比，可以大致确定基金表现的好坏。

4．每一单位基金资产净值

每一单位基金资产净值是指计算日基金资产净值除以计算日基金单位总数后的价值。一般来说，折价率越低，风险就越小。

5．基金收益

基金收益包括基金投资所得红利、股息、债券利息，买卖证券价差，存款利息以及其他收入。

6．基金净收益

基金净收益是基金收益减去按照国家有关规定可以在基金收益中扣除的费用后的余额。

7．单位基金可分配净收益

单位基金可分配净收益如果是负数，该投资基金就不能分红。如果是正数，它就是投资者可能获得的最大现金分红。根据有关规定，基金分红不得低于可分配净收益的90％。

8．本期基金净值增长率

该指标反映了报告年度基金净值的增长情况，是体现基金管理人投资水平的主要指标，该指标可以与报告年度市场的整体涨、跌幅进行比较。

【案例实证】

表 11－1 资产负债表

会计主体：景顺长城鼎益股票型证券投资基金

报告截止日(2008 年 12 月 31 日)

资产负债表				
单位：元	2008－12－31	2008－06－30	2007－12－31	2007－06－30
资产				
股票投资成本	—		—	9 024 633 519.88
债券投资成本	—	—	—	993 174 280.22
国债投资成本	—	—	—	0.00
可转换债券投资成本	—	—	—	0.00
买入返售债券成本	0.00	—	2 764 002 240.00	0.00
其他投资成本	—	—	—	0.00
股票投资估值增值	—	—	—	－329 039 952.99
债券投资估值增值	—	—	—	0.00
其他投资估值增值	—	—	—	0.00
现金	—	—	—	0.00
银行存款	342 559 316.81	1 151 643 018.28	787 138 397.78	3 537 131 680.07
应收股利	0.00	1 242.00	0.00	6 084 837.13
利息合计	50 630 646.55	17 767 881.68	15 812 619.95	3 668 957.14
应收利息银行利息	—	—	—	0.00
交易保证金	918 885.02	4 550 474.89	5 813 955.51	1 878 350.67
清算备付金	3 183 295.30	6 677 958.45	11 234 526.47	7 606 361.63
应收股票清算款	0.00	889 471 290.00	0.00	0.00
新股申购款	388 275.04	10 554 671.89	56 672 657.50	5 900.00
应收账款	—	—	—	0.00
待摊费用	—	—	—	0.00
其他应收款项	0.00	—	0.00	0.00
基金资产总值	7 066 023 549.85	9 902 606 409.60	19 205 785 723.15	13 269 525 016.29

续表 11-1

负债				
应付基金管理费	9 236 411.51	13 195 472.62	23 259 885.91	7 975 283.49
业绩报酬	—	—	—	0.00
应付基金托管费	1 539 401.90	2 199 245.44	3 876 647.65	1 329 213.93
应付收益	0.00	—	0.00	0.00
卖出回购债券款	0.00	—	0.00	0.00
应付账款合计	—	—	—	0.00
应付购买股票清算款	0.00	—	0.00	350 832 501.20
应付配股款	—	—	—	0.00
应付佣金	1 669 918.69	2 957 111.81	8 438 406.17	12 491 076.67
其他应付款项	890 617.75	1 119 946.08	1 285 418.28	502 300.00
应付利息	0.00	—	0.00	0.00
应付赎回款	2 294 854.12	34 349 624.38	115 780 640.23	14 984 415.52
应付赎回费	—	—	—	56 522.10
未交税金	0.00	—	0.00	0.00
提取费用	—	—	—	230 054.28
负债总额	15 631 203.97	53 821 400.33	152 640 998.24	388 401 367.19
基金单位总额	9 791 988 787.71	10 391 710 478.74	11 890 745 112.03	11 313 211 074.73
未分配净收益	−2 741 596 441.83	−542 925 469.47	—	357 423 648.63
未实现估值增值	—	—	—	1 210 488 925.74
基金资产净值	7 050 392 345.88	9 848 785 009.27	19 053 144 724.91	12 881 123 649.10
负债及持有人权益合计	7 066 023 549.85	9 902 606 409.60	19 205 785 723.15	13 269 525 016.29

分析提示：对证券投资基金资产负债表的财务分析可得出如下结论：

第一，负债比率越高，债权人所受的保障就越低。但这并不是说明负债比率越低越好，因为一定的负债表明基金的管理者能够有效地运用基民的资金，帮助基金管理者进行较大规模的投资，所以负债比率过低说明企业没有很好地利用其资金。经计算该基金2008年的负债比率为0.22，比2007年的0.79较低，说明该基金的负债水平降低。

第二，在“资产”一项中，该基金股票、债券估值增值这两项为0，可以看出基金资产中结构不稳定部分的比率较小。

第三，该基金现金(包括银行存款)/资产值为4.8%，该比率较低。

第四节　证券投资基金财务报表分析应注意的问题

基金公司每日都会定时在公认的报刊上公开报价，投资者可借此传媒了解到所投资基金最新的买卖价、净资产值及投资结果。但有一点需注意，报刊上的基金报价由于估值时间及买卖方法各有不同，只能作为投资者买卖基金时的参考依据，并不表示投资者可以用该报价即时买卖。递单买卖前，需把各种数据结合起来考虑。

一、证券投资基金财务报表分析注意事项

1. 熟练运用财务报告信息的组合方法。基金公司公布的财务报告中有许多不同类型的信息，财务分析人员应对各种信息进行组合分析，而不能只局限在单项信息或主要财务指标的数据表面上。

2. 明确目的，重点突出。例如，同样是财务分析，可以分别有债权人、投资人及经理人等不同的立场和目的。是在一般时期对基金公司进行投资分析，还是在公司即将发表年报，要关注和预测公司能否会有较好的分配方案出台的时期进行投资分析，两种情况下的分析目的以及分析指标和方法都会有所不同。

3. 多用比率指标，慎用总量指标。总量指标的一个很大缺陷是它没有把引起自己产生的条件和其他相关因素包括进去，所以两个相同的总量指标很难进行直接的比较，如果进行了这样的比较，还可能会产生错误的结论。比率指标是相对数指标，它相当于把条件值已包含在里面，所以运用此类指标一般可以进行直接的比较，如两个公司的资金使用率等。

4. 在阅读“资产负债报告书”时，应重点关注基金资产在股票、债券和现金等投资中的配置情况。因为它既是基金在过去一年中根据市场变化调整资产结构的“果”，也是基金本年度业绩是否能取得良好表现的“因”。

5. 注意基金财务报表的“时滞”问题。看基金季报、年报要格外注意，这些报告都存在“时滞”问题。比如，2009 年 3 月已披露的 2008 年年报中所有数据，截止时间是 2008 年 12 月 31 日，但披露时间为 3 月份，时间已经过去了 3 个月，市场已经发生了巨大的变化，所以对于基金年报的“滞后”性要有清醒的认识。相比 2008 年年报，2009 年基金一季度报告的指导性意义更重要。

二、证券投资基金财务报表分析技巧

1. 具体问题具体分析的原则

在财务比例分析中忌生搬硬套。如，一般认为流动比率达到 2∶1 是比较好的，但如果不加区分，对所有基金公司的流动比率都要求是 2∶1，就显得过于僵化。该指标只是一种判断公司清偿力的参考依据，而不是唯一的标准。

2. 尽量实行单位化分析方法

一般采用将各种财务资料或会计项目的数字化为单位数字，如每股资产净值等。而

利用单位数字，就能清楚地看出公司的营运情况，特别是像公司的盈利情况。如利润加以单位化，使之成为每股净利润后，不仅可以供基金公司作各年度的客观比较，还可以作各基金公司之间的比较。

3. 学会绝对数与相对数相结合

我们看到"某基金今年的净值增长率增长 20%"，这是一个抽象的概念，人们只知这只基金今年的增长率为 20%，但盈利具体是多少呢？相对的数据能帮助我们从整体上把握某基金公司的发展趋势，而绝对数能使我们看清该公司的发展状况。

4. 注重持续性

证券投资基金业绩一年的好坏不要放在心上，重要的是它的分红是否具有可持续性。总之，在基金年（中）报财务分析时我们不仅要对公司财务进行分析，还要对基金年报的文字进行分析，对基金的现在发展情况也应有所了解。

【能力训练】

一、思考题

1. 证券投资基金财务报表分析的内容与其他报表有何不同？

2. 新会计准则对证券投资基金有何影响？

3. 如何利用基金资产净值这一财务分析指标衡量基金的业绩？

二、案例分析

泰达荷银价值优化型成长类行业证券投资基金 2008 年财务报表分析

案例目标：分析财务报表揭示出的该基金财务质量的含义

案例基本内容

（一）基金简介

基金简称合丰成长　交易代码合丰成长：162201

基金运作方式：契约型开放式

基金合同生效日：2003 年 4 月 25 日

报告期末基金份额总额：1 390 972 697.93 份

以下列示的是泰达荷银价值优化型成长类行业证券投资基金 2008 年年报中的有关资料（资料来源：《中国证券报》2009 年 3 月 28 日）

（二）基本财务报表

1. 资产负债表

表 11-2　泰达荷银价值优化型成长类行业证券投资基金资产负债表

2008 年 12 月 31 日

资产	本期末 2008 年 12 月 31 日	上年度末 2007 年 12 月 31 日
资产：		
银行存款	208 067 305.56	18 234 992.79
结算备付金	2 698 299.75	94 190 429.66
存出保证金	1 101 282.05	1 713 806.02
交易性金融资产	929 085 328.45	1 035 880 489.30
其中：股票投资	65 543 376.49	798 336 373.10
基金投资		
债券投资	273 651 563.50	237 544 116.20
资产支持证券投资		
衍生金融资产		
买入返售金融资产		
应收证券清算款		25 956 609.52
应收利息	3 884 2373.3	2 636 944.93
应收股利		
应收申购款	13 724 114.08	10 347 344.70
递延所得税资产		
其他资产		
资产总计	1 158 560 567.26	1 188 960 616.92
负债和所有者权益	本期末 2008 年 12 月 31 日	上年度末 2007 年 12 月 31 日
负债：		
短期借款		
交易性金融负债		
应付证券清算款	26 594 759.10	
应付赎回款	44 977 354.62	2 536 387.10
应付管理人报酬	1 239 747.36	1 361 604.82
应付托管费	206 624.57	226 934.15
应付销售服务费		
应付交易费用	725 073.55	1 675 700.87
应交税费		

续表 11-2

资产	本期末 2008年12月31日	上年度末 2007年12月31日
应付利息		
应付利润		
其他负债	1 119 315.38	925 105.52
负债合计	74 862 874.58	6 725 732.46
所有者权益		
实收基金	1 390 972 697.93	536 570 631.63
未分配利润	−307 275 005.25	645 664 252.83
所有者权益合计	1 083 697 692.68	1 182 234 884.46
负债和所有者权益总计	1 158 560 567.26	1 188 960 616.92

注：报告截止日2008年12月31日，基金份额净值0.779 1元，基金份额总额1 390 972 697.93份。

2. 利润表

表 11-3　泰达荷银价值优化型成长类行业证券投资基金利润表

2008年12月31日

项目	本期 2008年1月1日至 2008年12月31日	上年度可比期间 2007年1月1日至 2007年12月31日
一、收入	−565 310 903.34	102 470 467.81
1　利息收入	12 259 884.03	8 270 285.26
其中：存款利息收入	1 666 877.99	820 798.71
债券利息收入	10 593 006.04	7 449 486.93
资产支持证券利息收入	—	—
其他利息收入	—	—
2　投资收益(损失以"—"填列)	−437 439 121.64	949 649 381.32
其中：股票投资收益	−444 141 648.36	947 167 797.28
基金投资收益	—	—
债券投资收益	−940 058.55	−237 859.14
资产支持证券投资收益	—	—
衍生工具收益	2 818 689.44	−282 308.80
股利收益	4 823 895.83	3 001 753.78
3　公允价值变动收益 (损失以"—"填列)	−141 649 59.43	64 112 035.09
4　汇兑收益(损失以"—"填列)	—	—

续表 11－3

项目	本期 2008 年 1 月 1 日至 2008 年 12 月 31 日	上年度可比期间 2007 年 1 月 1 日至 2007 年 12 月 31 日
5　其他收入(损失以“—”填列)	1 483 293.70	2 675 763.96
二、费用(以“—”填列)	—45 553 897.34	—55 329 987.76
1　管理人报酬	—19 633 451.65	—20 241 943.51
2　托管费销售服务费	—3 272 241.98	3 373 657.31
3　销售服务费	—	—
4　交易费用	—22 385 595.20	—31 189 354.26
5　利息支出	—2 043.21	—255 767.59
其中：卖出回购金融资产支出	—2 043.21	—255 767.59
6　其他费用	—242 365.30	—269 265.09
三、利润总额 (亏损总额以“—”填列)	—610 864 800.68	969 377 480.05
所得税费用(以“—”填列)	—	—
四、净利润(净亏损以“—”填列)	—610 864 800.68	969 377 480.05

3. 所有者权益(基金净值)变动表

表 11－4　泰达荷银价值优化型成长类行业证券投资基金所有者权益(基金净值)变动表

2008 年 12 月 31 日

项目	2008 年 1 月 1 日至 2008 年 12 月 31 日		
	实收基金	未分配利润	所有者权益合计
一、期初所有者权益(基金净值)	536 570 631.63	645 664 252.83	1 182 234 884.46
二、本期经营活动产生的基金净值变动数(本期利润)	—	—610 864 800.68	—610 864 800.68
三、本期基金份额交易产生的基金净值变动数(净值减少以“—”号填列)	854 402 066.30	502 996 326.59	1 357 398 392.89
其中：1　基金申购	2 214 387 878.89	588 195 356.40	2 802 583 235.29
2　基金赎回款(以“—”号填列)	—1 359 985 812.59	—85 199 029.81	—1 445 184 842.40
四、本期向基金份额持有人分配利润产生的基金净值变动(净值减少以“—”号填列)	—	—845 070 783.99	—845 070 783.99
五、期末所有者权益(基金净值)	1 390 972 697.93	—307 275 005.25	1 083 697 692.68

续表 11－4

项目	2007 年 1 月 1 日至 2007 年 12 月 31 日		
	实收基金	未分配利润	所有者权益合计
一、期初所有者权益(基金净值)	333 316 149.74	299 039 241.05	632 355 390.79
二、本期经营活动产生的基金净值变动数(本期利润)	—	969 377 480.05	969 377 480.05
三、本期基金份额交易产生的基金净值变动数(净值减少以"—"号填列)	203 254 481.89	−340 093 404.68	−136 838 922.79
其中：1　基金申购款	2 014 132 587.95	502 702 248.51	2 516 834 836.46
2　基金赎回款(以"—"号填列)	−1 810 878 106.06	−842 795 653.19	−2 653 673 759.25
四、本期向基金份额持有人分配利润产生的基金净值变动(净值减少以"—"号填列)	—	−282 659 063.59	−282 659 063.59
五、期末所有者权益(基金净值)	536 570 631.63	645 664 252.83	1 182 234 884.46

4. 主要会计数据和财务指标

表 11－5　泰达荷银价值优化型成长类行业证券投资基金主要会计数据和财务指标

2008 年 12 月 31 日

期间数据和财务指标	2008 年	2007 年	2006 年
本期已实现收益	−469 249 841.25	905 265 444.96	378 873 467.99
本期利润	−610 864 800.68	969 377 480.05	391 301 567.87
加权平均基金份额本期利润	−0.701 3	1.145 9	0.873 4
本期基金份额净值增长率	−31.61%	110.40%	81.74%
期末数据和指标	2008 年	2007 年	2006 年
期末可供分配基金份额利润	−0.220 9	1.203 3	0.893 5
期末基金资产净值	1 083 697 692.68	1 182 234 884.46	632 355 390.79
期末基金份额净值	0.779 1	2.203 3	1.897 2

案例分析要求

1. 从该基金资产负债表中负债、资产、银行存款等方面信息，进行流动比率和资产负债率的评价。

2. 对该基金 2008 年利润与 2007 年利润进行比较，分析导致该基金盈利能力变化的主要因素。

3. 通过该基金 2008 年的主要会计数据和财务指标判断该基金在基金业中的排名情况及比较优势。

【参考答案】

一、思考题

1.（1）会计主体是证券投资基金。基金会计的责任主体是对其进行会计核算的基金管理公司与基金托管人，其中前者承担主会计责任。

（2）突破了会计确认的现实原则。确认的会计实现原则是指会计只对“已发生”或“已实现”的经济交易、事项或情况进行确认，而对于“未实现”的经济交易、事项或情况则不能加以确认。

（3）采用公允价值计量属性。与其他会计主体相比，基金计量的明显特征在于：其计量属性为公允价值而非历史成本。会计披露是指以会计报告为核心进行的信息披露制度。

（4）逐日对基金资产进行评估，并计算基金资产净值。

（5）证券投资基金的财务报表披露内容更丰富。证券投资基金财务报表披露的特殊性体现在以下两个方面：一方面，基金资产负债表建立在公允价值基础之上，而企业资产负债表则以历史成本为基础；另一方面，基金经营业绩表所包括的内容涵盖了基金所取得的所有已实现收入与未实现利得，但企业收益表却只反映已实现收入。

2. 新会计准则的实施，会给基金公司管理的基金带来两方面的影响。

（1）体现在公允价值上

新会计准则引入了公允价值计量的要求，对于股票投资来说，这与基金现行的估值方法并没有不同。但在债券投资上则存在公允价值如何确定的问题。目前，中短债基金和货币市场基金都采取摊余成本法辅以影子定价法。实行新的会计准则则意味着中短债基金要由过去的摊余成本法变为公允价值法。同时，由于债券交易方法带来的公允价值难以确定的问题，这需要一个具体的操作指引。

（2）影响净值和分红

对于公允价值计量模式的严格要求可能影响基金净值，这一点对货币型基金影响尤大；另一方面，新会计准则中要求交易性证券投资期末应按交易所市价计价，公允价值的变动计入当期损益，这可能在理论上影响证券投资基金的分红规模。

3. 基金资产净值是指基金资产总值减去按照国家有关规定可以在基金资产中扣除费用后的价值。由于基金总是或多或少地投资于股票，所以基金资产净值就随着证券市场的波动而变动。一个好的基金通常在牛市时其资产净值的涨幅会高于市场的平均涨幅，而在熊市时资产净值的跌幅会小于市场的平均跌幅。因此，若想判断一个基金的大致表现，可以观察一定时期内该基金资产净值的变化情况，并将之与市场以及其他同类基金的变动幅度加以对比。通过对比，可以大致确定基金表现的好坏。

二、案例分析

流动比率：

2007 年：1 188 960 616.92/5 800 626.94＝204.97

2008 年：1 158 560 567.26/73 743 559.2＝15.71

资产负债率：

2007 年：1 188 960 616.92/6 725 732.46=176.78

2008 年：1 158 560 567.26/72 862 874.58=15.9

差别大主要可能是因为股市的原因。从资产负债表可以看出，2008 年银行存款还是很多的，但是股票投资剧降。2007 年股市行情好，所以股票投资以及应收证券清算款都很高，所以 2007 年的流动比率和资产负债率都比 2008 年高。

从利润表来看，最明显的是 2008 年股票投资收益为－444 141 648.36，而 2007 年为 947 167 797.28。债券投资收益也是如此，所以导致该公司盈利能力变化的主要原因就是投资收益这块。

第十二章 证券投资基金的绩效评估与基金评级

【学习要点】本章主要讲述证券投资基金的绩效评估与基金评级的相关理论，内容主要包括：证券投资基金绩效评估概述；基金绩效评价指标；基金的择时与选股能力评估方法；绩效贡献分析；证券投资基金的基金评级。

【重点难点】通过本章的学习，应重点掌握风险调整衡量的方法、如何构建更为合理的并且符合我国国情的基金业绩评估指标体系以及如何衡量这些指标评估的有效性，使得基金评级能够真正起到指导作用。学习难点是对调整绩效衡量方法风险的掌握。

第一节 证券投资基金绩效评估概述

基金投资绩效评估(performance measurement)是衡量基金管理的重要环节。在中国，规范化基金的上市不过短短几年时间，尽管存在样本期短、样本量少等局限，但全面、系统地分析中国基金业在最初阶段的业绩表现仍然非常必要。现代理论认为，只有引进风险价值因素的绩效评估方法才能有效地对基金作出评价。因此，基金绩效评估的核心应该是对其所面临的风险进行准确的计算和度量。这种经风险调整后的绩效评估方法才能更全面、有效地描述基金的真实收益。

一、证券投资基金绩效评估的主要内容

证券投资基金绩效的评估主要是针对一只基金的实际运作成果进行评价。在绩效评估中，主要包括：① 对基金的整体收益进行评估，判断其是否超过市场平均收益；② 超过市场平均收益的部分中有多少可归结为基金经理的投资才能；③ 采用什么因素或指标对基金绩效进行评估，并判断不同因素或指标对绩效评估结果的影响；④ 选择什么类型的评估模型，评估模型的选择应根据一国的基金市场状况等因素而确定。

基金绩效衡量的基础在于假设基金经理比普通投资大众具有信息优势。他们或者可以获取比一般投资者更多的私人信息，或者可以利用其独到的分析技术对公开信息加以更好地加工和利用。在这种假设的基础上，人们期望能够通过绩效衡量将具有超凡投资能力的优秀基金经理鉴别出来。

二、基金的投资目标

基金的投资目标不同，其投资范围、操作策略及其所受的投资约束也就不同。例如，债券型基金与股票型基金的业绩就无法比较，一个投资小盘股的基金与完全投资大盘股

的基金也不具有可比性，跟踪指数的被动型基金与一个积极管理型的基金也不能用一个标准衡量优劣。

三、基金的风险水平

现代投资理论表明，投资收益是由投资风险驱动的，表现较好的基金可能仅仅是由于其所承担的风险较高所致。因此投资组合的风险水平影响组合的投资表现，为了对不同风险水平基金的投资表现作出恰当的考察，必须要注意基金所获得的收益是否足以弥补其所承担的风险。

四、比较基准

从成熟市场看，大多数基金经理人倾向于专注于某一特定的投资风格，而不同投资风格的基金可能受市场周期性因素的影响而在不同阶段表现出不同的群体特征，因此在基金的相对比较上，必须注意比较基准的合理选择。采用不同的比较基准，结论常常会大相径庭，而适合基准的选取并不一目了然。

五、时期选择

在基金绩效比较中，计算的开始时间和所选择的计算时期不同，衡量结果也就不同。一些公司常常会挑选对自己有利的计算时期进行业绩的发布，因此必须注意时期选择对绩效评价可能造成的偏误。

六、基金组合的稳定性

衡量的一个隐含假设是基金本身的情况是稳定的，但实际上基金经理常常会根据实际情况对自己的操作策略、风险水平作出调整，从而也就会使衡量结果的可靠性受到很大的影响。

此外，基金的绩效评估还必须考虑时间因素，需要把眼光放得长远些，最好跨越不同的牛熊周期，才能看出主动型管理的基金经理的真功夫。国内主动基金的业绩以一个季度的区间考察较合适，一方面是由于基金的季度业绩有一定持续性；另一方面，基金也会每季度披露自己的组合和持仓情况，便于深入地分析基金的业绩来源。

第二节　基金绩效评价指标

现代投资理论的研究表明，风险的大小在决定组合的表现上具有基础性的作用，这样直接以收益率的高低进行绩效的衡量就存在很大的问题。表现好的基金可能是由于所承担的风险较高使然，并不表明基金经理在投资上有较高的投资技巧；而表现差的基金可能是风险较小的基金，也并不必然表明基金经理的投资技巧差强人意。风险调整衡量指标的基本思路就是通过对收益加以风险调整，得到一个可以同时对收益与风险加以考虑的综合指标，以期能够排除风险因素对绩效评价的不利影响。

一、三大经典风险调整收益衡量方法

(一)特雷诺指数

美国财务学者 Terynor,J. L. 在《怎样给投资基金的管理排位》一文中,首先提出了一种综合考虑风险因素的基金评价指标,即所谓的特雷诺指数。特雷诺指数(见图 12-1)是运用证券市场线(*SML*)来评估投资组合的经营绩效的,*SML* 表示由资本资产定价模型(CAPM)确定的期望收益与 α 系数之间的线性关系。*SML* 既可以表示单个资产,也可以表示有效资产组合与无效资产组合。根据 *SML* 线,位于 *SML* 线之上基金的特雷诺指数大于 *SML* 线的斜率,因而表现要优于市场组合;位于 *SML* 线之下基金组合的特雷诺指数小于 *SML* 线的斜率,表现也就比市场组合要差。它将这种风险——收益关系表示为:

$$E(R_i)=r+[E(R_m)-r]\beta_i$$

式中:r——无风险利率;

$E(R_m)$——市场投资组合的期望收益;

$E(R_i)$——投资组合 i 的期望收益。

因此,特雷诺使用 *SML* 直线的斜率作为基金绩效评价的标准。在实践中因为 $E(R_i)$ 和 β_i 不可观测,常用于作为其无偏估计值,是该投资组合的历史平均收益率,是根据历史数据计算的投资组合 p 的系数。特雷诺指数给出了基金份额系统风险的超额收益率:

$$T_p=\frac{\overline{R}_p-\overline{R}_f}{\beta_p}$$

式中:T_p——基金 p 的特雷诺指数;

$\overline{R}_p$——考察期内基金 p 的平均回报率;

$\overline{R}_f$——考察期内平均无风险收益率;

β_p——基金 p 的系统风险。

在收益率与系统风险所构成的坐标系中,特雷诺指数实际上是无风险收益与基金组合连线的斜率。特雷诺指数越大,额外的收益越高,系统的风险越低或者额外收益率又高、系统风险又小。

特雷诺指数越大,基金的绩效表现越好。

特雷诺指数用的是系统风险而不是全部风险,因此,当一项资产只是资产组合的一部分时,特雷诺指数就可以作为衡量绩效表现的恰当指标加以应用。

特雷诺指数的问题是无法衡量基金经理的风险分散程度。β 值并不会因为组合中所包含的证券数量的增加而降低,因此当基金分散程度提高时,特雷诺指数可能并不会变大。

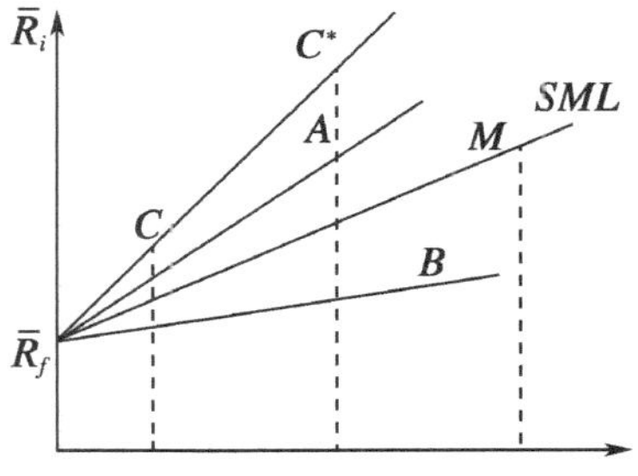

图 12-1 SML 线与特雷诺指数

例：假设基金 A、基金 C 的季度平均收益率分别为 2.50%、2.00%，系统风险分别为 1.20、0.80，市场组合的季平均收益率为 2.20%，季平均无风险收益率为 0.65%，则不难得到，基金 A、基金 C 的特雷诺指数分别等于 1.54、1.69，市场指数的特雷诺指数为 1.47，因此基金 C 的表现好于基金 A，它们的表现都要好于市场的表现。

（二）夏普指数

基金较高的净值增长率可能是在承受较高风险的情况下取得的，因此仅仅根据净值增长率来评价基金的业绩表现并不全面，衡量基金表现必须兼顾收益和风险两个方面，夏普比率就是一个可以同时对收益与风险加以综合考虑的指标。夏普比率（见图 12－2）又被称为夏普指数，由诺贝尔奖获得者威廉·夏普于 1966 年最早提出，目前已成为国际上用以衡量基金绩效表现的最为常用的一个标准化指标。

夏普认为只有管理得好的基金才能很好地分散非系统性风险，应该用标准差作为风险衡量指标。因此，Sharpe 认为“基金的费用支出看起来至少部分地被浪费掉了，基金经理的任务应该是严格地分散组合风险”。而夏普指数是从揭示投资组合的预期收益 $E(R_i)$ 及其标准差 δ_i 之间线性关系的资本市场线（CML）出发的，CML 上的所有点只表示有效投资组合。这一线性关系表示为：

$$E(R_i)=r+[E(R_m)-r]\ \delta_i\delta_m$$

式中：r——无风险利率；

$E(R_m)$——市场投资组合的期望收益；

δ_m——市场投资组合的标准差；

$E(R_i)$——投资组合 i 的期望收益；

δ_i——投资组合 i 的标准差。

夏普指数以标准差作为基金风险的度量，给出了基金份额标准差的超额收益率。

$$S_p=\frac{\overline{R}_p-\overline{R}_f}{\sigma_p}$$

式中：S_p——夏普指数；

$\overline{R}_p$——基金的平均收益率；

$\overline{R}_f$——基金的平均无风险利率；

σ_p——基金的标准差。

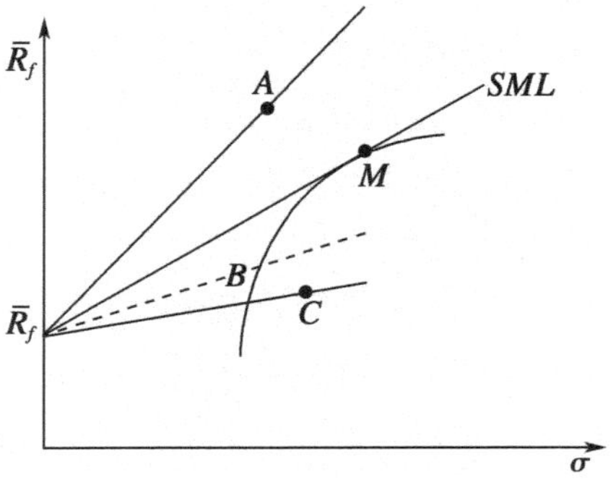

图 12－2

在收益率—标准差构成的坐标系中，夏普指标就是基金组合与无风险收益率连线的斜率。从图形上看：夏普指标是连接证券组合与无风险资产的直线的斜率，与市场组合的夏普指数比较，高的夏普指数表明该管理者比市场经营得好，组合位于资本市场线上方；低的夏普指数表明经营得比市场差，组合则位于资本市场线下方；位于资本市场线上的组合的夏普指数与市场组合的夏普指数均相等,表明管理具有中等绩效。

夏普指数越大,额外收益率越高,标准差越小或者额外收益率高、标准差小,所以夏普指数越大,绩效就越好。

夏普指数调整的是全部风险,因此,当某基金就是投资者的全部投资时,可以用夏普指数作为绩效衡量的适宜指标。

(三)詹森指数

詹森指数以资本资产定价模型(CAPM)为基础,以风险调整后的百分比形式来评估基金的绩效表现。它是通过比较评估期基金的实际收益与由 CAPM 推算出的预期收益得到的,表示为:

$$PIJi=-[r+(R_m-r)\beta_i]$$

式中字母的含义与以上夏普指数与特雷诺指数中相同。若 $PIJi>0$,则表示基金收益超过了它所承受风险对应的预期收益,其绩效好于市场投资组合,若 $PIJi<0$,则相反。

套利定价(APT)绩效指数可以看作是詹森指数推广到 APT 理论框架的结果。该指数是以 APT 理论为基础,计算评估期基金的平均收益率与基于 APT 的预期收益率的离差度,可以表示为:

$$PIAi=-[r+a_1b_1+a_2b_2+\cdots+a_kb_k]$$

图中证券组合评估期内的平均收益率,$E(R_i)=r+a_1b_1+a_2b_2+\cdots+a_kb_k$(假设该组合由许多资产组成)为多因素套利定价模型,r 为无风险收益,a_i 是影响证券组合收益的第 i 个因素的市场价值,b_i 是证券组合收益对因素 i 的敏感度。詹森认为将管理组合的实际收益率与具有相同风险水平的消极投资组合的期望收益率进行比较,二者之差可以作为绩效优劣的一种衡量标准。

从几何上看,詹森指数表现为基金组合的实际收益率与 SML 直线上具有相同风险水平组合的期望收益率之间的偏离。

如果风险指标大于零,说明基金组合获得了超越 SML 曲线上相应组合的超常绩效表现;如果风险指标小于零,说明基金组合的表现并不好。

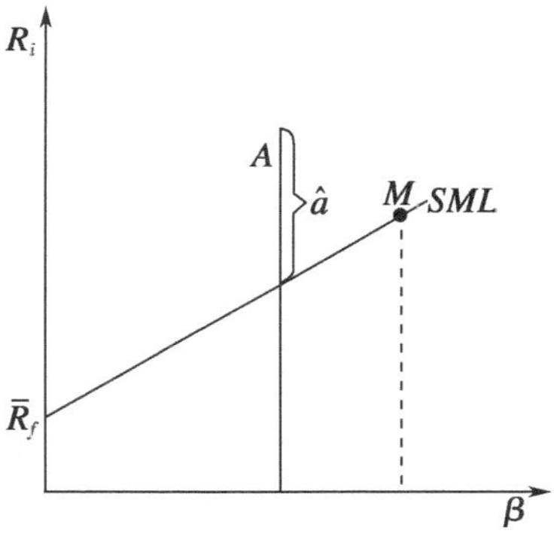

图 12 - 3 詹森指数

二、三种风险调整衡量方法的区别与联系

夏普指数与特雷诺指数给出的是单位风险的超额收益率,因而是一种比率衡量指标,而詹森指数给出的是差异收益率。比率衡量指标与差异衡量指标在对基金绩效的排序上有可能给出不同的结论。

(一)夏普指数与特雷诺指数尽管衡量的都是单位风险的收益率,但二者对风险的计量不同

夏普指数考虑的是总风险,而特雷诺指数考虑的是市场风险。当投资者将其大部分

资金投资于一个基金时，那么他就会比较关心该基金的全部风险，因此也就会将标准差作为对基金风险的适宜衡量指标。这时适宜的衡量指标就应该是夏普指数。当投资者不仅仅投资于无风险证券和单一基金组合，所要评价的投资组合仅仅是该投资者全部投资的一个组成部分时，就会比较关注该组合的市场风险，在这种情况下，贝塔会被认为是适当的风险度量指标，从而对基金绩效衡量的适宜指标就应该是特瑞诺指数。

（二）夏普指数与特雷诺指数在对基金绩效的排序结论上有可能不一致

一般而言，当基金完全分散投资或高度分散，用夏普比率和特瑞诺比率所进行的业绩排序是一致的。但当分散程度较差的组合与分散程度较好的组合进行比较时，用两个指标衡量的结果就可能不同；两种衡量方法评价结果的不同是由分散水平的不同而引起的。一个分散程度差的组合的特瑞诺指数可能很好，但夏普指数可能很差。此外，二者在对基金绩效表现是否优于市场指数的评判上也可能不一致。由于二者提供了关于业绩不同但相互补充的信息，因此应同时使用。

（三）特雷诺指数与詹森指数只对绩效的深度给予考虑，而夏普指数则同时考虑了绩效的深度与广度

基金组合的绩效可以从深度与广度两个方面进行。深度指的是基金经理所获得的超额回报的大小，而广度则对组合的分散程度加以了考虑。组合的标准差会随着组合中证券数量的增加而减少，因此夏普指数可以同时对组合的深度与广度加以考察，那些分散程度不高的组合，其夏普指数会较低。相反，由于特瑞诺指数与詹森指数对风险的考虑只涉及贝塔值，而组合的贝塔值并不会随着组合中证券数量的增加而减少，因此也就不能对绩效的广度作出考察。

此外，詹森指数要求用样本期内所有变量的样本数据进行回归计算，这与只用整个时期全部变量的平均收益率（投资组合、市场组合和无风险资产）的特雷诺指数和夏普指数是不一样的。

三、基金业绩评价指标的发展

（一）信息比率

信息比率（Information Ratio）以马柯威茨的均异模型为基础，可以用以衡量基金的均异特性。计算公式如下：

$$IR=\frac{\overline{D}p}{\sigma_{D_p}}$$

基金收益率相对于基准组合收益率的差异收益率的均值，反映了基金收益率相对于基准组合收益率的表现。基金收益率与基准组合收益率之间的差异收益率的标准差，通常被称为跟踪误差（Tracking Error），反映了积极管理的风险。信息比率越大，说明基金的业绩越高。

（二）M^2测度

M^2测度也是对总风险进行调整的，其反映资产组合同相应的无风险资产混合以达到同市场组合具有同样的风险水平时，混合组合的收益高出市场收益的大小。同 Sharpe

指数相比，其经济解释更为直观。

风险指标与风险调整收益指标(2009 年 2 月)。

风险调整衡量指标是通过对收益加以风险调整，得到可以同时对收益与风险加以考虑的综合指标，以期能够排除风险因素对绩效评价的不利影响。

表 12－1

基金名称	Beta 系数	Sharpe 指数	Jensen 指数	信息比率
基金银丰	0.636 1	−0.056 1	0.003 9	0.284 5
银河稳健	0.500 9	−0.026 7	0.004	0.252 9
银河收益	0.055 6	0.326 7	0.003	0.197 2
银河银泰	0.428 5	−0.071 7	0.002	0.191 9
银河成长	0.632 1	0.070 3	0.009 4	0.449 1
银信添利 A	0.019 7	0.427 6	0.003	0.196 1
银信添利 B	0.019 7	0.416	0.0029	0.194 9

注：数据计算为银河基金研究部。

备注与阅读提示：

市场平均收益参照标准：上证指数；无风险收益参照标准：一年期存款利率；截止日期：2009 年 1 月 31 日；样本个数：20；收益率周期：周；数据计算：天相系统。

Beta 系数是用以度量一项资产系统性风险的指标，用以衡量一种证券或一个投资组合相对于总体市场的波动性的一种证券系统性风险的评估工具。Beta 系数可用来衡量基金相对于市场的风险，数值愈大，代表波动性愈大。当系数等于 1，表示基金涨跌幅与大盘(如上证指数)相同。如果一个基金的 Beta 是 1.5，就意味着当市场上升 10%时，该基金收益上升 15%；而市场下降 10%时，基金收益亦会下降 15%。

Sharpe 指数(夏普指数)以标准差作为基金风险的度量，给出了基金份额标准差的超额收益率。夏普指数越大，基金绩效越好。

Jensen 指数(詹森指数)是对基金超额收益大小的一种衡量，是证券组合的实际期望收益率与位于证券市场线上的证券组合的期望收益率之差，代表的是基金业绩中超过市场基准组合所获得的超额收益。詹森指数大于 0，表明基金的业绩表现优于市场基准组合，大得越多，业绩越好；反之，如果詹森指数小于 0，则表明其绩效不好。

信息比率用以衡量基金的均异特性。信息比率越大，说明基金经理单位跟踪误差所获得的超额收益越高。

四、风险调整收益衡量方法的发展

经风险调整后的三大经典业绩指标出现以后，其普及应用一度滞后。对此现象的一种解释是因为统计数据对业绩呈现出普遍的负评价。但在过去几十年间基金业仍得到了长足的发展，人们为什么还要交易基金？基于这些现象，很多学者开始研究传统绩效评价方法是否真正有效。

Carhart.（1997）在三因素模型的基础上，增加了证券收益率的态势变量，建立了四因素模型。对美国1962—1993年间基金业绩的持续性进行了检验，该模型显著地降低了三因素模型的平均定价误差，很好地描述了横截面平均收益率的变动。

Daniel等将基金的收益来源分解为持股风格（资产分配政策）、市场时机选择和证券选择，并据此建立了相应的模型对美国1974—1994年间的基金业绩进行测度。

“多因素”模型部分地解决了“单因素”模型存在的问题，模型的解释能力也有所加强。但是，在实证研究中，“多因素”模型要求能够识别所有的相关因素。虽然“多因素”模型的拟合效果要稍好于“单因素”模型，但由于前者在数据的获取上存在较大困难，而且所选择的回归因素之间存在相关性。从因素的选择及运算的简便性的角度看，“单因素”模型要比多因素模型好。

由于我国的新基金成立时间较短，并且成立时间又不一致，对于基金评价的研究和实践还处于起步阶段。但从长远来看，基金业绩评价对于我国基金业的长期稳定发展、对于广大投资者慎重选择投资是十分重要的。从评价方法上看，可以按夏普业绩指数、特雷诺业绩指数和詹森业绩指数3类指标对基金分别进行评分，然后对各类指标给以不同的权数，以此计算各基金3类指标的总分值，最后按总分值对各基金进行排名评级。投资者可以根据自己对风险和收益的偏好选择单个指数进行衡量，也可以根据总分来评价。

第三节　基金的择时与选股能力评估方法

对于股指波动节奏的把握（也就是择时能力）已成为影响基金间收益差距的重要因素之一。所谓证券投资基金的择时能力实际上是指基金经理的市场时机把握能力，而评价基金的择时能力则是考察基金经理预测未来证券市场的整体走势，再相应地调整持有的投资组合的能力。

一、择时活动与基金绩效的正确衡量

基金组合的β值是稳定不变的。但实际上，基金经理常常会根据自己对市场大势的判断而调整现金头寸或改变组合的β值。在这种情况下，采用特雷诺指数和詹森指数往往不能对基金的投资能力作出正确的评判。

基金经理的投资能力可以分为股票选择能力（简称选股能力）与市场选择能力（简称择时能力）两个方面。

二、现金比例变化法

在市场繁荣期，成功的择时能力表现为基金的现金比例或持有的债券比例应该较小；在市场萧条期，基金的现金比例或持有的债券比例应较大。

使用这种方法，首先需要确定基金的正常现金比例。正常现金比例可以是基金投资政策规定的，也可以评价期基金现金比例的平均值作为代表。

择时损益＝（股票实际配置比例－正常配置比例）×股票指数收益率＋（现金实际配

置比例－正常配置比例)×现金收益率

假设某季上证 A 股指数的收益率为 15%，现金(债券)的收益率为－5%。基金投资政策规定，基金的股票投资比例为 80%，现金(债券)的投资比例为 20%，但基金在实际投资过程中股票的投资比例为 70%，现金(债券)的投资比例为 30%，则可以根据上式得到该基金在本季的择时效果。

择时损益＝(70%－80%)×15%＋(30%－20%)×(－5%)＝－1.5%－0.5%＝－2%

可以看出，由于在该季股票市场相对于债券处于强势，但基金却减少了在股票上的投资，错误的择时活动导致了基金市场时机选择的损失。

三、成功概率法

成功概率法是根据对市场走势的预测而正确改变现金比例的百分比来对基金择时能力进行衡量的方法。由于股票市场的涨跌概率大约各占 60%与 40%，因此一个没有任何市场预测能力的基金经理，如果总是将市场看作牛市，其正确预测市场的概率将高达 60%。为了对这种衡量偏误加以纠正，使用成功概率法对择时能力进行评价的一个重要步骤是需要将市场划分为牛市和熊市两个不同的阶段，通过分别考察基金经理在两种情况下的预测能力，从而对基金的择时能力作出衡量。

设 P_1 表示基金经理正确地预测到牛市的概率，P_2 表示基金经理正确地预测到熊市的概率，成功概率可由下式给出：

$$成功概率=P_1+P_2-1$$

例：假设在 30 个季度内，股票市场出现上扬的季度数有 18 个，其余 12 个季度则出现下跌。在股票市场上扬的季度中，择时损益为正值的季度数有 15 个；在股票市场出现下跌的季度中，择时损益为正值的季度数为 9 个。计算该基金的成功概率。

由条件可得：$P_1=15\div18=0.83$，$P_2=9\div12=0.75$

因此，成功概率＝(0.83＋0.75－1)×100%＝58%

这一数字明显大于零，因此可以肯定该基金经理具有优异的择时能力。

四、二次项法

如果 $\gamma_i>0$ 表明基金经理具有成功的市场选择能力。二次项法又被称为 T—M 模型。1966 年，特雷诺(Treynor)和玛泽(Mauzy)在《共同基金能否战胜市场》一文中第一次创新性地对证券投资基金的择时选股能力提出独特的研究模型，并进行相应的计量实证分析。这个模型为一个二次回归模型：

$$R_p-R_f=\alpha+\beta_1(R_m-R_f)+\beta_2(R_m-R_f)^2+\varepsilon_p$$

式中：α——选股能力指标；

β_2——择时能力指标；

β_1——基金组合所承担的系统风险；

R_p——基金在各时期的实际收益率；

R_m——市场组合在各时期的实际收益率；

ε_p——随机误差项。

特雷诺和玛泽认为，如果 β_2 大于零，则表示基金经理具有择时能力。由于 $(R_m - R_f)^2$ 为非负数，故当证券市场为多头 $(R_m - R_f > 0)$ 时，投资基金的风险溢酬 $R_p - R_f$ 会大于市场组合的风险溢酬 $R_m - R_f$；反之，当证券市场出现空头 $(R_m - R_f < 0)$ 时，投资基金的风险溢酬 $R_p - R_f$ 的下跌却会小于市场组合的风险溢酬 $R_m - R_f$ 下跌的幅度。另外，如果常数 α 值大于零，表明基金经理具备选股能力；而且 α 值越大，这种选股能力也就越强。

五、双贝塔方法

贝塔系数是一个统计学上的概念，是一个在＋1 至－1 之间的数值，贝塔系数反映了个股对市场（或大盘）变化的敏感性，也就是个股与大盘的相关性或通俗说的“股性”，可根据市场走势预测选择不同的贝塔系数的证券从而获得额外收益，特别适合作波段操作使用。当有很大把握预测到一个大牛市或大盘某个不涨阶段到来时，应该选择那些高贝塔系数的证券，它将成倍地放大市场收益率，为投资者带来高额的收益；相反，在一个熊市到来或大盘某个下跌阶段到来时，应该调整投资结构以抵御市场风险，避免损失，办法是选择那些低贝塔系数的证券。为避免非系统风险，可以在相应的市场走势下选择那些相同或相近贝塔系数的证券进行投资组合。比如：一只个股贝塔系数为 1.3，说明当大盘涨 1％时，它可能涨 1.3％，反之亦然；但如果一只个股贝塔系数为－1.3％时，说明当大盘涨 1％时，它可能跌 1.3％，同理，大盘如果跌 1％，它有可能涨 1.3％。

第四节　证券投资基金的基金评级

基金评级体系是基于对可获得的、公开的基金历史投资数据进行数量分析并以定性分析的结论进行调整后得出的，重点在于在一定的风险下评估基金管理人为投资者创造价值的能力。基金评级体系在基金业的发展中起着不可或缺的作用，它对业绩评价、指导投资和促进市场优胜劣汰都有重要的意义。可靠的基金评级需要具备两个基本条件：一是要具有专业知识，掌握前沿的技术工具；二是必须是独立的第三方，以保障客观公正性。独立、科学、客观、公正的基金评级体系，对于广大的投资者来说，是一个进行投资决策和风险控制的参照指标，将使理性投资成为可能。对基金管理人是一个市场化的外部约束力量，可以降低基金经理的道德风险，进而客观公正地发布基金信息，并促进与推动基金市场的发展。

一、我国基金评级体系概述

我国的基金评级体系包括如下要点：

1. 由于我国基金的历史数据少，比较期限暂时选择为 1.5 年、3 年、5 年。

2. 数据说明：数据选取基金周净值。无风险利率选取一年期国债收益率。市场收益率采用同期上证A股指数和深成A股指数的平均收益率。

3. 针对不同的投资者对收益风险的综合指标、费率和折价率以及流动性指标予以权重,可得基金综合级别。

二、开放式基金和封闭式基金评级体系的指标

(一) 收益率指标。(1) 平均收益率：基金该期(12周、24周、48周等)简单平均收益率。(2) 复合收益率：复利计算的收益率。

(二) 风险指标。(1) β系数：基金收益率相对于标准市场指数波动的敏感度,用以衡量基金投资组合的系统性风险水平。(2) 标准差：表明基金收益率波动的幅度。反映单只基金的全部风险,包括系统风险和非系统风险。(3) 半标准差：表明基金低于其平均收益率的波动幅度。改进了标准差描述风险的不足,只将亏损部分作为风险,而不是单只基金收益率全部的波动幅度。(4) 风险价值(Value-At-Risk,简称VAR)：风险价值法是一种投资组合潜在损失的总结性的统计测度方法。风险价值是指投资组合在给定的持有期限和置信区间内的最大损失。

(三) 收益风险的综合指标。(1) 夏普指数：(平均收益率－无风险利率)/标准差;适用于仅投资一只基金的机构或个人投资者。(2) 半夏普指数：(平均收益率－无风险利率)/半标准差;适用范围同上。(3) 特雷诺指数：(平均收益率－无风险利率)/贝塔系数;适用于持有大型基金投资组合的投资者,如保险公司等。(4) 简森指数：Alpha阿尔法系数——超额收益率,即该基金收益率超越市场指数收益率;适用范围同上。(5) 修正夏普指数：适用于仅投资一只基金的投资者。(6) 修正特雷诺指数：适用于持有大型投资组合的机构或个人投资者。(7) 时机选择：多头市场的β系数减空头市场的β系数。反映基金时机选择的能力。

【能力训练】

一、辨析题

1. 詹森认为将管理组合的期望收益率与具有相同风险水平的消极(虚构)投资组合的期望收益率进行比较,两者之差可以作为绩效优劣的一种衡量标准。 (　　)

2. 风险调整衡量指标的基本思路就是通过对收益加以风险调整,得到一个可以同时对收益与风险加以考虑的综合指标,以期能够排除风险因素对绩效评价的不利影响。 (　　)

3. 夏普指数只对绩效的深度做考虑,而特雷诺指数与詹森指数则同时考虑了绩效的深度与广度。 (　　)

4. 从基金股票投资收益中减去股票指数收益率,再减去行业或部门选择贡献,就可以得到基金股票选择的贡献。 (　　)

5. 信息比率较大的基金的表现要坏于信息比率较低的基金 (　　)

二、思考题

1. 为什么在基金评价中应引入适当的定性分析?

2. 什么是特雷诺指数？什么是夏普指数？什么是詹森指数？三大指标的结果是否一致？

三、计算题

假设某季上证 A 股指数的收益率为 10%，现金(债券)的收益率为 2%。基金投资政策规定，基金的股票投资比例为 80%，现金(债券)的投资比例为 20%，但基金在实际投资过程中股票的投资比例为 70%，现金(债券)的投资比例为 30%，则可以根据上式得到该基金在本季的择时效果。

【参考答案】

一、1. 对

2. 对

3. 错。正确说法是特雷诺指数与詹森指数只对绩效的深度作了考虑，而夏普指数则同时考虑了绩效的深度与广度。

4. 错。正确说法是从基金股票投资收益率中减去股票指数收益率，再减去行业或部门选择贡献，就可以得到基金股票选择的贡献。

5. 错。正确说法是信息比率较大的基金的表现要好于信息比率较低的基金

二、1. 风险相对于收益而言具有更大的隐蔽性及不确定性，试图通过某一个或某几个指标完全量化风险的做法是不可行的。首先，在市场泡沫极大——证券价格与价值长期背离的情况下，以价格波动或收益率低于无风险收益来定义投资风险的量化分析方法，通常无法对这些极端情况的风险作出判断，而在这些情况下集聚的风险又恰恰是足以一招致命的。另外，定量分析法仅适用于对来源于市场的投资风险的度量，而对来源于管理公司管理、操作的风险却忽略不计，这显然不能涵盖投资者投资基金时所面对的主要风险。

2. 特雷诺指数是运用证券市场线(*SML*)来评估投资组合的经营绩效的，*SML* 表示由资本资产定价模型(*CAPM*)确定的期望收益与 α 系数之间的线性关系。*SML* 既可以表示单个资产，也可以表示有效资产组合与无效资产组合。它将这种风险—收益关系表示为：$E(R_i)=r+[E(R_m)-r]\beta_i$。夏普指数是从揭示投资组合的预期收益 $E(R_i)$ 及其标准差 δ_i 之间线性关系的资本市场线(*CML*)出发的，*CML* 上的所有点只表示有效投资组合。这一线性关系表示为：$E(R_i)=r+[E(R_m)-r]\ \delta_i\delta_m$。詹森指数以资本资产定价模型(*CAPM*)为基础，以风险调整后的百分比形式来评估基金的绩效表现。它是通过比较评估期基金的实际收益与由 CAPM 推算出的预期收益得到的，表示为：$PIJi=-[r+(R_m-r)\beta_i]$。夏普指数与特雷诺指数给出的是单位风险的超额收益率，因而是一种比率衡量指标，而詹森指数给出的是差异收益率。比率衡量指标与差异衡量指标在对基金绩效的排序上有可能给出不同的结论。

三、择时损益＝(70%－80%)×10%＋(30%－20%)×2%＝－1%＋0.20%＝－0.80%

损益大于零说明择时能力比较好，损益小于零说明择时能力比较差。

第十三章　证券投资基金的市场营销

【学习要点】本章主要介绍证券投资基金市场营销的概念、特点及内容，内容主要包括目标市场与客户的确定、营销环境的分析、营销组合的设计、营销过程的管理4个方面；要了解国外基金销售渠道以及我国基金销售渠道的状况；掌握基金的促销手段和基金客户服务的方式。

【重点难点】本章重点是基金市场营销的特点及内容；我国基金销售渠道状况。难点是基金的促销手段及客户服务方式。

第一节　基金营销概述

一、基金市场营销的含义与特点

（一）基金市场营销的含义

关于市场营销，国内外学者的定义有上百种，具有代表性的定义如下："市场营销是指为了创造可同时实现个人和企业目标的交易机会，而对物品和服务的构思、定价、促销和分销进行策划和实施的过程。"

1958年全美银行协会第一次公开提出了金融业应该树立市场营销的观念。营销学者根据实践经验对金融营销的定义如下："金融营销是指金融机构通过交换、创造和出售他人所需要的金融产品和价值，建立、维持和发展与各个方面的关系，以实现各方利益的一种社会和管理过程。"

基金营销是金融机构对基金产品的营销，属于一种金融营销活动，具有一般金融营销的共性。根据金融营销的定义，将基金营销定义为：基金公司以市场为导向，运用整体营销手段向客户提供基金产品和服务，在满足客户需要和欲望的过程中实现利益目标的社会行为过程。

市场营销不能简单地等同于推销或销售，而是包括了基金产品、价格、分销、促销等诸多活动。基金市场营销的核心是围绕投资人需要而展开的，且市场营销的内涵是随着基金市场营销活动的实践而不断变化、发展的。

（二）基金市场营销的特点

1. 服务性。基金营销企业向投资者提供的基金是一种无形的金融产品，投资者在购买基金时看不见、摸不着，产品的品质也体现为基金未来的收益和营销人员的持续服务。为克服无形服务本身的困难，营销人员不但要向客户说明基金产品的本质，还必须以高质量的服务、客户的口耳相传、公司的品牌形象宣传等,使顾客获得利益和满足感,增强可靠的信誉,扩大客户基础。因此,基金营销属于服务营销,具有服务性。

2. 专业性。基金属于二次投资,投资对象主要是股票、债券、货币市场工具等多种金融产品的组合投资工具,因此,基金营销客观上需要营销人员除了具备市场营销的专业常识和技巧以外,还要了解和掌握股票、债券、货币、保险等金融工具的相关知识,以便在营销过程中为客户提供完善的服务。所以,与一般有形产品的营销相比,基金对营销人员的专业水平要求更高。

3. 持续性。基金营销作为一种理财产品服务,不是一锤子买卖,更需要制度化、规范化的持续性服务。只有优质的、持续的营销服务才能不断扩大客户群体,扩大基金规模。

4. 适用性。基金产品虽然在质的方面没有多大的差异,但因其期限、流动性、承担的风险、发行者的不同而具有不同的风险等级。因此,基金销售机构在销售基金产品的过程中,应注意根据基金投资人的风险承受能力销售不同风险等级的产品,把合适的产品卖给合适的基金投资人。基金销售适用性反映了从投资人的需要和实际承受能力出发向投资人销售合适的产品,坚持投资人利益优先的原则,也是监管机构对基金销售的要求。

二、基金市场营销的内容

(一)目标市场与客户的确定

确定目标市场与客户是基金营销部门的一项关键性工作。只有认真地分析投资者,清楚地了解其需要,针对不同市场和客户推出合适的基金产品,才能更有效地实现营销目标。将市场划分为若干个细分市场后,在每个细分市场上,尽管基金面对的客户群体是缩小的,但客户的忠诚度却是增大的。

在确定目标市场与客户上,基金销售机构面临的重要问题之一就是分析投资人的真实需要,包括投资人的投资规模,风险偏好,对基金流动性、安全性的要求等因素。以机构投资者和个人投资者为例,机构投资者投资额高,投资目标比较明确,对信息的需求比较细致,通常要求专人服务,营销成本低,但服务成本高。而且根据企业的资产规模和盈利水平可划分为小型客户、中型客户、大型客户,可以对不同规模的客户实施不同的营销策略。相反,个人投资者投资额低,投资目标比较模糊,只需要概括性的信息,一般不会要求专人服务,营销成本高,但服务成本低。根据其投资特征可以分为追求利益型、试验型、冒险型、保守型等,从而实施不同的营销策略。

(二)营销环境的分析

基金营销环境是指对基金管理企业营销及经营绩效起着直接或间接潜在影响的各种内部、外部因素或力量的总和。对于基金营销而言,营销环境既能提供机遇,也能造成威胁。基金营销者应重视对营销环境的研究,对自己所处的环境作出科学的评价,以促进自身的稳定发展。公司不断地适应变化着的环境也是非常重要的。基金营销环境包括宏观营销环境和微观营销环境两部分。

1. 宏观营销环境

宏观营销环境是指能影响整个微观环境的、广泛的社会性因素和力量的总和,包括经济、政治、法律、技术、文化等因素。

(1) 经济环境

经济环境是指基金公司营销活动所面临的经济状况。包括经济增长速度、发展周期、市场现状和潜力、物价水平、投资和消费趋向及政府的各项经济政策,如财政税收政策、央行的货币政策、信贷政策和利率政策等。经济环境是对基金营销影响最大的环境因素,是其整个经营活动的基础。

(2) 政治环境

政治环境是指基金公司营销活动的外部政治形势和状况。一个国家的政局是否稳定将会给基金营销带来重大影响。政局稳定,人民生活水平较高,金融市场秩序井然,这给基金营销创造了良好的环境;相反,政局动乱,民不聊生,则会阻碍经济发展,给基金营销带来极大的障碍和风险。此外,基金营销离不开国际环境。随着各种国际型基金的出现,基金营销的开展也必然注重国际关系,并在一定的国际政治秩序条件下制定营销规划,实施营销策略。

(3) 法律环境

规范基金营销的法律法规、部门规章对基金的营销有着重要影响。如《公司法》、《证券法》、《证券投资基金法》、《证券投资基金销售管理办法》,这些法律、法规的制定和实施,为依法开展基金营销活动提供了依据,对在市场经济条件下全面规范基金营销行为起到了重要作用。基金销售机构只有注意遵循与营销有关的法律法规,加强自身的合规性控制,规范营销人员的行为,才能有效地进行基金营销并获得投资者的信赖。

(4) 科学技术环境

科学技术环境是指技术的变革、发展和应用情况。现代科学技术对基金公司营销活动的影响主要表现在三个方面:① 科学技术的发展不仅提高了生产效率,也提高了交换效率,给基金营销工作提供了突破性机会;② 科学技术的发展改变了人们的生活观念和生活方式,给基金公司带来新的市场营销机会;③ 科学技术的发展及其在金融领域的运用,直接或间接地影响着基金营销机构的营销策略。

(5) 社会文化环境

社会文化环境是指一定社会形态下的民族特征、人口分布与构成、受教育程度、风俗习惯、道德信仰、价值观念、消费模式与习惯等被社会所公认的各种行为规范。在金融营销所面临的诸多营销环境中,社会文化环境是较为复杂的,往往通过影响社会公众的思想行为来影响营销活动。因此,要认真研究不同的社会文化环境,针对不同社会文化环境下的投资者采取不同的营销策略。

2. 微观营销环境

微观营销环境是指基金公司本身的市场营销活动所引起的,直接影响其市场营销能力的各种因素,是决定基金公司生存和发展的基本环境,主要包括公司本身环境、客户环境、竞争者环境。

(1) 公司本身环境。公司的股权结构、经营目标、经营策略、资本实力、网点设置、人员素质等都会对基金营销产生重要的影响。

(2) 客户环境。客户环境对营销的影响表现在两个方面:① 客户的需求。投资者在选择金融产品时依赖于两个因素:外在因素和内在因素。外在因素如个人成长的文化背景、社会阶层、家庭、身份和社会地位。内在因素有心理上的,如动机、感觉、风险承受能力、对新产品的态度等;还有个人自身的因素,如人生阶段、年龄、职业、生活方式和个性等。基金销售机构在进行基金营销时,应对影响投资者决策的因素有深刻的认识和理解,只有这样才能更有效地与投资者进行沟通。而且对基金营销企业而言,客户的需求在不同的时间和地点条件下是不同的,营销服务和营销策略需要不断创新,以满足不同的需求。② 客户的信誉度。具有高信誉度的优质客户群有利于基金营销企业各项业务的顺利开展,能有效降低经营风险。

(3) 竞争者环境。"知己知彼,百战不殆。"在基金营销活动中,不可避免地遇到竞争者的挑战。深度研究竞争者的经营情况及营销策略,有利于基金营销企业在竞争中处于优势地位。竞争者环境分析主要有以下几个方面:竞争者的数量分析、竞争者的市场份额分析、竞争者的营销策略分析。

(三) 营销组合的设计

营销组合,是市场营销中一个最基本的概念,指企业根据顾客的需求确定可控营销因素的最佳组合。可控营销因素即 4P——产品(Product)、价格(Price)、渠道(Place)和促销(Promotion),它们是基金营销的核心内容。

1. 产品(Product)

产品是营销组合的第一要素,也是一个最主要的、决定性的因素。产品是满足投资者需求的手段。基金销售机构只有不断提供能够满足投资者需求的多样化的基金产品供客户选择,才能不断扩大业务规模,获得更多利润。基金产品的设计应充分考虑市场需求的可变性,同时,应不断提高基金产品的技术含量,以便更好地为客户提供便捷服务,增强基金产品的优势。从投资者需求出发推出基金产品是基金产品开发中的主旋律。为此,基金管理公司应该加大对投资者需求的研究力度,通过组建由市场销售人员、研究人员等组成的联合产品开发小组,整合市场部门、研究部门和其他相关部门的力量,加强他们之间的信息沟通,从而扩大公司内部新产品开发的构思源,开发出迎合不同投资者需求的基金产品。

2. 价格(Price)

价格代表消费者为获得产品所必须支付的金额,它直接关系到买卖双方的经济利益,因此,定价应当体现客户和基金公司的双赢原则。合理的定价对客户、基金公司都有利,能很好地留住老客户,吸引新客户,提高基金公司产品的市场占有率;反之,定价不科学,将会造成客户的流失,影响基金公司的经营效益。根据法律法规的规定,基金发行时的净值或价格是固定的,因此,基金交易价格主要反映在买卖基金时支付费用的高低。如开放式基金的费用主要包括管理费、托管费、认购费、赎回费以及持续销售服务费等。在基金产品的价格策略上,基金公司务必执行灵活的价格策略。基金公司要根据投资者的认购时间、额度、持有期的不同，设计出合理灵活的费率结构，以提高价格手段的竞争力。换言之，基金产品的价格不是一成不变的，要视竞争压力及营销环境的变化，适时调整费率结构，并把价格真正地当作基金营销组合策略的工具之一用于增强基金产品的市场竞争力，达到扩大基金销售规模的目的。

3. 渠道(Place)

分销渠道是指商品所有权从生产者或商人手中转移至消费者手中所经过的路径。渠道的主要任务是使客户在需要的时间和地点以便捷的方式获得产品。在分销渠道中，一般包括三个基本因素：生产企业、中间商、最终消费者。企业在产品或服务销售的过程中，经由不同的中间商，选择不同的分销策略，会形成不同类型的分销渠道。分销渠道的优劣，首先影响的是基金公司的营销效率，尤其是新产品的开发、新市场的拓展，其影响是非常明显的。其次，还会影响到基金营销企业的经营成本和效益。

银行和证券公司代销、基金公司直销是我国基金营销的主要形式，但这种模式还处于粗放经营的状态，所以有必要进行渠道的整合。以前，大多数基金通常只是通过某种单一的渠道如一家银行出售其产品，现在则可选择通过一种混合型销售渠道模式走向市场，即将多种渠道紧密结合在一起，如同时启用银行和证券公司代销基金等，从而使不同的渠道在同一销售过程中承担各自不同的职能，形成一个统一的渠道体系，以提高基金的营销效率。

4. 促销(Promotion)

促销指企业为宣传其产品的特点和优点，让顾客了解产品在设计、分销、价格上的潜在好处，说服目标顾客购买所进行的各种活动。促销活动一般来说可分为两类：一是人员促销，即利用促销人员进行推销；二是非人员推销，包括广告、营业推广和公共关系三种具体形式。促销是基金营销企业的一项技巧性很强的工作，不仅要有优秀的促销人员，还要有优秀的促销方案及手段。

在我国当前条件下，基金公司应当将人员促销和非人员促销有机结合，针对不同类型的投资者开展不同的促销活动。一般来说，针对机构投资者、中高收入阶层这样的大客户，基金公司可以建立具备专业素质的直销队伍，进行一对一的人员促销，以达到最佳的营销效果。而对于广大中小投资者，则应重点运用非人员推销的手段进行促销，在搞好广告促销的基础上，综合营业推广和公共关系等手段，争取与投资者进行全方位、广泛、持续的交流沟通，帮助投资者增进对基金公司投资理念和经营思路的理解，判断基金将来的成长潜力，促使投资者认同基金的投资价值。

尽管营销组合的四个要素本身都具有其重要性，但是一个营销战略是否成功最终取决于如何把各个因素结合起来并使其互相协调。

(四) 营销过程的管理

为找到和实施适当的营销组合策略，基金销售机构要进行市场营销分析、计划、实施和控制。

1. 市场营销分析。基金销售机构要对有关影响基金营销的信息进行收集、总结并认真评价，以找到有吸引力的机会和避开环境中的威胁因素。其内容包括：收集及分析金融市场、相关基金产品、本公司以往的历史数据；分析拟发行基金的目标市场；评估外部因素（宏观因素）和内部因素（微观因素）。

2. 市场营销计划。营销计划是指将有助于公司实现战略总目标的营销战略形成具体方案。每一类业务、产品或品牌都需要一个详细的营销计划。营销计划应主要包括：计划实施概要、市场营销现状、市场威胁及市场机会、目标市场和可能存在的问题、市场营销战略、行动方案、预算和控制等。

3. 市场营销实施。市场营销实施是指为实现战略营销目标而把营销计划转变为营销行动的过程，包括日复一日、月复一月、持续有效地贯彻营销计划活动。市场营销系统中各个层次的人员必须通力合作以实施市场营销计划和战略。成功的市场营销实施取决于公司能否将行动方案、组织结构、决策和奖励制度、人力资源和企业文化等相关要素组合出一个能支持企业战略的、结合紧密的行动方案。

4. 市场营销控制。市场营销控制包括估计市场营销战略和计划的成果，并采取正确的行动以保证实现目标。控制过程主要包括：管理部门设定具体的市场营销目标，并对不同的营销活动或单独的项目制定不同的预算；衡量企业在市场中的销售业绩，检查销售时间表是否得到执行；分析目标业绩和实际业绩之间存在差异的原因以及预算收支不平衡的原因等；管理部门评估广告投入效果、不同渠道的资源投入，及时采取正确的行动，以此弥补目标与业绩之间的差距。

第二节　基金营销渠道与营销手段

一、基金营销渠道

（一）国外基金销售渠道

基金的营销主要是指开放式基金的营销。国际上，开放式基金的营销主要分为直销和代销两种方式。直销是不通过中介机构而是由基金管理人附属的销售机构把基金份额直接出售给投资者的模式，一般通过邮寄、电话、互联网、直属的分支机构网点、直销队伍等实现。代销是一种通过银行、证券公司、保险公司、财务顾问公司等代销机构把基金单位销售给投资人的基金销售方法。直销和代销各有特点，如表 13－1 所示。

表 13－1　直销和代销的特点

	直销渠道	代销渠道
渠道构成	直属的销售队伍	独立的投资顾问
	直属的分支机构网点	银行、券商、保险公司的销售网络
	直接推销	基金超市
	通过邮寄、电话、互联网	折扣经纪人

续表 13－1

	直销渠道	代销渠道
渠道特点	对客户财务状况更了解，对客户控制力较强	对客户的控制力弱，但有广泛的客户基础
	更容易发现产品或服务方面的不足	客户可得到独立的顾问服务
	易于建立双向持久的联系，提高忠诚度	代销机构有业绩才有佣金，基金公司不承担固定成本
	推销新产品更容易	商业对手对渠道的竞争提高了代销成本

一般而言，不同国家的金融业传统和基金业发展水平不同，会依赖于不同的基金销售渠道。总体来说，国外基金的代理销售渠道十分发达。比如在美国，大多数基金都有一个附属的销售商，负责向全国销售，该承销商拥有独家销售权，利用不同的渠道销售基金单位。在欧洲，基金分销渠道主要由银行占据，其次是保险公司，其他分销渠道包括独立销售机构、邮局和证券经纪人等。

从国外情况看，各国采用的销售渠道有所不同，美国销售渠道最为丰富。表 13－2 是美国、英国、日本基金销售渠道的分布情况。

表 13－2　各国基金销售渠道分布(％)

基金销售渠道		美国	英国	日本
直接销售		39	37	1
代理销售	证券公司	36	—	99
	银行	12	—	—
	保险公司	5	15	—
	投资顾问	7	30	—

资料来源：上海证券交易所投资者教育中心组织，李曜执笔，《开放式基金问与答》，百家出版社，2001 年。

(二) 我国基金销售渠道状况

在美国，金融产品 50％的运作成本来源于渠道成本，从这个数据上可以看出渠道的选择在金融产品营销中的重要性。对于我国的基金行业而言，投资者对于基金还是比较陌生的，市场环境亦不是十分成熟，充分将代销和直销相结合，是基金营销者的必然选择。

1. 商业银行

商业银行在代销基金业务上有明显的优势，主要表现为：一是网点优势。我国的商业银行具有营业网点多、遍布城乡各个角落的特点，借助于这些网点，投资者可以像银行储蓄一样方便地购买或赎回开放式基金。二是客户优势。各家商业银行都有一批忠实客户群体，并与这些客户建立长期的信用合作关系，通过客户提供开放式基金这一投资理财品种，可以拉近与客户之间的关系，有利于稳定客户。三是科技优势。我国商业银行具有科学、快捷、安全、高效的代销系统，可以保证销售的顺利进行。虽然具有以上优势，但由于激励政策和专业知识等的限制，商业银行的销售方式还主要停留在被动销售上，为投资者提供的个性化服务与客户需求尚有一定差距，直接影响了客户的投资热情。实际上，投资者对营销渠道所提供的投资建议、服务质量的心理感受在其购买决策过程中的作用是不容忽视的。在投资者购买基金时，能够得到面对面的指导会增强其购买的欲望。为此，基金管理人必须加强与代销银行的合作，通过对银行员工的持续培训，组织客户推介会以及代销手续费的合理分配，增强银行代销的积极性，提高银行员工的营销能力。

商业银行的销售目标主要集中在两个方面：一类是银行的居民储蓄资金；另一类是企业存款。从实际的销售情况来看，个人投资者是主要的基金购买者。

截止到 2010 年上半年，我国银行类基金销售机构共有 36 家，包括工商银行、农业银行、中国银行、建设银行、交通银行与部分股份制商业银行及城市商业银行等。

2. 证券公司

证券公司在代销基金业务上的优势主要表现在以下方面：一是人才优势。证券公司拥有众多从事证券投资行业的专业人员以及对上市公司颇有研究的资深分析师，证券公司客户经理具备专业投资能力，能够提供良好的分析建议。二是个性化服务。证券公司在保证以往针对所有客户无差异服务的同时，还重视开展有针对性的、面向重点客户的个性化服务，能够为客户量身定做基金理财计划。客户可享受内容多样的基金服务产品，如净值通告、分红通知、基金周刊及各类投资建议等。三是证券公司的业务主要面向股票及证券市场，其面对的客户主要是股民。针对投资意识较强的股民群体，利用券商网点销售基金将是争取这类客户的有效手段。四是证券公司一般都代销大多数基金公司产品，可选择面较广泛。通过证券公司网上交易、电话委托可以实现基金的各种交易手续。五是资金存取通过银证转账进行，可以将证券、基金等多种产品集中在一个账户管理。其缺点是证券公司网点较银行网点少，首次办理业务需要到证券公司网点。

截止到 2010 年上半年，我国从事基金代销业务的证券公司共计 88 家，主要有国泰君安、广东发展银行、国信、招商银行、联合证券等创新类、规范类券商等。

3. 证券咨询机构和专业基金销售公司

在基金规模不断壮大、品种逐步增加的形势下，对投资基金提供专业咨询服务，已经成为一种市场需求。为了顺应这种需求，《证券投资基金销售管理办法》出台后，证券投资咨询机构和专业基金销售公司开展基金代销业务成为监管机构鼓励的发展方向。专业营销人员可以为客户提供个性化的理财服务，帮助投资者提高对基金的认识以及选择符合自身投资需要的基金品种。

由于我国的证券咨询机构规模不大，具有代销基金资格的并不多。因此，截止到 2010 年上半年，我国从事基金代销业务的证券投资机构只有天相投资一家。在我国，专业基金销售公司还属于新兴形式，目前还没有独立的基金销售机构。据统计，我国 70% 以上的基金份额是通过银行渠道销售出去的，通过证券公司购买基金多是由股民转为基民，而通过证券咨询机构销售基金只占很小的比例。

4. 基金公司直销中心

基金公司的直销人员对金融市场、基金产品具有相当程度的专业知识和投资理财经验，尤其对本公司整体情况及本公司基金产品有着深刻的理解，能够以专业水准面对专业化的投资机构、一般企业及个人等。虽然基金公司的直销队伍规模相对较小，但人员素质较高，可以加强与客户之间的沟通和交流，提供更好、持续的理财服务，更容易留住客户并发展一些大客户，形成忠实的客户群。

5. 网上交易

网上交易既可以突破基金代销网点覆盖地域不足的限制，又可使客户足不出户就能得到基金开户、申购和赎回的便利，大大改善了基金投资环境，受到广大中小投资者的欢迎。目前，通过网络交易基金主要有三种途径：一是银行网上交易系统。通常在银行的网上基金系统购买基金，只能买到该银行代销的基金，少的有十几只，多的达上百只。网上交易收费较高，但仍比柜台购买的费率要低。二是基金公司网上交易系统。系统软件分为基金网上查询及交易系统和实时资金结算系统。在基金公司网上系统买卖基金，要先开银行卡账户和基金账户，然后登录基金公司网站申请开通网上交易。在获得相应账号后即可在网上从事基金的查询、申购等操作。这种基金公司的直销方式，申购费率是最低的。三是证券公司网上交易系统。证券公司网上交易系统主要有两种业务：一是网上交易委托，主要包含委托、查询、后台转发等模块；二是网上实时行情，提供符合投资者看盘和操作习惯的实时证券行情，客户通过支持JAVA版浏览器或者专用的客户端工具上网看实时行情。

随着基金产品营销渠道广度和深度的不断拓展，基金管理公司对各种渠道必须进行有效管理，组成一个功能互补、效益最大化的渠道网络，服务于各个不同的细分市场，覆盖市场空白，尽可能地扩大销售量。为此，对基金管理公司营销渠道管理人员的要求也将越来越高。他们必须对各类现有及潜在的基金管理渠道进行深入分析，并能够据此作出正确的渠道选择决策以及对各类渠道进行效益评估，同时能够解决可能的渠道冲突和竞争，适时调整渠道结构，从而实现对银行、证券公司、基金公司等渠道全面综合、灵活互动的管理。

二、基金促销手段

基金公司在开发基金产品、制定合理的收费标准、安排向潜在客户的分销之后，就必须与目标市场进行沟通，将其产品和服务介绍、宣讲、推广到市场中去，以便为顾客所知晓、了解，产生兴趣，并发生购买行为。从本质上讲，基金的促销手段和工商企业的促销手段并无两样，但从实际应用情况来看促销的具体形式有一定的差异。促销手段主要包括人员推销、广告促销、公共关系和营业推广，即所谓的促销组合四要素。

(一) 人员推销

人员推销是一种面对面的沟通形式，是指企业通过派出推销人员与市场顾客和潜在顾客交谈，作口头陈述，以推销商品，促进和扩大销售，是一种古老但却很重要的促销方式。为了获得最佳效果，销售队伍的宣传推介必须与基金公司其他沟通方式协调一致，如广告宣传、营业推广等。一般而言，针对机构投资者、中高收入阶层这样的大客户，基金公司可以通过直销队伍进行一对一的人员推销，以达到最佳的营销效果。对代销渠道的客户经理，基金公司应加强培训、沟通反馈、提供充足的宣传资料等，调动其积极性。

（二）广告促销

广告，顾名思义，就是广而告之。即以广告主的名义，并由其支付一定费用，通过大众传播媒介向公众传递关于商品或劳务的信息，劝说其购买的一种促销活动。广告的目的就是通知、影响和劝说目标市场。基金广告可以是品牌和形象广告，也可以是基金产品广告和产品订购信息，它能改变目标客户对公司本身和基金产品的知晓程度，有利于销售人员更好地推介基金。广告通过各种媒体发送，如报纸、杂志、广播、户外和公共交通广告、直接营销和网站在线服务等。

（三）公共关系

公共关系，又称公众关系，是指企业在从事市场营销活动中正确处理企业与社会公众的关系，促进公众对企业的认识、理解及支持，达到树立良好的企业形象、促进商品销售目的的一系列促销活动。

基金公司要善于开展广泛的公共关系活动，协调与公司股东、内部员工、工商企业、同业机构、社会团体、新闻传播媒介、金融机构、政府机构及消费者的关系，为公司及基金产品树立良好的形象，最终达到扩大销售的目的。

（四）营业推广

营业推广是人员推销、广告和公共关系以外的能刺激需求、扩大销售的多种促销活动，如陈列、展览会、展示会等不规则的、非周期性发生的销售努力。营业推广多属于阶段性的刺激工具，用以鼓励投资者在短期内较迅速和较大量地购买某一基金产品。基金销售中常用的营业推广手段主要有销售点宣传、激励手段、举办投资者交流活动和费率优惠等。

1. 销售点宣传。在销售网点可以通过张贴画、发放宣传手册、宣传卡片以及其他可以吸引客户的材料，达到吸引投资者注意的效果。

2. 激励手段。基金销售机构通过对一线销售人员的有效奖励，激励销售人员积极主动地销售基金产品。

3. 投资者交流。基金销售机构针对保险公司、财务公司、工商企业等机构客户和公众客户，可以通过召开研讨会、推介会等方式，向特定的或不特定的客户群体传达投资理念和投资策略，争取客户的认同，以达到促销目的。尤其是新基金募集过程中，基金销售机构要通过产品推介会、报刊或网上路演等方式，组织基金经理与投资者的交流，帮助投资者增进对公司投资理念和基金产品的理解。

4. 特制品。指基金公司在销售基金产品时向客户提供的赠品。这些赠品一方面吸引客户购买本公司基金产品，另一方面可以随时让客户回想起基金公司及其服务。

5. 费率优惠。指基金公司为报答客户或为增加新的销售量而对基金产品进行打折销售，以更低的申购费吸引客户。前提是这种优惠应当在监管部门允许的范围内，不能进行不正当的价格竞争。

第三节　基金客户服务

基金的营销资源主要是客户，客户是获取利润的基础和保证。因此，基金营销中客户服务是一个重要环节。或者说，客户服务是基金营销的重要组成部分，通过销售人员主动及时地发现市场，争取客户认同，建立与客户的长期关系，奠定有广度和深度的客户基础，才能达到业务拓展和提升市场占有率的目标。为此，基金管理人或代销机构通常设立独立的客户服务部门，通过一套完整的客户服务流程，一系列完备的软、硬件设施，以系统化的方式有效地解决客户的问题。目前，较为常见的客户服务方式有以下几种。

一、电话服务中心

基金公司有相当一部分中小客户需要不定时的客户服务，客观上要求基金公司和代销机构提供及时的服务，以解决客户的疑问。一般的基金公司会专门安排员工进行电话服务。当客户打进电话咨询时，客服人员可以用最短的时间提供个性化的咨询服务，同时还可以将谈话资料保留下来作为以后的参考。电话服务中心的服务方式有两种：一是自动语音服务。一些标准化的答案如投资操作步骤、基金管理人相关介绍、基金普及知识、基金净值及账户余额信息查询等均可通过自动语音系统来提供。当然，客户也可选择人工服务。二是人工坐席服务。客户服务人员将根据不同的客户类别接入相应的客户管理系统中，并以最短时间提供客户所需要的查询、咨询、投诉、建议和其他个性化服务。在坐席非工作时间，或坐席代表无法接听电话时，基金提供电话留言服务，坐席代表可在工作日与客户联系。

二、邮寄服务

邮寄服务是指基金公司通过邮寄方式将对账单、投资策略报告、理财月刊等定期和不定期材料送给客户的服务方式，使客户尽快了解其投资变动情况，理性对待市场行情的波动。在我国，基金公司提供的邮寄服务大都是免费的。邮寄服务主要包含两方面的内容：一是对账单。包括月度、季度及半年度对账单。在每月(季)度结束后向本月(季)度有交易的投资者寄送月(季)度对账单；每半年结束后向所有持有基金份额的投资者寄送半年度对账单。二是其他相关的信息资料。指不定期寄送的基金资讯材料，如基金公司发行的期刊、季度报告、月净值统计、基金新产品或新服务的相关材料等，使投资者了解公司动态。

三、自动传真、电子信箱与手机短信

这三种方式的服务具有一定的市场需求，尤其在基金合同、招募说明书、定期公告与临时公告等方面。前两者特别适用于传递行文较长的信息资料，而手机短信最重要的功

能则在于发送字节较短的信息，包括基金行情和其他动态新闻。当然，这些功能的实现很大程度上依赖于强有力的系统支持。

四、“一对一”专人服务

专人服务是为投资额较大的个人投资者和机构投资者提供的最具个性化的服务。这类大额投资者大部分具有相当丰富的专业知识和投资理财经验，尤其是机构投资者，大多设有自己专门的投资理财部门，它们需要的是持续的、专业化的服务。因此，基金管理人一般会安排较固定的投资顾问，为客户投资者提供“一对一”式的售前、售中和售后服务。除了正常的定期书面报告传送以及电话或亲自解说外，每当基金市场发生重大或异常变动时，或投资者的投资组合需要进行合理化调整时，这些被指派的投资顾问，还必须立即与客户联系，提供给客户最及时的投资咨询。由于配有专人，这部分客户通常能得到更充分和更及时的有效信息，享受到更便捷、更完善的服务。

五、互联网的应用

通过互联网，基金销售机构可以向客户提供容量更大、范围更广的信息查询(包括投资常识、开放式基金的净值表现、客户账户信息等)、基金交易、即时或非即时的咨询、下载的服务，并接受投诉和建议。另外，通过互联网的友情网站链接，客户可以方便地检索和查阅更多的信息。

六、媒体和宣传手册的应用

媒体服务是一种较为直观的客服方式，通过电视、电台、报刊等媒体定期或不定期地向客户传达专业信息，帮助客户树立正确的基金投资理念，这一点对于潜在客户尤为重要。当市场出现较大波动时，利用媒体的影响力来消除客户的紧张情绪，让大众多了解市场，可以减缓非理性行为的发生。宣传手册则可作为一种广告资料运用于销售过程中。在新的基金面市前，对公司形象的宣传和对新产品的介绍是客户服务不可或缺的部分。

七、讲座、推介会和座谈会

这几种形式都能为客户提供一个面对面交流的机会。由于参与者为数不多，通常客户比较珍惜这些机会，基金销售机构也可以从这些活动中获取有价值的资料，有效地推介基金产品，并据此进一步改善客户服务。

【能力训练】

1. 为什么商业银行目前是我国基金销售的主要渠道？这种现象的背景和原因是什么？未来的发展趋势如何？

2. 基金宣传推介材料登载该基金、基金管理人管理的其他基金的过往业绩时，应注意哪些问题？我国《证券投资基金销售管理办法》对基金销售机构的竞争行为有哪些禁止性规定？试用我国开放式基金销售中的实际案例进行分析。

3. 商业银行销售开放式基金，是否会影响商业银行的自身业务？比如出现“储蓄分流”现象？如何看待商业银行代销基金的利与弊？

4. 收集相关材料，谈谈你是如何认识基金电子商务的现状与前景的。

第十四章 证券投资基金的产品创新

【学习要点】本章主要介绍基金产品创新的构思来源、设计思路，基金产品线布置，基金产品创新的重要性；基金创新品种典型的有 4 种，即指数基金、保本基金、LOF 和 ETF；介绍了我国证券投资基金产品创新情况，分析了影响我国基金产品创新的直接因素以及我国基金产品创新的思路。

【重点难点】本章重点是掌握基金产品创新的设计思路、基金产品线布置，掌握基金创新品种的运作，掌握我国证券投资基金产品创新的思路。难点是基金创新品种的设计开发。

第一节 基金产品创新概述

一、基金产品创新的构思来源及设计思路

（一）基金产品创新的构思来源

投资者需求的变化、国家政策法规以及证券市场的变动都会给基金产品的创新提供机会。基金产品的构思来源可以分为两类：理念导向型(Concept Oriented)和营销导向型(Marketing Oriented)。理念导向型构思来自于投资决策成员、基金经理等专业人士，他们通过前瞻性地分析，判断市场走势并从中寻找可以形成投资品种的机会。营销导向型构思来自于市场拓展人员、分销机构和客户服务人员，他们在与基金持有人的长期交往中深入了解投资者需求，从而针对客户需求特点提出产品构思。

就我国目前的情况而言，客观上由于市场投资品种的局限性，主观上由于对投资者的分类和投资需求的界定还没有具体展开，因此，理念导向型的基金产品构思还占据主导地位。但随着开放式基金的推广和投资者长期投资理念的建立和逐步成熟，从投资者需求角度出发形成产品构思将在基金产品开发中起到越来越重要的作用。为此，基金管理公司可以在两方面着手准备：对内组建由市场销售人员等组成的产品开发小组，健全市场部门、投资部门和研究部门之间的信息沟通机制，扩大公司内部新产品开发的构思来源；对外广开思路，与保险公司、信托投资公司以及商业银行结成战略联盟，共享产品开发研究平台，通过学习金融同业的经验，从中获取基金行业新产品的构思源泉和新的目标市场。

（二）基金产品创新的设计思路

基金产品创新的构思源无论是来自理念导向型还是营销导向型，在创新过程中，基

金产品的具体设计都遵循一般思路。

1. 要确定目标客户，了解投资者的风险收益偏好。一种或一类基金产品不可能满足所有投资者的需要。随着市场的发展，投资者的需要也在不断细化。确定具体的目标客户是基金产品创新的起点，它从根本上决定着基金产品的内部结构。

2. 要选择与目标客户风险收益偏好相适应的金融工具及其组合。投资对象多元化是基金产品多元化的重要前提，各类基金工具及其衍生产品的种类越多，基金产品创新的空间就越大。

3. 要考虑相关法律法规的约束。

4. 要考虑基金管理人自身的管理水平。这是对内部条件的考察，而前面三点都是对外部条件的考察。不同的基金管理人有着自己的管理风格和特色，有的擅长管理主动式股票基金，有的擅长管理被动式股票基金，有的擅长管理债券型基金等。总之，基金产品的创新要有基金管理人的管理能力作为保障。

二、基金产品创新与基金产品线的布置

基金产品线是指一家基金管理公司所拥有的不同基金产品及其组合。随着基金产品的日益多样化和市场竞争的日益加剧，基金管理公司根据自身的实际情况，不断创新基金产品，合理布置基金产品线就显得尤为重要。基金产品创新，即新产品的设计应当服从公司整体基金产品线的构造要求，必须能够对公司目前已有产品进行有效地扩张，或者弥补产品线的空白，或者对已有的市场客户提供更多的投资选择。比如，在基金管理公司搭建了开放式基金平台之后，就可以面向大众投资者开发债券基金、保本基金等新的基金品种，向同一目标市场营销新的产品。

通常从以下三方面考察基金产品线的内涵：一是产品线的长度，即一家基金管理公司所拥有的基金产品的总数。二是产品线的宽度，即一家基金管理公司所拥有的基金产品的大类有多少。按国际惯例，我们通常根据基金产品的风险收益特征将基金产品分成股票基金、混合基金、债券基金和货币市场基金四大类。三是产品线的深度，即一家基金管理公司所拥有的基金产品大类中有多少更细化的子类基金。例如，股票基金内部又可以划分为价值型、成长型、平衡型，大盘股、中盘股、小盘股以及投资风格和股票规模的不同组合，例如大盘价值型等，还可以有不同的主题基金和行业基金等。

常见的基金产品线类型有：① 水平式，即基金管理公司根据市场范围，不断开发新品种，增加产品线的长度，或扩大产品线的宽度。采用这种类型的基金管理公司具有较高的适应性和灵活性，在竞争中有回旋余地。但这要求公司有一定的实力，特别是要具备宽泛的基金管理能力。② 垂直式，即基金管理公司根据自身的能力专长，在某一个或几个产品类型方向上开发各具特点的子类基金产品，以满足在这个方向上具有特定风险收益偏好的投资者的需要。③ 综合式，即基金管理公司在自身的能力专长基础上，既在一定的产品类型上做重点发展，也在更广泛的范围内构建自身的产品线。

三、基金产品创新的重要性

早在20世纪80年代，西方就有人提出“Innovation or Die”（非创新，即死亡）。创新的目

的就是为企业创造市场、创造需求、创造顾客。对企业而言，产品是企业存在的理由，所有企业满足客户的需求是通过产品来实现的。随着市场竞争的加剧，消费者需求的多样化，任何一个企业都不可能单纯地依赖现有产品来占领市场，必须不断地向市场推出新的产品。

基金产品是基金公司的核心，随着投资需求的多样化和市场竞争的加剧，基金公司只有不断进行基金产品创新，提供适合投资者需要的产品才能不断提高市场份额，扩大基金规模。正如国金证券某基金分析师指出的："在基金产品同质化严重的时代，唯有创新才能得到市场认可。""基金公司的产品创新能力将是未来基金公司之间竞争的重要方面，并且会越来越受到重视。"

第二节　基金创新品种介绍

在投资基金的发展历史中，涌现出了各种创新型品种，它们或是在投资的领域和对象上突破了传统的证券市场，比如货币市场基金；或是投资的理念与方法和传统的投资基金不同，比如指数基金、保本基金、生命周期基金等；或是基金的组织结构形式创新，比如伞形结构基金等；或是基金的交易机制和传统的开放式基金不同，比如交易所上市开放式基金（LOF）、交易型开放式指数基金（ETF）等；或是投资目标市场和投资对象获得了拓展，如 QDII 基金。所有这些适应市场需求而诞生的新基金，都可以称为创新基金品种。随着基金市场的发展，这些新出现的基金逐渐被人们接受并日益成熟，而更新的基金品种又在不断被创造出来。基金市场就是一个不断创新、不断超越自身的市场。本节只就指数基金、保本基金、LOF、ETF4 种创新品种做简单介绍。

一、指数基金

指数基金是一种以拟合目标指数、跟踪目标指数变化为原则，实现与市场同步成长的基金品种。指数基金的投资采取拟合目标指数收益率的投资策略，分散投资于目标指数的成分股，力求股票组合的收益率拟合该目标指数所代表的资本市场的平均收益率。指数基金是成熟的证券市场上不可缺少的一种基金，在西方发达国家，它与股票指数期货、指数期权、指数权证、指数存款和指数票据等其他指数产品一样，日益受到包括交易所、证券公司、信托公司、保险公司和养老基金等各类机构的青睐。

具体来说，指数基金的特点主要表现在以下几个方面：

1. 费用低廉。这是指数基金最突出的优势。费用主要包括管理费用、交易成本和销售费用 3 个方面。管理费用是指基金经理人所产生的成本；交易成本是指在买卖证券时发生的经纪人佣金等交易费用。由于指数基金采取买入持有策略，不用经常换股，因此交易费用、管理费用等远远低于积极管理的基金。

2. 分散和防范风险。一方面，由于指数基金广泛地分散投资，任何单个股票的波动都不会对指数基金的整体表现构成影响，从而分散风险。另一方面，由于指数基金盯住的指数一般都具有较长的历史可以追踪，因此，在一定程度上指数基金的风险是可以预测的。

3. 延迟纳税。由于指数基金采取了一种买入并持有的策略，所持有股票的换手率很低，只有当一个股票从指数中剔除，或者投资者要求赎回投资的时侯，指数基金才有可能出售持有的股票，实现部分资本利得。这样，每年缴纳的资本利得税很少，再加上复利效应，延迟纳税会给投资者带来很多好处，尤其在积累多年以后，这种效应就会越加突出。

4. 监控较少。由于运作指数基金不用进行主动投资决策，所以基金管理人基本上不需要对基金的表现进行监控。指数基金管理人的主要任务是监控对应指数的变化，以保证指数基金的组合构成与之相适应。

美国是指数基金最发达的西方国家。先锋集团率先于 1976 年在美国创造了第一只指数基金——先锋 500 指数基金。指数基金的产生，造就了美国证券投资业的革命，迫使众多竞争者设计出低费用的产品迎接挑战。到目前为止，美国证券市场上已经有超过 400 种指数基金，而且每年还在以很快的速度增长。在美国，指数基金类型不仅包括广泛的美国权益指数基金、美国行业指数基金、全球和国际指数基金、债券指数基金，还包括成长型、杠杆型和反向指数基金。

截至 2011 年 6 月，我国指数基金发展历史已经有 12 年，共有 102 只指数型基金，包括封闭式指数基金和开放式指数基金(部分基金见表 14－1)。这些指数基金跟踪的目标指数包括：上证 180 指数、深证 100 指数、上证 50 指数、上证红利指数、沪深 300 指数、新华富时 200 指数等。

我国封闭式指数基金是一种优化的指数基金，即采取部分优化投资策略，资产组合中仅仅部分为指数投资，组合中拥有积极投资部分，可以在保持和指数收益相当的基础上，尽可能取得超越指数的业绩。

表 14－1　我国部分指数型基金一览表(截至 2011 年 6 月 30 日)

序号	简　　称	投资风格	基金成立日	跟踪指数
1	基金普丰	指数优化型	1999－7－14	—
2	基金兴和	指数优化型	1999－7－14	—
3	基金景福	指数优化型	1999－12－30	—
4	华安 MSCI 中国 A 股	增强型	2002－11－8	MSCI 中国 A 股指数
5	万家上证 180	指数型	2003－3－15	上证 180 指数
6	博时裕富	指数型	2003－8－26	新华富时中国 A200 指数
7	融通深证 100	被动型	2003－9－30	深证 100 指数
8	易方达上证 50	增强型	2004－3－22	上证 50 指数
9	长城久泰中标 300	增强型	2004－5－21	中信标普 300 指数
10	银华道・琼斯 88 精选	增强型	2004－8－11	道・琼斯中国 88 指数
11	华夏上证 50ETF	指数型	2004－12－30	上证 50 指数
12	融通巨潮 100	增强型	2005－5－12	巨潮 100 指数
13	嘉实沪深 300	指数型	2005－8－29	沪深 300 指数
14	易方达深证 100ETF	指数型	2006－3－24	深证 100 价格指数
15	大成沪深 300	指数型	2006－4－6	沪深 300 指数

续表 14-1

序号	简　称	投资风格	基金成立日	跟踪指数
16	华安上证 180ETF	指数型	2006-4-13	上证 180 指数
17	华夏中小板 ETF	指数型	2006-6-8	中小企业版指数
18	友邦华泰红利 ETF	指数型	2006-11-17	上证红利指数
19	长盛中证 100	指数型	2006-11-22	中证 100 指数
20	国泰沪深 300	指数型	2007-11-11	沪深 300 指数
21	富国天鼎中证红利	指数型	2008-11-20	中证红利指数
22	广发沪深 300	指数型	2008-12-30	沪深 300 指数
23	工银瑞信沪深 300	指数型	2009-03-05	沪深 300 指数
24	南方中证 500 指数基金	指数型	2009-09-25	中证 500 指数
25	招商深证 100 指数基金	指数型	2010-06-22	深证 100 指数
26	中欧沪深 300	增强型	2010-06-24	沪深 300 指数
27	东吴中证新兴产业基金	指数型	2011-02-01	中证新兴产业指数
28	国泰上证 180 金融 ETF	指数型	2011-03-31	上证 180 指数

资料来源：WIND 金融资讯。

开放式指数基金则为指数增强型和完全复制指数型两类。指数增强型(Index Enhancing)的投资理念是在保持对标的指数进行长期投资的基础上,保留一定量主动调整的股票仓位,争取实现超越指数的投资收益。而完全复制指数型则是根据标的指数进行严格复制,并没有主动投资的成分。指数增强型投资建立在市场非完全有效的投资理念基础之上。在我国 2007 年上半年的单边牛市中,完全复制型基金(特别是 ETF 基金)基本超越了指数增强型基金的业绩,但是在 2006 年以及之前的更长时间内考察,指数增强型基金(如银华道·琼斯 88 精选等)业绩又超越了大部分完全复制指数型基金。因此,两类指数基金的优劣并无定论。对指数基金业绩的评价,主要有跟踪误差(Tracking Error)和信息比率(Information Ration)两个指标。跟踪误差是指数基金收益率与基准指数收益率差值的标准差。信息比率是指跟踪误差的变异系数。

二、保本基金

保本基金(Segregated Fund,也称 Capital Preservation Fund,Capital Guaranteed Fund),是指在一定投资期限内,基金管理人对投资者所投资的本金提供一定比例(一般在 80%～100%)保证的基金。也就是说,基金投资者在投资期限到期日,根据基金管理人的投资结果,至少可取回一定比例的本金,而本金未获保证的部分仍有一定风险。一般情况下,投资者可在到期日前赎回,但提前赎回将得不到任何保证,并且通常有惩罚性赎回费。保本基金一旦发行,到期之前一般不再接受申购或接受申购而不提供保本,所以典型的保本基金是一种半封闭式基金。

保本基金于20世纪80年代中期起源于美国，随后在世界范围内快速发展。特别是2000年以后，全球投资者的投资目标由追求资产的增值逐渐转向保守，于是保本基金进入了许多投资者的视线，美国、我国香港特区等成熟市场出现了大量资金流入保本基金的态势。比如2000年8月，我国香港特区CMG首源公司推出第一只保本基金“CMG首源科技传媒和电讯百分百保证基金”成功募集了12 230万美元；2001年2月，恒生银行推出的恒生保本科技基金共获得28亿多港元的认购，汇丰银行推出的环球科技保本基金集资额更创出了50亿美元的新高。保本基金在我国内地也获得了投资者的热烈欢迎。2003年5月，我国首只保本基金“南方避险增值基金”发行，投资者认购踊跃，创下了当时基金发行的历史之最。

（一）保本基金的运作原理

保本基金的运作原理是将资产分为两部分，分别投资在固定收益证券和高风险资产上。为能保证本金安全或实现最低回报，保本基金通常会将大部分资金投资于与基金到期日一致的债券；同时，为提高收益水平，保本基金会将其余部分投资于股票、衍生工具等高风险资产上，使得市场不论是上涨还是下跌，保本基金投资期到期时，都能保障其本金不受损失。保本基金的最大特点是，招募说明书中明确规定了相关的担保条款，即在满足一定的持有期限后，为投资者提供本金或收益的保障。保本基金的投资目标是在锁定风险的同时力争有机会获得潜在的高回报。

（二）保本基金的投资风险

1. 保本基金有一个保本期，投资者只有持有到期后才能获得本金保证或收益保证。如果投资者在到期前急需资金，提前赎回，则不享有保证承诺，投资可能发生亏损。而且，保本基金为了避免投资者提前赎回，往往会对提前赎回基金的投资者收取较高的赎回费。

2. 保本的性质在一定程度上限制了基金收益的上升空间。为了保证到期能够向投资者兑现保本承诺，保本基金通常会将大部分资金投资在期限与保本期一致的债券上。保本基金中债券的比例越高，其投资于高回报上的资产比例就越少，收益上升空间就会受到一定限制。

3. 尽管投资保本基金亏本的风险相对较小，但投资者仍然必须考虑投资的机会成本与通货膨胀损失。如果到期后不能取得比银行存款利率和通货膨胀率高的收益率，保本则失去了意义。投资时间的长短，决定了投资机会成本的高低。投资期限越长，机会成本也就越高。

保本基金锁定了投资亏损的风险，产品风险较低，但并不放弃追求超额收益的空间，因此，保本基金为风险承受能力较低，同时又期望获取高于银行存款利息回报并且以中长线投资为目标的投资者提供了一种低风险同时又具有升值潜力的投资工具。

（三）保本基金在我国市场上的积极作用

从海外成熟市场保本基金的发展历史看，保本基金具有在低迷股市中吸引市场资金的功能。当然，在牛市中，保本基金就相对不受投资者的重视和欢迎。从更为广泛的意义上看，保本基金在我国市场上的积极作用表现在：

1. 保本基金具有良好的储蓄替代功能。保本基金具有较好的储蓄替代功能，可成为较好的分流储蓄的工具。当前我国居民的储蓄中，有相当比率是出于社会保障、教育、医疗等目的，对于保本有强烈的需求，因此，保本基金的风险收益特性能够较好地与之契合。

2. 保本基金具有培养投资者的功能。保本基金风险比较低，公众通过投资保本基金，可以了解基金的基本运作方式。所以，保本基金实际上起到了扩大基金投资的渗透力，培养潜在投资者的作用，这对我国年轻的基金业迅速、健康地发展是至关重要的。

3. 保本基金的发展有利于构建更为完整、连续的基金产品线。

专栏 14－1

银华保本增值基金的特征分析

2004 年 2 月，银华保本增值基金的发行极为成功，证明了保本基金的设计符合了很多投资者的需求。基金的主要特征如下：

1. 保本的概念。保本就是本金 100%保证，本金包括投资者认购金额(含认购手续费)和认购期利息。认购期指投资者购买基金初始日到基金成立日，约 1 个月时间。投资者认购期利息按金融机构同业存款利率 1.62%计息且免税，投资者在认购期的利息收入将折成银华保本增值基金的份额。举例说明，假如投资者购买了 1 万元银华保本增值基金(含认购手续费)，认购期利息为 15.59 元，则保本周期到期后，投资者至少可以收回 10 015.59 元。

2. 保本周期。银华保本增值基金的保本周期为 3 年。保本增值基金的投资是通过复杂的保险组合投资策略来实现的。为达到保本并获得一定收益的目的，通常需要一个较长的时间段，并在此期间投资资产相对锁定，时间过短会造成保本和实现增值的困难。

3. 双重保本措施。为实施保本的目标，银华保本增值基金采取双重措施：

(1) 采用国际通用的恒定比例投资组合保险策略(CPPI)。具体含义是：

将基金资产分为保本资产和收益资产两部分。保本资产在我国目前主要投资于债券，收益资产主要投资于股票。只有使投资债券确定的收益大于投资股票可能发生的亏损额，基金才能实现保本目标。投资债券可以使基金在 3 年保本周期结束时，获得确定的投资收益。基金管理人可根据市场行情的判断来动态调整股票的投资额度。股票的投资额度是随着安全垫放大倍数的调整来随之调整的。安全垫是股票投资可承受的最高损失限额。

随着安全垫放大倍数的增加，投资风险增大。但放大倍数过小，则使基金收益性不足。基金管理人必须在股票投资风险加大和收益增加两者间寻找适当的平衡点，也就是确定适当的安全垫放大倍数，以力求既能保证基金本金的安全，又能尽量为投资者创造更多的收益。

但是保本资产和收益资产的比例并不是经常发生变动的，必须在一定时间内维持“恒定比例”，以避免出现过激投资行为。基金管理人一般只在市场可能发生剧烈变化时，才对基金安全垫的中长期放大倍数进行调整。

(2) 由北京首都创业集团对基金持有人投资金额的安全进行全额担保，以保障投资者持有基金到期获得投资金额的全额返还。北京首都创业集团是一家大型国有独资集团公司，截至2002年年底首创集团净资产已达到63亿元，有充足的实力为该基金提供担保。

4. 基金的增值收益来源。国外成熟市场的保本投资策略目前较多采用衍生金融工具进行操作，国内尚缺乏这些金融工具。如果这些金融工具出现，银华保本增值基金也将可以采用。

目前基金主要通过投资国债，参与银行间债券市场和交易所市场的债券交易，选择风险较小、信用等级较高的短期债券作为主要债券品种，其中AAA级以上的债券不低于60%，以获取无风险的利息收入。基金通过购买基本面好、流动性高、市盈率低、派现力强、高成长性的股票，分享中国经济增长所带来的资本升值。基金还可以参与新股申购，通过回购市场上的无风险套利操作等手段来增加基金的整体投资回报率。

——资料来源：银华保本基金招募说明书

三、交易所上市开放式基金(LOF)

交易所上市开放式基金(Listed Open-ended Fund，简称LOF)，是指在证券交易所上市交易的开放式证券投资基金，也称为“上市型开放式基金”。投资者既可以通过基金管理人或其委托的销售机构以基金净值进行基金的申购、赎回，也可以通过交易所市场以交易系统撮合成交价进行基金的买入卖出。它是我国自主创新的基金产品，目前只有深圳证券交易所开办LOF业务。

2004年8月，我国第一只LOF基金——南方积极配置基金正式发行。在开放式基金交易效率低、成本高、发行困难的背景下，LOF基金产生了。它解决了开放式基金的交易效率、交易成本问题，有利于基金的发行，适应了基金管理公司拓展业务的需求，并且充分利用了证券市场现有的发行、交易与结算网络优势。LOF的推出为开放式基金的投资者提供了一种新的退出途径和方式，也为投资者投资基金提供了一种方便的交易方式。

LOF实质上是在开放式基金发行方式和交易方式上的创新，符合我国目前的市场环境，其特点主要体现在以下几个方面：

1. 降低交易者交易成本，提高交易效率。LOF产品的交易成本相对低廉，持有人通过证券交易所买卖LOF基金单位的双边交易费用最高为0.5%，远低于在一级市场(银行或基金管理公司)申购和赎回的双边1.5%～2%的平均交易费用。通过证券账户，利用交易所电话、网络方式交易LOF基金等交易方式，比银行提供的面对面的柜台式服务更为方便和快捷。

2. 改变传统开放式基金交易模式。与以往基金买卖不同的是，LOF 产品可以使投资者既像购买传统开放式基金一样，通过代销或直销网点在一级市场申购与赎回，也可以像购买封闭式基金一样，在二级市场上买卖已存在的开放式基金份额，改变了传统开放式基金交易模式。

LOF 在代销机构或直销网点的申购、赎回操作程序与普通开放式基金相同，LOF 在深圳证券交易所的交易方式和程序则与封闭式基金基本一致，其交易价格形成方式和机制与 A 股一致。

3. 存在一、二级市场套利操作。LOF 的问世为投资者带来全新的套利模式——跨市场套利。由于 LOF 既在交易所上市，又可以办理申购赎回，所以存在基金的二级市场交易价格与一级市场的申购赎回价格相背离的可能，由此产生了套利机会。当二级市场价格高于基金净资产的幅度超过手续费率，投资者就可以从基金公司申购 LOF 基金份额，再在二级市场上卖出；如果二级市场价格低于基金净资产，投资者就可以先在二级市场买入基金份额，再到基金公司办理赎回业务。

4. 提高基金的运作透明度。LOF 一旦在交易所上市，除了像传统的开放式基金一样公布每日净值等信息外，还必须遵守交易所的信息披露规则。为了便于二级市场投资者的操作，目前 LOF 基金一般每天在证券交易时间内 4 次披露实时净值。这将大大提高基金运作的透明度，有助于开放式基金的规范运作。

四、交易型开放式指数基金(ETF)

交易型开放式指数基金(Exchange Traded Fund，简称 ETF)，又称为“交易所交易基金”，是一种在交易所买卖的指数基金，代表一揽子股票的所有权。机构投资者和大额投资者以一揽子股票与基金管理公司进行 ETF 基金份额的申购与赎回。投资者既可以在证券交易所像买卖股票一样买卖 ETF，也可以通过赎回 ETF 单位换得所存托的一揽子股票。

ETF 是近年来在美国出现的一种新型的开放式基金。它是随着组合交易和程序化交易技术的发展、完善应运而生的。ETF 集封闭式基金可以上市交易、开放式基金可以自由申购赎回、指数基金高度透明的投资管理等优点于一身，克服了封闭式基金折价交易、开放式基金不能上市交易并且赎回压力较大、主动性投资缺乏市场择机和择股能力等缺陷，同时又最大限度地降低了投资者的交易成本。1993 年 1 月，世界上首只交易所交易基金在纽约证券交易所上市，跟踪的标的是标准普尔 500 指数。国内的第一只 ETF 是由华夏基金管理公司管理的上证 50ETF，之后又相继出现了上证 180ETF、深证 100ETF、中小板块 ETF 等。

(一) ETF 的特点

ETF 作为一种特殊形式的开放式基金具有以下显著特点：

1. 被动操作的指数型基金。ETF 以某一选定的指数所包含的成分证券为投资对象，依据构成指数的股票种类和比例，采取完全复制或抽样复制方法，进行被动投资的指数基金。当指数成分股调整时，基金资产组合跟着进行相应调整。ETF 不但具有传统指数基金的全部特色，而且是一种更为纯粹的指数基金。

2. 独特的实物申购赎回机制。所谓实物申购赎回机制是指投资者向基金管理公司申购 ETF,需要拿 ETF 指定的一揽子股票来换取;赎回时得到的不是现金,而是相应的一揽子股票;如果想变现,需要再卖出这些股票,即申购赎回采用实物交付,不同于传统开放式基金的现金申购赎回。

3. ETF 申购赎回交易要求。ETF 在一级市场申购赎回所申报的最小单位“每手”(申购基数,Creation Unit)规模要远大于二级市场,比如为 30 万至 100 万份基金单位,市值一般约数百万元以上,而二级市场最小交易单位一手只有 100 份基金单位,市值为数百元。因此,对于 ETF 的一级市场,只有机构或者大额资金的个人投资者才能参与,对于普通个人投资者而言,只能采用二级市场交易,通过经纪人在交易所进行交易。

4. 管理费用与交易成本低。由于采取被动式管理,不需要主动选股,降低了管理费用。ETF 的管理年费率通常在 0.3%～0.5%,较传统开放式基金管理年费率(约 1.0%～1.5%)要低;由于申购赎回用实物交付,基金资产买卖活动较少,交易成本很低。

5. 实行一级市场与二级市场并存的交易制度。在一级市场上,大投资者在交易时间内可随时进行以股票换份额(申购)、以份额换股票(赎回)的交易,中小投资者被排斥在一级市场之外。在二级市场上,ETF 与普通股票一样在市场挂牌交易,无论是大投资者还是中小投资者,均可按市场价格进行 ETF 份额交易。一级市场的存在使二级市场的价格不能严重偏离基金资产净值,否则就会发生两个市场的套利,最终使二级市场的价格接近于资产净值。

6. 可以进行套利操作。当同一商品在不同市场上价格不一致时就会存在套利交易。由于 ETF 既可以在一级市场交易,又可以在二级市场交易,因此可以进行跨市场套利。首先,当 ETF 在交易所交易价格低于其份额净值时,即发生折价交易时,可以在二级市场以低于资产净值的价格大量买进 ETF,然后于一级市场赎回一揽子股票,再于二级市场中卖掉股票,赚取之间的差价。这一套利机制,将可促进 ETF 在交易所市场的交易价格受到套利买盘进场而带动报价上扬,缩小其折价差距,产生让 ETF 的市场交易价格与基金份额净值趋于一致的效果。其次,当 ETF 在交易所的交易价格高于其份额净值时,即发生溢价交易时,可以在二级市场买进一揽子股票,然后于一级市场申购 ETF,再于二级市场中以高于基金份额净值的价格将此申购得到的 ETF 卖出,赚取之间的差价。这一套利机制,将可促进 ETF 在交易所市场的交易价格受到套利卖盘进场而带动报价下跌,缩小其溢价差距,同样产生让 ETF 的交易价格与基金份额净值趋于一致的效果。所以 ETF 既不会出现类似封闭式基金二级市场大幅折价交易、股票大幅溢价交易的现象,也克服了开放式基金不能进行盘中交易的弱点。

(二) ETF 的类型

(1) 根据 ETF 跟踪指数的不同,可以分为股票型 ETF、债券型 ETF 等。在股票型 ETF 和债券型 ETF 中,又可根据 ETF 跟踪指数的不同对股票型 ETF 和债券型 ETF 进行进一步细分。如股票型 ETF 可以进一步分为全球指数 ETF、综合指数 ETF、行业指数 ETF、风格指数 ETF(如成长型、价值型)等。

(2) 根据复制方法不同,可以分为完全复制型 ETF 和抽样复制型 ETF。完全复制型 ETF 是依据构成指数的全部成分股在指数中所占的权重进行 ETF 的构建。我国首只 ETF——上证 50ETF 采用的就是完全复制。抽样复制就是通过选取指数中的部分有代表性的成分股，参照指数成分股在指数中的比重设计样本股的组合比例进行 ETF 的构建，目的是以最低的交易成本构建样本组合。在标的指数成分股数量较多、个别成分股流动性不足的情况下，抽样复制的效果可能更好一些。

（三）ETF 的风险

与其他指数基金一样，ETF 会不可避免地承担所跟踪指数面临的系统性风险。其次，尽管套利交易的存在，使二级市场交易价格不会偏离基金份额净值太大，但由于受供求关系的影响，二级市场价格常常会高于或低于基金份额净值。此外，ETF 的收益率与所跟踪指数的收益率之间往往会存在跟踪误差，抽样复制、现金留存、基金分红及基金费用等都会导致跟踪误差。

专栏 14－2

ETF 的起源与发展

20 世纪 80 年代，美国证券交易所（AMEX）交易清淡，而纽约证券交易所和纳斯达克市场却欣欣向荣。此时，AMEX 主管产品创新工作的 Nathan Most 和 Steven Bloom 对此深感担忧，觉得 AMEX 应该有一条更好的出路。由于 Most 曾经在商品领域工作过，因此很熟悉仓单。另外，他们又都很熟悉共同基金，于是就设想，是否可以把这两种金融产品结合为一种混合证券——一种可以上市流通的仓单。

1987 年证券市场暴跌之后，AMEX 面对的挑战更为严峻，推出上述新产品也更为迫切。但当时很多人不同意 Most 的想法，一些律师认为美国证券交易委员会不会同意这种金融产品的出台。但 Most 最终成功地说服 AMEX 决策层给他一次尝试的机会。这样，AMEX 聘用了 Kathleen Moriarty，她为这个金融产品通过复杂的司法论证作出了巨大的贡献。在该产品的合法性经过数年的争论后，创新者终于取得了《1940 年证券交易法》的特例许可。当时的美国证券交易委员会主席 Richard Breeden 非常欣赏这个产品，并给予了最终的支持。Most 先生和道富环球投资公司（State Street Global Advisors，SSGA）合作进行基金的设计工作。他们预计推出一个新的金融产品，能和当时如日中天的先锋（Vanguard）指数产品抗衡，并且能够使每年的管理费用低于 20 个基点（2‰）。

这样，针对标准普尔 500 的一揽子股票而设计的第一只 ETF——标准普尔 500 存托仓单（Standard & Poor's Depository Receipts，SPDR）诞生了。1993 年 1 月底，AMEX 冲破重重阻力，将标准普尔 500 存托仓单发行上市，第一天的交易量令人咋舌，整个 2 月份平均日交易量超过 30 万单位。几年之后，标准普尔 500 存托仓单的日交易量突破 100 万单位大关，成为 AMEX 最活跃的交易品种。而后 AMEX 又引进了多只 ETF。

ETF 是美国历史上增长最快的金融资产。如今在美国，几乎每一个交易活跃的市场、每一个风格指数和每一个行业板块指数中都有 ETF 的身影。巴克莱环球投资管理公司(Barclays Global Investors，BGI)、SSGA 和其他主要的市场参与者把各种选择组合起来，设计不同的 ETF，让投资者拥有了众多的可以根据自己需求来选择的投资机会。同时，越来越多的市场主体参与到 ETF 产品中。2001 年以前，美国市场上只有少数专业从事 ETF 管理的公司，其中 Barclay、道富环球资产管理公司、美洲银行 3 家所管理的 ETF 就占据全球 ETF 市场的 93%。2002 年、2003 年以来，Merrill Lynch、Goldman Saches、Fidelity 也先后发行了 ETF 产品。各大交易所也在争取 ETF 产品上市。2001 年前，ETF 的上市被美国证券交易所垄断。2001 年后，纽约证券交易所、NASDAQ 等也开始重视 ETF。从 1993 年到 2006 年，美国国内证券市场 ETF 基金在数量和规模上都发展迅速，尤其是 2003 年以后更是获得了迅猛发展。

2003 年 ETF 开始走向亚洲市场。2003 年 5 月 2 日，两只 ETF 在中国香港上市，分别是跟踪韩国和中国台湾股市表现的 MSCI 韩国指数基金和 MSCI 台湾指数基金。2003 年 6 月 30 日，中国台湾第一只 ETF——"宝来台湾卓越 50 基金"正式挂牌上市，销售状况和业绩表现均非常理想。目前亚太地区的主要证券市场(如日本、中国香港、新加坡、韩国、中国大陆)都已推出了 ETF 产品。

ETF 自面世以来，产品创新从未停止过。例如，抵制通货膨胀(TIPs，Inflation Protected Securities，即根据 CPI 的变化情况相应调整面值)的债券指数 ETF 产品。2000 年，Vangard 推出第一只抵制通货膨胀的债券指数 ETF，该产品推出后表现较好，受到市场欢迎。2003 年年初，Barclay 公司也推出首只 TIP 的 ETF。

又如，首只红利股票指数 ETF——道琼斯红利指数 ETF 于 2003 年 11 月 7 日在纽约股票交易所上市。由于当时股市波动频繁，高分红率的公司因其可以带来稳定收益而受到投资者追捧。该产品投资于 50 只红利发放率较高的美国股票，具体股票选择标准如下：最近 5 年每股红利增长率连续为正，最近 5 年平均红利发放率大于或等于 60%，年平均交易量超过 150 万美元。该产品以此标准筛选股票，在所筛选出的股票中按照分红发放率对公司进行排序，选择前 50 名编制指数，并以红利发放率作为权重。该指数根据上市公司每年发布的分红情况调整一次。

不过，ETF 的迅速发展给共同基金业也带来威胁，一种观点认为 ETF 将乘势发展甚至取代共同基金。不过，不同的观点认为 ETF 以其灵活的交易方式可以满足偏好频繁交易的投资者的需求，而共同基金更适合于"买入—持有"策略的长期投资者。此外，ETF 具有费用率低以及延迟纳税的优势，对资金量大的投资者会更有吸引力。因此 ETF 和共同基金的互补性甚于竞争性，二者作为市场上的不同基金品种将长期共存。

第三节 我国证券投资基金产品创新

一、我国证券投资基金产品创新情况

1997 年《证券投资基金管理暂行办法》出台以来，我国开始形成规范化的证券投资基金。1998 年 3 月 27 日，经中国证监会批准，新成立的南方基金管理公司和国泰基金管理公司分别发起设立了两支规模均为 20 亿元的封闭式基金——基金开元和基金金泰，由此拉开了中国证券投资基金试点的序幕。初期基金类型为封闭式股票型基金，基金品种较为单一，投资标的以股票为主，根据投资标的中股票类型的不同，划分为成长型基金、收入型基金、平衡型基金、指数型基金。

在封闭式基金成功试点的基础上，2000 年 10 月 8 日，中国证监会发布了《开放式证券投资基金试点办法》，由此揭开了我国开放式基金发展的序幕。2001 年 9 月，我国第一只开放式基金——华安创新诞生，使我国基金业发展实现了从封闭式基金到开放式基金的历史性跨越。开放式基金的推出为我国基金业的产品创新开辟了广阔的天地，基金监管部门、基金管理人等不断探索基金产品的创新，这一阶段我国基金市场产品创新活动日趋活跃，基金品种日益丰富，具有代表性的基金创新品种有：

2002 年 8 月，南方基金管理公司推出了我国第一只以债券投资为主的南方宝元债券基金。2003 年 3 月，招商基金管理公司推出我国第一只系列基金招商安泰系列基金。2003 年 5 月，南方基金管理公司推出了我国第一只具有保本特色的南方避险增值保本型基金。2003 年 12 月，华安基金管理公司推出了我国第一只准货币型基金华安现金富利基金。2004 年 10 月成立了我国第一只上市开放式基金(LOF)——南方积极配置基金。2004 年年底推出了我国首只交易型开放式指数基金(ETF)——华夏上证 50ETF。

2006 年的基金创新进一步发展。年中相继出现了复制基金和拆分基金两大创新产品，南方稳健二号和富国天益分别成为第一只复制基金和第一只拆分基金，随后华夏等基金公司继续推出了各自的复制或者拆分基金，并且都获得了数十亿份的认购，大大促进了基金销售。2006 年还出现了生命周期基金、QDII 基金等创新品种，汇丰晋信 2016 成为我国第一只生命周期基金，华安国际配置基金成为我国第一只 QDII 基金产品。此外，基金兴业也在 2006 年内完成了“封转开”的全部程序，并新募集了 18 亿份基金单位。随后封闭式基金转型方案进入了完善阶段，基金同智等“封转开”方案都获得顺利通过。品种创新推动中国基金业在规模上达到了一个新的台阶。

2007 年基金产品创新继续发展。6 月，国内首只结构化基金国投瑞银瑞福基金获准发行，创新之外在于通过“结构分级”来满足不同风险偏好投资者的需要；7 月，中国证监会正式发布了《合格境内机构投资者境外证券投资管理试行办法》和《关于实施〈合格境内机构投资者境外证券投资管理试行办法〉有关问题的通知》，为 QDII 投资监管提供了依据。随着华夏、南方基金 QDII 资格获批，基金 QDII 业务全面开闸，公募基金管理业由此进入全球投资时代。已有包括华安、南方、华夏、嘉实、上投摩根、华宝兴业、海富通等在内的多家基金公司获得了 QDII 业务的试点资格。2007 年内以南方全

球、上投亚太、华夏全球、嘉实海外 4 只股票投资为主的 QDII 产品进行了成功募集。2008 年 4 月推出了国内首只社会责任基金——兴业社会责任基金。2010 年 12 月推出了国内首只黄金基金——诺安全球黄金基金。2011 年 1 月推出了国内首只新兴产业指数基金——东吴中证新兴产业指数基金。2011 年 10 月又推出了富国产业债纯债基金等。层出不穷的基金产品创新极大地推动了我国基金业的发展。

二、影响我国证券投资基金产品创新的直接因素

一是现有法规限定了基金产品的品种框架；二是证券市场的发达程度直接影响基金品种的创新设计。基金产品品种和规模与股市、债市、期市的规模、品种的多寡以及投资的地域限制有直接的联系。在我国，证券投资基金的投资范围主要是流通 A 股、债券。由于流通 A 股股票和国债、企业债的品种还不是很丰富，规模较发达国家小，因此限制了基金产品的创新设计。

三、我国证券投资基金产品创新的思路

产品创新直接关系到基金管理公司的生存与发展，在我国基金产品创新中应该把握好以下 5 个问题：

1. 产品创新应该以市场需求为导向，通过充分的市场调研和市场细分，力求产品特性清晰，有针对性，满足投资者的不同需要，有利于投资者决策。现阶段重点发展低风险基金品种。

2. 产品创新应该充分运用证券市场已有的金融工具，深入挖掘现有金融工具潜力。

3. 产品创新应该借鉴国际先进经验和技术。

4. 产品创新应该与基金交易、市场销售、客户服务等方面的创新紧密结合。

5. 产品创新要协调好市场化与政策约束的关系，使得产品创新符合国民经济和基金业发展的利益。

【能力训练】

1. 简要叙述保本基金实现保本的投资机制。以南方避险增值基金、银华保本增值基金等保本基金为例，分析保本基金的实际投资业绩和投资策略。

2. LOF 基金的运作框架是怎样的？套利机制如何实现？为什么国内 LOF 基金曾出现过连续涨停和连续跌停的现象？

3. 什么是 ETF 基金？它产生的背景和原因是什么？为什么 ETF 会成为国际资本市场近年来最为重要的金融创新品种？

4. 为什么我国要发展 QDII 基金？请你选择合适的 QDII 基金进行介绍。

5. 根据已学的理论知识，结合我国实际，谈谈我国基金创新的发展方向。

6. 请你尝试从国内各种基金创新品种的特征和产生原因中，总结证券投资基金创新机制的规律。

第十五章 证券投资基金的监管

【学习要点】证券投资基金监管的概念、目标、原则和手段;政府监管中的市场准入监管和日常持续监管;证券业协会的从业资格管理、诚信管理和职业后续教育;证券交易所的交易行为监管;基金托管人和基金管理人之间的相互监督;律师、会计师等中介机构的监督;社会公众参与基金监管的内容、方式。

【重点难点】对基金监管概念不能局限于政府监管,而是一个全方位、多层次监管体系;对基金投资行为监管的学习理解。对于普通社会公众来说基金投资具有相当的神秘性。因而,应注意基金投资决策中集体决策这一特点和基金投资决策流程,相应知识点就很容易掌握了。

第一节 基金监管概述

一、基金监管的概念

监管就是监督、管理。与其他市场相似,证券市场功能的有效实现是以一个完善而有效的市场环境为前提的,而现实中却存在着大量市场失灵现象。在所有的市场失灵中,最为严重的失灵可能在商品受制于外部经济效果时发生。外部经济效果是一个经济人的行为对另一个人福利所产生的效果,而施加这种影响的人却没有因此而付出代价。这一效果可能是积极的,也可能是消极的。例如,某基金发布虚假信息,若这种行为未被及时制止或事后也未受到相应惩罚,投资者利益因此受到了损害,这时一种消极的外部经济效果就产生了。因此,需要通过监管来限制这类外部经济效果的发生,以提高市场的效率。也就是说市场失灵为证券监管的产生提供了理论基础。日本著名经济学家植草益认为:通常意义上的管制是指依据一定的规则对构成特定社会的个人和构成特定经济的经济主体的活动进行限制的行为。

中国证券业协会在其编写的《证券市场基础知识》一书中这样定义:所谓证券市场监管,是指证券管理机关运用法律的、经济的以及必要的行政手段,对证券的募集、发行、交易等行为以及证券投资中介机构的行为进行监督与管理。

很明显,中国证券业协会这一定义属于政府执行的证券市场监管概念。笔者认为,证券监管不能仅仅局限于政府的范畴,还需要进一步扩大成多层次监管体系的概念,应该这样理解:证券监管是以保护投资者合法权益为根本目标和出发点,以矫正和改善证券市场的内在问题(市场失灵)为具体目标,政府及其监管机构、证券业协会等行业自律组织运用法律、经济、行政等手段对参与证券市场各类活动主体的行为进行引导、干预、管制和监督；证券市场各类活动主体之间的相互监督、相互制约以及社会公众对证券市场进行监督的活动。

对于基金监管，中国证券业协会在其编写的《证券投资基金》一书中这样定义：基金监管是指监管部门运用法律的、经济的以及必要的行政手段，对基金市场参与者行为进行的监督与管理。

但基金作为证券市场的一个重要组成部分，也不能一提到基金监管就将它仅仅局限于政府及其监管部门的职责，这一概念同样需要扩大到全方位、多层次监管体系这一层面上来。应该这样理解：基金监管是以保护基金投资者合法权益为根本目标和出发点，以矫正和改善证券投资基金市场的内在问题（市场失灵）为具体目标，政府及其监管机构、证券业协会等行业自律组织运用法律、经济、行政等手段对基金市场参与者行为进行引导、干预、管制和监督；基金市场各种活动主体之间的相互监督、相互制约以及社会公众对基金市场进行监督的活动。基金多层次监管体系如图 15-1 所示。

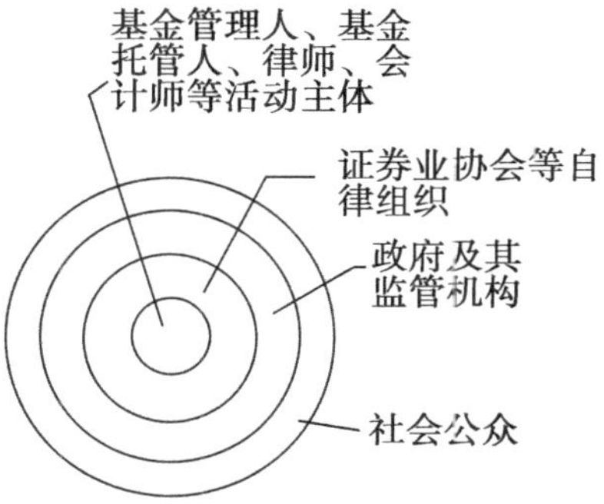

图 15-1　基金监管体系图

二、基金监管的必要性

（一）证券监管的必要性

传统市场上的一般商品交易遵循等价交换的原则。一般商品交易表现为用货币购买商品。我们知道，货币是价值的一般代表，商品是价值和使用价值的统一体，所以在传统市场上的一般商品交易是商品所有者按照等价交换的原则相互自愿让渡商品所有权的经济行为，在这种交换中，货币持有者用价值交换到了他所需商品的价值和使用价值。

与传统市场上的一般商品交易不同，证券交易所遵循的并不是等价交换的原则。证券是虚拟资本，本身既不具有价值也不具有使用价值，但它代表了一定数量的现实资本，可以用来买卖，因而具有交换价值。所以在证券市场上，证券交易表现为投资者用货币购买证券。在这种交易中，货币持有者用价值既没有交换到价值，也没有得到使用价值，只是得到了一定量的虚拟资本，这些虚拟资本的交换价值大小并不是由其所代表的这部分现实资本的大小①决定的，而是由其未来的收益能力所决定。而某个证券未来收益能力的大小取决于市场对这一证券在未来能收到现金流量的预期。

按照货币时间价值理论，我们可以得出这样一个结论：证券的交换价值（可以理解为证券的投资价值）等于该证券未来现金流量的现值。所以，根据这一结论，证券的投资价值由两个因素决定：一是贴现率；二是该证券的预期业绩。我们知道，贴现率会随着市场

① 例如，每股净资产是虚拟资本所代表的这部分现实资本量大小的表现形式之一，但股票的价格往往和每股净资产相去甚远。

利率变动而变动，所以在计算证券未来现金流量的现值时，所采取的贴现率本身就代表了对未来金融市场利率的一种假设，带有很大的主观性；证券的业绩预期同样带有很大的主观性，并且和宏观经济周期、行业发展和公司具体经营决策等因素密切相关，任何一种因素的变动都可能导致业绩预期的重大变动。

无论贴现率因素还是预期业绩因素，在证券市场上都以信息的形式存在，各种信息的产生、传播、理解和反馈，都会对证券价格产生影响(如图 15－2)。从某种意义上可以简单地说，证券是一种由信息决定投资价值的产品。信息源既可能来自国内，也可能来自国外；既可能来自政府，也可能来自企业或个人。其中，来自于证券发行者的信息是对证券价格产生直接影响的信息。处于信息传递渠道不同地位的证券市场参与者，所获得信息的及时性、准确性和完整性可能有很大差异，这种情况具体表现为证券市场上不同类型的参与者之间的信息不对称状态，这些都可能导致对证券投资价值的预期产生重大的差异，证券市场的效率由此受到影响。所以，通过监管的力量维护信息披露的及时、准确与完整，是证券市场健康发展的必要条件。世界上设有证券市场的国家都将信息披露制度作为证券监管制度的核心。

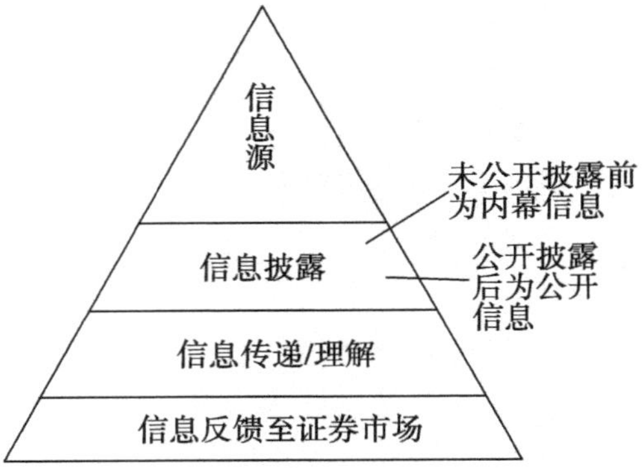

图 15－2　信息传递过程

另外，出于保护证券市场众多参与者的合法权益及防范证券市场所特有高风险的需求，最终保障证券市场的健康发展等都要求对证券市场实行必要的监管。

（二）基金监管的必要性

很明显，基金作为证券市场的一个组成部分，基金监管同样成为证券监管的一个重要内容，它具有证券监管的普遍特征，同时还具有自身的特殊性。

由于基金集中了社会公众的资金，基金管理人接受委托进行投资，所以基金操作的好坏直接关系到广大社会公众的利益。随着中国证券业的发展，整个基金行业所管理的资产规模也越来越大，对证券市场的影响力也在不断增大。为了保护投资人的合法权益，为了证券市场的有序健康运行，也为了基金行业自身的发展，必须进行基金监管。世界上拥有证券市场的国家都将证券投资基金作为监管的重要组成部分，特别是公募基金在世界各国都会受到严格的监管。

中国的证券市场是个新兴市场，基金的历史更是短暂，新兴市场普遍具有不成熟的特征，包括产品的不成熟、投资者的不成熟、投资方法的不成熟等，因而更需要通过加强监管来保护投资者的合法权益，提高证券市场效率，维护市场良好秩序，促进证券市场体系的发展和完善。

三、基金监管的目标和原则

（一）基金监管的目标

由基金监管的概念可知，基金监管的目标有：

1. 根本目标：保护基金投资者合法权益。

2. 具体目标：矫正和改善证券投资基金市场的市场失灵问题，从而提高市场效率。

（二）基金监管的原则

中国证券业协会在其编写的《证券投资基金》一书中总结了5项基金监管原则，分别是：① 依法监管原则；② “三公”原则；③ 监管与自律并重原则；④ 监管的连续性和有效性原则；⑤ 审慎监管原则。笔者认为，这应当属于政府进行基金监管工作时的原则，对于整个基金监管体系来说，以“三公”即“公开、公平、公正”作为基金监管工作的原则就足够了，原因是“三公”原则既精练易懂，又便于在监管实践中执行，并且还能够衍生出其他具体原则。

公开原则也称信息公开原则，对基金信息披露工作提出了很高的要求，如要求信息披露应真实、准确、完整、及时，提高基金市场透明度。“阳光是最好的防腐剂”，公开原则是“三公”原则的基础和前提，离开了公开原则，公平和公正就无从谈起。只有公开原则有效执行，才能使投资者能公平地从中获取所需要的信息，从而作出相应的投资决策。也只有如此，才能防止出现各种内幕交易、证券欺诈和舞弊行为，从而促进市场公正。

公平原则要求市场参与者具有完全平等的权利，不得歧视不同的参与者。

公正原则是针对政府监管机构的监管行为而言的，它要求政府监管部门在公开、公平原则的基础上，对被监管对象给予公正待遇。

但在实践中，市场的公平和公正不是由某一方施舍的，而是需要由严格的法规体系来保障的。

以公开原则而言，保障公开原则有效执行的法规体系最少包括三方面的内容：一是规定基金投资者需要有依法获取相关信息的权利；二是规定基金当事人有依法披露相关信息的义务；三是规定当事人违背披露义务时必须承担的法律和民事责任。

以公平原则而言，基金立法时就应当体现公平原则的精神。

以公正原则而言，政府监管部门应当在法律授予的权限内公正地履行监管职责，给予市场参与者公正的待遇。即，政府监管部门的监管行为也要受到监督，特别是社会公众的监督，防止滥用职权。

四、世界各国基金监管模式

虽然基金监管是一个包含多个层次的体系，越是成熟的市场这个体系就越健全，但是由于各国证券市场不同的历史发展历程，基金监管也形成了不同模式。根据其主要特点，证券行业把基金监管分成两种类型。

（一）集中型基金监管模式

集中型基金监管模式也称美国式监管模式，在这种模式下，政府在基金监管中处于主导地位，证券业协会等自律组织协助监管。中国的基金监管也属于这种模式。

集中型基金监管模式有以下特点：

1. 专门的监管法规体系

以美国为例，美国是世界上金融法规最严密的国家之一，在基金监管方面非常注重法制化，由此形成了一套严格健全的法律体系，对基金运作各个环节都做了具体明确的规范。共同基金受《1933 年证券法》、《1934 年证券交易法》、《1940 年投资顾问法》、《1940 年投资公司法》等法规的监管。其中，《1940 年投资公司法》详细规范了投资基金组成及管理的法律文件，也对共同基金的监管和日常运作作出了实质性要求；《1933 年证券法》规定了基金份额的注册要求；《1940 年投资顾问法》对基金进行证券投资的公平交易方面有明确且严格的规定。通过专门的监管法规体系，给投资人以多方位的法律保护，为投资基金的快速发展奠定了扎实的基础。

2. 权威的监管部门

以美国为例，由根据《1934 年证券交易法》于当年成立的美国证券交易委员会(Securities and Exchange Commission，SEC)行使基金监管权力。它属于美国联邦政府专门委员会，旨在监督证券法规的实施，目前拥有 4 个部，19 个办公室，约有 3 500 名职员，另外全国还有 11 个分支机构。美国证券交易委员会的权威性体现在：

(1) 身份超然

美国证券交易委员会为独立机构，不隶属美国总统、国会、最高法院或任何一个行政部门，在法律规定的范围内行使其职权，不受上述机构的指挥，但同时会受到总统、国会、法院的牵制以及舆论的监督。委员会由 5 名委员组成，委员由总统提名，经参议院同意后任命，主席由美国总统任命。为了保证交易委员会的独立性，委员会成员不得有 3 人以上来自同一政党。委员会旨在加强信息的充分披露，保护社会公众投资利益不被玩忽职守和虚假信息所损害，其通过的决议需由委员会过半数同意。委员不得兼任任何职务，不得买卖证券或从事其他证券交易活动。

(2) 权力巨大

美国证券交易委员会具有准立法权、准司法权和独立执法权。简单说来，美国证券交易委员会可以解释证券法、修正已有证券法律、加强证券法律法规的实施。美国所有的证券发行无论以何种形式出现都必须在证券交易委员会注册；所有证券交易所都在证券交易委员会监管之下；所有投资公司、投资顾问、交易经纪人、做市商及所有在投资领域从事证券经营的机构和个人都必须接受证券交易委员会的监督管理。

(二) 自律型基金监管模式

自律型基金监管模式也称英国式监管模式。英国是现代证券投资基金的发源地，在长期的实践中，逐步形成了一套以基金行业自律为中心的基金管理模式。在这种模式下，证券交易所、证券业协会等自律性组织在基金监管中处于主导地位，强调建立和完善带有自律性质的行业管理协会，并由协会制定出相应的规划进行自我控制、自我约束和自我管理，而政府一般没有专门的基金监管部门，除适当的宏观调控外，并不具体干预证券投资基金业务。英联邦国家的基金监管大多属于这种模式。

英国式(自律型)基金监管模式有以下特点：

1. 不设专门的基金监管法规体系

以英国为例，英国没有设立专门的证券投资基金法，甚至也没有专门的证券法。有关的监管法律分散在其他法律之中，主要有《受托人法》、《公司法》、《防止欺诈和伪证法》、《公平交易法》、《金融和市场服务法》等，其中《金融和市场服务法》将所有类型的金融机构和业务的监管都纳入其法律框架，还对单位信托基金做了具体规范。

2. 没有设立专门的政府监管部门

以英国为例，英国金融服务管理局（Financial Services Authority，FSA）于1997年10月由证券投资委员会改制而成，为独立的非政府机构，由《金融和市场服务法》授权成为英国金融市场统一的监管机构，行使法定职责，直接向英国财政部负责，由财政部任命董事会，其中包括1名董事会主席，1名首席执行官，3名执行董事及9名非执行董事。基金监管工作主要由各类证券行业协会、证券交易所等自律机构进行。

（三）两种监管模式之比较

客观地说，虽然两种基金监管模式风格迥异，但两种模式本身并没有高下之分，有区别的只是不同的模式有着不同的基金发展历史沿革、不同的证券市场环境等，因而不同的国家应当采用与本国情况相适应的监管模式。

1. 集中型监管模式的优缺点

(1) 集中型监管模式的优点

① 通过专门的监管法规体系对监管机构的名称、权利及义务作出了明确的规定，使政府监管有较强的权威性和严肃性。

② 因有权威的、身份超然的监管机构，不参与市场竞争，从而在监管过程中能站在公平、公正的立场，能有效协调全国市场，避免基金市场出现恶性竞争的局面，可以有效地保护投资者，尤其是中小投资者的利益。

(2) 集中型监管模式的缺点

① 由于证券投资基金市场涉及面广，专业性强，并且基金创新也层出不穷，这些对政府基金监管水平提出了很高的要求，如果政府机构的监管水平达不到市场需求，就难以实现有效的监管，并且上述优点很可能成为基金市场发展的桎梏。

② 由于政府机构超脱于市场之外，如何及时掌握有效的信息，从而采取合适的监管活动，是这一类型监管模式无法回避的问题。

③ 集中型监管模式中政府监管部门的权力很大，监管本来是以保护投资者合法权益为根本目标和出发点，以矫正和改善证券市场的市场失灵为具体目标，政府行政权力对市场进行监管时，很容易产生过分干预的现象，也易滋生腐败，这时监管反而降低了市场的效率，甚至成为市场发展的阻碍。

2. 自律型监管模式的优缺点

(1) 自律型监管模式的优点

① 由于自律型监管模式最大的特点是政府极少干预市场，对市场的监管主要由证券交易所及证券业协会等自律型组织来承担，这些自律型组织本身就是市场参与者，熟悉市场状况，具备专业知识和经验，相对于政府来说，能准确及时地获取市场信息，并对市场情况作出分析、判断和采取应对措施，因而监管效率相对较高。

② 相对于政府监管来说，自律型监管是一种温和且宽松的监管方式，主要强调自我约束意识，注重监管者与被监管者之间的协调与配合，手段更灵活，更符合市场运行规

律，这较好地保证了基金市场的稳定性。

③ 相对于政府监管部门来说，自律型组织的权力较小，参与相关基金行业法规的制定和对市场进行监管时，不容易产生过分干预的现象，也不容易滋生腐败。

(2) 自律型监管模式的缺点

① 由于缺乏权威统一的监管法律体系和专门的政府监管机构，因而监管力度较弱，尤其在处理重大或突发事件以及全国市场这一范围的市场协调上显得缺乏力度。

② 监管者作为市场参与者，独立性较差，很可能注重维护协会会员利益而忽视对投资者的保护；容易导致垄断，致使基金的开放程度降低，不利于一国证券投资基金市场的国际化，从而偏离保护投资者合法权益这一根本目标以及矫正和改善证券市场的市场失灵这一具体目标。

③ 由于监管者大多由多个协会等自律型组织组成，所以不利于形成全国统一的法律规范体系，使得不同区域监管标准可能不一致而产生摩擦，容易造成市场混乱和不平等竞争。

需要注意的是，无论是集中型还是自律型监管模式，虽然在基金监管中占主导地位的监管主体有所不同，但都不排斥其他监管主体的参与。例如，作为集中型监管模式的代表的美国，其证券业协会的自律管理在基金监管中占有重要的地位；再如，《中华人民共和国证券法》第八条规定：在国家对证券发行、交易活动实行集中统一监督管理的前提下，依法设立证券业协会，实行自律性管理。作为自律型监管模式的代表，英国财政部在基金监管中占有重要地位。国内外基金业发展历程告诉我们，越是成熟的基金市场，其监管体系就越全面。

五、中国的基金监管模式

中国现行基金监管模式属于集中型监管模式，具有该模式的基本特征。

(一) 专门的基金监管法规体系

在基金监管法规体系方面，《中华人民共和国证券法》是整个证券行业的根本大法，其中对证券监管作出了专门规定。对于基金行业来说，自从 2004 年 6 月 1 日《中华人民共和国证券投资基金法》正式实施以来，陆续制定并实施了《证券投资基金运作管理办法》、《证券投资基金销售管理办法》、《证券投资基金信息披露管理办法》、《证券投资基金管理公司管理办法》、《证券投资基金托管资格管理办法》和《证券投资基金行业高级管理人员任职管理办法》等多个配套法规，形成了以基金法为核心，以基金销售、日常运作、信息披露、托管、基金公司管理、基金公司高管人员管理的部门规章加上基金信息披露、基金公司治理、基金投资等多个规范性文件为配套，形成了较为完善的基金监管法规体系，并且这一法规体系还在不断地修订完善之中。

(二) 权威的政府监管机构——中国证监会

对于证券投资基金行业来说，我国的政府监管机构是国务院证券监督管理机构，具体来说目前这一机构指的是中国证券监督管理委员会(China Securities Regulatory Commission，CSRC，简称中国证监会)及其派出机构。中国证监会为国务院直属正部级事业单位，依照法律、法规和国务院授权，统一监督管理全国证券期货市场，维护证券期货市场秩序，保障其合法运行。我国的证券法规赋予中国证监会以下职权：

《中华人民共和国证券法》第七条规定：国务院证券监督管理机构依法对全国证券市场实行集中统一监督管理；国务院证券监督管理机构根据需要可以设立派出机构，按照授权履行监督管理职责。

《中华人民共和国证券投资基金法》第十一条规定：国务院证券监督管理机构依法对证券投资基金活动实施监督管理。

《证券投资基金运作管理办法》第四条规定：中国证监会及其派出机构依照法律、行政法规、本办法的规定和审慎监管原则，对基金运作活动实施监督管理。

中国证监会内部设有基金监管部，具体承担基金监管职责。具体职责有：拟订监管证券投资基金、基金管理公司、基金托管机构和合格境外机构投资者的规则、实施细则；审核证券投资基金、证券投资基金管理公司的设立和合格境外机构投资者的从业资格并监管其业务活动；审核基金管理公司、基金托管机构高级管理人员任职资格并监管其业务活动；按规定与有关部门共同审核证券投资基金、合格境外机构投资者托管机构的托管业务资格并监管其托管业务；协助外汇局对合格境外机构投资者及其托管人的外汇监管；审核境外基金管理机构在境内设立分支机构并监管其业务活动。

另外，中国证监会的派出机构[①]也按照法律法规及中国证监会的规定承担辖区内的日常监管工作。

从法规和基金监管机构职能可知，中国证监会与美国证券交易委员会相似，具有准立法权、准司法权和独立执法权，具备了集中型监管模式的基本特征。

（三）我国政府证券监管部门的演变

在简短的中国现代证券史上，具体的证券监管部门及其职能有过多次变更。主要有：

20 世纪 80 年代，刚刚萌芽的中国证券市场主要由中国人民银行监管。

1992 年之前中国还没有证券投资基金，因而也没有基金监管。

1992 年国家在设立国务院证券委员会的同时，还设立了中国证监会。此时，国务院证券委负责证券市场宏观管理，中国证监会作为国务院证券委员会的监管执行机构负责日常监管工作。

1997 年 11 月之前证券经营机构由中国人民银行监管。中国证券市场从开始一直到此时，还没有形成集中统一的监管，实际上是一种由国务院证券委及其执行机构中国证监会、中国人民银行等多个部门以及由上海、深圳等多个地方政府进行的分散管理。

1997 年 11 月之后证券、期货业划归中国证监会统一监管。

1998 年，国务院决定撤销证券委，其职能并入中国证监会，由中国证监会全面负责证券市场监管工作，集中统一的监管体系正式形成。

---

① 这些派出机构指的是中国证监会在全国各省、自治区、直辖市和计划单列市设立的 36 个证券监管局(通常证券市场简称为证监局)以及上海、深圳证券监管专员办事处。资料来源于中国证监会官方网站：http://www.csrc.gov.cn

第二节　政府监管机构的基金监管

我国作为集中型监管方式的一员，目前政府监管机构的监管是整个基金监管体系中最为重要的部分。如前文所述，我国证券投资基金的政府监管机构是中国证监会基金监管部和中国证监会的派出机构，根据其官方网站公布的机构职能，我们可以将其监管行为归纳为两种：市场准入监管和日常持续监管。

一、市场准入监管

市场准入监管是政府监管机构审核基金从业机构及其从业人员是否具备行使相应职责、履行相应义务的能力和条件，从而授予基金从业机构及其人员相应资格的行为。市场准入监管是投资者合法权益能够得到充分保护的第一步，也是基金监管系统中重要的组成部分。

政府监管机构对基金市场进行准入监管涉及审批制、核准制和注册制 3 种审查制度，它们各自有着相应的特点和适用的具体市场环境。

（一）审批制、核准制和注册制

1. 审批制

审批，通常指国家行政机关审核并决定是否批准相对一方某种要求的行政活动。对于证券市场来说，审批制通常出现在证券市场的早期发展阶段，此时证券法律体系不够完备，监管力量也很薄弱，不得不采用行政手段加以控制。例如我国基金募集审批是我国在基金市场的发展初期，政府监管部门既从社会管理者角度又从投资者的角度进行审查，采用计划的办法分配基金发行的指标和额度。

审批制从开始执行时起就受到众多批评，因为这一制度带有强烈的计划经济色彩：审什么？如何审？达到什么标准就可以批？批多少？……缺乏透明度，不符合公开、公平和公正的原则。所以随着我国证券投资基金市场的发展，至本世纪初我国证券投资基金市场准入监管已经取消了审批制。

2. 核准制

核准制是指市场准入监管时，监管机构先以法律法规的形式确定相应标准，然后再依据标准审查决定同意与否的一种审查制度。目前，我国的证券投资基金准入监管实行核准制，《证券投资基金法》、《证券投资基金公司管理办法》、《证券投资基金托管资格管理办法》、《证券投资基金行业高级管理人员任职管理办法》和《证券投资基金销售管理办法》等法规中对市场准入都有明确规定。

政府监管机构在基金准入监管中享有独立审查权，整个审查过程是进行实质性审查的，在审查期间若发现相应资格及条件与法定要求不相符，则不予核准；即使发行人资格及条件符合，政府监管机构也有权根据市场情况不予核准。

政府监管机构核准通过后，会出具书面批复。例如，在基金信息披露媒体上经常能看到诸如《关于核准设立××基金管理有限公司的批复》(证监许可〔2008〕××××号)、

《关于核准××基金管理有限公司设立广州分公司的批复》(广东证监许可〔2009〕×××号)、《关于核准××基金管理有限公司××基金行业高级管理人员任职资格的批复》(证监许可〔2009〕 ××× 号)、《关于核准××基金管理有限公司股权转让及章程修改的批复》(证监基金字〔2007〕237 号)、《关于核准×××股票型证券投资基金募集的批复》(证监许可〔2009〕 ××× 号)等类似的文件,这些批复就是核准制下市场准入监管中予以核准通过的结果,从批复标题中就能清晰地看出申请人、核准人和核准事项等关键信息。

3．注册制

注册制是指市场准入监管时,先以法律法规的形式确定相应标准,只要达到所公布标准要求即可取得相应资格,资格申请人必须依法公开披露各种信息并真实、准确、完整且及时地向证券监管机构报送这些资料并申请注册。

注册制的理论依据是“阳光是最好的防腐剂,电灯是最好的警察”,认为审批制和核准制将决定权交给少数人掌握,因而容易出现“权力寻租”,滋生腐败,从而影响市场的效率和效果。所以,在注册制中,证券监管机构的职责是对申报材料进行是否符合法规要求的形式审查,而将达到所公布标准与否留给证券投资基金中介机构来判断。这种制度对资格申请人、证券投资基金中介机构和投资者都有很高的要求。所以,注册制是在成熟证券市场所普遍采用的一种制度。

在证券市场上,3 种制度比较来说,注册制因其公开性最强因而受到的赞誉最多;审批制受到的批评最多;核准制是从审批制向注册制过渡的中间形式,但具备了审批制大多数缺陷,也受到很多批评。但客观地说,3 种审查制度都有其适用的市场环境,不能简单地比较其优劣,要根据一国证券市场的发展情况确定。

(二)基金管理公司的准入监管

1．基金管理公司设立审批

在我国,设立基金管理公司需要向中国证监会提出书面申请,中国证监会依法进行审批(目前,这一具体申请与审查流程如图 15－3 所示)。

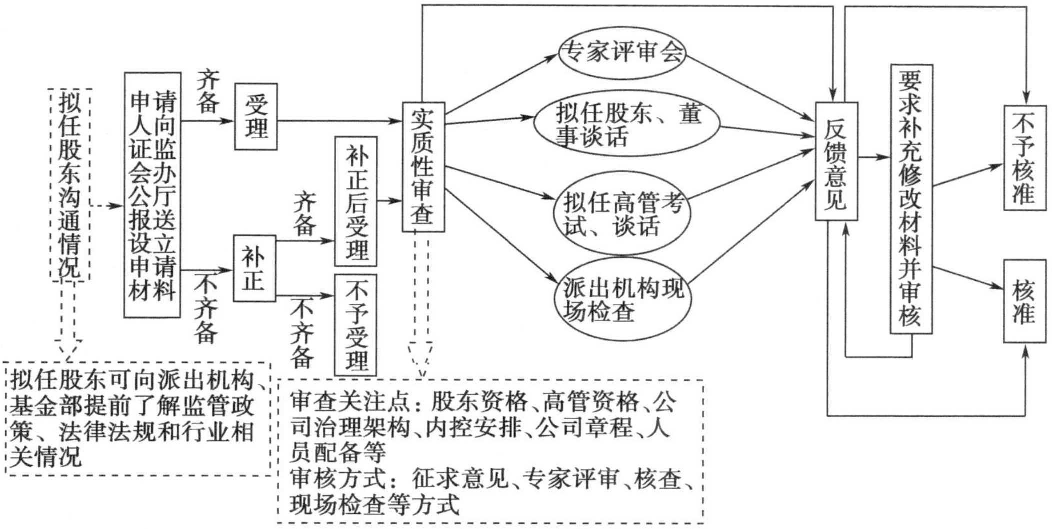

图 15－3　基金管理公司设立审核流程图①

《证券投资基金法》和《证券投资基金公司管理办法》规定了设立基金管理公司所需要的条件，包括股东资格、公司章程、注册资格、从业人员资格、内部控制制度、组织机构和营业场所等。

目前，我国已批准设立了60家基金管理公司。

2. 合格境内机构投资者资格审批

合格境内机构投资者(Qualified Domestic Institutional Investor，QDII)，是指在中国境内募集资金但从事境外证券市场的股票、债券等有价证券业务的基金管理公司和证券公司等证券经营机构。是在我国货币没有实现完全可自由兑换、资本项目尚未完全开放的情况下，有限度地允许境内投资者投资境外证券市场的一项过渡性制度安排。其资金募集和投向与QFII[①]正好相反。

我国基金管理公司想要取得这一资格，需要向中国证监会书面申请，中国证监会依法进行审批。

《合格境内机构投资者境外证券投资管理试行办法》规定了取得这一资格的条件，包括在资信、基金管理规模、经营年限、具有境外投资管理经验的人员数量、公司治理和内部控制等条件上要达到要求。

另外，由于涉及境外投资，对QDII的政府监管部门还有国家外汇管理局，即中国证监会和国家外汇管理局依法按照各自职能对QDII境外证券投资实施监督管理。例如，境内机构投资者需要依照有关规定向国家外汇管理局申请经营外汇业务资格。

3. 基金管理公司设立分支机构、修改章程或者变更其他重大事项审批

在我国，基金管理公司设立分支机构[②]、修改章程或者变更其他重大事项需要向中国证监会提出书面申请，中国证监会依法进行审批。这里的其他重大事项是指基金公司：

(1) 变更股东、注册资本或者股东出资比例。

(2) 变更名称、住所。

(3) 修改章程。

(4) 中国证监会规定的其他重大事项。

《证券投资基金法》和《证券投资基金公司管理办法》规定了基金管理公司设立分支机构、修改章程或者变更其他重大事项的要求，包括报送时间、审查方式等。另外《证券

---

① 合格境外机构投资者(Qualified Foreign Institutional Investor，QFII)，指外国投资者若要进入本国证券市场，必须符合一定的条件，经本国有关部门的审批取得相应资格后，汇入一定额度的外汇资金并转换为本国货币，通过严格监管的专门账户投资本国证券市场。它是一国在货币没有实现完全可自由兑换、资本项目尚未完全开放的情况下，有限度地引进外资、开放资本市场的一项过渡性制度安排。QFII因其不在中国境内募集资金，所以不属于中国的证券投资基金。对于中国证券市场来说，QFII是一种特殊的机构投资者，一般直接以申请的机构来命名，如最早获得QFII资格的“瑞士银行”(2003年5月)。由于QFII对于中国证券市场具有特殊的意义，代表了中国证券市场对外开放的情况，所以中国证监会基金监管部将其单独纳入监管范围。

② 自2009年1月1日起，基金管理公司在内地申请设立分支机构，由分支机构拟设地证监会派出机构即地方证监局依法受理并作出相关行政许可决定。

投资基金公司管理办法》还规定：涉及股东出资转让的，基金管理公司未按规定提出申请时，相关股东可以直接提出申请。

4. 基金管理公司高级管理人员[1]选任或者改任审核

在我国，基金管理公司高级管理人员选任或者改任需要向中国证监会提出书面申请，中国证监会依法进行审核。

《证券投资基金法》和《证券投资基金行业高级管理人员任职管理办法》规定了基金管理公司高级管理人员选任或者改任的条件和要求，包括任职条件、申请材料内容、审查方式等。

（三）基金托管人的准入

1. 基金托管资格核准

在我国，目前只有商业银行才能申请基金托管资格。商业银行需要向中国证监会提出书面申请，中国证监会依法进行审查，中国证监会作出予以核准决定的，应当会签[2]中国银监会，中国银监会作出予以核准决定的，中国证监会和中国银监会共同签发批准文件，并由中国证监会颁发基金托管业务许可证。

《证券投资基金法》和《证券投资基金托管资格管理办法》规定了商业银行申请基金托管资格的条件和要求，包括净资产和资本充足率、设有专门的基金托管部门、基金从业资格的专职人员、有安全保管基金财产的条件、清算、交割系统、营业场所、安全防范设施、内部控制和风险控制制度、申请材料内容、审查方式等。

2. 基金托管部门高级管理人员[3]选任或者改任审核

在我国，基金托管部门高级管理人员选任或者改任需要向中国证监会提出书面申请，中国证监会依法进行审核。

《证券投资基金法》和《证券投资基金行业高级管理人员任职管理办法》规定了基金托管部门高级管理人员选任或者改任的条件和要求，包括任职条件、申请材料内容、审查方式等。

（四）基金的准入

1. 基金募集申请核准

在我国，证券投资基金发售基金份额募集基金需要向中国证监会提出书面申请，中国证监会依法进行审核。

《证券投资基金法》和《证券投资基金运作管理办法》规定了证券投资基金发售基金份额募集基金的条件和要求，包括拟任基金管理人、基金托管人、申请材料的内容与格式、审查方式、核准后募集期限、信息披露和宣传推介活动等。

---

① 基金管理公司高级管理人员指基金管理公司董事长、总经理、副总经理、督察长以及实际履行上述职务的其他人员。

② 会签是一种公文审批方式，当某公文事项超出公文主办单位职责及权限时，由主办单位主动与有关单位协商并核签的一种办文程序。即，公文涉及的单位或部门在各自职责和权限范围内对公文事项表达本单位或部门的意见。

③ 指基金托管银行基金托管部门的总经理、副总经理以及实际履行上述职务的其他人员。

其中，基金募集申请核准审查过程中除了中国证监会的审查之外，中国证监会组织专家评审会对基金募集申请进行评审。对基金产品设计有较大创新的，中国证监会将优先安排基金专家评审会评审和申报材料审核等工作。

另外，基金募集申请核准通过后，基金公司在规定的期限内安排基金募集工作。基金募集工作完成之后要将基金募集情况、验资报告等材料向中国证监会办理备案，3 个工作日内予以书面确认；自中国证监会书面确认之日起，基金备案手续办理完毕，基金合同生效。

2．基金运作方式[①]转换核准

在我国，证券投资基金转换运作方式首先需要经参加基金份额持有人大会的基金份额持有人所持表决权的三分之二以上通过，然后向中国证监会提出书面申请，中国证监会依法进行审核。

《证券投资基金法》和《证券投资基金运作管理办法》规定了证券投资基金转换运作方式的条件和要求，包括基金份额持有人大会召开和决议、基金份额持有人大会通过后报送证监会期限、信息披露和审查方式等。

（五）其他基金服务机构准入

1．基金代销机构准入

《证券投资基金法》规定，基金销售职责由基金管理人履行，因此，由基金管理人委托的其他销售机构简称为基金代销机构。机构若要开展基金代销业务，需向中国证监会提出书面申请，核准通过后获得基金代销资格才可以进行。

《证券投资基金法》和《证券投资基金销售管理办法》规定了申请证券投资基金代销资格的条件和要求，包括申请人、提交材料和审查方式等。

在实际工作中，中国证监会对基金代销机构申请人有着非常严格的要求，专门制定了《证券投资基金代销业务资格申请材料的内容与格式》，对申请人在申请材料所需说明的事项、提供的文件等进行了详细的规定。也就是说，成为基金代销机构的门槛很高，目前，开放式基金的代销机构包括商业银行、证券公司、证券投资咨询机构、专业基金销售机构以及中国证监会规定的其他机构。其中，商业银行和证券公司是主要的代销机构，而商业银行在基金销售渠道中占有最大的份额。

2．基金注册登记机构准入监管

我国封闭式基金在交易所进行交易，所以其注册登记业务全部由中国证券登记结算有限责任公司负责。

我国《证券投资基金法》规定了基金管理公司作为证券投资基金管理人可直接担任注册登记机构，为基金份额持有人提供注册登记服务，这也是目前大多数开放式基金采用的模式。基金管理公司取得该项业务资格无须另外批准。

目前我国具备办理开放式基金注册登记业务资格的机构主要包括基金管理公司和中国证券登记结算有限责任公司。基金管理人也可以委托其他机构代为办理注册登记

---

① 通常指的是由封闭式基金转成开放式基金，即“封转开”。

业务，但首先要向中国证监会申请这一业务资格，并报送相应申请材料。中国证监会依法审查并决定批准与否。

3. 会计师及会计师事务所准入监管

基金公司、基金审计报告上签署有"××会计师事务所、××注册会计师"，但不是任何会计师事务所的注册会计师都可以从事这项审计业务，只有那些具有执行证券、期货相关业务资格的会计师事务所才可以从事该项审计业务。要成为具有从事证券、期货相关业务资格的会计师事务所，其中一个重要的条件就是有足够数量的具备证券期货相关业务资格的注册会计师。具备证券期货相关业务资格的注册会计师，需要通过财政部及中国证券监督管理委员会统一组织的资格考试，取得业务资格后才能从事证券相关业务。

财政部和中国证监会是这一资格的准入监管者，他们联合发布了《关于会计师事务所从事证券期货相关业务有关问题的通知》(财会〔2007〕6 号)，明确规定会计师事务所从事证券、期货相关业务资格的申请条件、需报送的申请材料以及相关事项的报备等事项。

4. 律师及律师事务所准入监管

根据中国证监会、司法部关于取消律师及律师事务所从事证券法律业务资格审批的通告，自 2002 年 11 月 1 日起，律师从事基金法律服务不需要特别审批。中国证监会与司法部将通过制定管理规范和标准，完善监管手段，加大事中检查、事后稽查处罚力度等措施，进一步加强对律师及律师事务所从事证券法律业务活动的监督和管理。

二、日常持续监管

政府监管机构的基金日常持续监管主要是对证券投资基金市场参与机构的日常经营活动、参与人员的从业行为和基金运作各环节的监管。对机构的日常监管主要以机构的治理结构和内部控制为主；对从业人员的日常监管主要以从业行为的合法性和规范性为主。

目前，除中国证监会特别授权的准入监管外，地方证监局的基金监管以日常监管为主。

按监管方式，日常持续监管分为现场检查和非现场检查两种。

(一) 现场检查

现场检查是指中国证监会直接派出工作人员进入证券投资基金市场参与机构的日常经营活动场所审查相应业务的活动。中国证监会通过现场检查，更深入地了解基金管理公司、基金托管部、基金代销机构以及其他基金服务机构相应的基金业务运作状况，是基金监管工作中获取原始证据的重要手段。

1. 现场检查的分类

现场检查从检查目标来分，有常规检查和专项检查两种；从检查时间来分，有定期检查和不定期检查两种。

定期检查一般属于常规检查，在相对固定的时期内进行现场检查，侧重于基金管理公司、托管人和其他基金服务机构的日常基金业务运作状况。常规检查或定期检查一般都提前将有关现场检查安排通知给相关基金服务机构，甚至作为一项制度用法规的形式加以确定。

专项检查通常属于不定期的检查，针对日常监管中发现的问题或接到举报等特定目标，由有关业务部门组织人员及时进行。这种检查可能事先通知给相关基金服务机构，也可能不事先通知，而是直接采用突击检查的方式。例如，2008 年 9 月至 12 月，中国证监会组织安排中国证监会派出机构及中国证券业协会对基金销售机构进行的现场检查，就属于专项检查，事先已用中国证监会公告的方式通知相关单位。

2. 现场检查的要求

(1) 人员要求

现场检查直接面对各种基金服务机构、人员和业务，对检查人员的综合素质有相当高的要求。主要有以下几点：

① 具备现场检查所需的专业素养。现场检查人员应当经过专业培训，具备足够的专业能力，熟悉基金法律法规和业务流程；还应当具备一定的审计业务知识，能够独立搜集相应证据、记录现场检查工作底稿、得出现场检查判定。

② 具备很高的职业道德修养，能够公平地对待被检查人，客观地反映被检查事项，公正地作出检查判定。

③ 现场检查时，一般来说，检查人员不得少于两人，互相监督，以示公正。

(2) 检查实施要求

主要有以下几点：

① 做好现场检查方案。凡事预则立，不预则废。实施检查之前，检查单位应设计检查方案，每位检查人员需明确检查目标、各自分工及相应的协作；重大项目还需要制定应急方案。

② 现场检查行为规范化。一般来说，一个检查项目可能涉及多个地区、多个基金服务机构等，为了保证检查质量，现场检查行为规范化就非常重要，这能保证不同的检查人、不同的地区能得出可比的检查结果。例如，进入现场后，检查人员应当先出示检查证件表明身份，说明来意，并向被检查人交代其权利和义务；再如，对于大型现场检查项目，需事先研究并设计检查流程，使不同现场检查小组的检查重点、时间进度等保持一致；又如，抽样检查技术的样本选择标准化等。

③ 严格按照法律、法规要求实施现场检查，是现场检查顺利进行的必要条件。

(3) 现场检查后续事项

不能为了检查而检查，检查的根本目的是为了规范基金市场，促进基金市场健康发展。所以，现场检查工作完成之后，需及时整理现场检查工作底稿，出具检查报告。若发现问题，需及时向被检查单位出具整改意见，发出限期整改通知书。还需要跟踪被检查单位整改情况，将整改意见落到实处。

(二) 非现场检查

非现场检查主要通过报备制度来实现。由于中国证监会及其派出机构人员有限，而且现场检查的成本很高，所以中国证监会制定了严格的报备制度，由基金服务机构定期或不定期地报送各种报告，通过审阅并分析这些报告，及时地、全面地把握证券投资基金市场信息。基金管理人、基金托管人、为基金或基金公司提供审计服务的会计师事务所、提供法律服务的律师等都是报备制度中报送基金运作等信息的主体。

按报告的载体还可以分成书面报告和电子报告。随着现代信息技术的发展，电子报告的重要性有不断增加的趋势。例如，中国证监会开发了专门的电子报备系统，要求基金管理人定期报送基金交易情况日报、开放式基金申购赎回情况、基金投资月度统计报告、基金资产负债表、基金经营业绩表、开放式基金基本情况汇报等信息。

按报告的报送时间可以分成定期报告和不定期报告。

定期报告按报送时间范围分为日报、月报、季度报告、半年度报告和年度报告。如基金交易情况日报、开放式基金申购赎回情况属于日报；基金投资月度统计报告、基金资产负债表、基金经营业绩表、开放式基金基本情况汇报属于月报；基金管理公司季度监察稽核报告、基金季度报告属于季度报告；基金招募说明书更新、基金半年度报告、基金公司半年度工作总结报告等属于半年度报告；基金公司年度的风险准备金提取、管理和使用的专项报告，基金管理公司年度察稽核报告，基金管理公司和基金年度审计报告，基金管理公司年度评价报告等属于年度报告。

所谓不定期报告，主要指基金托管人和管理公司对基金运作过程中发生的可能对基金持有人权益及基金份额的交易价格产生重大影响的事项随时进行报告。

三、监管处罚手段

再严格的监管制度若没有相应的处罚措施，都不会有好的效果，具备严厉的监管处罚手段，是政府监管机构的监管有别于其他监管的重要特征。目前我国政府监管机构基金监管的监管处罚措施视情节轻重主要有：

1. 取消准入资格

准入监管提供了严格的准入条件，使得基金从业机构及从业人员具备行使相应职责、履行相应义务的能力和条件。但在我国核准制下，并不是核准通过取得准入资格后就可以一劳永逸，若在后期达不到准入条件，可能被取消准入资格。例如，基金公司督察长连续两次考试成绩不合格的，中国证监会可建议公司董事会免除其职务。

另外，如果政府监管机构核准通过后发现其存在违法、有损社会公益或投资者合法权益的，有权撤销已通过的核准，并且政府监管机构对撤销已作出的核准许可，不承担责任①。

2. 警示函

当基金管理公司、基金托管银行、基金托管部门或者其高级管理人员的行为可能严重损害基金财产或者基金份额持有人的利益；公司出现或者可能出现重大隐患，可能影响其正常履行相应职责或违反诚信、审慎、勤勉、忠实义务时，中国证监会依法对相关高

① 在基金宣传推介材料上经常能看到这样一句风险提示：中国证监会的核准并不代表中国证监会对本基金的风险和收益作出实质性判断、推荐或者保证。

级管理人员出具警示函，进行监管谈话。

3. 监管谈话

4. 记入诚信档案

5. 暂停履行职务

6. 证券市场禁入

视行为人情节轻重，有 3 种证券市场禁入处罚：

(1) 3～5 年的证券市场禁入措施。

(2) 5～10 年的证券市场禁入措施。

(3) 终身证券市场禁入措施。

7. 其他

按《证券法》、《基金法》及其他法规规定，监管处罚措施还有通报批评、警告、罚款等；对涉嫌触犯刑法的，移交司法机关处理。

另外，中国证券会的调查部门、案件审理部门及派出机构在对证券违纪案件进行调查、审理或者执行时，可以依法申请冻结、查封违法资金、证券等涉案财产或者重要证据。

基金从业行为受到政府监管机构处罚的，会对基金从业机构或人员产生不利的影响。如最近 1 年内中国证监会出具警示函、进行监管谈话 2 次以上，或者在收到警示函、被监管谈话后不按照规定整改的，中国证监会可以建议任职机构暂停或者免除证券投资基金行业高级管理人员职务。

第三节 基金自律组织的自律管理

在我国，基金自律组织的监管以沪、深交易所和中国证券业协会的自律管理为主。

一、证券交易所的自律管理

(一) 我国证券交易所的自律管理简介

证券交易所是为投资者提供证券集中竞价交易的场所，我国现有上海证券交易所和深圳证券交易所两家交易所，都是会员制形式①。

我国这两家证券交易所的基本职能相似，以上海证券交易所为例，其具体职能包括：提供证券交易的场所和设施；制定证券交易所的业务规则；接受上市申请，安排证券上市；组织、监督证券交易；对会员、上市公司进行监管；管理和公布市场信息。

简单来说，证交所的职责可以归纳成两项：一是服务，即提供证券集中交易服务；二是自律监管。

(二) 我国证券交易所自律管理的特点

1. 自律管理权是政府监管机构所赋予的，必须在政府监管机构领导下开展业务。例

① 证券交易所一般有两种组织形式：一是会员制，由证券公司作为会员合作组建而成，一般不以盈利为目的；二是公司制，由各方股东投资组建，以盈利为目的。

如，上海证券交易所的监管专栏中这样介绍：作为自律管理的法人，上海证券交易所在中国证监会的直接管理下，秉承“法制、监管、自律、规范”的八字方针，致力于创造公开、公平、公正的市场环境，切实保护投资者权益，依据法律、法规和自律规则来组织和监督证券交易，履行自律管理职责。再如，目前我国上海、深圳两个交易所的总经理都由中国证监会任命。

2. 交易所实际履行着一线监管的职能。证券交易所以其在证券交易中所处的位置能直接面对各项交易，能及时、全面且完整地取得交易信息，因而能对证券市场的异常交易行为作出快速反应。

3. 交易所本身也是政府监管机构的监管对象。政府监管机构虽不直接干预证券交易所的日常运营，但却会对交易所进行定期和不定期的检查，并要求其定期报送运营情况和财务报告，其中包括自律监管情况报告。

（三）我国证券交易所对基金的自律管理

1. 基金上市交易监管

主要按照《证券投资基金上市规则》等要求，对封闭式基金、交易型开放式指数基金（Exchange Traded Fund，ETF）和上市开放式基金（Listed Open-end Fund，LOF）的当事人进行自律管理。

2. 基金投资行为监管

基金投资行为监管包括两个方面的监管：

（1）对投资者买卖基金的行为进行监管。

（2）对基金从事证券交易等投资行为进行监管。基金是证券市场上重要的机构投资者，其证券交易等投资行为大多通过交易所进行。交易所建立了专门的基金交易监控系统，对基金交易行为进行重点监控。

（四）我国证券交易所对基金自律管理的监管处罚手段

由于交易所是自律监管，所以其处罚以纪律处罚为主。交易所在通过基金交易监控系统发现基金异常交易行为时，视行为严重程度不同采取以下监管措施：

1. 电话提示。例如，一些基金经理为了业绩排名，会采取在尾盘将基金重仓股价格突然拉升的行为，以提高基金份额净值。交易所监控系统发现这类异常交易行为时，因为这类行为还不能够认定为操纵股价，所以交易所通常会先进行电话提示，对基金管理人发出口头警示。

2. 书面警示。

3. 约见谈话。

4. 要求相关投资者提交书面承诺。

5. 限制相关证券账户交易。

6. 报请证监会冻结相关证券账户或资金账户。

7. 公开谴责。

8. 上报证监会查处。

基金从业行为受到证券交易所监管处罚的，会对基金从业机构或人员产生不利的影响，如最近1年内证券交易所公开谴责2次以上的，中国证监会可以建议任职机构暂停或者免除证券投资基金行业高级管理人员职务。

二、中国证券行业协会的自律管理

（一）我国证券行业协会的自律管理简介

中国证券业协会是依据《中华人民共和国证券法》、《中华人民共和国证券投资基金法》和《社会团体登记管理条例》的有关规定设立的证券业自律性组织，属于非营利性社会团体法人，接受中国证监会和国家民政部的业务指导和监督管理。对于基金行业来说，中国证券业协会下设证券投资基金业专业委员会和基金公司会员部，负责行业自律、会员服务和信息传导等工作。

（二）中国证券业协会对基金的自律管理

1. 从业资格管理

按中国证券业协会制定的《基金经理注册登记规则》规定，基金管理公司聘任、解聘基金经理，应当按照规则及时办理基金经理的任职注册、变更注册和离职注销等手续。否则，不得聘任其担任基金经理或进行基金经理任职变更。

按中国证券业协会制定的《证券业从业人员资格管理办法》和《证券业从业人员资格考试办法》规定，要取得证券投资基金从业资格，须参加并通过证券业从业人员资格考试。中国证券业协会是资格考试的组织机构，负责资格考试工作。

2. 诚信建设

中国证券业协会在《证券投资基金业从业人员执业守则》中，对证券投资基金从业人员的执业操守及行为准则提出了要求。

中国证券业协会在《证券业从业人员资格管理办法》和《证券业从业人员培训纲要》中，规定了规划、部署与组织实施的从业人员后续职业培训和惩戒培训事项。其中后续职业培训是指从业人员接受的包括法律法规、执业操守、新产品和新业务的实施规则与操作要点等持续教育培训；惩戒培训是指从业人员违反行政法规、执业操守和行业公约时需要强制接受的培训，侧重于法律法规、从业守则和道德操守等。

（三）中国证券业协会对基金自律管理的监管处罚手段

由于中国证券业协会是自律监管，所以其处罚以纪律处罚为主，有关情况记入诚信档案。视情节轻重采取以下监管措施：

1. 自律谈话。

2. 警告。

3. 业内通报批评。

4. 公开谴责。

5. 取消会员资格、从业资格或注销执业证书。

6. 不受理有关申请。

7. 违反法律法规的，移交中国证监会处理。

基金从业行为受到中国证券业协会监管处罚的，会对基金从业机构或人员产生不利的影响，如最近1年内受到行业协会纪律处分的，中国证监会可以建议任职机构暂停或者免除证券投资基金行业高级管理人员职务。

第四节　基金活动主体的监管

中国证监会、证券交易所及中国证券业协会的基金监管都是外部监管行为，对市场行为的反应可能不够迅速和有效，得到的信息可能不够及时、准确和完整，而基金活动主体对基金活动的监管更为直接迅速。

一、基金活动主体的监管简介

参与基金各项活动的主体主要包括：基金持有人、基金管理人、基金托管人、注册机构、登记机构、会计师事务所、律师等。

基金活动主体的监管主要通过两方面来进行：一是通过从业机构本身清晰的公司治理结构和完善的内部控制体系；二是通过主体间不同的权利义务，形成了既互相协作又互相监督、互相制衡的体系，使基金活动风险得到有效控制。

《证券投资基金管理公司治理准则（试行）》和《证券投资基金管理公司内部控制指导意见》分别对基金管理公司治理和内部控制提出了要求。

基金持有人具有基金所有权，通过基金持有人大会行使权利，对基金重大决策发表意见，但无权直接干预基金日常运营；基金管理人具有管理和运用基金财产权，但无权保管基金财产；基金托管人具有基金财产保管权，但无权使用、处置基金财产，只能根据基金管理人的投资指令，及时办理清算、交割等事宜。注册会计师以独立第三方的身份，对基金财务报告发表审计意见，对基金公司内部控制的有效性进行审计，并发表年度评价报告。

基金管理人应当监督基金代销机构是否切实履行代销协议，代办注册登记业务机构是否切实履行代理协议，是否存在违法违规行为。如发现违法违规行为，基金管理人有义务及时制止并向有关监管部门报告。

二、各主体对基金销售活动的监管

（一）基金募集申请经核准后，方可发售基金份额

《基金销售管理办法》规定：基金募集申请获得中国证监会核准前，基金管理人、代销机构不得办理基金销售业务，不得向公众分发、公布基金会推介材料或者发售基含份额。

（二）基金管理人委托其他机构办理基金销售，被委托的机构必须取得基金代销资格，并与基金管理人签订代销协议

基金管理人、代销机构从事基金销售活动，应当遵守法规规定和基金合同、基金代销协议的约定；应当建立健全并有效执行基金销售业务制度和销售人员的持续培训制度，加强对基金销售业务合规运作和销售人员行为规范的检查和监督。

（三）基金宣传推介材料监管

基金管理人依法制作和发布基金宣传推介材料。

基金托管人应当复核基金宣传推介材料中所登载的基金业绩表现数据，出具基金业绩复核函。

（四）销售活动合法合规专项总结

基金管理人的督察长必须检查基金募集期间基金销售活动的合法、合规情况，并自基金募集行为结束之日起10日内编制新基金发行合规合法情况专项报告，这一报告需要基金管理人的董事长和总经理签署阅读并知晓该报告内容的声明，报中国证监会存档备查。

（五）销售活动合法合规日常总结

基金管理人的督察长必须定期检查基金销售活动的合法合规情况，在监察稽核季度报告中做专项说明，并报送中国证监会。

三、各主体对基金信息披露的监管

基金信息披露是公开原则得以执行的保障，是世界各国基金监管的重要对象。对于我国证券投资基金行业来说，基金活动各个主体对基金信息披露的监管主要有：

（一）基金信息披露义务人

基金信息披露义务人包括基金管理人、基金托管人、召集基金份额持有人大会的基金份额持有人等法律法规和中国证监会规定的自然人、法人和其他组织。

（二）基金信息披露负责人

基金管理人和基金托管人需设置信息披露负责人岗位，并在上市交易公告书、半年度及年度报告等文件中公告信息披露负责人及其联系方式，负责安排相应信息披露业务。

（三）信息披露监管的内容

基金信息披露按披露时间安排，可以分为定期信息披露和不定期信息披露，因而监管也对应分成两种：对日常业务监管和专项监管。定期信息披露包括基金季度、半年度和年度报告、招募说明书更新等；不定期信息披露主要指基金托管人和管理公司对基金运作过程中发生的可能对基金持有人权益及基金份额的交易价格产生重大影响的事项随时进行报告。《基金信息披露办法》第二十三条规定了包括召开基金份额持有人大会在内的27种重大事项，要求有关信息披露义务人应当在2日内编制临时报告书，予以公告，并在公开披露日分别报中国证监会和基金管理人主要办公场所所在地中国证监会派出机构备案。

基金管理人和基金托管人进行基金信息披露监管时，主要确保披露信息的真实、准确、完整和及时。另外，在未公开披露之前，做好保密工作。

四、基金投资的监管

对于普通社会公众来说，基金的投资行为具有相当的神秘性，因而大多数人对于基金投资的监管就更为陌生。基金特别是公募证券投资基金的投资决策以集体决策为主，所谓基金经理能在证券市场上呼风唤雨，大多属于故事。实际上，基金投资行为受到多方面的严格监管，并且这种监管贯穿于基金投资整个流程。在此，将基金投资的监管对应基金投资决策流程分为事前、事中和事后监管 3 个部分。需要注意的是，这 3 个部分构成完整的基金投资监管，不能割裂开来。

（一）事前监管

对基金投资的监管目的不是要纠出错误与舞弊，而是为了基金规范地运作，健康地成长。孔子曰："不教而诛谓之虐。"所以在投资行为发生之前进行监管，使基金投资人员清楚地认识自己可以做什么、不可以做什么，防微杜渐，将风险防范在未发生之际，这样的监管最为有效。基金投资事前监管主要有制度建设和投资管理系统建设。

1. 制度建设

基金的投资决策以集体决策为主，所以，在这个决策集体①中，成员的构成与权限、具体投资行为的决策流程，必须以制度的形式加以明确，使基金投资行为规范化。

(1) 权限设定

决策集体中不同成员的权限特别是基金经理的权限需要事先严格测试，因为，若权限过大，则基金投资决策由个别人决定，会使风险加大；若权限过小，则基金投资决策就经常需要进行集体决策，面对证券市场较大波动时，反应就不够迅速，影响效率。所以，权限设定需要根据基金规模、基金类型、投资品种的不同，经过事先测试再予以确定。并且，如果这些因素发生变化，或市场情况发生变化，权限设置也需要随之变动。

(2) 流程化

公募证券投资基金的投资决策有一个重要特征，就是科学化、规范化。基金持有人将资金交给基金管理人是去投资的，而不是交给少数人去赌博，所以在基金投资行为中，什么人在什么时间、什么情况下做什么样的决策，这种决策如何付诸实施，须在事前流程化，以明确各个环节的责任和权力。

2. 投资管理系统建设

随着信息技术的飞速发展，应当注重信息技术在监管中的运用，以提高监管效率和效果。例如，上电转债事件。

2007 年 8 月 14 日，上电转债最后一个交易日，当天，上电转债收盘价为每张 225.04 元。自 8 月 14 日起，上电转债停止交易和转股，未转股的转债全部被冻结，转债发行人上海电力股份有限公司按照每张 102.76 元的价格赎回全部未转股的上电转债。但奇怪的是，有 3 家基金公司旗下 5 只基金的上电转债未在最后交易日卖出或实施转股，被上市公司按每张 102.76 元的价格赎回，损失 2 200 万元。

事后调查，基金公司发生这样低级错误的原因很简单，就是忘记了上电转债最后交易日前应当处理的事项（或转股，或卖出）。基金公司犯这一低级错误看起来奇怪，但细究下来却是一种必然。因为，人力有时而穷。虽然基金管理人内部设有督察长、监管稽核部等岗位专职进行基金监管，但是一个基金管理人一般会管理多只基金，每只基金会投资于数十、上百甚至数百只证券，多到甚至可能连基金经理自己都记不清。所以，单凭

① 基金管理公司中通常设立投资决策委员会以进行集体决策。

人力去进行投资监管,不够现实,并且很容易出错。

错误一旦发生,往往意味着不可挽回的损失已经产生。例如,上电转债事件中,3 家基金公司除承担了 2 200 万元损失外,中国证监会还对此进行通报批评,在《关于部分基金管理公司未按期操作上电转债事件的通报》中指出:“相关投资管理人责任心和风险控制意识薄弱,专业素质和技能不够合格,同时,事件过程中部分托管银行工作人员责任心不强,无法满足基金托管业务的要求。”

如果所有转债在买入后就立即在投资管理系统中设置最后交易日,要求系统提前发出警告,就不会发生这样的事件。所以,做好投资管理系统建设,在事前进行相应设置很有必要。

目前,这种基金投资管理系统在技术上已经比较成熟,基金公司基本上都在使用,系统名称可能不相同,功能基本相似。

基金投资的监管可以在系统中进行如下设置:

(1) 权限设置

例如,假设在投资管理系统中设置基金经理可以投资某个证券的总金额为 500 万元,那么基金经理投资该证券金额超过 500 万元时就不能再下达该证券投资指令,必须经过基金经理的上级主管审批后权限才会有效。

通过权限设置,还可以使不同权限的人看到权限内能看到的信息,从而建立一个信息防火墙。

(2) 禁止事项设置

例如,货币市场基金仅投资于货币市场工具,不得投资于股票、可转债、剩余期限超过 397 天的债券、信用等级在 AAA 级以下的企业债、国内信用等级在 AAA 级以下的资产支持证券、以定期存款利率为基准利率的浮动利率债券。

这些条件在投资管理系统中设置后,如果一个货币基金的基金经理下达买入某股票的指令后,系统会认为是无效指令,根本不能下达,因而就会杜绝相应违规行为的发生。

(3) 预警事项设置

例如,股票基金 60%以上基金资产投资于股票;债券基金 80%以上投资于债券;一只基金持有一家上市公司的股票,其市值不得超过基金资产净值的 10%;同一基金管理人管理的全部基金持有一家公司发行的证券,不能够超过该证券的 10%;开放式基金应当保持不低于基金资产净值 5%的现金或者到期日在 1 年以内的政府债券;基金财产参与股票发行申购,单只基金所申报的金额不超过该基金的总资产,单只基金所申报的股票数量不超过拟发行股票公司本次发行股票的总量……类似法规限制在投资管理系统中设置禁止条件后,还可以再设置预警条件,在基金还未达到禁止条件时就发出预警信号,以提醒相关人员注意。

另外,可转债的最后交易日、权证的行权日等需要注意的时点,都可以设置成预警信息。

当然,投资管理系统还有很多其他功能,例如,投资指令下达、基金绩效评估、风险评估等,不再一一列举。

（二）基金投资事中监管

1. 更新制度及流程

根据法律法规或市场环境发生变动时，相关投资管理制度、流程应当及时更新。

2. 更新投资管理系统参数

根据法律法规、公司制度或市场环境等的变动，保持投资管理系统相应设置参数的更新。

3. 跟踪预警信号

投资管理系统发出预警信号后，立即调查原因，分析对基金投资行为的影响，采取相应的应对措施。

（三）基金投资事后监管

曾子曰："吾日三省吾身。"基金监管更是需要这种不断反省自身行为的精神。投资行为完成后，应当及时作出阶段性监管总结。其中，阶段可以根据监管需求分为日、周、月、季、年度监管总结，甚至按项目期间进行单个项目监管总结。在总结中发现的各种问题应当及时反馈给基金投资部门及公司管理层，必要时还需要向监管部门报告。

第五节　证券投资基金监管问题与展望

一、社会公众对基金的监管

社会公众对基金的监管可以看作是对监管者的监管。如前文所述，中国的证券市场是个新兴市场，基金的历史更是短暂，新兴市场普遍具有不成熟的特征，其中也包括监管的不成熟。社会公众特别是基金投资者也应当不断加强证券投资的学习，提高维权意识，以主人翁的精神强化社会舆论监督，保证政府监管、自律监管和基金主体监管权不被滥用。

社会公众参与基金监管的内容、方式有多种。

在内容方面以关注基金信息披露为主，特别是基金公司高管、基金经理变更等重大事项；若有疑问，应及时向基金公司客户服务或基金信息披露负责人咨询，甚至直接向中国证监会投诉。

在方式上，有实地调查研究方式，若条件允许，投资者可以去基金公司实地调查研究；尽量参加基金持有人大会，充分利用自己的话语权；网络方式，基金公司都有自己的网站，大多数网站中留有给社会公众发表意见的栏目，投资者可以在基金公司网站的相关栏目里发表自己的意见。

二、私募基金的监管

《基金法》第二条规定：在中华人民共和国境内，通过公开发售基金份额募集证券投资基金，由基金管理人管理，基金托管人托管，为基金份额持有人的利益，以资产组合方式进行证券投资活动，适用本法。很明显，目前我国对基金的监管大致局限于公募基金，私募基金基本处于隐身状态。按“三公”原则，所有投资者应当是平等的，公募基金和私募基金在法律地位上应当是平等的，都不应该违反法律法规，所有的违法行为都应该受到惩罚。2008 年金融危机的西方国家的教训之一就是私募基金既不能游离于监管之外，也不应该受到政策歧视。所以对私募基金的监管还需要大大加强，否则公募基金受到严格监管会有种老实人吃亏的情况，公募基金会认为在证券市场上与私募基金不在同一个起跑线上，有种被捆住手脚参与竞争的感觉；私募基金认为受到了政策歧视，也觉得不公平等等。

从未来发展来看，私募基金应当纳入基金监管的范畴，但可以根据私募基金的特点适当放宽相应条件，如核准制可以改成注册制等。

三、创新业务的监管

对于创新业务的监管，可能没有相应的法规条文依据，但可参照主要原则，如“三公”原则，保护投资者的合法权益。

四、基金监管体系调整展望

随着我国证券市场的不断成熟，基金监管体系也应该随之调整。例如，可缩小政府监管权限，减少核准事项，加强协会、交易所自律监管，完善基金参与主体之间互相监督、互相制衡的体系，加强社会公众监督作用，从而减少监管成本，提高市场的效率和效果。

五、监管与业务发展的关系

不可否认，在长远目标一致的情况下，监管与业务发展存在短期目标的矛盾。

任何时候，都要牢记，监管只是手段，监管不是也不能成为业务发展的障碍，发展才是根本目的。基金作为证券市场的一个组成部分，不管采取什么监管模式，需要始终把握监管的目的，真正贯彻落实“公开、公平、公正”原则，建立一个高效率的证券市场。

【能力训练】

一、名词解释

1. 合格境内机构投资者
2. 集中型基金监管模式
3. 自律型基金监管模式
4. 市场准入监管

二、简答与思考题

1. 基金信息披露义务人有哪些？
2. 试述基金监管的目标和原则。
3. 试述基金活动主体的监管。
4. 作为一个普通基金投资者，如何参与基金监管，维护自己的权利？

5. 思考下面的故事对于基金监管的启发。

《汉书·霍光传》中有这样一个典故：客有过主人者，见其灶直突，傍有积薪。客谓主人，更为曲突，远徙其薪，不者且有火患。主人默然不应。俄而家果失火，邻里共救之，幸而得息。于是杀牛置酒，谢其邻人，灼烂者在于上行，余各以功次坐，而不录言曲突者。人谓主人曰："向使听客之言，不费牛酒，终无火患。今论功而请宾，曲突徙薪无恩泽，焦头烂额为上客耶？"主人乃寤而请之。

【参考答案】

一、1. 合格境内机构投资者(Qualified Domestic Institutional Investor，QDII)，是指在中国境内募集资金但从事境外证券市场的股票、债券等有价证券业务的基金管理公司和证券公司等证券经营机构，是在我国货币没有实现完全可自由兑换、资本项目尚未完全开放的情况下，有限度地允许境内投资者投资境外证券市场的一项过渡性制度安排。其资金募集和投向与 QFII 正好相反。

2. 集中型基金监管模式也称美国式监管模式，在这种模式下，政府在基金监管中处于主导地位，证券业协会等自律组织协助监管。中国的基金监管也属于这种模式。

3. 自律型基金监管模式也称英国式监管模式。在这种模式下，证券交易所、证券业协会等自律性组织在基金监管中处于主导地位，强调建立和完善带有自律性质的行业管理协会，并由协会制定出相应的规划进行自我控制、自我约束和自我管理，而政府一般没有专门的基金监管部门，除适当的宏观调控外，并不具体干预证券投资基金业务。

4. 市场准入监管是政府监管机构审核基金从业机构及从业人员是否具备行使相应职责、履行相应义务的能力和条件，从而授予基金从业机构和人员相应资格的行为。

二、1. 基金信息披露义务人包括基金管理人、基金托管人、召集基金份额持有人大会的基金份额持有人等法律法规和中国证监会规定的自然人、法人和其他组织。

2. (1) 基金监管的目标

由基金监管的概念可知，基金监管的目标有：

① 根本目标：保护基金投资者合法权益。

② 具体目标：矫正和改善证券投资基金市场的市场失灵问题，从而提高市场效率。

(2) 基金监管的原则

"三公"即"公开、公平、公正"原则。

公开原则也称信息公开原则，对基金信息披露工作提出了很高的要求，如要求信息披露应真实、准确、完整、及时，提高基金市场透明度。"阳光是最好的防腐剂"，公开原则是"三公"原则的基础和前提，离开了公开原则，公平和公正就无从谈起。只有公开原则有效执行，才能使投资者能公平地从中获取所需要的信息，从而作出相应的投资决策。也只有如此，才能防止出现各种内幕交易、证券欺诈和舞弊行为，从而促进市场公正。

公平原则要求市场参与者具有完全平等的权利，不得歧视不同的参与者。

公正原则是针对政府监管机构的监管行为而言的，它要求政府监管部门在公开、公平原则的基础上，对被监管对象给予公正待遇。

但在实践中，市场的公平和公正不是由某一方施舍的，而是需要由严格的法规体系来保障的。

以公开原则而言，保障公开原则有效执行的法规体系最少包括三方面的内容：一是规定基金投资者需要有依法获取相关信息的权利；二是规定基金当事人有依法披露相关信息的义务；三是规定当事人违背披露义务时必须承担的法律和民事责任。

以公平原则而言，基金立法时就应当体现公平原则的精神。

以公正原则而言，政府监管部门应当在法律授予的权限内公正履行监管职责，给予市场参与者公正的待遇。即，政府监管部门的监管行为也要受到监督，特别是社会公众的监督，防止滥用职权。

3. 基金活动主体的监管主要通过两方面来进行：一是通过从业机构本身清晰的公司治理结构和完善的内部控制体系；二是通过主体间不同的权利义务，形成了既互相协作又互相监督、互相制衡的体系，使基金活动风险得到有效控制。

基金持有人具有基金所有权，通过基金持有人大会行使权利，对基金重大决策发表意见，但无权直接干预基金日常运营；基金管理人具有管理和运用基金财产权，但无权保管基金财产；基金托管人具有基金财产保管权，但无权使用、处置基金财产，只能根据基金管理人的投资指令，及时办理清算、交割等事宜。注册会计师以独立第三方的身份对基金财务报告发表审计意见，对基金公司内部控制的有效性进行审计，并发表年度评价报告。

基金管理人应当监督基金代销机构是否切实履行代销协议，代办注册登记业务机构是否切实履行代理协议，是否存在违法违规行为。如发现违法违规行为，基金管理人有义务及时制止并向有关监管部门报告。

4. 社会公众对基金的监管可以看作是对监管者的监管。社会公众参与基金监管的内容、方式有多种。

在内容方面以关注基金信息披露为主，特别是基金公司高管、基金经理变更等重大事项；若有疑问，应及时向基金公司客户服务或基金信息披露负责人咨询，甚至直接向中国证监会投诉。

在方式上，有实地调查研究方式，若条件允许，投资者可以去基金公司实地调查研究；尽量参加基金持有人大会，充分利用自己的话语权；网络方式：基金公司都有自己的网站，大多数网站中留有给社会公众发表意见的栏目，投资者可以在基金公司网站的相关栏目里发表自己的意见。

5. 对基金投资的监管目的不是要纠出错误与舞弊，而是为了基金规范地运作，健康地成长。孔子曰："不教而诛谓之虐。"所以在投资行为发生之前进行监管，使基金投资人员清楚地认识到自己可以做什么、不可以做什么，曲突徙薪，防微杜渐，将风险防范在未发生之际，这样的监管最为有效。基金投资事前监管主要有制度建设和投资管理系统建设。

第十六章 基金投资者投资选择与投资策略

【学习要点】基金投资需要长期的理性思考和短期的投资策略。本章主要从基金投资的入市策略、基金的选择策略及基金投资的资产配置策略三方面为基金投资者提供一些在实际操作中可遵循的方法及建议。

【重点难点】基金选择策略,包括选择基金品种、根据星级选择基金及选择基金的信息分析方法,如如何选择和应用最有用的信息;如何阅读基金招募说明书;怎样分析基金的业绩;怎样使用基金排行榜。本章学习难点:基金投资的资产配置策略,包括资产配置理论的概述、基金投资中几种典型的资产配置方式、如何用风险矩阵作个人资产配置、如何用净值压力测试作资产配置以及资产配置的追踪调整。

第一节 基金投资的入市策略

一、在投资前应明确的几个问题

每一个投资者在投资前都必须问自己如下几个问题:

(一)投资的目的是什么

投资规划就是从理财目标设定开始。可以把每个理财目标比喻为一个信托目的,根据信托目的配置信托财产,可以分为购房置产信托、子女教育金信托及退休安养信托等。因为每个信托的年限不同,所以给予受托人的投资原则也不一样,资产配置也会有所差异。

(二)有多少钱可供投资

目前手上的资金不一定等于可以用于投资的钱。如可能考虑先还贷款,再把至少3个月的生活费留下来当作紧急预备金,还要把未来一年的大笔支出如保费、学费、缴税、旅游等预留下来,剩下的钱才拿来作投资运用,建构投资组合。

(三)资产要如何配置

资产配置可根据年龄、风险偏好与投资判断等不同的层次去规划。首先遵循"分散风险"这一投资学上的重要原则,其次选择相关性低的投资工具来搭配可以达到避险的效果。资产配置可以按照目标顺序作全盘规划,也可以在一笔资金确定可用年限及投资者风险偏好下,以风险矩阵的方式选择合适的工具。

(四)投资后要如何依市场状况作调整

以理财目标作出的资产配置,是长期内最适合个人资金运用期间与各种投资工具特性的组合，可以当作核心组合，当市价变动使得组合比例有所变动时，适合用固定投资比例法去调整。如果是在短期理财目标弹性大的情况下所作的投资，有能力承担较大的风险，可以当作周边组合，当市价变动使得组合比例有所变动时，适合用投资组合保险法去调整。

（五）制定基金投资策略的重要性

投资策略是一套一致性的操作法则，基本前提是金融市场是一个有效率的市场，行情无法事前正确预测。依据各个市场的特性、资金的期限、可运用信息的多寡与可投入时间的长短，拟定出一致性的投资策略。

大多数投资者并没有制定出一套适合自己条件的投资策略，因此不易克服在投资心理学上常提到的贪与惧的两大障碍。涨了期待还会再涨舍不得卖，跌了也期待会反弹，怕一卖就亏损。或是盲目跟随大众行动，不能与自身的条件相配合，以致无法享受长期投资应有的成果。这就是为什么大多数股票基金的投资者无法赚到10％长期平均报酬率的主要原因之一。

没有一个投资策略可以适合每一个不同背景、形态或用途的个人、法人或基金，因此不同的投资策略之间没有绝对的优势与劣势。投资策略与投资判断是相辅相成的，没有投资判断就难以选择适当的投资策略。唯一不需要判断卖点的是长期持有策略，但在买点上仍需作价值合理性的判断。不需判断买点的是定期定额投资策略，但在卖点上仍需就未来流动性需求与市场价值合理性作判断。

二、培养良好的基金投资习惯

1. 必须学会转移你的关注点。很多投资者之所以会一遇到股市震荡便赎回，其中很大的原因就在于他们过分关注市场造成的结果。作为一种长期投资方式，当你选择了好基金之后，需要的仅仅是长期持有。因为从长远来看，基金净值呈现的是一种增长的趋势。

2. 必须避免接受所有的信息评论。巴菲特曾经这样说过："你的股票，并不因为别人赞同你而增长，也不会因为别人不赞同你而下跌，它只与你分析的正确与否有关。"无论是谁作出的决定，都不过是对市场的一种预期，只有经过市场检验之后才能大白于天下。

3. 应该及时对组合中的变动作出正确的评定。在你的投资组合中，不同基金的增长速度、风险等各种因素都是不同的，所以它们最终的表现也是各不相同的。为了能够让你的投资组合时时都是"最佳组合"，必须不定期地对组合中的基金进行正确的评定。

需要注意的是，由于不同基金所对应的比较标准是不同的，因此在评定时也应该按不同的类别分别进行，否则最终的结论无法为你提供任何帮助。

三、选择放心的基金公司

要考查一家基金公司的优劣，基金投资者可以参考以下几个方面的内容：

1. 基金公司是否专业。

2. 股东背景是否雄厚。

3. 投资理念是否先进。

4. 公司制度是否健全。

5. 基金公司是否具有诚信。

6. 基金公司的过往业绩是否优秀。

7. 投资团队是否优秀。

8. 基金公司的财务状况是否健康。

9. 对基金公司的评价是否利好。

四、把握基金投资的投资时机

进行基金投资，选择时机很重要。选得准，既可以增加获利，又可以降低短期套牢的心理煎熬，抑或规避股市长时间下跌造成的巨大损失。不过，证券市场是变幻莫测的，对缺乏专业知识和技巧的广大基金投资者来讲，要想预测准确毕竟不是一件轻松的事情。

（一）选准买进的时机

选择基金不应盲目进入，必须要根据市场的趋势来判断，选择最佳的进入时机。那么，基金投资者究竟该如何做，才能够选准买进的时机呢。一般来说，可以遵循以下两点原则。

1. 学会判断经济景气如何。宏观经济的景气指数常常可以较好地判断市场的短期走势。如果用它来判断进场的时机，将可以从低买高卖中获利。如果知道经济处于谷底阶段，基金投资者便可以提高债券型、货币型等低风险基金的投资比重；反之，在经济处于复苏阶段，则应该加大股票型、配置型基金的投资比重。

2. 预判市场的冷热程度。要预测市场的走势，基金投资者还可以通过预判市场的冷热程度来实现。一般来说，通过基金募集的情形就可以窥探一二。募集情况火爆时，市场中基金的风险相对较大；而在募集冷清的时候，基金的市场风险则相对较小。之所以如此，主要是因为基金投资者总是勇于追涨杀跌，却怯于逢低介入。

值得注意的是，要在基金投资中赚钱，选择时机固然重要，但根据市场的形势，选择正确的买进策略同样不能忽视。例如，当股指虚高时，虽然牛市的格局很可能还会持续下去，但是短期调整不可避免。只要你能采取步步为营、分批买进的策略，同样能够规避风险，降低损失。一般来说，分批买进的方法主要有两种：一种是采用逐次金额递增买进的办法；另一种是采用等金额买进的办法。

（二）选择售出基金的时机

基金亏损了，切不可急匆匆地赎回了事。在决定是不是赎回基金止损前，投资者应该先解决两个问题：其一，卖掉了基金，你还有更好的投资方式吗？其二，你确定市场真的发生变化了吗？

无论是从规避风险来说，还是从创造收益来看，基金投资都是广大投资者最佳的选择。当基金净值下跌时，必须确定市场究竟是真的发生变化了，还是一次短期内的调整呢？当然，要想正确判断市场的走势并非易事。最好的办法，莫过于调整持有股票型基金的仓位。先尽可能减少股票型基金的缩水，等到市场走势明朗后，再决定是赎回还是继续买进。市场出现调整或是下跌都不可怕，可怕的是不顾后市的进展，一见到下跌就匆匆地赎回止损。

不过，假如出现以下几种情况，投资者必须立即赎回止损。

1. 到达你设定的止损位。

2. 投资的目标发生改变。

3. 风险超过了自身承受范围。

4. 持有基金的本质发生变化。

5. 基金的规模发生变化。

第二节 基金选择策略

一、选择基金品种

投资者在做完风险评估后，接下来就是把评估结果与要买的基金品种的收益和风险进行比较，以便选择适合自己的基金品种。通常有 5 种类型：保守型、安稳型、稳健型、成长型和积极型。这 5 类投资者的风险承受能力依次递增。根据他们的风险承受能力可以提出如下选择基金品种的建议：

1. 保守型的投资者。建议这类投资者选择购买货币型基金或者是保本型基金。因为这样的投资者极不愿意面对投资亏本，不会主动参与有风险的投资，即使投资回报率相对较低，他们仍希望将钱存放于相对保本的地方。

2. 安稳型和稳健型的投资者。这类投资者可以购买货币型基金、债券型基金和保本型基金的组合。因为这类投资者较之保守型投资者愿意承担一定的风险，但是承担风险的能力较弱。

3. 成长型投资者。这类投资者可以选择股票型基金中投资风格稳健的基金，如混合型基金或者那些申明稳健成长风格的基金，也可以通过不同类型的基金的资产配置，实现收益的稳定增长。

4. 积极型的投资者。这类投资者可以选择股票型基金中那些追求高额回报的基金或者指数基金。

对于首次发行或者运作历史较短的新基金，没有较长的业绩历史可以参照，投资者可能会存在一些困惑，不妨从以下几个方面来考虑：

1. 基金经理是否有基金管理的经验。虽然基金没有历史或者历史较短，但基金经理的从业历史并不一定短。如果基金经理有丰富的基金从业经验，投资者就可以“有迹可寻”，即通过该基金经理以往管理基金的业绩了解其基金管理水平的高低。投资者可以从招募说明书、基金公司网站上获取基金经理的有关信息，并对其从业资历进行分析。

2. 基金公司旗下其他基金的业绩如何。在国内基金发展的历史并不长、基金经理群体还比较年轻的背景下，即使新基金的基金经理过去并没有管理过基金，但该基金公司旗下的基金都有优秀的业绩表现，投资者也可以考虑。因为多数情况下，优秀的基金公司为了保持其在业界的长期声誉，大多不会让基金业绩长期地差强人意。当然，投资者在投资时应注意新基金经理与基金公司的投资方式是否有良好的契合度。

3. 基金经理的投资理念及其是否与投资组合吻合。只有了解基金经理的投资理念，投资者才能大概知道基金的投资方向，从而对基金的收益和风险有恰当的期望。如果新基金已经公布了投资组合，投资者可进一步考察。一是考察基金实际的投资方向与招募说明书中陈述的是否一致；二是通过对基金持有个股的考察，可以对基金未来的风险、收益有一定的了解。

4. 基金费用的多少。新基金的费用水平通常比老基金高。因为新基金通常规模较小，不能像老基金那样借助规模效应来降低费率。许多基金公司会随着基金资产规模的增长而逐渐降低费用。投资者可以将基金公司旗下老基金的费用水平和同类基金进行比较，同时观察该基金公司以往是否随着基金资产规模的增加逐渐降低费用。

5. 基金公司是否注重投资者利益。基金公司承担着代客理财的信托责任，应充分关注投资者的利益。较低的费用水平是体现基金公司关注投资者收益的一方面；另一方面，还有对基金资产规模的控制，因为如果基金规模过大，基金经理实现其投资策略可能有困难。

二、根据星级选择基金

（一）关于基金评级

所谓基金评级，就是独立的第三方权威评级机构通过收集有关信息，运用科学的定性和定量分析方法，依据一定的标准，对基金绩效表现作出的客观、公正的评价。

进行基金评级通常要遵循如下步骤：

1. 基金分类。分类是评级的基础，评级应在同类型基金之间进行，不同类别的基金之间的比较是没有意义的。比如，股票型基金、债券型基金和货币型基金哪个好、哪个不好，是无法说清楚的。

2. 指标体系的建立。建立一套完善的指标评价体系是科学、公正和客观评价基金的重要步骤。

3. 指标的计算。采用科学的计算方法计算各种指标，是实施评价的关键技术。

4. 排序。规定排序规则，将计算结果按照规定的排序规则进行排序，得出基金星级。

（二）如何使用基金星级

基金评级中的星级代表了某基金在同类基金中的排名，是一个反映基金投资管理水平的综合性指标，对于投资者选择基金是非常有帮助的。下面将谈谈如何使用星级选基金。

使用基金星级选择基金的方法如下：

1. 了解自己的风险属性。通过投资调查问卷评价自己的风险属性。

2. 将评价结果与基金投资风格相比较，选择适合自己的基金种类。

例如，保守型的投资者应该选择货币型基金或者保本型基金；积极型投资者应该选择股票型基金或者是指数型基金。

3. 在适合自己的基金类别中选择星级多的基金。例如，积极型投资者应该在股票型基金中选择星级多的基金，一般选 4 星和 5 星的。

投资者应该认识到，评级只是挑选基金的起点，星级评价是动态变化的，而且某只基金获得好的星级可能只是昙花一现。因此，在使用星级的时候，投资者应该注意以下几点：

1. 正确理解星级。星级只是代表了基金的历史表现。在这种趋势可以延续的条件下，投资者可以选取持续获得高星级的基金。或者星级连续上升的基金。同时，还可从低星级中挖掘潜在的高星级基金。

2. 如果基金经理有变动，星级评价不会随之改变。评级结果可能只反映了前任基金经理管理该基金的业绩。换了基金经理就要密切关注基金的新动向，以便在适当的时候及时进行调整。

3. 星级评价结果定期更新。投资者不要因为某基金的星级下降就抛售该基金。星级评价结果的变化并不一定表示基金业绩表现的回落，也可能只是其他同类基金表现转好所致。投资者在作出选择之前，应该分析基金星级变化的原因，把握星级变化的轨迹，然后才能决定该不该换基金。

4. 警惕星级大幅下降。星级大幅下降意味着投资者平时没有对基金的星级变化轨迹有很好的了解。基金业绩的大幅下滑至少应该引发投资者作以下思考：该基金业绩大幅滑坡是因为其投资风格已经过时了，或者是该基金发生了一些基本变化从而影响其前景。以基本面变化为例，该基金是否更换了基金经理？营运费用是否明显上升？是否改变了投资策略？如果对上述问题的回答是肯定的，这时候就要考虑将其卖掉了。

5. 卖出基金的成本费用如何。在国内，目前投资者主要应考虑的是需要支付的交易费用；在境外，税收则更是要重点关注的。

（三）基金评级的局限性及克服办法

根据以上介绍，我们不难看出基金评级不失为一种评价基金业绩的好方法。它将基金类别、投资风险和基金收益三者有效地结合起来，全面评价基金的经营业绩。但它也并非十全十美，仍然存在很多局限性。

1. 基金评级的局限性

（1）基金评级只是对基金过去业绩的描述，但过去并不等于将来，基金评级高只能表明基金过去业绩不错，但它并不是对基金未来业绩良好的肯定。

（2）评级不能将与基金相关的所有重要信息完全包括进去。如基金经理的替换、基金的费用和基金的投资组合等。

（3）基金业绩是否具有持续性是基金评级有效的关键因素。所谓基金业绩持续性是指在样本期内基金业绩是否稳定、是否具备前后的连贯性。即前期业绩较好的基金在未来期间的业绩也会相对较好，而在前期业绩差的基金在未来的期间也会较差。只有基金业绩具有持续性，基金的业绩才可以预测，一切关于基金过去表现的信息才具有重要的利用价值。

所以，在一定程度上，基金业绩是否具有持续性决定了基金评级是否具有意义。进行评级的目的主要是为未来的投资提供信息和评价基金经理的专业能力，而这两者都是以基金业绩具有持续性为前提的。如果基金业绩不具备持续性，那么基金评级的结果就值得怀疑。

另外，对于新推出的基金是无法给出评级依据的，这就需要投资者自己对基金经理人和基金公司作出评价。

(4) 星级评级体系的主要评级指标是风险调整收益，而较少考虑到基金的运作及对证券市场的影响。这使测度指标体系不具有完备性，而且容易造成市场出现短期的较大波动时，基金的星级会发生巨大变动，并使评级结果的稳定性受到一定影响。

(5) 基金评级没有考虑到基金净值波动对投资者造成的影响。

总之，基金评级是一个复杂的系统工程，尽管晨星、理柏、中国基金测评、大博金评级都希望告诉我们基金业绩的真相，然而市场瞬息万变，基金千差万别，一个动态的市场终究需要动态的观察与分析。所以，任何评级对于投资者来说，只能当作参考。

2. 克服基金评级局限性的办法

(1) 关注基金管理公司。一般来说，一个公司的基金经理都是在一个投资总监的指导下进行投资的，那么只要投资总监不换，该公司的不同基金就会有一定的可持续性。有效地利用这种持续性对于投资该公司旗下的基金非常有帮助。

(2) 考察基金经理。对投资者来说，基金经理是一个很重要的参考指标。仔细观察他们的上任情况、投资经历对投资大有裨益。一般来说，上任越久，该基金经理对该基金的了解和掌控就越好，基金的过往业绩就越有参考价值，同时该基金的业绩持续性也就越好。而如果基金经理刚上任，那么他对基金的未来投资就有一定的适应期，同时也就给未来的增长带来变数。同样，如果有基金经理即将离任的消息，对于广大基金投资者来说这也会带来一定风险。

(3) 考察研究团队。考察基金管理公司的研究团队也十分重要，因为基金公司的投资决策往往要求一个研究团队对经济增长、宏观调控、通货膨胀、国际利率环境等要素作出分析预测，这是基金经理一个人无法完成的。一般来说，一个强大的研究团队往往意味着更专业的投资和更好的回报。

三、选择基金离不开信息分析

(一) 如何选择和应用最有用的信息

要想选出回报率高而风险相对较低的基金，做好基金相关信息的分析是非常重要的。面对多种多样的信息，基金投资者只要掌握了其中最主要、最有用的信息，就能找到理想的基金。

那么，究竟哪些相关信息对基金投资者是最有用的呢？一般来说，基金投资者需要重点掌握的披露信息包括招募说明书、定期报告和临时报告，以便能够及时了解基金公司的动向以及基金的表现。此外，基金投资者还应该对基金公司的服务质量和水平进行考察和评测，以便能够选到优秀的基金公司和优质基金。

1. 招募说明书。在招募说明书中，基金投资者可以了解到管理人情况、托管人情况、基金销售渠道、申购和赎回的方式、价格、费用种类、比率、基金的投资目标、投资风格、会计核算原则、收益分配方式等信息。可以说，招募说明书涵盖了对基金有重大影响的大部分信息，是基金投资者判断是否购买的一个重要标准。通常在基金发行认购时，会公布招募说明书，开放式基金每隔 6 个月会进行招募说明书的更新。

2. 定期报告。每只基金都会定期公布一些报告，包括日净值报告、季度投资组合报告、半年报和年报。日报一般是每只基金净值的公告，揭示基准日当天最新的净市值。该数据每天进行计算，次日公告。通常，基金还会对基金中股票、债券的比例，投资股票的行业分类、前十名股票明细等进行公告，一般称为季度投资组合公告。该报告在每季度结束后 15 个工作日内公告。

3. 其他公告。在每个会计年度，基金还会对半年和一年的运作及业绩情况进行披露。主要包括管理人报告、财务报告等重要事项。在年度报告中，除披露中报应披露的内容外，还必须披露托管人报告、审计报告等内容。一般来说，中报在会计年度的前 6 个月结束后 60 日内公告，而年报则在会计年度结束后 90 日内公告。

4. 临时报告。除了以上各种公告之外，基金投资者还必须随时了解基金公司的一些临时报告。因为在经营运作过程中，一些重大事件随时都有可能发生，严重的甚至可能影响到基金的业绩表现。通常，在事件发生后，基金公司便会立即进行公告。

如何应用上述信息呢?

首先是粗读。要对全部信息有所了解，做到心中有数。其次是精选。对一些基金公司重点披露的重要内容要进行重点阅读，分析并掌握其中的缘由。最后是整理。经过分析，基金投资者要找出最具价值的东西，整理归档，为基金的甄选做好准备。

能否选择最有用的信息，并将这些信息有效地应用到投资中去，是衡量一个投资者是否合格的标尺，是决定其最终投资成败的关键环节。

（二）如何阅读基金招募说明书

招募说明书的重要性毋庸置疑，它所披露的是基金最基本、最重要的信息。充分地掌握其中的内容，对选择优质基金有着非常重要的意义。那么，长达数万字的招募说明书到底该怎么阅读呢? 一般来说，可以重点关注其中六大关键点。

1. 基金是什么类型的。大家知道，基金有开放式和封闭式之分，开放式基金中又包含股票型、配置型等不同的种类，正是因为种类的不同，决定了基金的投资理念、投资风格和投资目标也是各不相同的，这也造成了基金所承担的风险和追求的收益的差别。所以，预先掌握基金的类型，将有利于基金投资者选择适合自身需要(风险偏好和预期收益)的基金进行投资。

2. 风险究竟有多大。在买基金之前，先了解它的风险大小是至关重要的。在招募说明书中，基金公司从市场、信用、流动性、管理等方面对风险进行了详细的论述，基金投资者可以正确地评估基金投资中所蕴含风险的大小。

3. 基金经理的能力如何。在阅读招募说明书的时候，应对基金经理的专业背景、从业经验、任职期间的业绩表现等方面进行重点考察，以了解其投资风格及投资收益情况。

4. 投资组合及策略如何。在市场中，有的基金喜欢投资于小型快速成长的公司，而有的则喜欢投资于大型绩优公司。正是因为基金经理和基金公司这些投资策略的不同，导致了基金投资范围和风险、业绩的差别。而这些都在招募说明书中进行了明确的规定(投资组合中各种资产的比例限定)，基金投资者有必要对其有充分的了解，以免在今后的操作中因为业绩短期变动而造成操作失误。

5. 过往业绩的表现情况。虽说未来的收益情况不会复制以往，但不可否认的是，过往业绩在一定程度上还是体现了基金业绩的连续性。通过对过往不同时期基金净值、累计净值等进行比较，可以预期基金长期的走势及回报率的大小。

6. 支付多少费用。了解与费用有关的信息，尽可能地降低各种费用和损失，能够降低费用水平，提高回报率。

弄清了上述六个问题，基本上就掌握了招募说明书中的内容。

(三) 怎样阅读基金年报

基金的经营业绩按年度计算，基金年报揭示的内容更加全面、更具权威性，其参考价值也最大。想要读懂基金年报，首先必须了解其中究竟包含哪些内容和信息。在基金年报中，通常包含投资策略、投资风格、投资组合、持有人结构、财务指标和数据、会计报告、内控机制、分红策略和重大事项等。此外，还会涉及基金简介、管理人报告、托管人报告、份额变动情况等方面的内容。

基金年报中的内容虽然广泛，却并非都必须掌握。投资者只要选取那些有用的内容重点掌握，便达到了阅读基金年报的目的。

1. 基金的投资策略如何。投资策略是基金能否取得良好收益的重要保证，也被认为是选择基金的重要指标。而市场瞬息万变，原来的投资策略常常被调整。如果投资者仍旧按照招募说明书中的投资策略来评定的话，势必会造成最终评估结果的不准确。因此，应该及时掌握基金投资策略的变化情况，以便跟上基金的操作步伐，选出适合自身需要的基金。

2. 关注基金投资组合情况。通过阅读基金年报，基金投资者可以详细了解不同基金的各种组合的分配情况，同时，基金投资者还可以了解哪些品种赚了钱，哪些亏钱了。

一般来说，投资者应该重点关注股票的仓位、行业的配置、前十大重仓股等方面，结合当前的市场形式，并对组合中各品种进行分析和对比，这有利于基金投资者更好地把握基金未来的走势、收益和风险的评估。

3. 基金的投资风格怎样。买基金其实是让专业机构、基金经理为我们赚钱的方式，如果基金投资者连基金经理的投资风格都不了解，又何谈能保证收益？所以，基金投资者必须熟知基金年报中持仓品种的变化、资产配置的状况等方面的信息，依据这些信息，对基金经理的投资风格作出正确而全面的评价，从而检测出其管理水平和能力。

4. 基金持有人结构如何。持有人结构的稳定，不仅可以有效地优化资产的配置，还能够保证基金运作的稳定，为基金投资者带来稳定的高额回报。在基金年报中，基金投资者可以观察基金持有人结构的变化，特别是前十名持有人的变化情况(前十名持有人的变化将对基金整体业绩产生重大的影响)。通过对基金交易的频繁程度、基金规模的分析，基金投资者可更准确地估计基金经营和运作中的风险程度。

5. 基金财务会计报告。业内有一句经典名言:“基金业绩好不好,全在财务报表中找。”由此可知财务会计报告的重要程度。基金财务会计报告分为资产负债表、经营业绩表及收益分配表、基金净值变动表三大部分,通过这三部分的阅读,基金投资者可以详细了解持有人权益情况,更有效地掌握基金的运作水平,从而对基金的经营业绩作出准确的评估。

6. 有无重大事项揭示。一只业绩优异的基金必定有一个经营稳定、口碑良好、无重大恶性事件发生的基金公司。那么,投资者如何才能知道这些情况呢?在基金年报的最后,专门对基金管理人、托管人有无重大诉讼事项、会计事务所是否变更、投资策略是否变化、有无重大违纪事项等方面进行了表述。

(四) 怎样分析基金的业绩

在众多的相关信息中,最关心的应该是对基金业绩的评估。那么,究竟该如何正确评估基金的业绩呢?通常,基金投资者应当从以下几个方面进行分析。

1. 关注基金成立的时间。假如 A 基金的总回报率为 310%,成立了两年,B 基金的总回报率为 450%,成立的时间为五年。那么,究竟哪一只基金的业绩好呢?可能很多人都会选择 B,其实正确的答案是 A。道理很简单,在考察基金业绩的同时,必须关注基金成立的时间,也就是要考察基金每一年的收益率。因为 A 的年回报率为 155%,而 B 的年回报率仅仅是 90%,所以 A 基金的业绩更好。

此外,基金公布年报的计算期间是从 1 月 1 日至年末 12 月 31 日。而在年度内成立的基金,其计算期间则是从发行日到年末 12 月 31 日。

2. 注意是否为实际增长率。对于那些运作时间未满一年的基金,为了消除运作时间上的无可比性,常常会采取加权的方法计算增长率。如此一来,便造成了某些基金所公布的增长率并不是真实的增长率。这一点,基金投资者一定要引起注意。

3. 选取正确的比较基准。不同的基金往往有着不同的业绩比较基准。假如拿一只股票型基金与配置型基金的基准进行比较,是不可能得出正确结论的。只有那些打败了自己参照物的基金,才是业绩高、赚钱能力强的基金。

4. 学会正确地使用几个指标。在进行基金分析中,常常会应用到标准差、夏普比率、阿尔法系数和贝塔系数这几个指标。

(1) 标准差。反映基金总回报率的波动幅度。数值越大,表明波动越厉害。一般来说,标准差的波动越平稳,其净值的表现就越稳定。

(2) 夏普比率。对基金来说,长期投资是目标。那么,如何考察基金适不适合长期持有呢?投资者可以用夏普比率来考察,它所代表的是调整风险之后的收益情况。夏普比率的数值越大,表明基金的收益越好,如果基金的夏普比率已经小于零,那你就要敲响警钟了。

(3) 阿尔法系数(α)。这个指标表示的是基金绝对回报和预期回报之间的差距。所以,当 $\alpha>0$ 时,基金的实际回报将高于预期回报,而且数值越大越好。

(4) 贝塔系数(β)。它是一个相对指标,与基金业绩成正比例关系。当 $\beta>1$ 时,基金的波动性大于业绩比较基准的波动性。比如,当 β 为 1.3 时,基准市场上涨 10%,而基金上涨为13%,反之亦然。

一定要牢记:衡量一只基金的业绩表现没有那么简单,仅仅看净值增长是绝对不够的。

(五)怎样使用基金排行榜

基金排行榜的推出,某种程度上的确为投资者带来了很大的帮助。不过,由于各个机构的制定标准不同,也造成了排名情况的差别。其实,用好这些排行榜并不是难事,只要投资者学会辩证地看待和使用,便可得到自己想要的结论。

综合来说,投资者只要做好"四看四不看"就可以了。

一看整体不看个体。一般来说,单只基金业绩的涨跌往往有很多偶然因素。因此,很难借此作出恰当的评定。但如果基金公司管理的所有基金表现出较强的协同性和一致性,则可说明这家基金公司投资能力较强,管理机制和决策流程相对健全和完善,旗下基金的业绩不会因为偶然因素造成业绩的大幅波动。

二看长期不看短期。基金是长期投资的理财产品,而不是短期炒作的工具。所以说,只有基金在3~5年内始终保持低风险、高收益,才能被认定为优质基金。否则,就算一只基金近一年取得了非常高的收益,如果以前的业绩波动过大,也不能划为优质基金的行列。

三看风险收益不看排名。对基金投资者来讲,最理想的状态便是购买到低风险、高收益的基金。可是,有些基金虽然在排行榜中的业绩排名很前,但其风险指标也相对较高。如果投资者购买了这样的基金,势必要承担很大的风险。

四看同类比较不看跨类。股票型基金的收益一般都高于配置型基金的业绩,这一点,相信很多投资者都清楚。可是,在进行基金业绩比较的时候,却常常把它们混在一起进行比较。实际上,这样的做法既不科学,比较的结果也不准确。要知道,不同基金的投资品种和范围都是不同的,同时它们的收益和风险水平也存在一定的差异。正确的做法是,基金投资者应该根据自身的风险承受能力和投资目标,首先选择基金的种类,然后再进行同类基金业绩的比较。

第三节　基金投资的资产配置策略

一、资产配置理论概述

(一)资产配置策略步骤

资产配置策略是指到底要投资多少钱在股票型基金、债券型基金或货币市场基金上,或者选择股债配置比率为多少的配置型基金较合适,它是投资组合策略的范畴。简要概况如下:

(1)依据投资者的风险承受度及风险与报酬率的合理关系,可得出合理的报酬率。

(2)可用内部报酬率法算出要达成所有理财目标应有的投资报酬率。

(3)在前两项报酬率之间取得平衡,找出一个风险在可接受范围内,且可达成调整后理财目标的内部报酬率。

根据各项类型基金过去的历史报酬率，或预期未来各类型基金的预期报酬率，可仿真出达到第(3)步骤算出的报酬率下，合理类型的基金投资组合配置。

（二）以理财目标进行资产配置的原则

投资是达成理财目标的手段，因此必须先设定短、中、长期的理财目标，才能针对目标进行投资规划。投资规划的原则是，距现在愈近的理财目标，安全性资产的比重应愈高，距现在愈远的理财目标，风险性资产的比重应愈高。理由如下：

1. 年限愈短，复利的效果愈小，安全性资产与风险性资产累积的财富差异有限，不易弥补风险性资产的不确定性风险。如一年后就要达成的国外旅游目标 10 万元，可以存 9.7 万元定存，确定到时有 10 万元，而若假设股票报酬率 10%，投资 9 万元在股票上，与定存的投资额不过差距 7 000 元，但是并不能确定要旅游时卖出股票的价值是超过或低于 10 万元。

2. 年限愈短，风险性资产处于短期景气循环与市场波动中，不确定性愈大。年限愈长，跨过景气循环的作用，风险性资产的报酬率波动区间愈小。

3. 风险性资产的投资远景不是一个固定的数字，而是一个范围很大的可能区间。因此有必要针对理财目标设定高低标准，投资成果好时可达高标准目标，投资成果较预期的差时也能合乎低标准的目标，如此才能降低投资的心理压力，做个快乐的投资者。

4. 短期目标若是金额确定，应选择可保障投资成果的投资工具。如已预定两个月后到国外旅游，可将已确定金额的旅行支出以两个月定存的方式先保留起来。需求较有弹性的短期目标，如投资赚钱时买进口车，赔钱时买国产车，可投资高风险高报酬的工具来换取更上一层楼的希望。中期目标需求金额较无弹性者，不能因投资失利而把子女教育准备金都赔掉，此种目标的投资风险不能太大。但像购房的目标需求若有较大的弹性，可依投资成果调整购房区段，就可以提高高风险资产比重。

5. 长期目标需求因为复利计算的扩大效果，假设定存与股票基金平均报酬率有六个百分点的差异，30 年以后累积的差异可达 5.74 倍。再加上投资持有的期间愈长，愈有可能跨过几个景气循环获取经济长期正成长的利得，投资时机的好坏对于最后投资成果的影响愈小，因此如退休金等 15 年以上的长期目标，应提高股票等风险性资产的投资比率。

依上述原则将目前净值及未来储蓄做资产配置，若短、中、长期目标分配资源比为 10%：30%：60%。可投资股票比分别为 20%：40%：60%，则最后可得出可兼顾各项短、中、长期理财目标特性的股票比率 $10\%\times20\%+30\%\times40\%+60\%\times60\%=50\%$，其他 50%为存款比率。

二、基金投资中几种典型的资产配置方式

（一）一个目标一种基金的投资方式

个人投资者的资产配置，可以用比较简单易懂的方法，从安全性、流动性与获利性的相对重要性，一步步建构合理的投资组合。步骤如下：

1. 先确定目前需要配置的资产有多少。已经在使用的自用资产如住宅、汽车等，不需要放在需配置的资产中。

2. 确定目前的现金流量形态。每个月的现金流入有多少，流出有多少？每个月可供持续投入生息资产的储蓄额有多少？

3. 配置紧急预备金。紧急预备金最主要的考虑为安全性与流动性。目的在应对失业或丧失劳动能力引起的收入中断，或意外灾变所导致的大额支出。因此紧急预备金的配置以存款为主，通常是以 3～6 个月的支出额为标准。

4. 配置一年内的短期目标现金流量需求。一年内计划完成的短期目标，如出国旅游、留学、买车、结婚、子女出生、创业等，可根据自己的状况把所需要的金额拟定出来。此部分的配置原则仍然以安全性与流动性为主，与需要用钱时机相配合的短期债券基金应是主要标的。

5. 配置 2～5 年的中期目标现金流量需求。中期目标要开始考虑获利性，但安全性与流动性的优先级仍较获利性为高。具有流动性、本金损失机会小，但报酬率有机会比定存利率高的国内债券型基金及有保本设计的保本型基金（保本期通常设计为 2～5 年），都是可以选择配置的投资工具。

6. 5 年以上、不到 20 年的中长期现金流量需求。目标用钱时间拉长，开始要考虑到通货膨胀效果，获利性的重要程度也提高了。此时比较适合的投资工具，可配合用钱时间，持有包括中长期债券与股票的配置型基金。

7. 20 年以上的长期理财目标需求。此时获利性的考虑为首要因素，因此投资组合配置以长期平均报酬率最高的国内中小型股票或指数型股票型基金为主。

8. 比较应定期投资额与储蓄额。若算出的应定期投资额高于储蓄额，表示要开源节流，提高储蓄才能达成所有理财目标。

（二）以理财目标进行资产配置的范例——届时理财目标

假设小罗的理财目标如表 16－1 所示。

表 16－1　以届时理财目标进行资产配置　　单位：元

	年限	届时目标	股票	定存	平均报酬率	应投资额	股票投资	定存投资
国外旅游	1	10 000	0%	100%	3.00%	9 709	0	9 709
购车	2	50 000	20%	80%	4.40%	45 874	9 175	36 699
购房	5	500 000	50%	50%	6.50%	364 940	182 470	182 470
教育金	15	200 000	100%	0%	10.00%	47878	47 878	0
退休	30	2 000 000	100%	0%	10.00%	114 617	114 617	0
合计						583 018	354 140	228 378
资产配置					7.25%		60.74%	39.26%
现有资产						300 000		
月投资额						1 949	1 184	765

依表 16－1，小罗的股票投资比率应为 60.74%，定存为 39.26%，设股票平均报酬率 10%，定存利率 3%。分析步骤如下：

1. 国外旅游目标距今只有 1 年，金额又固定，100%放定存。

2. 购车目标 5 万元，距今只有 2 年，80%放定存，20%股票，平均报酬率为 4.4%，以此为折现率目前应投资 4.58 万元。

3. 购房目标为 5 年后买 50 万元的房子，购房准备金 50%放定存、50%股票，平均报酬率为 6.5%，以此为折现率目前应投资 36.49 万元。

4. 子女教育金计划 15 年以后的需要 20 万元。超过 15 年以上的目标以长期投资的观点投资于风险性资产，达到 10%平均报酬率的机会甚大，因此可以 100%配置在股票上，平均报酬率为 10%，以此为折现率目前应投资 4.79 万元。

5. 退休金的需要为目标额 200 万元，时间长达 30 年，可以 100%配置在股票上，平均报酬率为 10%，以此为折现率目前应投资 11.46 万元。

6. 将所有的理财目标还原为目前应投资现值，合计为 58.3 万元。其中应投资股票 35.4 万元，股票基金投资比率应为 60.74%，应投资定存 22.9 万元，定存比率为 39.26%。

7. 假使目前的可投资资产只有 30 万元，而不是 58.3 万元，不够的 28.3 万元就要靠每月的储蓄作定期定额投资来补足。以股票 60.74%、定存 39.26%的比例计算平均报酬率为 7.25%，以 28.3 万元为负债化的理财目标，除以 $n=30$（年），$r=7.25\%$的年金现值系数，再除以 12 可得出每月要投资 1 949 元。其中 1 184 元投资在股票型基金上，765 元可投资在存款或货币型基金上。

（三）以理财目标进行资产配置的范例——确保最低水准理财目标

表 16－2　以确保最低水准为理财目标进行资产配置

	年限	最低目标（万元）	期望目标（万元）	股票（%）	定存（%）	最低报酬率（%）	期望报酬率（%）	应投资额（万元）	低标达成检验（元）	定存投资（元）	股票投资（元）
国外旅游	1	0.8	1	53.0	47.0	－14.5	6.7	9 371	8 013	4 405	4 966
购车	2	4	5	37.0	63.0	－5.5	5.6	44 846	40 040	28 253	16 593
购房	5	40	50	22.8	77.2	0.0	4.6	399 388	400 170	308 327	91 061
教育金	15	15	20	28.0	72.0	3.0	5.0	96 755	150 741	69 664	27 091
退休	30	140	200	63.4	36.6	6.2	7.4	232 430	1 400 706	85 070	147 360
合计								782 790		495 718	287 072
资产配置							5.6			63.33%	36.67%
现有资产								300 000			
月投资额								2 789		1 766	1 023

假设小罗比较保守。除了期望目标以外，还设定一个无论如何一定要达成的最低目标水准。仿真程序如下：

1. 若定存利率固定在3%，但股票投资一年最大损失可能达30%，投资两年最差状况为年报酬率－20%，投资股票5年最差状况为年报酬率－10%，投资股票15年最差状况等于定存利率3%，投资股票30年最差状况的报酬率还是有8%。

2. 可以不同投资期间最差状况的股票投资报酬率×股票投资比率＋固定的定存利率×定存投资比率＝最差状况下的投资组合报酬率。

3. 在电子表格上可仿真计算何种投资组合才能在最差状况的报酬率下仍然达到理财目标的最低要求水准。

4. 再以此投资组合分别乘以10%的股票长期平均报酬率及3%的定存利率，得到正常情况下投资组合的期望报酬率。

5. 设定目标年限及期望报酬率，可以复利现值的方式算出应投资额现值。

6. 将每一目标的应投资额现值乘以股票与定存比率，可算出每一目标股票与定存配置额。

7. 将所有目标的股票与定存配置额加总，可得出应配置于股票及定存的总额，除以应投资总额可得小罗63.33%的投资应存定存，36.67%的比重应投资于股票上。

8. 比较上例完全不考虑最低目标需求水准时的投资配置，股票投资比率由60.74%降至36.67%，定存投资比率由39.26%调至63.33%。小罗需调整成较保守组合来确定最低目标需求水准的达成。

9. 资产配置改变后，总平均报酬率也由7.25%降为5.6%，所需的总投资额也从58.3万元增加至78.3万元，多出的20万元是小罗为确保最低需求水准可达成的代价。

10. 若小罗目前可投资资产还是只有30万元，此时与应投资资产的差距48.3万元，同时因为平均报酬率降低，若未来储蓄能力可以满足以定期定额的方式补足投资差额，月投资额需2 789元，比不考虑最低目标保障的1 949元多出840元。

三、用风险矩阵作个人资产配置

个人资产配置，主要决定于资金可运用的时间及个人风险偏好两大因素。资金可运用的时间愈长，客观上愈有能力承担短期风险来追求长期投资报酬；风险偏好高者，主观上愿意承担短期风险来追逐差价利得。因此可以依照资金可运月期间分为短期（不到2年）、中期（2～10年）、长期（10年以上），将风险偏好分为高、中、低，作出一个3×3的矩阵来作为个人资产配置的基本架构。说明如表16-3，为风险矩阵的基本架构。

表16-3　风险矩阵

资产配置矩阵	资金运用期短	资金运用期中	资金运用期长
风险偏好高	偏债结构型基金	高收益债券基金	中小型成长股基金
风险偏好中	短期债券基金	中长期债券基金	大型价值股基金
风险偏好低	货币市场基金	保本型基金	偏股结构型基金

1. 资金运用期短者以保本为投资的前提。风险偏好低者，无能力也无意愿承担风险，此时把钱投资于货币市场基金即可。风险偏好中者，可投资流动性高而目前净收益

仍稍高于存款的短期债券基金。风险偏好高者,可投资偏债结构型基金,投资组合中债券比例占50%以上。

2. 资金运用期中者以获取投资收益为前提。风险偏好低者,可以购买投资周期2~5年的保本型基金。以投资零息债券保本、用零息债券的市价与面额差价来投资衍生性金融产品,在保本的前提下希望有额外的收益预期。风险偏好中者,可投资中长期债券基金,主要的风险为利率风险。风险偏好高者,可承担信用风险投资高收益债券,每年的高收益配息可抵消一部分本金变动风险。

3. 资金运用期长者以追求长期资本利得为前提。依历史经验,股票还是长期投资报酬率较高的投资工具。风险偏好低者,可投资股票占50%以上的结构型基金。风险偏好中者以大型价值股,偏好高者以中小型成长股为主。

风险矩阵的观念,在于同时考虑客观的风险承受能力与主观的风险承受意愿。投资期限愈长,风险承受能力愈高;而主观的风险承受度因人而异,但必须考虑这种主观意愿与个人收入能力的关系。如果风险矩阵的预定报酬率如表16-4,假设风险矩阵的预定报酬率。

表16-4　风险矩阵的预定报酬率

资产配置矩阵	资金运用期短	资金运用期中	资金运用期长
风险偏好高	4%	7%	12%
风险偏好中	3%	6%	10%
风险偏好低	2%	5%	8%

若是30年期的退休金计划,要准备200万元,风险承受度高者所配置的资产中小型股票很有机会达到平均12%的报酬率,以定期定额投资每个月要572元。风险承受度低者所配置的偏股结构型基金可较稳定地达到8%的报酬率,累积同样200万元的退休目标,以定期定额投资每个月要1 342元。

假若30岁的年轻人月收入只有2 500元,要月投资572元,储蓄率22.9%还有可能,要月投资1 342元储蓄率53.68%则几乎是不可能的事。因此就主观的意愿、个人的收入能力及理财目标的期望值,还需要再作调整。储蓄率与投资报酬率是互为消长的,要达到同样的理财目标,想要以风险低的方式稳定达到,就必须要有较高的收入能力与储蓄率才行得通。

四、用净值压力测试作资产配置

每个人在投资之前,都必须问自己两个问题:一是我期待的报酬率有多高;二是在最坏的情况下,我所能忍受的本金损失有多少。净值压力测试,是测试未来一年假设股市最坏的情况下,对家庭净值的影响程度。当中国股市市值回落,投入股市者若能以净值压力测试决定股票投资比重,可确保净值在最坏情况下仍不减损。

假设家庭只有股票与存款两种资产,没有负债,家庭可接受的风险是一年后的净值不低于目前净值。也就是说,在最坏的情况下,股票投资所导致的本金损失,仍能为当年度储蓄与存款利息所抵消。

年初净值×股票投资比率×最大损失率＝当年储蓄额＋年初净值×存款比率×存款利率

可导出关系式：

股票投资比例＝(储蓄净值比率＋利率)/(股票最大损失率＋利率)

当年储蓄额假设以现金累计，存款利率以2％计，以中国股市的特性，在空头市场阶段一年内跌幅超过三成是相当可能的事。因此可以跌幅30％为基本测试幅度，仿真计算可投入股市的比重。如家庭年储蓄5 000元，目前总共有50 000元的资产可投资，则：

储蓄净值比率＝5 000元/50 000元＝10％

股票投资比率＝(10％＋2％)/(30％＋2％)＝37.5％

股票投资额：50 000元×37.5％＝18 750元

存款＝50 000元－18 750元＝31 250元

当最坏的情况发生，股票跌掉30％，净值会损失5 625元。

净值会损失＝18 750元×30％＝5 625元

但年底时会有储蓄5 000元及存款利息625元进账(31 250元×2％)，来弥补股票本金损失，净值还是可维持在50 000元。

一般来说，年龄愈大，储蓄净值比率愈低，压力测试后可接受的股票投资比重愈低。如年轻人只有50 000元的财产，即使投资股票一年赔掉15 000元，只要当年度储蓄超过15 000元，净值还是会增加，因此可将所有资产投资股市。但将500 000元财产全投入股市的中年人，赔三成150 000元要好几年的储蓄才补得回来。但若自己设定10％止损，上例公式中最大可能损失以10％代替，股票投资比例为100％，还是可全部投资于股票。

股票投资比例＝(储蓄净值比率＋利率)/(止损比率＋利率)

＝(10％＋5％)/(10％＋5％)＝100％

五、资产配置的追踪调整

理财规划最难的地方，不在一开始时的资产配置，而是在经过一段时间之后，投资绩效不如预期时，应该如何调整才能确保原定的理财目标仍有机会达成。假使投资绩效不如预期，为确保长期投资计划在短期亏损后仍然有机会达成，可以比照零基预算模式，算出在剩余的年限内，应增加多少储蓄本金投入才能弥补先前的账面损失。

比如：小刘整笔投资10万元、25年的退休金投资计划，设定报酬率为9.63％，希望25年后可累积100万元的补充养老金。

假如第一年就亏了20％，只剩下8万元，若养老金目标与往后24年的平均报酬率均不变，则第二年开始应想办法增加2.963万元的投资本金，让退休基金资产市值达到10.936万元，来弥补第一年的投资损失。

10万元本金×(1＋设定报酬率9.63％)一年底实际市值8万元＝2.963万元

8万元＋2.963万元＝10.963万元

10.963万元×24年9.63％的复利终值系数9.081 6＝100万元

若小刘目前无资产而是采用基金定投累积，25 年累积 100 万元补充养老金，可用 EXCEL 函数计算出来，PMT(9.63%，25，0，1 000 000)＝－10 748，10 748/12＝896，每个月约需投资 896 元，其中 627 元应作股票基金定投，另外 269 元做零存整付存款。每月 897 元的定期定额计划，原定 25 年可累积 100 万元补充养老金，若第一年底时发现投入成本 10 764 元，但累积市值只有 8 000 元，即使往后 24 年仍按原计划作定期定额投资，第二年开始仍要想办法增加投资本金，来弥补第一年的投资损失。或者算出接下来 24 年定期定额累积值 FV(9.63，24，0，－10，764)＝903 662 元，加上第一年底 8 000 元资产届时累积，FV(9.63，24，0，－8 000)＝72 677 元，合计 976 339 元，与 100 万元的原计划相差 23 661 元，PMT(9.63%，24，0，23 661)＝－282 元，每年定期定额投资要增加 282 元，每月不到 24 元就可以弥补第一年的投资损失。

以上调整的前提是投资目标期要够长，投资者才有能力以调整消费增加储蓄的方式来弥补刚开始时的投资损失。若投资目标期太短，则要弥补初期损失所需增加的整笔或定期定额本金投入额，恐非一般人储蓄能力可负担。此时只能以调整理财目标额或延长目标达成年限来弥补投资失利的结果。若是以设法提高储蓄额来弥补投资失利的部分，使净值维持成长，前提是必须要有创造额外收入的能力。若提高储蓄金额的可行性低时，就要调低未来的目标达成金额，或延后退休把可达成目标的期限拉长。

【能力训练】

基金投资中经常面对的几种情境是否正确，并分析原因。

情境一：买新基金，不买老基金。

情境二：只看净值，不看基本面。

情境三：基金净值这么高了，没有什么上涨空间了，不能买！

情境四：听说基金很赚钱，股票指数涨了好多，赶快去买基金，将定期存款全拿出来买基金吧！……哎呀，基金跌了，原来买基金也会亏本的，还是赎回吧。

情境五：所有鸡蛋放在同一个篮子里。

情境六：买许多只基金以分散风险。

情境七：过分注重基金发行规模。

情境八：只认现金分红，排斥红利再投资。

情境九：分红越多的基金越好。

情境十：崇拜明星基金及基金经理。

【参考答案】

情境一分析：这是典型的盲目投资行为。因为开放式基金每个交易日都开放申购，没有稀缺性，在基金新发之后仍可以买到。新基金没有过往业绩，投资策略可能没有经过实践检验，而且大多由新基金经理管理，投资者无从判断其管理能力的优劣。此外，新基金建仓时间较长，在建仓期间如果市场上涨，基金净值涨幅将低于同类基金。因此，新基金不应构成投资者选择基金的理由，而老基金应是投资者选择的重点。因为，投资者可以研究老基金的过往业绩，分析其业绩表现的优劣、是否具有持续性，作为投资依据。

情境二分析：一只基金的未来业绩增长潜力，主要来自于基金管理人管理和运作基金的能力，特别是基金配置品种的持续增长潜力。而要做到这点，需要基金管理人建立科学的投资组合体系和跟踪评价体系。投资者仅以净值的高低作为判断基金优劣的标准，而不研究和分析基金的定期报告，不了解基金持仓品种的变化，也难以挑选到好的基金。

情境三分析：将基金份额净值低，作为投资的依据是基金投资的另一误区。

在相同情况下，基金份额净值高是基金业绩表现优异以及基金经理管理能力较强的表现。基金的上涨空间取决于股票市场的总体表现和基金公司的管理能力，与基金份额净值绝对值的高低没有关系，也不存在净值的上限问题。

情境四分析：缺乏风险防范意识，全仓投入，仓促赎回，是典型的误区。基金投资于股票，股票价格波动较大，既可能带来高额收益，也可能带来较高风险。如果道听途说，盲目投资，尤其是为了追求高收益，将原来不能进行风险投资的资金投资于基金，必然会带来较大风险。

情境五分析："不要把所有鸡蛋放在同一个篮子里"这一成熟的理财观念已越来越被投资者所接受。传统的存款一族正逐渐把目光转向股票、外汇、黄金等投资品种，基金凭借其专家理财优势也逐渐被市场所青睐。如果置基金产品本身的投资特点而不顾，或者集中投资高风险的股票型基金，或者集中进行货币型基金的配置，这些做法都会使投资收益受到影响。因此，在证券市场好转时，可适度增加股票型基金产品的投资比例，否则就应该减少其比例，转而增加其他类型基金的投资比例。投资者在购买基金时，不应只投资某一基金公司产品、某一类基金产品甚至某只基金。

情境六分析：这道理理论上说得通，但是过于分散的投资会造成持有基金数目太多，会使投资者眼花缭乱、不知所措，整体收益不怎么样，管理基金的时间和费用成本倒大大提高了。如果两只基金在风格、业绩等方面都相似，不妨选择费用较低的那一只。巴菲特认为，在时间和资源有限的情况下，决策次数少的成功率自然比投资决策多的要高。其实，理财投资应该是在相对分散的基础上适度集中，针对每项投资目标，应选择3～4只业绩稳定的基金构成核心组合，其资产可以占到你整个组合的70%～80%。核心组合外的非核心投资可增加组合的收益，但同时也会给你的投资带来较大的风险。

情境七分析：从基金产品上来讲，按照市场的深度与广度、基金品种的特点与投资工具、公司的运营管理水平来看，单只基金应有它合理的规模。多大的规模适合自己公司的投资、适合股票市场的容量、为投资者带来领先的收益，这需要根据基金公司的发展目标和自身的投资管理能力来决定。如果基金公司盲目追求发行规模，最终会损害投资者的利益。

情境八分析：基金管理人在基金分配时都采取"二选一"的收益分配模式。但出于惯性的投资思维和落袋为安的想法，众多投资者都远离红利再投资。其实，红利再投资是一种互赢的分配模式，一是可以使投资者获得既定的投资收益；二是可以减少基金管理人因大量派现而导致的现金流减少，而对基金持仓的品种进行被动式调整，使投资者的收益受到冲击和影响。

情境九分析：什么样的基金最好？相信很多人都会脱口而出："当然是分红越多、越高的基金最好了。"然而，事情并不是你想象的那样！看看下面的例子吧。

如果一个基民持有1 000份净值为1元的基金并选择了现金分红。三个月后，它的净值达到了1.3元，基民持有的基金总资产变成了1 300元。基金公司发出公告，以每份基金0.3元进行分红。此时，基民的现金账户中将多出300元（0.3元×1 000份），相应地，他所持有的基金净值也变成了1元（1.3元－0.3元），基金总资产从1 300元又回到了1 000元。他最终的总资产是多少呢？仍旧是1 300元。

可见，基金分红不过是"羊毛出在羊身上"。实质只是账面的数字变化而已，而并不是盈亏的变化。有人甚至形象地形容分红只不过是你的钱从"左口袋"转到了"右口袋"罢了。其实，基金分红问题也就是你选择持币还是持基的问题。在处于牛市上升的行情中，持基的回报理论上要远远大于持币；而当市场处于震荡或是下跌时，持基的风险也就远远地大于持币了。高分红只不过是基金公司吸引资金的一种营销手段罢了。一个基金持有者，到底选不选高分红的基金，还是应该根据市场的情况而定。

情境十分析：明星基金及基金经理，在基金产品的运作上有其独特的优势。但基金投资是一个中长期的投资过程，检验和考核一只基金的管理运作能力还应当从一个更长的时期来考虑，而不能仅局限于一年或更短期的排名。

参 考 文 献

1. 中国证券业协会：《证券投资基金》，北京：中国财政经济出版社，2009 年 5 月版

2. 深圳证券交易所投资者教育中心：《基金投资 20 讲》，北京：机械工业出版社，2010 年 4 月版

3. 何孝星：《证券投资基金运行论》，北京：清华大学出版社，2003 年 9 月版

4. 李曜：《证券投资基金学(第二版)》，北京：清华大学出版社，2005 年 3 月版

5. 梁忠辉：《证券投资基金运行与管理》，大连：东北财经大学出版社，2007 年 3 月版

6. 姜国华：《财务报表分析与证券投资》，北京：北京大学出版社，2008 年 9 月版

7. 王益：《证券投资基金研究文集》，北京：中国金融出版社，2006 年 1 月版

8. 杨止遥：《股民基民必备知识全集》，北京：西苑出版社，2007 年 10 月版

9. 胡庆康：《现代货币银行学教程》(第四版)，上海：复旦大学出版社，2010 年 5 月版

10. 张亦春，郑振龙：《金融市场学》(第三版)，北京：高等教育出版社，2008 年 3 月版

11. 高鸿业：《西方经济学》(第四版，微观、宏观两本)，北京：中国人民大学出版社，2007 年 7 月版

12. 姜波克：《国际金融新编》(第三版)，上海：复旦大学出版社，2008 年 8 月版

13. 程春晖：《全面收益会计研究》，大连：东北财经大学出版社，2000 年 9 月版

14. 张俊民：《财务分析》，上海：复旦大学出版社，2006 年 1 月版

15. 张新民：《企业财务报告分析》，北京：高等教育出版社，2005 年 8 月版